新财会系列精品教材

财务管理学

李　敏　主编

上海财经大学出版社

图书在版编目(CIP)数据

财务管理学/李敏主编．一上海：上海财经大学出版社，2015.6
(新财会系列精品教材)
ISBN 978-7-5642-2152-2/F・2152

Ⅰ.①财… Ⅱ.①李… Ⅲ.①财务管理-教材 Ⅳ.①F275

中国版本图书馆 CIP 数据核字(2015)第 087331 号

□ 责任编辑 李嘉毅
□ 封面设计 张克瑶
□ 责任校对 王从远

CAIWU GUANLI XUE
财 务 管 理 学
李 敏 主编

上海财经大学出版社出版发行
(上海市武东路 321 号乙 邮编 200434)
网 址：http://www.sufep.com
电子邮箱：webmaster @ sufep.com
全国新华书店经销
上海译文印刷厂印刷
上海景条印刷有限公司装订
2015 年 6 月第 1 版 2015 年 6 月第 1 次印刷

710mm×960mm 1/16 20 印张 402 千字
印数：0 001－4 000 定价：38.00 元

编写说明

财务管理学是一门阐述财务管理内容与方法、规范企业财务管理目标与行为的综合性学科，该学科应当围绕企业如何自主有效组织各项财务活动、如何依法正确处理各种财务关系展开理论联系实际的研究，并促使企业可持续发展。

本书全面阐述了现代企业财务管理的基本理论、基础知识与科学方法，按照企业财务管理最主要的活动内容和最重要的管理环节来构造财务管理的循环体系。第一章为管理基础篇，简明扼要地阐述了企业财务管理的基本原理、主要特点、管理目标和管理职责等，提纲挈领，统帅全书；第二章至第六章为管理内容篇，按照资金筹集、营运资金、投资决策、成本管理、收益分配的管理顺序，全面解析企业财务管理的内容、程序与方法；第七章至第九章为管理环节篇，与前述章节中的财务预测和财务决策环节相衔接，分别重点论述了财务预算与战略规划、财务控制与风险管理、财务分析与业绩管理的基本理论、方法与内容，从而构成了一个完整的财务管理循环体系。全书理论体系清晰有序，教学内容层次清楚，符合财会专业人才培养的规范要求，可以为学员奠定较为扎实的财务管理基础。

现代财务管理的理论与方法涉及的知识面较为广泛且有一定难度，实践中学会理财并有效管理也并非易事。本书在编写中，既突出有应用价值、相对重要的知识点，又注意理论联系实际，突出理财实务的介绍与理财实例的解析，尽量融理财理论、理财方法、理财实务于一体，让学员得到较强的实务操作训练和理财思维启发。全书在编写过程中凸显4个特点与4个结合：一是突出依法理财观念，与现行财务法律法规相结合；二是突出自主理财观念，与市场经济下财务管理的具体要求相结合；三是突出有效管理观念，与现代管理理论和新颖实用的理财观念相结合；四是突出实证教学理念，与财务管理经典案例分析相结合。

全书结构清楚、层次分明、语言流畅、图文并茂、通俗易懂，有很强的实务性和可读性。各章后安排了“复习思考题”和“业务练习题”，书后配有各章业务练习题的参考解答，便于学员复习和巩固教学内容。有关教学用的PPT可从上海财经大学出版社网站下载。

本书可作为高等院校会计学、财务管理学等相关专业教学使用，高职高专、中职中专可根据教学目标、教学层次和教学课时等情况选用目录上打“*”号的章节。本书在编写时注意与财务会计学科相衔接，与会计职称考试内容沟通，适合于财务会计实务工作者自学或进修参考。

本书由资深注册会计师、主任会计师、高级会计师李敏先生主编。李敏先生具有丰富的财务管理经验与从教经历，长期讲授注册会计师《财务成本管理》、会计师《财务管理》、MBA《现代企业财务管理》和《非财务经理的财务管理》等课程，是多所著名大学的客座教授、财务会计咨询专家和司法会计鉴定专家，已主编出版《财务管理》《管理会计学》《成本会计学》《财务报表解读与分析》和《企业内部控制规范》等七十多本书。本书的出版得到了严玉康、杨萍、王淑文、徐成芳、李英、徐铭、丁东方、沈玉妹的协助，在此表示感谢。

对于书中疏漏差错之处，敬请读者批评指正，以期日后修订补正。

编　者

2015年劳动节

目　录

第一章 财务管理总论

第一节 财务管理原理

一、公司制企业的基本特征

任何组织都需要财务管理，只是营利性组织和非营利性组织对财务管理的要求不一样。本书主要阐述营利性组织的财务管理，即企业的财务管理。

企业一般是指以营利为目的，运用各种生产要素（资本、土地、劳动力、技术和管理才能等）向市场提供商品或服务，实行自主经营、自负盈亏、独立核算的法人或其他社会经济组织。

公司制企业是现代企业中最主要和最典型的组织形式，具有以下特征：

（一）产权清晰

投资者将财产投入企业后成为股东，对企业拥有股东权力，包括参加股东大会和行使股东大会赋予的权力，按照股本享有相应的收益权、股票转让权等。企业依法成立后，对股东投入企业的资产及其增值拥有全部法人财产权，即对财产拥有占有权、使用权、收益权和处分权。

（二）权责明确

出资人要按照其对企业的出资额依法享有股东的各项权利。企业以独立的法人财产对其经营活动负责，以其全部资产对企业债务承担责任。企业法人财产权的行使要受出资人所有权的约束，必须对出资人履行义务，依法维护出资人权益，对所有者承担资产保值增值的责任。

(三)政企分开

政府与企业是两类具有不同性质、不同职能的组织。政府是行政机关,具有社会经济管理和行政管理职能,但一般不直接干预企业的生产经营活动,而是主要实行间接调控,即主要通过法律、法规和经济政策及其他经济杠杆去调控市场,实施监督与管理。企业是以营利为目的的经济组织,是市场活动的主体,它必须按照经济规律办事,其主要职能是按照市场的要求从事生产和经营活动。

(四)管理科学

要加强企业内部管理,形成包括财务管理在内的一系列科学管理制度,使企业管理既体现社会化大生产的客观要求,又体现社会主义市场经济的客观要求。

《企业财务通则》是我国专门用于指导企业财务管理的"法典",由财政部令第 41 号发布,自 2007 年 1 月 1 日起实施,其立法宗旨是"加强企业财务管理,规范企业财务行为,保护企业及其相关方的合法权益,推进现代企业制度建设"。其适用于在中华人民共和国境内依法设立的、具备法人资格的国有及国有控股企业,其他企业参照执行,实行企业化管理的事业单位比照执行。

现代企业管理要求以科学预测为基础,以有效决策为核心,以内部控制为关键,以提高效率、效果、效益为目的,按照制定的财务战略,合理筹集资金,有效营运资产,控制成本费用,规范收益分配及重组清算等财务行为,加强财务监督和财务信息管理,实现自主理财、依法理财和有效理财。通过加强财务管理,促使企业有效筹措与调度资金,合理配置各项资源,正确处理企业与各方面的经济关系,从而实现资本保值增值,增强企业的自我发展能力。

二、财务内涵的全面解析

财务原意为财产和债务,泛指对财产管理的事务,现指企业经营过程中客观存在的资金运动及资金运动过程中所体现的经济关系,即财务是财务活动与财务关系的统一,是财务管理的特定对象。

企业财务活动一般从资金筹集开始,而筹集资金是为了运用,经过资金的使用与耗费,直至资金的收回与分配,产生了资金循环,周而复始的资金循环就是资金周转,资金循环与周转被称为资金运动,构成具有运行规律的财务活动。资金运动的背后体现出各种财务关系,如与投资者、债权人等所产生的各种经济利益关系。财务活动与财务关系的辩证统一构成了企业各项经济活动中最重要也是最主要的管理对象。

(一)财务活动的主要内容

1. 筹资活动

筹资是指企业运用筹资方式,通过各种渠道筹措所需资金的财务活动。筹集资金往往是资金运动的起点。作为自主经营、自负盈亏的企业,必须拥有一定数额的资金才能进行生产经营活动。筹集资金表现为资金的流入。偿还借款、支付利息与股利以及付出各种筹资费用等则表现为资金的流出。筹资活动所产生的资金收支属于财务管理的主要内容之一。

在筹资过程中，应当关注资产负债表右方的构成，因为不同的资金来源反映出不同的融资结构，具有不同的筹资风险。企业一方面要确定筹资的总规模，以保证投资所需要的资金；另一方面要通过筹资渠道、筹资方式或工具的选择，合理确定筹资结构或寻找最佳的资本结构，以降低筹资成本和风险。应当学会分析资本结构，从谨防财务风险的要求出发，关注资产负债程度与债务风险。

2. 投资活动

投资是指将资产投入某项目、某经济活动、某企业，以获取经济回报的财务活动，属于财务管理的重点内容。筹资是为了投资，以谋求投资效益；否则，筹资就失去了目的和效用。

投资按其对象可以分为生产性资产投资和金融性资产投资。

生产性资产是企业生产经营活动所需的基础条件，如厂房、机器设备、存货等，是企业内部进行直接投资的结果，又可进一步分为营运资产和资本资产。营运资产主要包括现金、应收款项、存货、短期有价证券等流动资产。营运资产投资影响企业的时间较短，被称为短期投资。资本资产主要包括长期对外投资、固定资产、无形资产等长期资产，其影响企业的时间较长，被称为长期投资。

金融性资产的典型表现形式是所有权凭证，如固定收益证券、权益证券、衍生证券等。证券投资属于间接投资行为，投资人将现金交给发行公司支配并换取所有权凭证，而发行公司获得投资人的资金后再投资于生产性资产，生产商品、提供劳务、创造收益，对社会财富作出直接贡献。生产性资产产生净收益后，金融资产只是将净收益在投资人之间进行分配。

营运资金管理和长期投资决策是投资管理的主要内容。营运资金主要是由生产经营活动所引起的、将资金直接投放于形成生产经营能力的实体性资产的投资活动，其管理重点是现金、应收账款和存货。长期投资决策主要是由长期资产投资活动所引起的，重点是对项目投资和证券投资（如股票、债券、基金）的管理。

在投资过程中，企业必须考虑资产负债表左方的资产规模、结构及与之匹配的投资效益，需要考虑在怎样的投资规模和结构下取得怎样的经济效益。企业除了决定投资什么，还要决定不投资什么。投资有风险，企业应当有所为、有所不为。企业应当通过投资方向和投资方式的选择，确定合理的投资结构，以提高投资效益、降低投资风险。

3. 成本管理

简单再生产是企业生存的前提，扩大再生产是企业发展的根本。收入能够补偿成本耗费才不至于影响再生产的进行。费用经过确认与分配后进入成本，成本管理贯穿于筹资、投资、营运全过程，渗透进财务管理的每个环节。在产品数量和价格一定的条件下，成本管理水平的高低与收益分配休戚相关，并制约着企业的生存与发展。

成本管理是指企业采取经济、技术和组织等手段降低成本或改善成本的一系列活动，是财务管理"练内功"的重要表现，直接服务于企业目标，构成日常财务管理的核心内容。通过成本控制，降低成本，增加盈利，不仅是企业抵抗内外压力、求得生存的主要保障和发展的重要基础，更是为企业扩大再生产创造条件、取得竞争优势的重要手段。

4. 收益分配

分配是对收入或利润进行分割或分派的财务活动。分配总是作为投资的结果而出现的，因而是对投资成果的分配。投资成果表现为取得各种收入，并在扣除各种费用、成本、税金后获得利润或亏损。广义的分配是指对企业各种收入所进行的配比计算与分派过程；狭义的分配仅指对利润的分配。

企业处在不同的发展阶段，随着不同分配政策的运用和分配活动的开展，资金或者退出或者留存企业，必然会影响资金运动和资本结构，从而形成不同的财务战略。企业如何依法合理确定分配规模和分配方式，使权限、责任、效果、利益有机结合，使眼前利益与长远利益相结合，从而最大限度地调动各方面的积极性是财务管理的重要内容之一。

上述财务活动都是资金运动的表现，不仅体现在财务报表之中，而且是人、财、物合力运作的结果，反映出企业财务管理的全过程，其主要内容可用图 1—1 概括如下。

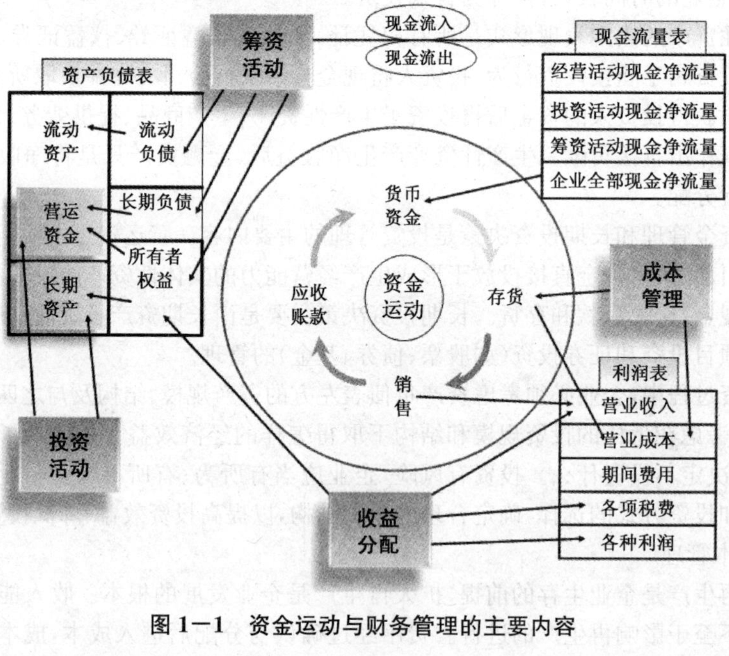

图 1—1　资金运动与财务管理的主要内容

(二)财务关系的表现形式

财务活动从现象上表现为资金的收入、付出、解缴、下拨,反映出钱和物的增减变动;实质上,资金运动过程中所产生的各种财务关系,体现着企业与各方面的经济利益关系,具体表现在以下几个方面:

1. 企业与投资者、被投资者之间的关系

投资者是指投入企业资本金的股东,包括国家(或有权代表国家的政府部门)、其他企业(单位)、社会个人持股者、外商投资者等。如果企业以所控制的资产对外投资,则企业在与被投资方的财务关系中处于所有者地位。

投资者要按照投资合同、协议、章程的约定履行出资义务,形成企业的资本,同时有权参与或监督企业经营、参与企业剩余权益的分配并承担一定的风险;管理者利用资本进行营运,对出资者承担资本保值增值的责任,实现净利润后应按照出资比例或合同、章程的规定,向其所有者支付报酬。企业与所有者之间体现着经营权与所有权的关系。

2. 企业与债权方、债务方之间的关系

企业在生产经营活动中,或为扩大生产规模,或为维持正常的资金周转,或因商品购销结算时间的差别等原因,不可避免地会发生各种债权和债务。例如,发出商品尚未收到货款的企业(销货方)是债权人,而购货方就是债务人;承担到期还本付息义务的企业(借款人)是债务人,而发放贷款的银行就是债权人。这些关系都是建立在契约之上的债权债务关系。

3. 企业与财税部门之间的关系

对企业来说,税负作为一种压力,既无法避免,又想尽力减轻;纳税作为一种义务,既是贡献,又是责任。这种责任既有法律意义上的义务,也有投资回报方面的压力,还有瞻前顾后的多方面考虑,更有自身利益和企业利益的考量。企业应按国家税法的规定,及时、足额地向财税部门解缴税费,不应挪用、拖欠,更不得少缴、漏缴,这实质上也是国家与企业之间的一种财务关系。

4. 企业与金融机构之间的关系

随着金融市场的发展,企业与银行、信托投资公司、租赁公司等非银行金融机构之间的财务关系会更加密切。企业应当自觉遵守有关结算纪律与规定,正确处理好与银行等金融机构之间的财务关系。例如,凡是超过现金支付范围的一切结算业务都应通过银行办理转账手续,并遵守有关结算规定,定期与银行对账;一切借款都应按规定的用途使用,到期归还本息;企业在生产经营过程中暂时闲置的货币资金应及时存入银行,以利于银行对货币资金的统一管理;等等。

5. 企业与其他单位之间的关系

企业在再生产过程中必然会与其他单位发生业务联系,如产品和劳务的互相供应、生产技术的协作与交流、设备物资的调剂使用等。随着经济全球化的发展,企业与各方面的经济关系会越来越纷繁复杂，而这些关系都体现了各单位在市场经济下分工协作和等价交换的关系。

6. 企业内部各部门之间的关系

一方面，企业内部各生产业务、建设项目、生活福利事业之间的业务性质不同，应当分别管理、分别核算，从而体现企业内部各部门之间分工负责的财务关系；另一方面，企业生产各部门以及各级生产单位之间，在相互提供产品和劳务的过程中也会发生资金分配和内部结算关系。这些关系体现了企业各部门、各单位在统一领导下的分工合作关系，反映了企业内部财务管理工作中集中和分管的权、责、利关系。

7. 企业与职工之间的关系

企业向职工支付的各种劳动报酬（包括工资、奖金、津贴、补贴、社会统筹费等）和各项福利费用等，一方面是与职工发生的货币结算关系，另一方面也体现出按劳分配的经济关系。

上述所有财务关系都体现出人与物、人与钱的各种经济利益关系。以资产负债表为例，各种财务关系如图1－2概括所示。

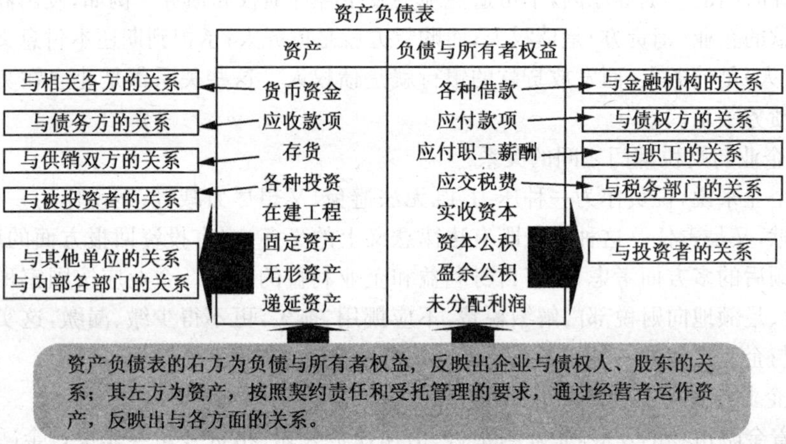

图1－2 资产负债表与财务关系的主要内容

现代企业财务管理的对象已经出现交叉化的趋势，是一个宽泛的“大财务”的概念。以前工业经济时代的财务管理强调权、责、利分明，是一种直线式管理。随着社会分工的进一步细化，客观上要求加强团队协作，实现知识共享，所以，现代企业财务管理为了更好地适应社会和经济的发展，企业内部各部门之间、企业之间甚至行业之间，财务管理边界是“可渗透”或“半渗透”的，财务管理已不仅是专属于财务部门的事，而是以企业整体为单位，实现横向职能或纵向职能的财务组合，并得到其他各相关部门的协作；财务管理的对象甚至扩展到客户、供应商以及其他与企业保持利益关系的资源。交叉化的管理不但能充分挖掘企业的财务潜能，同时也能充分利用企业财务管理方面的优势，赢得竞争的主动权。

三、财务管理的主要特点

财务管理是利用价值形式合理组织财务活动、正确处理财务关系的一项综合性的经济管理工作。简言之，财务管理就是对财务所进行的管理。

财务管理不是会计核算，两者之间既有联系又有区别。

会计核算以货币为主要计量单位，采用会计专门方法对经济活动进行完整、连续、系统的核算和监督，通过对交易或事项的确认、计量、记录、报告，提供有关企业财务状况、经营成果和现金流量等的信息资料；其基本职能是核算和监督，侧重于对资金活动的反映；其主要面向过去，核算结果会受会计政策和会计估计的影响；企业选定的会计政策和会计估计，既受到会计准则的限制，又受到会计人员专业判断能力的制约。

会计作为国际趋同的商业语言，要为所有使用者所理解、认可和使用，其核算行为具有相当程度的通用性，在一定程度上是约定俗成的惯例。而在市场经济运作中的企业，还应当根据企业自身的理财活动，通过自行制定企业财务制度的形式表现出企业自身的理财需求并以此来规范企业的具体财务管理行为。由企业独立思考、自主制定的企业财务制度应当是对企业具体财务活动的规定，是对企业适应内外环境而确定的一系列财务政策的组合，它一方面必须体现出企业财务通则的指导精神，另一方面又集中体现着不同理财主体的理财理念和理财方法的运用，其“通用”或“约定俗成”的认可程度不及会计语言。

财务管理本身还是一项专业的系统工程，包括一系列基本环节和专门方法，如财务预测、财务决策、财务预算、财务控制、财务分析与业绩评价等。这些管理环节与方法在运用时需要互相配合，同时，还要注意运用企业会计核算的有关资料，正确处理会计核算与财务管理之间的关系。

传统的管理主要是对劳动力和物化劳动（劳动工具和劳动对象）等有形生产要素的管理。随着社会财富生产过程和结果的科技含量的增加，科技知识等无形资产对企业的生存和发展越来越举足轻重，从而信息技术、知识资源的开发与有效利用成为重要的管理内容之一。知识生产力已成为经济发展的关键因素，任何企业都必须重视知识资源的开发和利用，迅速将知识转化为直接生产力。随着市场经济的不断发展和管理学科的不断创新，财务管理已经从仅重视融资管理与资本结构研究演变为重视资金运用管理与分配管理，进而向国际化、综合化、实证化发展，与自然科学、社会科学的融合逐步加深，逐渐发展成为一门融企业理财与财商研究的崭新的综合性管理学科。

综上所述，现代企业财务管理具有以下几个方面的主要特点：

(一)涉及面广

财务管理活动处于企业管理的中心环节,辐射并影响到企业供应、生产、销售等各个环节和各个部门。企业的生产经营过程,一方面表现为物资的不断购进和售出,另一方面表现为资金的支出和收回。企业的经营活动不断进行,也就不断产生资金的收支。资金对于企业的重要性就如血液对于人体一样。在现代市场经济中,商品生产和交换形成的错综复杂的经济关系都是通过资金表现出来的,资金运动已成为各种经济关系的体现。同时,财务管理部门本身也为生产管理、营销管理、质量管理、人力资源管理等活动提供及时、准确、完整、连续的基础资料,从而与企业各方面具有广泛的联系。财务管理的触角常常伸向企业经营的各个角落。每一个部门都会通过资金的使用与财务部门发生联系,每一个部门也都要在合理使用资金等方面接受财务部门的指导,受到财务制度的约束。

(二)灵敏度高

财务管理能迅速反映企业的经营业绩。企业的一切生产经营活动最终都要反映到财务成果上来,通过核算、分析、对比与考评,可以检查经营活动的执行情况,发现存在的问题,找到解决问题的办法。在管理行为中,决策是否得当、经营是否合理、技术是否先进、产销是否顺畅等,都可以通过财务指标与业绩考评得到迅速反映。

(三)综合性强

企业管理是一个由生产管理、营销管理、质量管理、技术管理、设备管理、人事管理、物资管理、财务管理等诸多子系统构成的复杂系统。除财务管理以外的部门管理大多是从某一个方面并主要采用实物计量的方法对经营活动中的某一部分实施组织、协调、控制,所产生的管理效果只能对生产经营的局部起到制约作用。财务管理则不同,作为一种价值管理,其包括筹资管理、投资管理、分配管理等,是一项综合性极强的经济管理活动。财务管理通过资金的收付及流动的价值形态,可以及时、全面地反映商品物资的运行状况,并渗透在全部经营活动之中,涉及生产、供应、销售每个环节和人、财、物各个要素。具有综合和专业管理特征的财务管理,其管理的效率与效果会涉及或影响企业管理的方方面面。企业管理应当以财务管理为中心,财务管理对象应当构成企业管理的核心内容,这是由财务管理的本质与特点所决定的。抓好财务管理就是抓住了企业管理的“牛鼻子”。

第二节　财务管理目标*

一、财务管理目标的多层次性

理论研究往往从提出研究的界限,确定研究的目标开始。财务管理目标的确立可以为财务理论和财务运行指明方向。只有明确了财务目标，才能明确财务管理到底是管什么的、该怎么管及如何有效管理等问题。

财务管理目标是企业组织财务活动、处理财务关系所要达到的根本目的，它决定着企业财务管理的基本方向，是企业财务管理工作的出发点，也是构建财务运行理论的基石。尤其是在管理实务中，明确财务目标有利于充分发挥财务职能，有利于实施目标管理，有利于调动员工的积极性，创造出最佳业绩，因而财务管理目标具有导向作用、凝聚作用、激励作用和考核作用。

财务管理目标具有层次性（或多元性），这是由企业财务管理内容和方法的多样性以及它们之间相互关系上的层次性所决定的。

（一）股东的财务管理目标

股东是企业的投资人和最终受益者，他们的财务管理目标可能是追求股东财富最大化，因而会更加关注决策程序、经营目标与实现程度等情况。股东对企业目标的影响主要是通过股东大会和董事会实现的。企业重大的财务决策必须经过股东大会或董事会的表决。其目的是增强企业的生存能力，保护所有者自身的权益。

为了实现股东利益，股东会要求企业持续发展，收益持续上升，股价稳中有升，以期望用较小的代价为股东带来更多的财富。

（二）经营者的财务管理目标

公司制企业的建立，特别是股份制公司的出现，使得经营权和所有权分离。所有者将企业交由职业经理人经营，从而成为委托方；职业经理人接受委托经营公司，从而成为受托方。两者之间建立起委托—代理关系，这样，基于财产所有权的受托责任便得以确立。

受托责任是一种契约，应当有具体、明确的考核标准，这样有利于把经营者的经济利益与企业的经济效益联系起来，激发经营者的积极性和创造性。经营者为了实现契约目标和自身价值，其财务管理目标往往是追求利润等相关考核指标的最大化，因而会更加关注受托责任、绩效考核和利润分成等情况。

在所有者为经营者制定考核标准的基础上，企业的经营者为了实现自身的财务管理目标，就必须对企业进行合理、有效的财务管理。例如，某企业所有者给经营者制定的利润目标是本年利润比上年增长10%，为了实现目标利润并追求利润最大化，经营者会采取各种管理措施，如提高单价、降低单位变动成本、提高销售量、降低固定成本来实现利润目标，并且通过比较利润敏感系数的大小来选择应该采取的措施。在实施这些措施后，利润等相关指标实现了最大化，企业经营者的财务管理目标得以实现，企业也得到了发展。

经营者掌握着实际经营控制权，其对企业财务信息的掌握远远多于股东。为了协调这种矛盾，股东除要求经营者定期公布财务报表外，还应尽量获取更多信息，对经营进行必要的监督，或者将经营者的管理绩效与其所得的报酬联系起来，使经营者分享企业增加的财富，鼓励他们自觉采取符合股东目标的行为。

由于行为与目标的不一致性，所有者与经营者、债权人之间客观存在着一定的矛盾。例如，经营者希望在提高企业价值和股东财富的同时，能更多地增加享受成本；而股东则希望以较小的成本支出带来更高的企业价值或股东财富。为了协调企业所有者与经营者之间的矛盾，通常采用监督和激励相结合的办法使经营者的目标与企业目标协调起来，并力求使监督成本、激励成本和经营者背离股东目标的损失之和最小。而协调所有者与债权人之间矛盾的方法可以采取限制性借款、收回借款或停止借款等。所有者、债权人与经营者之间的关系如图 1—3 所示。

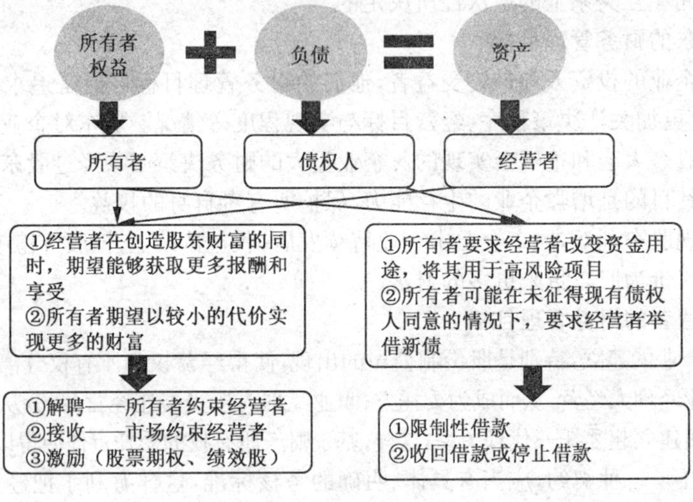

图 1—3　企业财务管理目标冲突与协调措施

(三)员工的财务管理目标

员工在完成具体工作任务的同时，他们的财务管理目标可能是追求薪酬最大化，因而会更加关注工作目标、业绩指标与奖惩措施等情况。

影响企业员工收入的主要因素是企业整体运行和盈利状况，同时，员工本职岗位的考核标准和奖励措施也很重要。员工按照考核标准完成了自己的工作任务，就可以拿到相应的收入，如果他(她)还因为某些行为符合了奖励要求，那么，他(她)就会得到一笔额外的奖金，增加了他(她)的收入。员工为了达到自己的财务管理目标，追求自身收入的最大化，会积极地参与到企业的日常管理和创新中，通过自己的技术创新和严谨管理，提高效率、降低成本，一方面增加自身的薪酬，另一方面也促进了企业的利润增长，企业也有能力提供更高的收入水平回报员工。

在知识经济时代，企业的利益是各种要素所有者的共同利益，企业的财务管理目标应当考虑各相关主体的利益。讲究以人为本的原则，财务管理的目标不应把员工的利益排斥在外。企业必须依赖于员工富有创新性的劳动才能获得生存与发展，因为员工的劳动已不再像工业经济社会中以可重复的劳动为主；同时，对于与企业关系密切的债权人、客户、供应商、社会公众、潜在投资者、政府、战略伙伴等，满足他们的利益需要也是企业财务管理目标的组成部分。企业财务管理目标趋于多元化，是因为企业最终需要实现“多赢”目标。不同利益群体的财务管理目标层层分解、互相配合，以合理保证企业的良性运转，促进企业资产或资本的保值增值。

二、财务管理目标典型论述分析

对财务管理目标的认识是一个不断发展的渐进过程。企业所处的社会环境、文化背景、政治和法律情况、内部治理结构等因素的变动都会引起企业财务管理目标的变化。对于财务管理目标的确立问题，中外学者的争议一直较大，以下几种典型的财务管理目标论述各有优缺点。

(一)产值最大化(或销售最大化)

在计划经济时期，企业的所有权和经营权高度集中，国家采取统购包销方式。由于企业自主权有限，企业的主要任务就是完成国家下达的总产值目标，以不变价格计算的总产值是反映企业总的产品生产数量最直观的价值量指标。在产值最大化目标的驱使下，一些企业会因为追求数量而不计成本、不求质量、忽视经济效益、与市场脱节。

从计划经济转向市场经济期间，人们认识到企业生产应当面对市场、讲求效益，否则会造成库存积压与浪费，于是，销售最大化的理念应运而生。

(二)利润最大化

随着我国经济体制改革的推进，政企分开使得企业逐渐成为自主经营、自负盈亏的经济实体，西方经济学家以利润最大化来分析和评价企业行为和业绩的观点引入我国。通常，企业是以营利为目的的经营组织，其生存发展与利润多寡有一定的关联。

利润额是企业在一定期间收入与费用的差额，是按配比原则加以计算的，它反映了当期日常活动中投入(所费)与产出(所得)对比的结果，在一定程度上体现了经济效益的高低。利润指标含义明确，容易计量，实用性、可操作性较强。将利润最大化作为财务管理目标，在一定程度上有利于资源的合理配置，有利于经济效益的提高。因为企业追求利润最大化，会讲求经济核算，不断改善企业管理，降低产品成本，提高劳动生产率。这些措施都有利于资源的合理配置和经济效益的提高。利润代表了企业新创造的财富，利润越多，企业的财富增加得越多。

但利润是一个绝对数指标，没有反映创造的利润与投入的资本之间的关系，不利于同一企业不同时期以及不同规模企业之间的比较，不能真正衡量企业经营业绩的优劣；也没有考虑利润的取得时间与所承担的风险之间的关系，盲目追求利润会出现短期行为倾向,即只重视实现近期利润目标而忽视企业的长远发展等,容易增加企业的经营风险和财务风险。

后来产生了资本利润率(或每股盈余)最大化的提法,虽然将企业的利润与股东投入的资本联系起来考虑,但仍然没有考虑每股盈余取得的时间和风险。

(三)股东财富最大化(或股票价格最高化)

股东创办企业的目的是为了增加股东财富。按照现代委托—代理学说,企业的日常经营管理活动由受股东委托的经营者负责处理。基于委托—代理条件下的受托财产责任,经营者应最大限度地谋求股东或委托人的利益,而股东或委托人的利益目标是提高资本报酬率,增加股东财富,实现权益资本的保值增值。在股份制经济条件下,股东财富由其所拥有的股票数量和股票的市场价格两方面决定。股票数量一定,股票价格达到最高时,股东财富也达到最大,所以,股东财富最大化又演变成股票价格最高化。

与利润最大化目标相比,股东财富最大化目标考虑了资金的时间价值和风险因素,因为股价会对风险作出较敏感的反应,投资者是在对风险和收益进行权衡之后进行决策的,而且在一定程度上能避免企业的短期行为,因为不仅目前的利润会影响股票价格,而且未来的预期利润同样会对股价产生重要影响。

然而,大量非上市公司难以随时获得公司股价。即使是上市公司,股票价格的高低也会受各种因素的影响,如国家政策的调整、国内外经济形势的变化、股民的心理等,这些因素对企业经营管理者而言是不可能完全加以控制的。而且股东财富最大化强调了股东利益最大化,对其他相关者的利益重视不够。

2008 年 9 月 15 日,拥有 158 年悠久历史的美国第四大投资银行雷曼兄弟(Lehman Brothers)公司正式申请破产保护,这不仅与过度的金融创新和乏力的金融监管等外部环境有关,而且与雷曼兄弟公司本身的财务管理目标有着某种内在的联系。

雷曼兄弟公司正式成立于 1850 年,在成立初期为家族企业,且规模相对较小,主要从事利润比较丰厚的棉花等商品的贸易,以后从经营干洗、兼营小件寄存的小店逐渐转型为金融投资公司。在利润最大化目标的驱使下,雷曼兄弟公司开始转型经营美国当时最有利可图的大宗商品期货交易,其后,公司又涉足股票承销、证券交易、金融投资等业务。1899～1906 年的 7 年间,雷曼兄弟公司从一个金融“门外汉”成长为纽约当时最有影响力的股票承销商之一。其每一次业务转型都是资本追逐利润的结果。然而,由于公司在过度追求利润的同时忽视了对经营风险的控制,从而为其破产埋下了伏笔。

为了提高集团公司的整体竞争力,1993 年,雷曼兄弟公司进行了战略重组。雷曼兄弟公司的母公司(美国运通公司)为了支持其上市,将有盈利能力的优质资产剥离后注入上市公司,而将大量不良资产甚至“包袱”留给了集团公司,在业务上实行核心业务与非核心业务分开,上市公司与非上市公司分立运行。这种上市方式注定了其上市之后无论是内部公司治理,还是外部市场运作,都无法彻底与母公司保持独立。因而在考核和评价其业绩时，应当站在整个集团公司的高度，而不能仅从上市公司这一个子公司甚至孙公司的角度来分析和评价其财务状况和经营成果。

由于公司性质的变化，其财务管理目标也随之由利润最大化转变为股东财富最大化。美国是一个市场经济比较成熟的国家，以股东财富最大化为财务管理目标能够获得更好的企业外部环境支持。由于只有上市公司才有股价，因此，股东财富最大化的财务管理目标适用于上市公司，而集团公司中的母公司及其他子公司并没有上市，因而股东财富最大化的财务管理目标不仅无法引导整个集团公司进行正确的财务决策，而且可能导致集团公司中非上市公司的财务管理目标缺失，财务管理活动混乱等。

为了使公司股票在一个比较高的价位上运行，雷曼兄弟公司自2000年起连续7年将公司税后利润的92%用于购买自己的股票，此举虽然对抬高公司的股价有所帮助，但同时也减少了公司的现金持有量，降低了其应对风险的能力。另外，将税后利润的92%用于购买自己公司而不是其他公司的股票，无疑是选择了“把鸡蛋放在同一个篮子里”的投资决策，不利于分散公司的投资风险；过多关注公司股价短期的涨和跌也必将使公司在实务经营上的精力投入不足，经营重心发生偏移，使股价失去高位运行的经济基础。雷曼兄弟公司选择股东财富最大化，导致公司过多关注股东利益而忽视了一些公司应该承担的社会责任，加剧了其与社会之间的矛盾。

当雷曼兄弟公司选择股东财富最大化为其财务管理目标之后，公司迅速从一个名不见经传的小店发展成闻名于世界的华尔街金融巨头；但同时，由于股东财富最大化的财务管理目标利益主体单一(仅强调了股东的利益)、适用范围狭窄(仅适用于上市公司)、目标导向错位(仅关注现实的股价)等原因，雷曼兄弟公司最终无法在2008年这次百年一遇的金融危机中幸免于难。股东财富最大化对于雷曼兄弟公司来说真是“成也萧何，败也萧何”。

(四)企业价值最大化

企业价值就是企业的市场价值，是企业所能创造的预计未来现金流量的现值。企业虽然不是一般意义上的商品，但也可以被买卖。要买卖必然要对企业进行市场评价，即通过市场评估来确定企业的市场价值。

在对企业进行评价时，投资者看重的不是企业已经获得的利润水平，而是企业潜在的获利能力与发展前景。因此，企业价值不是企业账面资产的总价值，而是企业全部财产的市场价值，它反映了企业潜在或预期的获利能力。投资者在评价企业价值时，是以投资者预期的投资时间为起点，并将未来的收益按预期投资时间进行折现。至于未来收益的多少可以按可能实现的概率进行计算。可见，这种计算办法考虑了资金的时间价值和风险问题。企业所得收益越多，实现收益的时间越近，应得的报酬越是确定，则企业的价值或股东财富就越大。

企业价值最大化的财务管理目标反映了企业潜在的或预期的获利能力和成长能

力。该目标不仅反映了对企业资产保值增值的要求，而且有利于克服管理上的片面性和短期行为，有利于社会资源的合理配置。社会资金通常会流向企业价值最大化的企业或行业，这有利于实现社会效益最大化。

（五）社会价值最大化（相关者利益最大化）

现代管理理论认为，企业是一个多边契约关系的集合体，涉及股东、债权人、经营者、员工、政府等多方面的利益，应当具有合作共赢的理念。如果将企业财务管理的目标仅仅归结为股东的价值，而忽视其他相关利益主体，则容易导致矛盾冲突。企业的财富好比一块蛋糕，这块蛋糕可以分为几个部分，分属于企业契约关系的各方。当企业的财富总额一定时，各方的利益只能此消彼长；只有当企业的财富增加后，各契约关系方的利益才会较好地得到满足。也就是说，企业应当在不断提高自身价值的基础上，满足各利益相关者的需求，使财富不断增长。

例如，企业的资金来源于股东和债权人。债权人把资金借给企业以后，一般会采取必要的监督措施以保证按时收回本金和利息。因此，债权人必然要求企业按借款合同规定的用途使用资金，并要求企业保持良好的偿债能力。债权人的投资回报是固定的，而股东收益随企业的经营效益而变化。当企业经营良好时，债权人所得的固定利息只是企业收益中的一小部分，大部分利润归股东所有。当企业经营状况不佳甚至陷入财务困境时，债权人承担了无法追回本息的风险，从而使所有者的财务目标与债权人可望实现的目标产生矛盾。在企业财务拮据时，两者之间的利益冲突会加剧。

又如，企业职工包括一般员工和经营管理人员，他们为企业提供了智力和体力劳动，必然要求取得合理的报酬。职工是企业财富的直接创造者，他们有权分享企业的收益以恢复体力和脑力。可见，职工的利益与企业的利益紧密相连。

企业要在激烈的竞争环境中生存，还必须与其周围环境和谐相处，这包括与政府的关系、与社区的关系等。企业必须承担一定的社会责任，包括解决社会就业、讲求诚信、保护消费者、支持公益事业、环境保护和搞好社区建设等。社会价值最大化就是要求企业在追求企业价值最大化的同时，实现与利益相关者的协调发展，形成企业的社会责任与经济效益之间的良性循环关系。

社会责任是指企业在从事生产经营活动、获取正常收益的同时，应当承担相应的社会公益责任。有时企业的财务管理目标与社会责任存在矛盾，如承担社会责任可能会造成利润减少；但更多时候企业的财务管理目标与社会责任是一致的。首先，企业承担社会责任大多是法律所规定的，如消除环境污染、保护消费者权益等。其次，企业积极承担社会责任，为社会多作贡献，有利于企业树立良好形象，也有利于企业财务管理目标的实现。一个企业要步入可持续发展的轨道，在消耗资源并创造财富的同时，要保护好环境，把近期利益与长远利益有机结合起来，在保证企业长期稳定发展的基础上实现企业总价值的最大化。

为了给企业创造尽可能多的财富，财务管理应当很好地研究生财、聚财、用财之间的辩证关系。生财是聚财、用财的决定因素，聚财是用财、生财的重要手段，用财、聚财的目的全在于生财。讲究理财之道的关键在于生财。财务管理应以社会价值最大化为理财目标，做到生财有方，生生不息；聚财有度，适时足量；用财有效，财源广进。

三、企业目标对财务管理的具体要求

财务管理是企业管理的一个重要组成部分，是有关资金的获得和有效使用的管理工作，其管理目标应当服从并服务于企业目标的需求和目标变化的要求。

企业面临着激烈的市场竞争，必须以生存、发展、获利作为目标。企业首先必须具有生存下去的能力。无法生存，何来发展？但生存环境竞争惨烈，所以，只有不断发展才能求得生存。发展就要获利，就要获取现金净流量。企业目标对财务管理提出了明确的要求。财务管理目标不仅着眼于企业目标，还受到企业目标的制约或影响，两者应当协调一致。

（一）生存目标的要求

企业成立以后就会面临各种竞争压力，并始终处于生存与倒闭、发展与萎缩的矛盾之中。尤其是全球经济一体化以后，企业会面对国际国内竞争的双重压力。在市场经济中的企业首先要考虑如何生存。

企业生存下去的基本条件是以收抵支、到期偿债。生存危机主要来自两个方面：一个是长期亏损，它是企业终止的根本原因；另一个是不能偿还到期债务，它是企业终止的直接原因。亏损企业为维持运营被迫进行偿债性融资，借新债还旧债，如不能扭亏为盈，则迟早会因为借不到钱而使资金无法周转，从而不能偿还到期债务。盈利企业也可能因扩大生产规模而大量借款，但由于各种原因导致投资失败，为偿债而被迫出售资产，使生产经营无法持续下去。所以，力求保持以收抵支和偿还到期债务的能力，减少破产的风险，使企业能够长期、稳定地生存下去，这对财务管理来说是首要的任务。

（二）发展目标的要求

只有发展才能更好地生存；但发展必须是科学的、可持续的，从而不会对企业的生存或以后的发展形成桎梏或危害。

企业的发展集中表现为扩大收入。扩大收入的根本途径是提高产品的质量、扩大销售的数量，这就要求不断更新设备、技术和工艺，并不断提高各种人员的素质，也就是要投入更多、更好的物质资源、人力资源，并改进技术和管理。在市场经济中，各种资源的取得都需要付出资金。企业的发展离不开资金。因此，筹集企业发展所需的资金并保持可持续发展，这对财务管理来说是必然的要求。

（三）获利目标的要求

企业是营利性组织，其出发点和归宿点都是为了获利。企业只有获利才有存在的价值。盈利可以反映企业目标的实现程度，并有助于其他目标的实现。但收益必须要有质量、要有现金流量支撑才能更好地发展。

从财务管理的角度看，盈利就是指使资产获得超过其投资的回报。在市场经济中，没有"免费使用"的资金，每项资金来源都有其成本，每项资产都是投资，都应获得相应的报酬。但回报要有现金流，要有质量。财务管理应当对正常经营产生的和从外部获得的资金加以有效利用，并加速资金周转，这对财务管理来说是极为重要的。

四、影响财务管理目标实现的因素分析

(一)财务环境因素

财务环境是企业财务管理赖以生存的土壤，是企业开展财务活动的舞台，包括宏观环境和微观环境。其中，宏观环境主要是指企业财务所面临的政治、经济、法律和社会文化环境，微观环境主要是指企业的组织形式、采购、生产、销售和投资等。下面三个方面的环境因素对企业的影响十分重要，企业需要很好地适应财务环境的要求与变化。

1. 法律环境

企业无论是筹资、投资还是利润分配，都要与企业外部发生经济关系，而在市场经济条件下，越来越多的经济关系和经济活动受到法律的具体规范。熟悉相关法律规范，在守法的前提下履行财务管理职能，才能实现企业的财务管理目标。

2. 金融市场环境

金融市场是企业投资、筹资和长短期资金相互转化的场所，它为企业理财提供有意义的信息，是企业经营和投资的重要依据。企业应当充分利用和适应金融市场，使其为企业的财务管理目标服务。

3. 经济环境

经济环境主要包括经济发展、经济政策、税收政策、通货膨胀、利息率变动和市场竞争，它们对企业有极大的影响。企业应该根据经济发展的波动周期与运行规律，科学预测未来并考虑政府经济政策的导向、通货膨胀和利率波动等外部因素，在市场竞争中及时调整生产经营，提高应变能力。

(二)管理决策因素

影响管理决策的因素是多方面的，下面几点可能更为直接：

1. 投资项目

投资项目是决定企业报酬率和风险的首要因素。任何项目都有风险，区别只在于风险的大小。不少企业陷入困境甚至破产倒闭，大多是投资失误所致。实施科学、周密的投资计划将会大大减少项目的风险。建立充分的可行性论证和严格的投资决策审批制度是十分重要的。

2. 投资报酬率

企业的盈利总额并不能全面反映股东财富，在风险相同的前提下，股东财富的大小要看投资报酬率。企业为达到经济增长的目的，在面临众多投资机会时，往往通过资本预算来作出长期投资决策。为提高投资报酬率，采用科学、有效的方法进行投资项目评价，对提高决策质量、实现财务管理目标至关重要。

3. 资本结构

资本结构是所有者权益与负债的比例关系，如果资本结构不当，会严重影响企业的效益，增加风险，甚至导致企业破产。为使企业价值最大化，企业通常分析每股收益无差别点，并充分考虑未来增长率、所承受的风险等各种因素来确定其最佳的资本结构，实现企业财务管理目标。

4. 风险

市场经济中的风险不仅客观存在，而且会不期而遇。风险是一种可能性，从而为目标的实现带来不确定性或不肯定性。任何决策都是面向未来的，都会有或多或少的风险。企业决策时需要在报酬与风险之间作出权衡，研究风险，并设法控制风险。风险报酬率取决于投资者对风险的偏好，企业通常可采用多元投资和多元筹资等方法来控制风险和分散风险，以求最大限度地增加企业价值。

5. 股利政策

股利政策是指企业的盈余中多少作为股利发给股东，多少保留下来以备再投资之用，以便使未来的盈余源泉得以维持。股利政策将影响企业的融资计划和资本预算，企业应该根据实际情况选择实施剩余股利、低正常股利加额外股利等股利政策来实现财务管理目标。

综上所述，企业在制定或确定财务管理目标时，既要价值导向，又要风险掌控。财务管理目标首先必须激发企业创造更多的利润和价值，但同时也必须时刻提醒经营者控制经营风险；既要考虑股东利益，又要兼顾更多利益相关者的利益。企业是一个多方利益相关者利益的载体，财务管理的过程就是协调各方利益关系的过程，而不是激发矛盾的过程。财务管理目标需要保持相对稳定，以便制定企业的长期发展战略，同时也要与时俱进，以适应环境的变化。

第三节　财务管理职责

一、财政部门的财务管理职责

《企业财务通则》（简称《新通则》）要求建立权责分明的企业财务管理规范制度，从政府宏观财务、投资者财务、经营者财务三个层次构建了资本权属清晰、财务关系明确、符合企业法人治理结构要求的企业财务管理体制。

各级财政部门作为社会管理者，承担着重要的经济管理职能，应当引导和支持企业的发展；同时，也对企业的运行承担着义不容辞的社会责任和公共道义，因而与企业存在着密切的财务关系。

按照《新通则》的规定，我国企业的财务规章制度由财政部负责制定，各级财政部门(或主管财政机关)负责加强对企业财务的指导、管理和监督，其主要职责包括：(1)监督执行企业财务规章制度，按照财务关系指导企业建立健全内部财务制度；(2)制定促进企业改革与发展的财政政策，建立健全支持企业发展的财政资金管理制度；(3)建立健全企业年度财务会计报告审计制度，检查企业财务会计报告的质量；(4)实施企业财务评价，监测企业财务运行状况；(5)研究、拟定企业国有资本收益分配和国有资本经营预算制度；(6)参与审核属于本级人民政府及其有关部门、机构出资的企业重要改革、改制方案；(7)根据企业财务管理的需要提供必要的帮助和服务。

各级人民政府及其部门、机构，企业法人、其他组织或者自然人等企业投资者(以下通称"投资者")，企业经理、厂长或者实际负责经营管理的其他领导成员(以下通称"经营者")，依照法律、法规、企业财务通则和企业章程的规定，履行企业内部财务管理职责。

二、投资者的财务管理职责

企业是股东投资创办的，是投资者的企业，投资者才是企业法律意义上的"主人"。只有投资者管理企业的职能不"缺位"，管理企业的职责才能真正落实到位。企业的投资者可以是自然人，也可以是法人或者其他组织。投资者通过向企业出资建立起正式的投资与被投资关系，他们对企业的净资产享有所有权，对企业的经营成果享有分配权。企业投资者是企业权益性资本的持有者，在企业法人治理结构中处于决定性地位，其管理要求围绕资本投入、运营和收益进行，核心要求是资本安全与投资回报。

投资者是凭借对企业资本的所有权对企业进行财务管理的，主要手段是利用对若干重大事项的控制权，约束经营者的财务行为，以确保企业资本的安全和增值，最终实现投资者自身的利益。投资者履行财务管理职责是企业内部财务管理职责中最重要的组成部分。

政府可能具有双重身份。作为政府出面的宏观管理者，应当负责制定企业财务规章制度并对此加强监管；作为股东出面的微观投资者，还应当与企业的经理、厂长或者实际负责经营管理的其他领导成员一起履行企业内部财务管理职责。

只要是企业的股东，就依法享有资产收益、参与重大决策和选择管理者等权利，就应当按照《新通则》的规定，切实履行下列投资者的职能：(1)审议批准企业内部财务管理制度、企业财务战略、财务规划和财务预算；(2)决定企业的筹资、投资、担保、捐赠、重组、经营者报酬、利润分配等重大财务事项；(3)决定企业聘请或者解聘会计师事务所和资产评估机构等中介机构；(4)对经营者实施财务监督和财务考核；(5)按照规定向全资或者控股企业委派或者推荐财务总监。

企业在改制、产权转让、合并、分立、托管等重组活动中，对涉及资本权益的事项，应当由投资者或者授权机构进行可行性研究，履行内部财务决策程序。

对于上述管理职责的履行，投资者一方面应当通过股东(大)会、董事会、监事会或监事，或者其他形式的内部机构履行财务管理职责；另一方面，也可以通过企业章程、内部制度、合同约定等方式将部分财务管理职责授予经营者，通过对经营者的授权、约束、管理、激励、解聘等措施来达到履行财务管理职责的目的。投资者也可以通过制度规范、章程约定等方式，将投资者财务管理职权的全部或部分授予经营者。如果经营者在经营过程中违反《新通则》的有关规定，投资者可以依法追究经营者的责任。

三、经营者的财务管理职责

经营者是凭借委托—代理关系获得企业法人财产经营权而行使财务管理职责的。因此，明确经营者的财务管理权限尤为重要，它在企业内部控制中起着基础性的作用。分配权限时，投资者既要赋予经营者充分的自主经营权，又要对经营者的权力有适当的制衡。

按照《中华人民共和国公司法》(简称《公司法》)的规定，有限责任公司可以设经理，由董事会决定聘任或者解聘。经理对董事会负责，行使下列职权：主持公司的经营管理工作，组织实施董事会决议；组织实施公司年度经营计划和投资方案；拟订公司内部管理机构设置方案；拟定公司的基本管理制度；制定公司的具体规章；提请聘任或者解聘公司副经理、财务负责人；决定聘任或者解聘除应由董事会决定聘任或者解聘以外的管理人员；董事会授予的其他职权。公司章程对经理职权另有规定的，从其规定。经理可以列席董事会会议。

根据《新通则》的规定，经营者的财务管理职责主要包括以下几项：(1)拟定企业内部财务管理制度、财务战略、财务规划，编制财务预算；(2)组织实施企业筹资、投资、担保、捐赠、重组和利润分配等财务方案，诚信履行企业偿债义务；(3)执行国家有关职工劳动报酬和劳动保护的规定，依法缴纳社会保险费、住房公积金等，保障职工的合法权益；(4)组织财务预测和财务分析，实施财务控制；(5)编制并提供企业财务会计报告，如实反映财务信息和有关情况；(6)配合有关机构依法进行审计、评估和财务监督等工作。

四、财务人员的财务管理职责

财务人员的财务管理职责集中反映在筹资、投资、分配过程中的履职表现，即应当按照企业制定的财务战略，合理筹集资金，有效营运资产，控制成本费用，规范收益分配及重组清算等财务行为，加强财务监督和财务信息管理。这些财务管理职责还具体体现在如何实施财务预测、参与财务决策、编制财务预算、落实财务控制、进行财务分析与业绩评价等财务管理环节中。

财务职责具有综合反映与监督的特性。一方面,财务活动反映生产经营要素的形成、资源的利用、生产经营及对外投资的成果,能揭示企业各项管理工作的问题;另一方面,财务关系集中反映国家、所有者、经营者和劳动者等各个方面的利益关系,能揭示在这些关系处理中存在的问题。为了合理组织财务活动、正确处理财务关系,国家制定了有关财政、金融、税务等法律法规,所有者与经营者也制定了各种相关的财务决策方法与内部管理制度。财务人员必须按照国家、所有者及经营者的有关规定实施具体的财务控制与监督,使这些规定得以正确、有效地执行。落实财务职责是合理保证企业财务活动的有效性和财务关系处理的合理性的重要手段,也是国家财税监督、信用监督和其他宏观经济监督措施得以落实到企业的重要桥梁。

为了履行财务管理职责,企业应当合理设置财务机构。一些企业将财务机构与会计机构合并设置,在总经理或分管副总经理的领导下,由总会计师负责财务会计部门的工作。另一些企业设置与会计机构并列的财务管理机构,该机构以财务管理职能或内容来划分内部职责,设置若干管理岗位。财务岗位或职责可以一人多岗(职),但应注意不相容职务分离与授权批准等内部控制的规范要求。财务机构与会计机构并行设置及其内部岗位分工情况如图 1—4 所示。

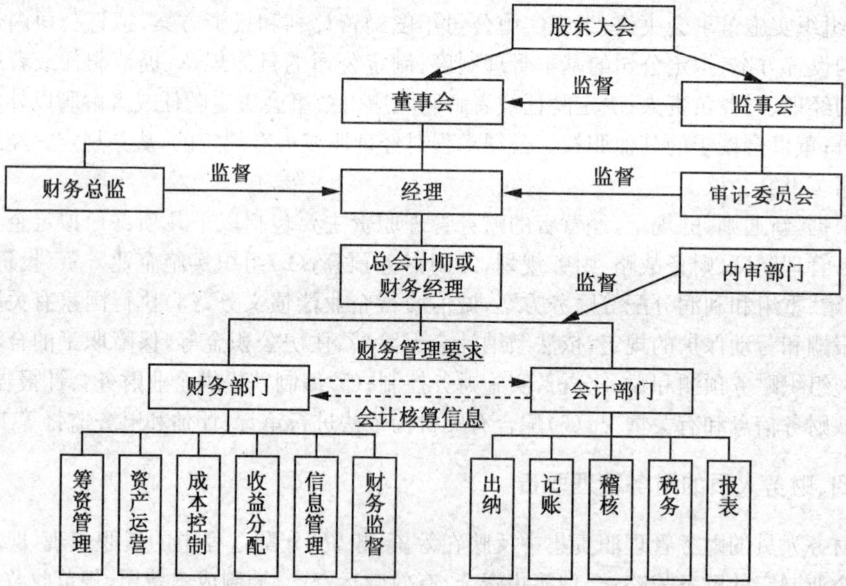

图 1—4 企业财务管理机构设置与岗位职责

企业设置财务总监或实行财务总监委派制，从加强法人治理结构出发，重点突出了董事会在企业财务方面的监督与管理职能，目的在于健全和完善企业内部监控机制，保证所有权与经营权的分离落到实处。

实行财务总监制度完善了董事会（或监事会、审计委员会）、企业经营者、财务总监三权分立、相互牵制的制衡机制，较好地解决了对企业经营者进行监督的问题。

综上所述，正确认识各项财务职责，充分发挥各个层次的财务管理职能，能够促使企业经济活动的良性循环，实现经济发展速度与效益相结合，有助于企业的可持续发展。明确了企业财务职能才能明确从什么方向去发挥财务的作用。不同财务职能的发挥影响着财务管理的内容、方式与效果，也对财务管理学科的建设具有重要意义。

第四节 财务管理环节

一、财务预测与信息管理

（一）信息管理的含义

现代企业被称为信息型组织，财务管理将无可选择地要以信息为基础。在信息社会，实现信息共享是有效利用信息资源的明智之举。因此，企业应当结合经营特点，实行统筹企业资源计划，全面整合和规范财务、业务流程，对企业物流、资金流、信息流进行一体化管理和集成运作。加强信息的沟通、反馈和有效利用对于完成财务管理任务和实现财务管理目标是至关重要的。

（二）财务预测的含义

财务预测是指根据企业的整体战略目标和规划，在调查研究的基础上，根据已掌握的信息资源，运用科学的方法，对未来的财务状况、经营成果和现金流量进行的估计、推算与安排。财务预测不仅是经营决策的重要依据，而且是编制财务预算的重要前提，通过对影响财务预算指标的各因素的测算与分析，使财务预算建立在先进、合理的水平上。

（三）财务预测的基本步骤

1.明确预测对象与目标

通过确定预测的目的与对象，明确预测所要达到的目标、内容与范围等。

2.收集与分析相关信息资料

对与预测对象有关的历史资料和现实资料，通过收集、分类、分析与整理，去伪存真，去粗取精。

3.选择恰当的预测方法

根据预测的目的、要求和掌握资料的具体情况，从多种预测方法中选择一种或几种适当的预测方法进行定性分析和定量测算，取得初步的预测结果。

4.分析预测结果，写出预测或规划报告

根据预测结果，对已提出的各种方案进行科学论证，写出预测或规划报告，供领导决策。

(四)财务预测的方法

1. 经验判断法

经验判断法又称直接判断法，是一种凭借预测者个人或集体的智慧与经验进行分析、预测的方法。其中，个人经验判断法包括个人相关推断法、个人对比类推法、个人比例推断法等；集体经验判断法包括专家意见征询法、消费者意见调查法、内部意见交换法等。

2. 时间序列预测法

时间序列预测法又称动态数列预测法，是一种根据预测对象的历史资料所组成的时间序列，分析其发展趋势，推断其未来状况的预测方法，包括平均数法(算术平均数法、移动平均数法、几何平均数法、指数平滑法等)、直线方程法等。

3. 因果分析预测法

因果分析预测法是一种根据预测对象变化的因果关系，通过建立数学模型的方式进行预测的方法，包括回归预测法、投入产出法等。

二、财务决策与战略管理

(一)战略管理的含义

战略是指导全局的计划和策略，是直接左右企业能否持续发展和持续盈利的最重要的决策参照。战略目标是战略行动所要达到的预期结果，是制定和实施战略的出发点和归宿点。战略管理是促使企业达成战略目标的过程管理。

由于战略管理是对一个企业或组织在一定时期全局的、长远的发展方向、目标、任务和政策，以及资源调配作出的决策和管理艺术，包括在完成具体目标时对不确定因素作出的一系列判断，因此，战略管理是决策者理财思维的结果和发现智谋的纲领。

(二)财务决策的含义

财务决策是指在企业目标的总体要求下，通过专门的方法从各种备选方案中遴选出最优(或令人满意)方案的行为。在市场经济条件下，财务管理的核心是财务决策。财务预测是为财务决策服务的，决策关系到企业的兴衰成败。为此，企业应当建立财务决策制度，明确决策规则、程序、权限和责任等。法律、行政法规规定应当通过职工(代表)大会审议或者听取职工、相关组织意见的财务事项，应依照其规定执行。

企业应当建立财务决策回避制度。对于投资者、经营者有利益冲突的财务决策事项，相关投资者、经营者应当回避。

(三)财务决策的基本步骤

1.确定决策目标

由于各种不同的决策目标所需的决策分析资料不同,所采取的决策依据也不相同,因此,只有明确决策目标,才能有针对性地做好各个阶段的决策分析工作。

2.提出备选方案

根据决策目标,运用一定的预测方法对所收集的资料进行进一步的加工、整理,提出实现目标的各种可供选择的方案。

3.选择最优方案

备选方案提出后,根据决策目标,采用一定的方法分析、评价各种方案的经济效益,进行综合权衡,从中选出相对较优的方案。

(四)财务决策的方法

财务决策的方法主要有对比优选法、线性规划法、概率决策法、损益决策法和数学微分法等。

三、财务预算与规划管理

(一)财务预算与规划管理的含义

规划是对未来整体性、长期性、基本性问题的考量,是设计未来的整套行动方案,有综合性、系统性、时间性、强制性等特点。财务预算是企业规划的一个重要组成部分,是指运用科学的技术手段和数量方法,对预算期的财务状况、经营成果和现金流量进行预计或规划的总称。

企业应当建立财务预算管理制度,以现金流为核心,按照实现企业价值最大化等财务目标的要求,对资金筹集、资产营运、成本控制、收益分配、重组清算等财务活动实施全面预算管理。财务预算是以财务决策确立的方案和财务预测提供的信息为基础编制的,是财务预测和财务决策的具体化,是企业奋斗的目标、协调的工具、控制的标准和考核的依据。

(二)财务预算编制的基本步骤

1.分析财务环境,确定预算指标

企业根据其外部宏观环境和内部微观状况,运用科学方法,分析与所确定的经营目标有关的各种因素,按照总体经济效益的原则,确定主要预算指标。

2.协调财务能力,组织综合平衡

企业要合理安排人力、物力、财力,使之与经营目标的要求相适应,资金运用与资金来源平衡,财务收入与财务支出平衡,努力挖掘企业潜力,从提高经济效益出发,对企业各方面的生产经营活动提出要求,制定好各单位的预算指标。

3.选择预算方法,编制财务预算

以经营目标为核心，以平均先进定额为基础编制企业的财务预算并检查各有关预算指标是否相互衔接、协调平衡。

(三)财务预算编制的方法

财务预算的编制方法有固定预算法、弹性预算法、零基预算法和滚动预算法等。

财务预算或规划是实际行动的指导，因此，目标必须具备确定性、专一性、合理性、有效性和可行性。其作为实际行动的基础，更应充分考虑实际行动中的可能情况，并对未知的可能情况采取具体的预防措施，以降低规划存在的漏洞或可能情况发生所产生的不可挽回的后果或影响等。

四、财务控制与风险管理

(一)财务控制与风险管理的含义

财务控制是利用有关信息和特定手段，对企业财务活动施加影响或调节，使之按设定的目标和轨迹运行的过程。实行财务控制是落实预算任务、保证预算实现的有效措施，是财务管理的关键环节。

企业应当建立财务风险管理制度，明确经营者、投资者及其他相关人员的管理权限和责任，按照风险与收益均衡、不相容职务分离等原则，控制财务风险。

(二)财务控制的基本步骤

1.制定控制标准，分解落实责任

按照责、权、利相结合的原则，将预算任务以标准和指标的形式分解落实到车间、科室、班组及个人，这样，对企业内部每个单位、每个职工都有明确的工作要求，便于落实责任。

2.实施追踪控制，及时防错纠偏

在日常财务活动中，应采取各种手段对资金的收付、费用的支出、物资的占用等实施事先控制。凡是符合标准的，就予以支持并给予机动权限；凡是不符合标准的，则加以限制并研究处理。

为了在预算执行的过程中对结果与目标的差异及时进行调整，应当建立健全信息反馈系统。要及时、详细地记录预算的执行情况，将实际数与预算数或其他标准数进行对比，考察可能出现的变动趋势，确定差异的程度和性质，确定造成差异的责任归属，随时调节或调整误差以消除差异，顺利实现预算指标。

3.分析执行差异，落实考核奖惩

企业在运营一段时间后，应对各责任单位的预算执行情况进行分析、评价，考核各项财务指标的执行结果，把财务指标的考核纳入各级岗位责任制，运用激励机制，实行奖优罚劣。

五、财务分析与业绩管理

财务分析是根据有关资料，对企业一定期间的财务状况、经营成果和现金流量进行分析和总结的重要管理环节，具有扬长避短、惩前毖后、承上启下的重要作用。搞好财务分析工作，可以及时肯定成绩、发现问题、总结经验教训、提出改进措施、不断提高企业的经营管理水平。

有效的财务分析可以事前分析、事中分析和事后分析三管齐下，并采用全面分析、专题分析、会议分析等多种形式开展，如定期召开财务分析专题会议，集思广益，群策群力，使财务分析更深入、更具体。

比较分析法、比率分析法、因素分析法和趋势分析法是最常见的财务分析方法。但任何分析方法都只能为进一步调查研究指明方向，而不能代替调查研究。要确定影响财务活动及其财务成果的具体原因，并据以提出切实有效的建议和措施来改进工作，就必须在进行分析的基础上，深入实际地进行调查研究，把数量分析所得的结果与企业的实际经营情况有机地结合起来，才能作出符合实际的正确判断。

企业应当在财务分析的基础上建立健全财务评价或业绩评价制度。财务管理可以通过建立责任会计来履行考核与评价经营业绩的职能，即在各部门、各单位明确各自责任的前提下，逐级考核责任指标的执行情况，找出成绩和不足，从而为落实奖惩制度、改进未来的管理工作提供必要的依据。考核一定要有目标、有重点、有利于监督与控制。

上述财务管理的基本环节与会计核算和会计监督联系在一起，构成一个互相联系、环环紧扣、周而复始的财务管理循环过程和财务管理方法体系。其中，财务预测是财务决策和财务预算的基础；有了财务预算，可以增强财务活动的预见性，克服盲目性，并为财务控制与财务评价提供标准。财务控制是保证财务活动符合财务制度与财务预算既定目标，以取得最佳经济效益的关键环节。财务分析则主要是以财务评价指标为对象，以财务预算和会计核算资料为依据，对全部财务活动的过程及其结果进行分析与研究，用以评价企业的财务状况与经营业绩等(如图 1—5 所示)。

随着管理会计、成本管理与战略管理思想的不断渗透，财务管理学科的内容越来越丰富。信息化、数字化、网络技术被广泛运用于财务管理以后，会促使财务管理更加科学、严密，更有助于实现财务管理的高效益和智能化。

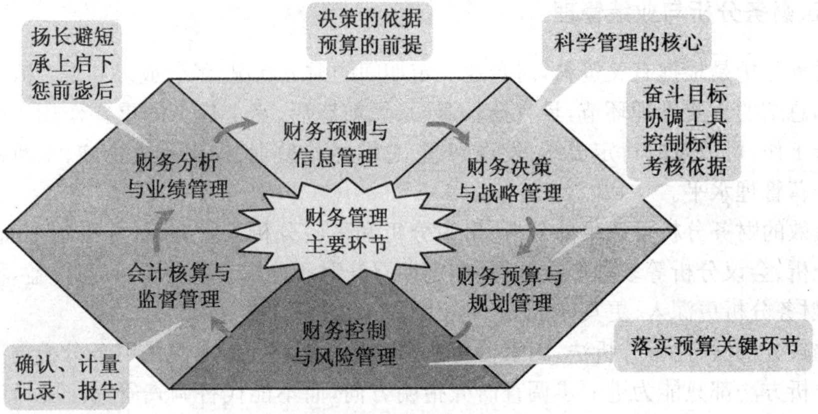

图 1—5 财务管理环节及其相互之间的关系

复习思考题

1. 简述企业财务管理对象及其构成的主要内容。

2. 简述不同阶段财务管理目标的优缺点以及企业目标对财务管理的具体要求。

3. 理论联系实际谈谈您对企业财务管理目标走向多元化的理解。

4. 简述投资者、经营者与财务人员三者之间财务管理职责的联系与区别。

5. 为什么在财务决策之前应当进行财务预测？简述财务预测与财务决策的步骤和方法。

6. 简述财务预算与财务控制的基本步骤及两者之间的关系。

7. 请归纳说明财务活动的主要内容和财务管理的基本环节。

8. 现代企业有哪些基本特征？财务管理应当如何满足现代企业管理的要求？

业务练习题

某老字号商场成立于1953年。1993年5月，该商场的股票在上海证券交易所上市。1998年12月，某公司借其壳上市，成为该商场的第一大股东，该商场也因此顺利进军IT产业。然而，由于整合存在考察不细、准备不足、筹划不周、急于求成等问题，商场的经营并不理想，几个月后，利润滑落到了盈亏临界点。面对严峻的经营形势，公司董事会决定从就业合同即将到期的664名员工中减员438人，从而引发大冲突。1999年11月18日至12月2日，商场停业，员工不仅不让商场开门营业，还将商场变成了论坛。“黑色的15天”使商场丢掉了400万元的销售额和60万元的利润。此时，为了商场的长远利益，首要的任务就是平息这场风波，安抚员工的情绪，政府也为此出面协调，最后董事会同意给予终止劳动合同的员工一次性经济补助共计300万元左右。15个不同寻常的日夜给人们带来深刻的反思。有人认为，该裁员风波可能是基于企业利润最大化的目标而开始，又在妥善处理好各方面经济关系的目标的指导下才得以平息的。

要求：根据财务管理目标的理论，结合上述文字和雷曼兄弟公司的案例，理论联系实际说明财务管理目标的基本特征及如何在财务管理目标实现的过程中掌控相关风险。

第二章 资金筹集管理

第一节 筹资管理概述

一、企业的设立与资本金制度

(一)企业的设立

设立企业是指组建企业并使之取得合法经营资格的行为。

按民事法律地位的不同,企业可以分为法人企业和非法人企业。法人企业是具有民事权利能力和民事行为能力,能够依法享有民事权利和承担民事责任的企业,如有限责任公司和股份有限公司。非法人企业是指不具有法人资格的企业,如合伙制企业和个人独资企业。

按照我国法律法规的规定,法人企业设立时应当具备如图 2—1 所示的条件。

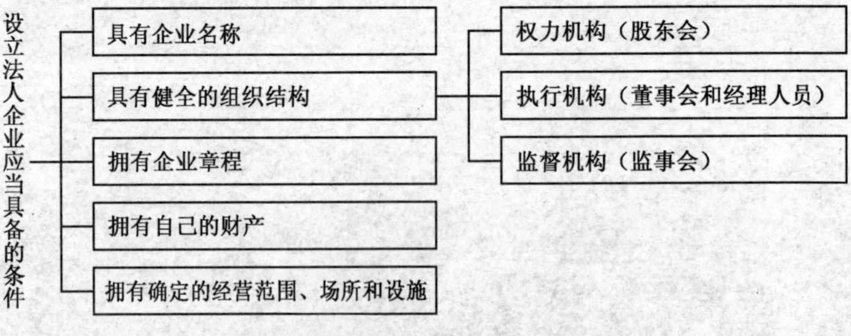

图 2—1　设立法人企业应当具备的条件

法人企业的设立通常要经过发起、论证、报批、申请设立登记、注册成立等程序。其中,筹集资金是从事经营活动的物质基础与前提。法人企业在成立时应当依法由其股东认缴出资额。

法人企业设立的方式可以分为发起设立和募集设立。发起设立是指由发起人认购企业应发行的全部股份而设立企业。募集设立是指由发起人认购企业应发行股份的一部分,其余部分向社会公开募集而设立企业。发起人在发起成立企业时,必须将企业的注册资本额载入企业章程,可以货币资金、实物、无形资产、股权、特定债权等方式出资。

(二)资本金制度

资本金是指企业在工商行政管理部门登记的注册资金,也就是开办企业的本钱。资本金管理制度是围绕资本金的筹集、管理以及所有者的责权利等方面所作的法律规范。企业在存续期间,非经法定变更程序,注册资本应保持不变,实收资本不能被抽走。投资者将资本投入企业后要求资本不但要保值,而且要不断增值。

二、筹资规模与筹资原则

(一)筹资规模

1. 筹资规模的概念

任何企业的运营都需要一定的资金来源,无论是设立之初还是持续经营,都会产生对资金的需求,需要筹措和集中资金;同时,企业因开展对外投资活动和调整资本结构等也需要融通资金。资金是企业的“血液”,资金运动是财务管理的主要内容。

筹资是指根据生产经营活动的资金需要,通过一定的渠道,采取适当的方式以获取所需资金的行为。

筹资规模是指一定时期内企业的筹资总额。考虑筹资规模是制定筹资策略和进行资金规划的主要内容,也是确定筹资方式的基本依据。

2. 筹资规模的特征

(1)层次性。企业的资金主要来源于资本和负债两个部分。一般情况下,企业进行投资时,总是先考虑已拥有的主权资本,在主权资本不足时才考虑对外筹资,如对外借债或追加资本。这样,正确确定筹资规模会涉及三个规模层次:①筹资总规模;②主权资本规模;③企业外部筹资规模。

筹资总规模受制于投资总规模。主权资本规模包括企业资本金规模和留存收益规模,具有相对稳定性。对外筹资规模是筹资总规模减去主权资本规模后的差额。在投资总规模已经确定的前提下,筹资规模的确定直接表现为对外筹资规模的确定。

(2)对应性。为保持财务结构的稳健和提高资产运营效率,财务管理要求企业应保持资金来源与资产占用之间的对应关系。

对于维持正常生产经营所需的最低数额的现金、原材料的保险储备、必要的成品或商品储备以及固定资产等长期稳定占用的资产，应与企业长期稳定的资金来源相对应，即应与企业采用主权资本和长期负债等筹资方式所筹集的资金的规模相对应。从其与企业业务量的关系看，这类筹资的需要量可称为不变资金规模，也称非敏感项目资金。

对于随业务量变动的资金占用，如最低储备以外的现金、存货、应收账款等波动性资产，则应与企业临时采用的筹资方式所筹集的资金规模相对应。这类筹资需要量从其与企业业务量的关系看，可称为变动资金规模，也称敏感项目资金。

将筹资规模按其与业务量的习性关系分为不变资金规模与变动资金规模，有利于企业在业务量预测的基础上，对筹资规模作出正确的预测。

(3)时间性。由于企业投资常常是分阶段进行的，因此，企业筹资也要求分阶段进行。企业在一定时期内可能同时进行几项投资活动，所需的资金会一次或分次筹措，因而确定筹资规模时，必须弄清总体投资需要和某一年度(季度、月度)的筹资额。只有明确了筹资的时间要求，才能准确把握某一时期内的筹资需要量。所以，筹资规模还应与投资需求时间相对应。

(二)筹资原则

企业筹措资金的基本原则是规模适当，足量而不过量；筹措及时，适时而不闲置或滞后；来源合理，注意筹资渠道、筹资方式、法律风险、收益与成本的比较；筹资方式经济合理，并注意确定合理的资金结构，努力降低成本、减少筹资风险。

三、筹资的分类及其特点

(一)股权筹资

股权资本是股东投入、企业依法筹集并长期拥有、可以自主支配的资金来源，体现了投资者与企业之间的财务关系。其具体来源分为两大部分：一是企业利用吸收直接投资、发行股票等方式所获的资金，直接形成企业的实收资本(股本)和资本公积。资本公积是企业资本的一种储备形式，可按照法定程序转增资本。二是投资者投资增值中留存企业的部分，包括盈余公积和未分配利润。盈余公积是企业按照规定的比例从税后利润中提取的资本积累，包括法定公积金和任意公积金，可用于弥补企业亏损或者转增资本。未分配利润是企业已实现但尚未向投资者分配的利润。

(二)债务筹资

债务筹资是指企业按照合同的约定向债权人取得的，在规定期限内需要清偿的债务，体现的是企业与债权人之间的财务关系。企业可以通过发行债券、借款、融资租赁、商业信用等方式筹集债务资金。一般而言，企业债务筹资具有速度较快、借款弹性较大、资金成本较低等优点；但是，债务筹资的限制性条件较多，由于需要定期支付固定利息，财务风险较大，因此，需要合理举债，负债有度。

（三）混合筹资

混合筹资是兼具股权与债务双重性质的筹资，如发行可转换债券和发行认股权证。

企业筹集到的各项资金来源可以按照不同的标准进行分类（如表2—1所示）。

表2—1　　企业资金来源分类一览表

分类标准	类　别	内容说明
按所取得资金的权益特性分类	股权筹资	股权资本是企业依法长期拥有、能够自主调配和运用的资本，不用还本付息，但要分配股利，资本成本较高
	债务筹资	债务资本是企业通过借款、发行债券、融资租赁以及赊购商品或服务等方式取得的，在规定期限内需要清偿的债务
按是否借助于中介分类	直接筹资	企业直接与资金供应者协商筹集资金，如发行股票、吸收直接投资、发行债券等
	间接筹资	企业通过银行和非银行金融机构筹集资金，如银行借款等
按资金来源的范围分类	内部筹资	企业通过利润留存而形成的筹资来源（一般无筹资费用）
	外部筹资	向企业外部筹措资金而形成的筹资来源（一般存在筹资费用）
按资金的使用期限分类	长期筹资	企业筹集使用期限在1年以上的资金
	短期筹资	企业筹集使用期限在1年以内（含1年）的资金

在规划资金来源时，企业应当考虑通过什么渠道，采用怎样的方式去筹集所需资金。筹资渠道与筹资方式存在着一定的对应关系：一定的筹资方式可能只适用于某一特定的筹资渠道，同一渠道的资金往往可采用不同的方式获取。随着我国资金市场的逐步完善，资金筹集的渠道和方式也日趋多样化。因筹集资金的渠道和方式的不同，企业需要付出的代价也不一样。资金成本就是为筹集和使用资金而发生的各种费用。企业应对各种筹资渠道和方式及其资金成本进行调查研究，选择资金成本较低，同时能适时、足量地满足企业生产需要的筹资渠道和方式。

在日常筹资活动中，企业往往是通过金融市场，采用适当的金融工具，把企业的筹资活动与筹资渠道有机地联系在一起。金融工具按其期限的不同可分为货币市场工具和资本市场工具，前者主要有商业票据、国库券（国债）、可转让大额定期存单、回购协议等，后者主要是股票和债券等。

股票和债券的最初销售市场称为初级市场，之后进入二级市场，在证券交易所进行交易。场外交易市场由经纪人操作，被称为三级市场。有的大宗股票直接在单位投资者之间进行交易，从而形成四级市场。目前，我国的金融市场、融资渠道和方式正在不断发展并日益国际化，关注融资风险、降低融资成本、提高融资效益显得十分重要。

四、筹资的风险防范与控制

具有良好发展前景、处于成长时期的企业通常会产生扩张动机。扩张动机是企业因扩大生产经营规模或追加对外投资的需要而产生的融资动机，其直接结果是导致企业筹资总额和资产总额的增加。

为了偿还债务也需要筹资：一是调整性偿债筹资，即企业虽有一定的能力支付到期旧债，但为了调整原有的资本结构，仍然举债，从而使资本结构更加合理；二是恶化性偿债筹资，即企业现有的支付能力已不足以偿付到期旧债而被迫举债还债，这表明企业的财务状况已有恶化迹象。

筹资风险是指企业因筹资活动而引起的收益不确定性以及到期不能偿付债务本息和投资人报酬的风险。为此，企业应加强对筹资活动的控制，合理确定筹资规模和筹资结构，防范财务风险，确保所筹资金的合理、有效使用。筹资业务活动比较复杂，其管理流程如图 2—2 所示。

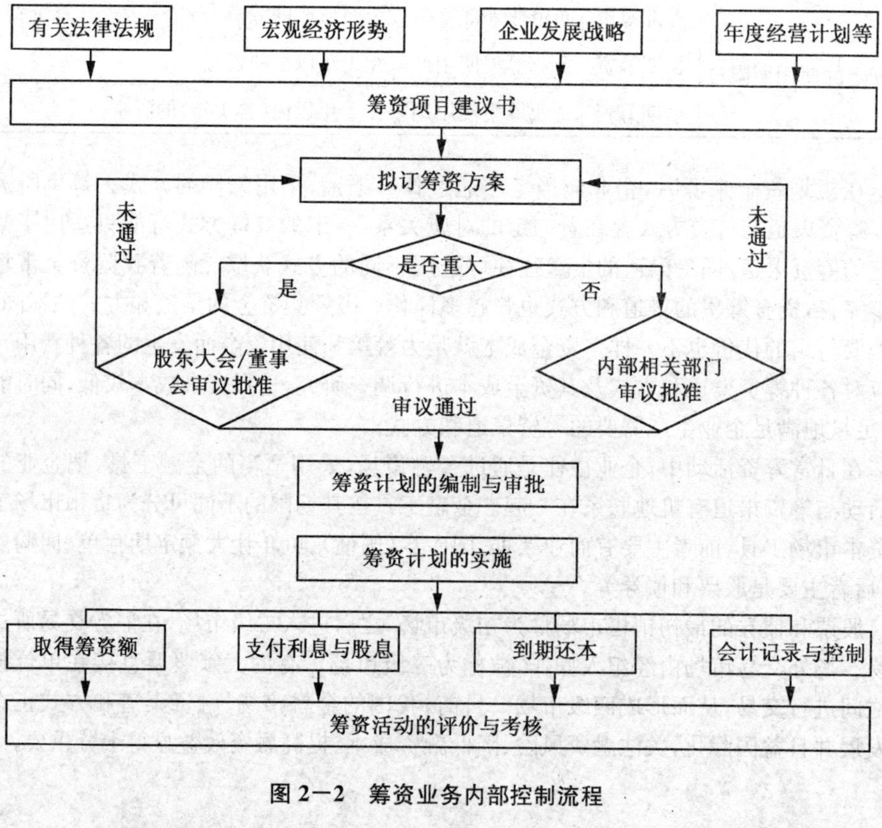

图 2—2　筹资业务内部控制流程

第二节　资金需求测算

一、资金需求预测的方法

不同时期企业的资金需求量往往不同，不同来源的资金对企业的收益和成本有不同的影响，因而需要认真研究资金来源渠道和资金市场，合理选择资金来源，对各种筹资方式进行分析、对比，选择经济、可行的筹资方式。

资金需求量的预测是筹资管理的前提与基础，其预测方法可以分为定性预测法和定量预测法。

(一)定性预测法

定性预测法主要有经验判断法和调查研究判断法。前者是直观判断，由专家根据往年的资金占用数和计划年度的生产任务等因素作出预测。后者是经过调查同类企业，参照有关经验而作出的直接判断。

(二)定量预测法

定量预测法是根据比较完备的财务数据资料，运用数学方法进行的科学分析处理，对资金的未来发展作出定量的测算和估计。

1. 资金习性预测法

资金习性预测法是根据资金总额(y)和产销量(x)的历史资料，利用回归分析法或高低点法估计出资金总额和产销量直线方程中的两个参数 a 和 b，将预计的产销量代入直线方程($y=a+bx$)，从而预测出资金需求量的方法。

2. 销售收入资金预测率法

销售收入资金预测率法是利用资金占用与销售收入之间的关系来预测资金需求量的方法。

资金需求量＝预测年度销售额×基期销售资金率×(1－预测年度资金周转加速率)

3. 周转速度预测法

周转速度预测法是利用资金周转次数或周转天数来测算资金需求量的方法。

资金需求量＝预测期平均每天周转额×周转天数×(1－资金周转加速率)

4. 因素分析法

因素分析法是以基期资金的合理平均占用额为基础，通过调整有关因素后确定资金需求量的方法。

资金需求量＝(基期资金平均余额－不合理占用额)×(1±预测期有关因素增减率)×(1－预测期资金周转加速率)

上述 4 种方法既可以用于对全部资金需求量的测算，也可以用于对某一部分资金需求量的测算。这些方法虽然简洁明了，但不够精确，一般适用于对资金需求量的总体匡算。

二、销售百分比法

（一）销售百分比法的含义

财务预测往往从销售预测开始，通常是将预测后的销售数据视为已知数，作为财务预测的起点。销售百分比法就是根据销售与资产负债表和利润表有关项目之间的比例关系预测各项目资金需求量的方法，其预测公式为：

外部融资额＝预计资产增加－预计负债增加－预测期留存收益

由于企业的变动资产、变动负债与销售收入之间存在着相对稳定的百分比关系，如果用 A、B 和 S_1 分别表示基期变动资产、变动负债和销售收入，那么 $\frac{A}{S_1}$ 和 $\frac{B}{S_1}$ 的数值变动具有一定的规律性。

（二）采用销售百分比法的前提条件

采用销售百分比法的前提条件：一是假定某项目与销售的比率已知且固定不变；二是假定对未来销售的预测已经完成。

销售百分比法是根据销售的“变动额”计算得出外界资金的需求量，因此，预测出来的资金需求量是企业在未来一定时期资金需求量的增量。

（三）销售百分比法的计算步骤

第一，确定资产与负债项目的销售百分比。一般可根据资产负债表数据预测，也可根据实际情况并参照管理经验加以调整。

第二，确定各项随销售收入变动而变动的资产合计 A（变动资产）和负债合计 B（变动负债）。大部分流动资产（如现金、应收账款、存货）属于变动资产。固定资产等长期资产视不同情况而定：当生产能力有剩余时，销售收入增加不需要增加固定资产；当生产能力饱和时，销售收入增加需要增加固定资产，但不一定按比例增加。部分流动负债是变动负债，如应付费用、应付账款等。

可以采用基期资料分别计算 A 和 B 占 S_1 的百分比，并以此为依据计算在预测期销售收入水平下资产和负债的增加数，即：

$$\Delta\text{变动资产}=\Delta\text{收入}\times\text{变动资产占销售百分比}=\Delta S\times\frac{A}{S_1}=\frac{\Delta S}{S_1}\times A$$

$$\Delta\text{变动负债}=\Delta\text{收入}\times\text{变动负债占销售百分比}=\Delta S\times\frac{B}{S_1}=\frac{\Delta S}{S_1}\times B$$

第三，确定预测期收益留存数。

$$预测期留存收益=预计销售收入\times预计销售净利率\times留存收益率$$
$$=S_2\times P\times E$$

式中：S_2 代表预测期销售收入；P 代表预测期销售净利率；E 代表留存收益率。

第四，确定对外的资金需求量，即外部融资额。

$$外部融资额=\Delta S\times\frac{A}{S_1}-\Delta S\times\frac{B}{S_1}-S_2\times P\times E$$

例 **2—1** A公司上年末的资产负债表(简表)如表2—2所示。

表2—2 **资产负债表(简表)** 单位：万元

项 目	期末数	项 目	期末数
货币资金	20	短期借款	46
应收票据	30	应付票据	18
应收账款	100	应付账款	25
存货	90	应交税费	7
流动资产合计	240	流动负债合计	96
		长期负债合计	32
长期投资净额	3	股本	90
固定资产净额	65	资本公积	35
无形资产及其他资产	12	留存收益	67
非流动资产合计	80	股东权益合计	192
资产总计	320	权益合计	320

根据该公司的历史资料，销售收入与流动资产、固定资产、应付票据、应付账款和应交税费等项目呈正比例关系。企业上年度销售收入为4 000万元，实现净利100万元，支付股利60万元。预计本年度销售收入为5 000万元，增长率为25%。销售净利率增长预测为10%，股利支付率与上年度相同。

要求：(1)采用销售百分比法预测外部融资额。

$$变动资产占销售额的百分比=\frac{240+65}{4\ 000}\times100\%=7.63\%$$

$$变动负债占销售额的百分比=\frac{18+25+7}{4\ 000}\times100\%=1.25\%$$

$$上年销售净利率=\frac{100}{4\ 000}\times100\%=2.5\%$$

$$上年股利与净利润的比例=\frac{60}{100}=60\%$$

$$本年预计净利润=5\ 000\times2.5\%\times(1+10\%)=137.5(万元)$$

本年应分配的股利＝137.5×60％＝82.5(万元)

本年增加的留存收益＝137.5－82.5＝55(万元)

本年销售增加额＝5 000－4 000＝1 000(万元)

$$本年需增加的资金=\frac{变动资产}{销售百分比}\times\frac{新增}{销售额}-\frac{变动负债}{销售百分比}\times\frac{新增}{销售额}$$

$$=7.63\%\times1\,000-1.25\%\times1\,000=63.8(万元)$$

本年外部融资额＝63.8－55＝8.8(万元)

(2)假设其他条件不变，预计本年度销售净利率与上年度相同，董事会提议提高股利支付率10％以稳定股价，即留存收益率为30％，要求重新计算本年外部融资额。

$$本年外部融资额=7.63\%\times1\,000-1.25\%\times1\,000-5\,000\times2.5\%\times30\%$$

$$=26.3(万元)$$

(3)假设上述(2)条件不变，要求计算外部融资销售增长比。

可将上述本年外部融资额等式两边同除以“新增销售额”，则有：

$$外部融资销售增长比=\frac{A}{S_1}-\frac{B}{S_1}-\frac{1+销售增长率}{销售增长率}\times P\times E$$

$$=7.63\%-1.25\%-125\%\div25\%\times2.5\%\times30\%=2.63\%$$①

验算：本年外部融资额＝外部融资销售增长比×新增销售额

$$=2.63\%\times1\,000=26.3(万元)$$

(4)如果从外部发行股票融资25万元，则需要追加多少负债资金？

本年外部需追加的负债资金＝26.3－25＝1.3(万元)

正是由于销售增长会带来资金需求，因此，销售百分比法着重研究销售增长与筹资需求之间的函数关系，因而适用性较广，精确程度较高。

第三节 资本成本分析

一、资本成本概述

(一)资本成本的构成

资本成本是指企业为筹措和使用资本而付出的代价，包括用资费用和筹资费用。

1. 用资费用

---

① 如果该公司不能或不打算从外部融资，即只能依靠内部积累，此时，只要将该公式中的外部融资销售增长比设为0，解出公式中的销售增长率，即为“内含增长率”。

用资费用也称资金占用费，是指企业在生产经营和投资过程中因使用资本而支付的费用，如向股东支付的股利、向债权人支付的利息和债息等。

2. 筹资费用

筹资费用也称资金筹集费，是指企业在筹措资金的过程中为获取资金而支付的费用。例如，向银行支付的借款手续费，因发行股票、债券而支付的发行费用等。筹资费用与用资费用不同，它通常是在筹措资金时一次支付的，在用资过程中不再发生，因此，可视作筹资数量的一项扣除。扣除筹资费用后的筹资数额为筹资净额。

（二）资本成本的表现形式

资本成本一般表现为用资费用与筹资净额之比，其通用公式如下：

$$资本成本(率)=\frac{每年用资费用}{筹资金额\times(1-筹资费用率)}$$

或

$$K=\frac{D}{P-F}=\frac{D}{P(1-f)}$$

式中：K 代表资本成本，以百分比表示；D 代表用资费用；P 代表筹资数额；F 代表筹资费用；f 代表筹资费用率，即筹资费用与筹资数额的比率。

（三）资本成本的作用

资本成本在筹资决策中是影响企业筹资总额的重要因素，是选择资金来源的基本依据，是选用筹资方式的参考标准，也是确定最优资金结构的主要参数。

资本成本在投资决策中可作为计算净现值指标的折现率，与内部收益率相比较，可决定方案的取舍等。一个投资项目，只有其投资报酬高于其资本成本，经济上才是合理的；否则，该投资项目将无利可图，甚至发生亏损。因此，资本成本常被视为投资项目的"最低收益率"和是否采用投资项目的"取舍率"，可作为选择投资方案的主要标准。

资本成本也是衡量企业整体经营业绩的基准。企业将实际资本成本与相应的投资报酬相比较，如果投资报酬高于资本成本，可以认为经营有利；反之，则可以认为经营不利、业绩不佳，这时就需要改善经营管理，提高投资报酬和降低资本成本。

二、个别资本成本

企业最常见的资本成本是银行借款资本成本。借款的利息允许税前列支，具有抵税效应。银行借款资本成本的计算公式如下：

$$K_I=\frac{I(1-T)}{L(1-f)}=\frac{i\times L(1-T)}{L\times(1-f)}=\frac{i(1-T)}{1-f}$$

式中：K_I 代表银行借款成本；I 代表银行借款年利息；T 代表企业所得税税率；L 代表银行借款筹资额，即借款本金；f 代表银行借款筹资费用率；i 代表借款年利率。

如果银行借款的手续费很低，f 也可以忽略不计，上述公式还可写成如下形式：

$$K_I = i(1-T)$$

例 2—2 某企业取得长期借款 100 万元，年利率为 6.8%，期限为 3 年，每年付息一次，到期一次还本。筹措这笔借款的费用率为 0.2%。企业所得税税率为 25%。这笔长期借款的成本计算如下：

$$K_I = \frac{100 \times 6.8\% \times (1-25\%)}{100 \times (1-0.2\%)} = 5.11\%$$

各项资本成本的计算公式及其主要特点归纳说明如表 2—3 所示。

表 2—3　个别资本成本计算一览表

种类		计算公式	主要特点
负债资金成本	债券成本	$K_b = \frac{年利息 \times (1-所得税税率)}{债券筹资额 \times (1-债券筹资费率)}$ 若债券折价或溢价发行，应以实际发行价作为筹资额	利息税前支付，可抵减所得税 债券筹资费用较高，不可忽略 如银行借款筹资费用很少，可忽略不计
	银行借款成本	$K_L = \frac{年利息 \times (1-所得税税率)}{银行借款筹资总额 \times (1-筹资费用率)}$ 略去筹资费率，K_L = 年利率 ×（1－所得税税率）	
权益资金成本	优先股成本	$K_p = \frac{优先股每年股利}{发行优先股总额 \times (1-优先股筹资费率)}$	股利税后支付，不能抵税 一般需要考虑筹资费用
	普通股成本	1. 股利折现模型法 (1)每年股利固定： $K_s = \frac{每年固定股利}{普通股金额 \times (1-普通股筹资费率)}$ (2)固定股利增长率： $K_s = \frac{第一年股利}{普通股金额 \times (1-普通股筹资费率)} + 股利固定增长率$ 2. 资本资产定价模型法 $K_c = R_f + \beta(R_m - R_f)$ 式中：R_f 代表无风险利率；R_m 代表市场组合要求的收益率；β 代表某公司股票收益率相对于市场投资组合期望收益率的变动幅度 3. 无风险利率加风险溢价法 K_c = 无风险利率 + 风险溢价	
	留存收益成本	1. 每年股利固定 $K_s = \frac{每年固定股利}{普通股金额}$ 2. 固定股利增长率 $K_s = \frac{第一年股利}{普通股金额} + 股利固定增长率$	与普通股成本类似，但没有筹资费用

三、加权平均资本成本

加权平均资本成本是指企业全部长期资本的总成本，通常是以各种资本占全部资本的比重为权数，对个别资本成本进行加权平均确定的。加权平均资本成本的高低是比较各个筹资组合方案并作出资本结构决策的基本依据。

加权平均资本成本是由个别资本成本和权数两个因素所决定的，其计算公式如下：

$$K_w = \sum_{i=1}^{n} K_i W_i$$

式中：K_w 代表资本成本，即加权平均资本成本；K_i 代表第 i 种个别资本成本；W_i 代表第 i 种个别资本占全部资本的比重，即权数。

在已确定个别资本成本的情况下，取得企业各种资本占全部资本的比重后，即可计算企业的加权平均资本成本(综合资本成本)。

例 2—3　某公司共有长期资本(账面价值)1 000 万元，其中，长期借款 150 万元、债券 200 万元、优先股 100 万元、普通股 300 万元、留用利润 250 万元，其成本分别为 5.64%、6.25%、10.50%、15.70%、15.00%。该公司的加权平均资本成本可分两步计算如下：

第一步，计算各种资本占全部资本的比重。

长期借款占全部资本的比重$=\frac{150}{1\,000}\times 100\%=15\%$

债券占全部资本的比重$=\frac{200}{1\,000}\times 100\%=20\%$

优先股占全部资本的比重$=\frac{100}{1\,000}\times 100\%=10\%$

普通股占全部资本的比重$=\frac{300}{1\,000}\times 100\%=30\%$

留用利润占全部资本的比重$=\frac{250}{1\,000}\times 100\%=25\%$

第二步，计算加权平均资本成本。

$K_w = 5.64\% \times 15\% + 6.25\% \times 20\% + 10.50\% \times 10\% + 15.70\% \times 30\% + 15.00\% \times 25\% = 11.61\%$

上述加权平均资本成本计算中的权数是按账面价值权数确定的。账面价值权数易于从资产负债表上取得；但若债券和股票的市场价值已背离账面价值，就会误估加权平均资本成本。此外，筹资成本应当是当前的机会成本，而不是过去仅反映在账面上的历史成本。为此，可选择市场价值权数和目标价值权数进行计算。

市场价值权数，是指债券、股票等以现行市场价值确定权数从而计算加权平均资本成本。

目标价值权数，是指债券、股票等以未来预计的目标市场价值确定权数从而估计加权平均资本成本。

四、边际资本成本

企业的个别资本成本和加权平均资本成本是企业过去筹集的或目前使用的资本的成本。然而，随着时间的推移或筹资条件的变化，个别资本成本会随之变化，加权平均资本成本也会发生变动。因此，企业在未来追加筹资时，不能仅仅考虑目前所使用的资本成本，还要考虑新筹资本的成本，即考虑边际资本成本。

边际资本成本是指资金每增加一单位而增加的成本，是企业追加筹资的成本，是比较追加筹资方案的重要依据。在目标资本结构既定且通过多种筹资方式组合运用时，边际资本成本需要按加权平均法来计算。

例 **2—4** 某公司的目标资本结构为：债务 20%、优先股 5%、普通股权益（包括普通股和留存收益）75%。现拟追加筹资 300 万元，仍按此资本结构来筹资。个别资本成本预计分别为：债务 7.5%、优先股 11.80%、普通股权益 14.52%。按加权平均法计算追加筹资 300 万元的边际资本如表 2—4 所示。

表 2—4 **边际资本成本计算表** 单位：万元

资本种类	目标资本结构	追加筹资	个别资本成本（%）	边际资本成本（%）
债务	0.20	60	7.50	1.50
优先股	0.05	15	11.80	0.59
普通股	0.75	225	14.52	10.89
合　计	1.00	300		12.98

在未来追加筹资的方案中，不同资金方式与规模所对应的资本成本是有差异的，因而其筹资组合后的加权资本成本可能不一样。企业在筹资决策之前，应当预先计算相关的边际资本成本。

例 **2—5** 某公司目前拥有资本 100 万元，其中，长期负债 20 万元、优先股 5 万元、普通股（含留存收益）75 万元。为了满足追加投资的需要，公司拟筹措新资，试确定各筹措方案的资本成本。可按下列步骤进行：

第一步，确定目标资本结构。假定公司经分析确定目标资本结构为：长期负债 20%，优先股 5%，普通股 75%。

第二步,确定各种资本的成本。经过对资本市场状况和企业筹资能力的分析后发现,随着企业筹资规模的增大,各种资本的成本也会发生变动,测算资料如表 2—5 所示。

表 2—5　有关筹资分析资料摘要

资本种类	目标资本结构	新筹资的数量范围	资本成本
长期负债	0.20	1 000 万元以内 1 000 万～4 000 万元 4 000 万元以上	5% 7% 9%
优先股	0.05	250 万元以内 250 万元以上	10% 12%
普通股	0.75	2 250 万元以内 2 250 万～7 500 万元 7 500 万元以上	14% 15% 16%

第三步,计算筹资总额分界点。企业花费一定的资本成本只能筹集到一定数量的资金,超过这一限度多筹集资金就需要多花费资本成本,从而引起原资本成本的变化。为此,人们把在保持某资本成本条件下可以筹集到的资金总限度称为现有资本结构下的筹资总额分界点(也称筹资突破点),其计算公式如下:

$$BP_i=\frac{TF_i}{W_i}$$

式中:BP_i 代表筹资总额分界点;TF_i 代表第 i 种资本成本分界点;W_i 代表目标资本结构中第 i 种资本的比重。

筹资总额分界点的计算如表 2—6 所示。

表 2—6　筹资分界点计算表

资本种类	个别资本成本(%)	筹资范围	筹资总额分界点	筹资总额和范围
长期负债	5 7 9	1 000 万元以内 1 000 万～4 000 万元 4 000 万元以上	1 000÷0.2=5 000(万元) 4 000÷0.2=20 000(万元) —	5 000 万元以内 5 000 万～20 000 万元 20 000 万元以上
优先股	10 12	250 万元以内 250 万元以上	250÷0.05=5 000(万元) —	5 000 万元以内 5 000 万元以上
普通股	14 15 16	2 250 万元以内 2 250 万～7 500 万元 7 500 万元以上	2 250÷0.75=3 000(万元) 7 500÷0.75=10 000(万元) —	3 000 万元以内 3 000 万～10 000 万元 10 000 万元以上

表 2—6 显示了特定筹资种类成本变化的分界点。例如,长期负债在 1 000 万元以

内时，其成本为5%；而在目标资本结构中，债务的比重为20%，这表明在债务成本由5%上升到7%之前，企业可筹集到5 000万元以内的资本。当筹资总额多于5 000万元时，债务成本就要上升到7%。

第四步，计算边际资本成本。根据上一步骤计算出的分界点，可得出下列5组新的筹资范围：(1)3 000万元以内；(2)3 000万～5 000万元；(3)5 000万～10 000万元；(4)10 000万～20 000万元；(5)20 000万元以上。

对上述5个筹资范围，分别计算其加权平均资本成本，即可得到各种筹资范围的边际资本成本，计算结果如表2—7所示。

表2—7　　边际资本成本计算表

筹资总额范围	资本种类	资本结构	个别资本成本(%)	边际资本成本(%)
3 000万元以内	长期负债	0.20	5	1.00
	优先股	0.05	10	0.50
	普通股	0.75	14	10.50
				第一个范围的边际资本成本=12.00%
3 000万～5 000万元	长期负债	0.20	5	1.00
	优先股	0.05	10	0.50
	普通股	0.75	15	11.25
				第二个范围的边际资本成本=12.75%
5 000万～10 000万元	长期负债	0.20	7	1.40
	优先股	0.05	12	0.60
	普通股	0.75	15	11.25
				第三个范围的边际资本成本=13.25%
10 000万～20 000万元	长期负债	0.20	7	1.40
	优先股	0.05	12	0.60
	普通股	0.75	16	12.00
				第四个范围的边际资本成本=14.00%
20 000万元以上	长期负债	0.20	9	1.80
	优先股	0.05	12	0.60
	普通股	0.75	16	12.00
				第五个范围的边际资本成本=14.40%

第四节　资本结构管理*

一、资本结构分析

资本结构是由企业采用各种筹资方式筹集资金而形成的。由于各种筹资方式的不同组合所导致的资本结构及其变化最终都会客观地反映在资产负债表上，从而构成了资产与权益（债权人权益和所有者权益）及其各项目之间是否匹配、是否平衡等关系。

研究资产负债表会发现，其左右两方的流动性或时间长度结构隐含着企业财务风险的大小，也是对企业财务风险的一种揭示。这种风险在资产负债表的两方所揭示的含义和方向不相同。从资产一方看，由短期资产到长期资产，其风险逐渐变大，这种风险是资产能否迅速实现和补偿其价值的资产风险；从负债及所有者权益一方看，由短期融资到长期融资，其风险逐渐变小，这种风险是指到期能否及时偿债的风险。如果将两者对照起来进行平衡分析，就可以看出：如果资产负债表两方的结构确实对称，则一方的较大风险恰好与另一方的较小风险中和，从而使企业总风险趋小。企业的偿债风险或财务风险是否能消除，归根结底取决于企业的资产风险是否能消除或避免，只要经营不存在风险，其价值能顺利实现补偿，到期偿债也就不存在问题，财务风险也就可以化解。但是，如果资产与负债及所有者权益的结构不对称，即使资产价值能顺利得以实现和补偿，财务风险仍然会由于企业收现期与支付期的不一致而继续存在。可见，财务风险既存在于融资结构的运作之中，也取决于资产经营的成效和顺利程度。

资本结构有广义和狭义之分。广义的资本结构是指全部资金（包括短期资金和长期资金）的结构即财务结构，列示在资产负债表的右方。狭义的资本结构仅指长期资金结构。在财务管理中，资本结构一般是指企业长期资金来源的构成或比例关系，即长期债务资本和主权资本各占多大的比重。

由于短期资金的需要量及其筹资是经常变化的，在资金总量中所占的比重极不稳定，因此，一般不将其列入资本结构的管理范畴，而作为营运资金进行管理。

筹资管理的核心问题之一是进行资本结构决策。资本结构决策实质上是要解决负债资本的比例问题，即负债在企业的资本结构中占多大的比重才是合适的。在企业的资本结构中，合理地安排一定的负债有利于降低企业的资本成本，并且可以发挥出财务杠杆作用；同时，债务利息从税前列支，具有减税效应。但是，当负债比率过高时，会带来较大的财务风险，甚至会导致资不抵债，增加破产的机会。正是由于负债筹资具有双向作用，资本结构决策就显得相当重要了。

二、资本结构的类型

资本结构管理的重点是控制财务风险，降低资本成本。不同的资本结构有着不同的财务风险和相应的资本成本。企业现有资本结构的状况以及对具有不同风险融资种类的偏好反映了企业对融资风险的态度，大致可分为以下四种类型（如图 2—3 所示）：

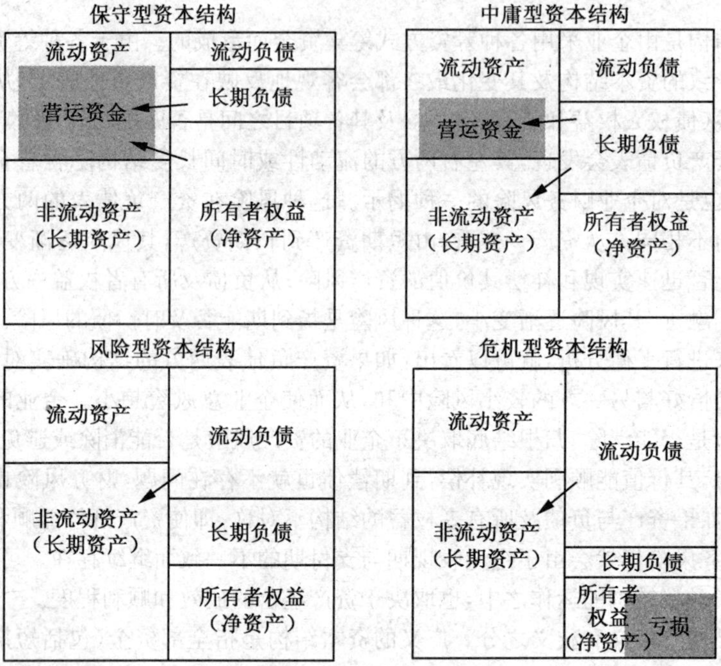

图 2—3　资本结构的类型

（一）保守型资本结构

保守型资本结构是指在资本结构中，全部采用主权资本融资或主要采用主权资本融资，即使有负债融资也以长期负债融资为主，避免使用偿付压力较大的短期负债融资。这类资本结构的营运资金有其相对稳定的来源，是一种资本成本相对较高、风险性和收益性相对较低的资本结构。

（二）中庸型资本结构

中庸型资本结构是指在资本结构中，主权性融资和负债融资的比重主要根据资金的用途来确定。通常，用于长期资产的资金由主权性融资和长期负债提供，用于流动资产特别是其中经常的或固定需要的以及特殊需要的流动资产所占用的资金由流动负债提供。所谓经常或固定的流动资产需要，是指企业正常稳定经营情况下的流动资金需要，特殊的流动资产需要是指企业为应付临时性集中到货或突发性事件，如突发性通货膨胀而引起产品原材料价格上升、不可预测的自然灾害给企业带来的损失等的流动资金需要。处于这种资本结构的企业，对各种融资持稳健的态度，即所谓的“中庸之道”。

（三）风险型资本结构

风险型资本结构是指在资本结构中，主要采用负债融资，并且流动负债融资超出流动资产的需要，被长期资产占用，这时，营运资金短缺。与保守型资本结构恰好相反，风险型融资的企业尽可能多地使用短期负债融资，也就是尽可能采用风险性融资。这是一种资本成本相对较低、风险性和收益性相对较高的资本结构。

（四）危机型资本结构

风险结构如不进一步防范，任风险蔓延，就会使企业陷入财务危机。分析一张资产负债表所揭示的财务危机往往是联系经营收益进行评价的。

如果亏损已经消耗了部分净资产（所有者权益），则其未分配利润表现为红字。由于在总资本中，净资产的比重大幅度降低，甚至接近零，因此，可以认为具有这种类型资产负债表结构的企业正处于财务危机状态。

如果亏损不仅消耗了全部净资产，而且把债务的一部分也消耗了，随着亏损越来越严重，资产的规模越来越小，质量也越来越差，可用于偿债的资产也越来越少，这表明企业已经处于严重资不抵债的境地。事实上，许多陷入破产境地的企业的资产负债表就呈现这样糟糕的资本结构。

三、最佳资本结构分析

最佳资本结构是指企业加权平均资本成本最低，同时企业价值最大的资本结构。它应作为企业的目标资本结构。在资本决策中，确定最佳资本结构可以运用比较资本成本法和融资的每股收益分析法。

（一）比较资本成本法

1.初始资本结构决策

企业对拟定的筹资总额，可以采用多种筹资方式来筹集，每种筹资方式的筹资数额可有不同的安排，由此形成若干资本结构（或筹资方案）以供选择。

例 **2—6** 永久公司初创时有如下三个筹资方案可供选择，有关资料经测算如表2—8所示。

表 2—8 筹资方案比较 单位:万元

筹资方式	筹资方案Ⅰ		筹资方案Ⅱ		筹资方案Ⅲ	
	筹资额	资本成本(%)	筹资额	资本成本(%)	筹资额	资本成本(%)
长期借款	40	6.0	50	6.5	80	7.0
债券	100	7.0	150	8.0	120	7.5
优先股	60	12.0	100	12.0	50	12.0
普通股	300	15.0	200	15.0	250	15.0
合 计	500		500		500	

分别测算三个筹资方案的加权平均资本成本并比较其高低,从而确定最佳筹资方案即最佳资本结构。

(1)筹资方案Ⅰ:

长期借款占筹资总额的比重$=\frac{40}{500}\times100\%=8\%$

债券占筹资总额的比重$=\frac{100}{500}\times100\%=20\%$

优先股占筹资总额的比重$=\frac{60}{500}\times100\%=12\%$

普通股占筹资总额的比重$=\frac{300}{500}\times100\%=60\%$

$K_w=8\%\times6\%+20\%\times7\%+12\%\times12\%+60\%\times15\%=12.32\%$

(2)筹资方案Ⅱ:

长期借款占筹资总额的比重$=\frac{50}{500}\times100\%=10\%$

债券占筹资总额的比重$=\frac{150}{500}\times100\%=30\%$

优先股占筹资总额的比重$=\frac{100}{500}\times100\%=20\%$

普通股占筹资总额的比重$=\frac{200}{500}\times100\%=40\%$

$K_w=10\%\times6.5\%+30\%\times8\%+20\%\times12\%+40\%\times15\%=11.45\%$

(3)筹资方案Ⅲ:

长期借款占筹资总额的比重$=\frac{80}{500}\times100\%=16\%$

债券占筹资总额的比重$=\frac{120}{500}\times100\%=24\%$

优先股占筹资总额的比重$=\frac{50}{500}\times100\%=10\%$

普通股占筹资总额的比重$=\frac{250}{500}\times100\%=50\%$

$K_w=16\%\times7\%+24\%\times7.5\%+10\%\times12\%+50\%\times15\%=11.62\%$

将以上三个筹资方案的加权平均资本成本相比较，可知方案Ⅱ的最低。故在其他有关因素大体相同的条件下，方案Ⅱ是最好的筹资方案，其形成的资本结构可确定为该公司的最佳资本结构。

2. 追加资本结构决策

企业在持续的生产经营过程中，由于扩大业务或对外投资的需要，有时会增加筹集新的资金，即追加筹资。因追加筹资和筹资环境的变化，企业原有的资本结构会发生变化，原定的最佳资本结构未必仍是最优的。因此，企业应在资本结构的不断变化中寻求最佳结构，保持资本结构的最优化。

一般而言，按照最佳资本结构的要求，选择追加筹资方案可有两种方法：一种是直接测算和比较各备选追加筹资方案的边际资本成本，从中选择最优追加筹资方案；另一种是将备选追加筹资方案与原有的最优资本结构汇总，测算各追加筹资条件下汇总资本结构的综合资本成本，以比较确定最优追加筹资方案。

例 **2—7**　安达公司现有两个追加筹资方案可供选择，有关资料经测算整理后如表2—9所示。

表2—9　**追加筹资方案**　单位：万元

筹资方式	追加筹资方案Ⅰ		追加筹资方案Ⅱ	
	追加筹资额	资本成本(%)	追加筹资额	资本成本(%)
长期借款	50	7.0	60	7.5
优先股	20	13.0	20	13.0
普通股	30	16.0	20	16.0
合　计	100		100	

追加筹资方案的边际资本成本也要按加权平均法计算。根据表2—9所列资料，两个追加筹资方案的边际资本成本计算如下：

追加筹资方案Ⅰ：

$$K_w=\frac{50}{100}\times 7\%+\frac{20}{100}\times 13\%+\frac{30}{100}\times 16\%=10.9\%$$

追加筹资方案Ⅱ：

$$K_w=\frac{60}{100}\times 7.5\%+\frac{20}{100}\times 13\%+\frac{20}{100}\times 16\%=10.3\%$$

两个追加筹资方案相比，方案Ⅱ的边际资本成本低于方案Ⅰ，因此，追加筹资方案Ⅱ优于方案Ⅰ。若该公司原有的资本结构为：长期借款 50 万元、债券 150 万元、优先股 100 万元、普通股（含留用利润）200 万元、资本总额 500 万元，现将其与追加筹资方案Ⅰ、方案Ⅱ汇总列示（如表 2—10 所示）。

表 2—10 **资本结构方案** 单位：万元

筹资方式	原资本结构		追加筹资方案Ⅰ		追加筹资方案Ⅱ		追加筹资后的资本结构	
	资本额	资本成本	追加筹资额	资本成本	追加筹资额	资本成本	方案Ⅰ	方案Ⅱ
长期借款	50	6.5	50	7.0	60	7.5	100	110
债券	150	8	—	—	—	—	150	150
优先股	100	12	20	13.0	20	13	120	120
普通股	200	15	30	16.0	20	16	230	220
合　计	500	11.45	100	10.9	100	10.3	600	600

下面我们再用选择最优追加筹资方案的第二种方法，对第一种方法的上述选择结果作一个验证。

若采用方案Ⅰ，追加筹资后的综合资本成本为：

$$K_w=\frac{50+50}{600}\times\frac{50\times 6.5\%+50\times 7\%}{100}+\frac{150}{600}\times 8\%+\frac{100+20}{600}\times\frac{100\times 12\%+20\times 13\%}{120}+\frac{200+30}{600}\times 16\%^{①}=11.69\%$$

若采用方案Ⅱ，追加筹资后的综合资本成本为：

$$K_w=\frac{50+60}{600}\times\frac{50\times 6.5\%+60\times 7.5\%}{110}+\frac{150}{600}\times 8\%+\frac{100+20}{600}\times\frac{100\times 12\%+20\times 13\%}{120}+\frac{200+20}{600}\times 16\%=11.59\%$$

比较追加筹资后的两个新资本结构，可知方案Ⅱ追加筹资后的综合资本成本低于方案Ⅰ追加筹资后的综合资本成本，因此，追加筹资方案Ⅱ优于方案Ⅰ。

① 根据同股同利原则，原有普通股应按新普通股的资本成本计算其加权平均数。

(二)融资的每股收益分析法

判断资本结构合理与否，还可以通过分析普通股每股收益(EPS)的变化来衡量。

$$EPS=(\text{净利润}-\text{优先股股利})-(\text{股票总数}-\text{优先股股数})$$

一般情况下，能够提高每股收益的资本结构是合理的，反之则不够合理。每股收益的高低不仅受资本结构的影响，而且受息税前利润(EBIT)乃至销售水平的影响，为此，可运用息税前利润－每股收益分析法(EBIT－EPS分析法)来判断资本结构合理与否，简称融资的每股收益分析法。

融资的每股收益分析是利用每股收益的无差别点进行的。所谓每股收益的无差别点，是指每股收益不受融资方式影响的销售水平。根据每股收益无差别点，可以分析判断在怎样的销售水平下，采用何种筹资方式来确定最佳资本结构。

每股收益无差别点可利用EPS平衡式计算得出：

$$EPS=\frac{(S-V-F-I)(1-T)}{N}=\frac{[Q(P-V_C)-F-I](1-T)}{N}=\frac{(EBIT-I)(1-T)}{N}$$

$$EBIT=S-V-F=Q(P-VC)-F=M-F$$

式中：S代表销售额；V代表变动成本；F代表固定成本；I代表债券利息；T代表所得税税率；N代表流通在外的普通股股数；Q代表销售量；P代表销售单价；V_C代表单位变动成本；M代表边际贡献。

在每股收益无差别点上，无论是采用负债融资，还是采用主权资本融资，每股收益都是相等的，则有：

$$EPS_1=EPS_2$$

即：

$$\frac{(S_1-V_1-F_1-I_1)(1-T)}{N_1}=\frac{(S_2-V_2-F_2-I_2)(1-T)}{N_2}$$

能使得上述条件成立的销售额(S)[或销售量(Q)或息税前利润(EBIT)]为每股收益无差别点处的销售额(S)[或销售量(Q)或息税前利润(EBIT)]。

例 **2－8** 欣欣公司原有资本500万元，其中，债券资本200万元，每年负担利息24万元，普通股资本300万元(发行普通股30万股，每股面值10元)。由于增加业务量，公司的年销售额预计可达到800万元，需追加筹资300万元，其筹资方式有以下两种可供选择：(1)全部发行普通股(增发30万股，每股面值10元)；(2)全部筹借长期债务(债务利率为12%，利息为36万元)。公司的变动成本率为60%，固定成本为180万元，所得税税率为20%。以上两个筹资方案哪个为优呢？

现将上述资料中的有关数据代入前述公式：

$$\frac{(S-0.6S-180-24)\times(1-20\%)}{30+30}=\frac{(S-0.6S-180-24-36)\times(1-20\%)}{30}$$

$S=690$(万元)

此时的每股收益额为：

$$EPS=\frac{(690-690\times0.6-180-24)\times(1-20\%)}{30}=1.92(万元)$$

当销售额高于690万元(每股收益无差别点的销售额)时，运用负债筹资可获得较高的每股收益；当销售额低于690万元时，运用主权资本筹资可获得较高的每股收益。

当预测销售额为800万元时，计算主权资本筹资和负债筹资方案的每股收益如下：

$$EPS_1=\frac{(800-800\times0.6-180-24)\times(1-20\%)}{30+30}=1.55$$

$$EPS_2=\frac{(800-800\times0.6-180-24-36)\times(1-20\%)}{30}=2.13$$

计算结果表明，EPS_2 大于 EPS_1，即负债筹资的每股收益大于主权资本筹资的每股收益。所以，当预计销售额大于每股收益无差别点的销售额时，以负债筹资方案为优。

四、资本结构调整的原因与调整战略

(一)资本结构调整的原因

影响资本结构变动既有主观因素，也有客观因素。但就某一具体企业来讲，影响资本结构变动或调整的直接原因可归纳如下：

1. 成本过高

这是指原有资本结构的加权平均资本成本过高从而使利润下降，是资本结构调整的主要原因之一。

2. 风险过大

虽然负债筹资能降低成本、增加利润，但风险较大。如果筹资风险过大以至于企业无法承担，则破产成本会直接抵减因负债筹资而取得的杠杆收益，企业此时也需进行资本结构调整。

3. 弹性不足

弹性是指企业在进行资本结构调整时原有结构应有的灵活性，包括筹资期限弹性、各筹资方式间的转换弹性等。其中，期限弹性针对负债筹资方式是否具有展期性、提前收兑性等而言；转换弹性针对负债与负债之间、负债与资本之间、资本与资本之间是否具有可转换性而言。弹性不足时，企业不易调整资本结构；反过来，也正是由于弹性不足而促使企业要进行资本结构的调整。弹性的大小是判断企业资本结构是否健全的标志之一。

4. 约束过严

不同的筹资方式下，投资者对筹资方式的使用约束是不同的，约束过严有损于企业的财务自主权，有损于企业灵活调度与使用资金。正因为如此，有时企业宁愿承担较高的代价而选择那些使用约束相对较宽的筹资方式。这也是促使企业进行资本结构调整的动因之一。

（二）资本结构调整战略

由于不同的筹资渠道和融资方式有不同的财务风险和资本成本，因此，企业应综合考虑风险与资本成本后进行合理选择。为了提高企业的筹资灵活性，企业可拓宽融资渠道，采取结构性资金筹措战略，合理确定筹资规模和筹资结构，合理选择筹资渠道和筹资方式，合理降低筹资成本，尽力防范和控制财务风险。

为增强企业的可持续发展能力，在不同生命周期阶段上可实施不同的融资战略。

1. 初创阶段的资本结构调整战略

企业在初创阶段，财务实力相对较弱，战略管理的重点应放在如何保证筹集生产经营必需的资金上，筹资战略处于首位。由于初创期负债筹资风险大且筹资成本高，债权人必然要求较高的风险溢价，而这个阶段企业并无或只有很少的应税收益，即使利用负债经营也不能得到节税的好处，应较多地运用权益资本筹资。企业初创阶段的收益水平较低，并有迫切的投资需要，可采用零股利政策；若非分股利不可，也应主要采用股票股利方式。

2. 成长阶段的资本结构调整战略

企业步入成长期后，销售的快速增长将产生比初创期更充裕的现金流，因而能降低经营风险。企业成长阶段财务战略的重点是弥补资本不足，减少现金缺口，增大负债的节税效应和抑制投资的盲目扩张等，宜采取相对稳健的筹资战略和适度分权的投资战略。投资所需资本应采取集中供应与自主筹措相结合，强化立项审批制度和信用管理，严格项目负责制，保证企业的可持续发展。

3. 成熟阶段的资本结构调整战略

稳定的市场份额和较高的资金周转率是企业成熟期的特征，这时通过负债融资而提高的财务风险可以通过降低经营风险来抵消。由于市场增长潜力弱，产品均衡价格形成，竞争转向成本与效率；由于缺乏市场机会，新增项目少，现金流出少，形成较大的现金净流量；由于投资收益率高，账面利润大，负债的杠杆效应明显，股东报酬期望高等。为改善现状，企业可采取较为激进的筹资战略、创新性投资战略、扎实的成本控制战略、高股利或现金性分配战略，以及强化风险监测与危机预警战略。诚然，举债经营确实可以获取财务杠杆收益，但如果企业一味追求财务杠杆收益而盲目扩大负债规模，一旦企业经营不善，息税前利润达不到预期目标，无力偿付到期债务，则很有可能陷入财务困境甚至破产。

4. 衰退阶段的资本结构调整战略

企业到了衰退期，财务状况开始恶化，现金流转不畅，融资困难加剧，此时，可采用业务收缩、债务重组、企业重整等方式延缓衰退；也可以转型发展，蜕变为新的行业或从事新的业务领域，引入新的投资者。

无论何时，企业举债经营都要有度，应善于把长期负债的偿还与未来现金流量结合起来考量；为了保持短期偿债能力，应关注资产的流动性；应尽可能将资产与负债的期间相配合，以降低企业不能偿还到期债务的风险和债务的资本成本；等等。

五、资本结构调整的方式

(一)存量调整

存量调整是指在不改变现有资产规模的基础上，根据目标资本结构的要求，对现有资本结构进行必要的调整。例如，在债务资本过多时，将部分债务资本转化为主权资本，如实施债转股方案或将可转换债券转变为普通股股票等；在主权资本过多时，通过减资并增加相应的负债额来调整资本结构。

(二)增量调整

增量调整是指企业通过追加筹资量从而增加总资产的方法来调整资本结构。例如，在债务资本过多时，通过追加主权资本投资来改善资本结构，如直接增资等；在债务资本过少时，通过追加负债筹资规模来提高负债筹资比重；在主权资本过少时，通过筹集主权资本来扩大投资，提高主权资本比重。

(三)减量调整

减量调整是指企业通过减少资本总额的方法来调整资本结构。例如，在主权资本过多时，通过减资来降低其比重，如股份公司可回购部分普通股票等；在债务资本过多时，可归还债务以减少总资产并相应降低债务比重。

企业改变资本结构的目的是尽可能地调整企业面临的财务风险，并与利益相对称。如果资本结构调整的结果使财务风险增大，那么，资本成本应相应降低才是合理的、可行的；如果资本结构调整的结果使财务风险降低，那么，资本成本将会相应地趋于上升。所以，在进行资本结构调整时，必须进一步分析资本结构调整后的资本成本是否降低或是否会导致资本净利润率的上升。

第五节　杠杆作用分析*

一、经营杠杆作用分析

杠杆意味着以较小的力举起较重的物。经营中的杠杆效应是指企业在经营决策时对固定成本的利用程度。

按照成本习性，可以将总成本分为变动成本和固定成本两个部分。在一定产销量规模内，变动成本与业务量呈正比例变动，而固定成本并不随业务量的增加而增加；相反，随着业务量的增加，单位销量所负担的固定成本会相对减少，从而给企业带来额外收益。经营杠杆利益是指在扩大业务量的条件下，由于固定成本的杠杆作用所带来的增长程度更大的息税前利润（如表 2－11 所示）。

表 2－11　　经营杠杆利益分析　　单位：元

销售量（件）	单价	单位变动成本	变动成本	固定成本	单位固定成本	息税前利润
100	6	4	400	200	2	0
200	6	4	800	200	1	200
300	6	4	1 200	200	0.67	400
400	6	4	1 600	200	0.5	600

在一定销售规模内，固定成本保持不变，随着销售的增长，单位产品分摊的固定成本随之下降，息税前利润以更快的速度增长，这就是消化固定成本后带来的经营杠杆利益。运用经营杠杆意味着销售额的较小变化会引起经营所得的较大变化，企业为此可以获得一定的经营杠杆利益，同时也会承受相应的经营风险，对此，可用经营杠杆系数来衡量。

当所有成本都可变时，边际贡献就是息税前利润。如果存在固定成本，那么，销售只有达到抵补全部可变成本和固定成本以后才有息税前利润。经营杠杆系数（DOL）是息税前利润的变动率相当于销售额变动率的倍数。其计算公式如下：

$$DOL=\frac{\dfrac{\Delta EBIT}{EBIT}}{\dfrac{\Delta S}{S}}$$

为便于计算，可将上式变换如下：

因为：$EBIT=Q(P-V_C)-F$

$\Delta EBIT=\Delta Q(P-V_C)$

所以：$DOL_Q=\dfrac{Q(P-V_C)}{Q(P-V_C)-F}$

或 $DOL_S=\dfrac{S-V}{S-V-F}=\dfrac{M}{EBIT}=\dfrac{EBIT+F}{EBIT}$

例 2－9　欣欣公司某年度固定成本总额为 400 万元，变动成本率为 50%，在销售额为 1 200 万元时，其经营杠杆系数计算如下：

$$DOL=\frac{1\,200-1\,200\times 50\%}{1\,200-1\,200\times 50\%-400}=3$$

上述经营杠杆系数的意义在于：当企业销售增长1倍时，息税前利润将增长3倍；反之，当企业销售下降1倍时，息税前利润将下降3倍。一般而言，经营杠杆系数越大，对经营杠杆利益的影响就越强，经营风险也就越大。

二、财务杠杆作用分析

财务杠杆是指企业在考虑资本结构决策时对债务筹资的利用程度。运用财务杠杆，企业可以获得一定的财务杠杆利益，同时也承受相应的财务风险，对此可用财务杠杆系数来衡量。

财务杠杆利益是指利用债务筹资这个杠杆而给投资者带来的资本收益。在资本结构一定的条件下，企业从息税前利润中支付的债务利息是相对固定的，当息税前利润增多时，每一元息税前利润所负担的债务利息就会相应降低，扣除所得税后可分配给企业投资者的利润就会增加，从而给所有者带来额外的收益（如表2—12所示）。

表2—12　财务杠杆利益分析　单位：元

息税前利润	息税前利润增长率	债务利息	税后利润	税后利润增长率
3 000	0	2 000	750	0
4 000	33%	2 000	1 500	100%
5 000	67%	2 000	2 250	300%

说明：采用25%的企业所得税税率。

在资本结构一定、债务利息和所得税税率保持不变的条件下，随着息税前利润的增长，税后利润会以更快的速度增长。

财务杠杆系数（DFL）是指普通股每股税后利润（每股收益）变动率相当于息税前利润变动率的倍数，用来反映财务杠杆作用的程度，估计财务杠杆利益的大小，评价财务风险的大小。其计算公式如下：

$$DFL=\frac{\frac{\Delta EPS}{EPS}}{\frac{\Delta EBIT}{EBIT}}$$

为便于计算，可将上式变换如下：

因为：$EPS=\frac{(EBIT-I)(1-T)}{N}$

$$\Delta EPS=\frac{\Delta EBIT(1-T)}{N}$$

所以：$DFL=\frac{EBIT}{EBIT-I}=\frac{S-V-F}{S-V-F-I}=\frac{Q(P-V_C)-F}{Q(P-V_C)-F-I}$

企业在发行优先股的情况下，由于优先股的股利通常是固定的，应以税后利润支付，因此，上式应改写成如下形式：

$$DFL=\frac{EBIT}{EBIT-I-\frac{d}{1-T}}$$

式中：d 代表优先股股利。

例 **2—10**　欣欣公司某年度全部资本为 800 万元，资产负债率为 70%，债务利率为 10%。在息税前利润为 200 万元时，财务杠杆系数计算如下：

$$DFL=\frac{200}{200-800\times70\%\times10\%}=1.39$$

上述计算表明，当息税前利润增长 1 倍时，普通股每股利润将增长 1.39 倍；反之，当息税前利润下降 1 倍时，普通股每股利润将下降 1.39 倍。说明财务杠杆系数越大，对财务杠杆利益的影响就越强，财务风险也就越大。

三、总杠杆作用分析

从以上分析可知，经营杠杆是通过扩大销售来影响息税前利润的，而财务杠杆则是通过扩大息税前利润来影响每股利润的，两者最终都会影响普通股的收益。如果企业同时存在固定成本和债务利息，则可以同时利用经营杠杆和财务杠杆，这时，总杠杆作用的影响就会更大，同时总风险会更大。

总杠杆(DTL)也称复合杠杆，是指经营杠杆和财务杠杆的综合作用程度，它是经营杠杆系数与财务杠杆系数的乘积。其计算公式如下：

$$DTL=DOL\times DFL$$

或

$$DTL=\frac{\frac{\Delta EPS}{EPS}}{\frac{\Delta S}{S}}=\frac{\frac{\Delta EPS}{EPS}}{\frac{\Delta Q}{Q}}$$

上式表明，总杠杆系数是指每股利润变动率相当于销售数量(或金额)变动率的倍数。

例 **2—11**　当欣欣公司某年度的经营杠杆系数为 3，财务杠杆系数为 1.39 时，总杠杆系数如下：

$$DTL=3\times1.39=4.17$$

$$或=\frac{1\,200-1\,200\times50\%}{1\,200-1\,200\times50\%-400-56}=4.17$$

上述总杠杆系数的意义在于：当企业的销售增长 1 倍时，每股利润将增长 4.17 倍；反之，当企业的销售下降 1 倍时，每股利润将下降 4.17 倍。一般而言，总杠杆系数越大，对总杠杆利益的影响就越强，企业面临的风险也就越大。

四、适度负债与可持续发展

（一）杠杆效应在企业可持续发展中的运用

在企业资本结构一定的情况下，企业从息税前利润中支付的债务利息是相对固定的，当息税前利润增加时，每一元息税前利润所负担的债务利息就会相应降低，扣除所得税后，可分配给企业所有者的利润就会增加，从而给企业所有者带来额外收益。也就是说，在资产总额及负债筹资额保持不变的前提下，净资产收益率（即资本净利润率）或每股收益额将以息税前利润的倍数增长。其计算公式如下：

净资产收益率的增长率＝财务杠杆系数×息税前利润增长率

例 2－12 安达公司某年度资产总额为 100 万元，负债与资本的比例为 3∶7，负债资本成本率为 10％，基期息税前资产利润率为 10％，计划期息税前资产利润率由 10％增长到 30％，即息税前资产利润增长率为 200％。假定适用的所得税税率为 20％，则计划期净资产收益率的增长率如表 2－13 所示。

表 2－13　净资产收益率对比分析　　单位：万元

项　目	基　期	计划期
息税前利润	10	10×（1＋200％）＝30
利息（10％）	30×10％＝3	3
税前利润	7	27
所得税费用（20％）	1.4	5.4
税后利润	5.6	21.6
资本	70	70
净资产收益率	8％	30.86％

从表 2－13 可以看出，净资产收益率由 8％增长到 30.86％，增长了 2.86 倍。

净资产收益率增长率也可利用财务杠杆系数计算如下：

财务杠杆系数＝10÷（10－3）＝1.43

净资产收益率增长率＝200％×1.43＝286％（即 2.86 倍）

财务杠杆对净资产收益率的作用是固定利息存在的结果。财务杠杆系数越大，筹资风险越大，其负债筹资的杠杆效益也越大。

息税前资产利润率的变动与企业的经营业绩有着明显的关系，经营业绩好，息税前利润率就高，反映出企业运用全部资产的报酬高；反之则低。负债利率受通货膨胀高低、借款期限长短、违约风险大小等因素的影响。息税前资产利润率与负债利率的差异对净资产收益率的影响很大，两者的差异若为正数，会导致净资产收益率的上升；若为负数，会导致净资产收益率的下降。可用公式表示如下：

$$\text{净资产收益率}=\left[\text{息税前资产利润率}+\frac{\text{负债}}{\text{资本}}\times\left(\text{息税前资产利润率}-\text{负债利率}\right)\right]\times(1-\text{所得税税率})$$

例 2—13 沿用例 2—12，安达公司某年度总资产为 100 万元，息税前资产利润率为 30%，负债平均资本成本率为 10%，所得税税率为 20%。表 2—14 列示了不同负债与资本比例的情况下，该公司净资产收益率的计算结果。

表 2—14 不同资本结构下净资产收益率计算表(一) 单位：万元

资本结构	0∶100	30∶70	50∶50	70∶30
息税前利润	30	30	30	30
利息(10%)	0	3	5	7
税前利润	30	27	25	23
所得税费用(20%)	6	5.4	5	4.6
税后利润	24	21.6	20	18.4
净资产收益率	24%	30.86%	40%	61.33%

通过表 2—14 的分析可知，在息税前资产利润率为 30%，大于 10%负债利率的情况下，随着负债比例的提高，企业所得税费用呈递减趋势，具有节税功能，从而导致净资产收益率上升。利用公式计算也可得到同样的结果：

$$\text{净资产收益率}_1=\left[30\%+\frac{0}{100}\times(30\%-10\%)\right]\times(1-0.2)-24\%$$

$$\text{净资产收益率}_2=\left[30\%+\frac{30}{70}\times(30\%-10\%)\right]\times(1-0.2)=30.86\%$$

$$\text{净资产收益率}_3=\left[30\%+\frac{50}{50}\times(30\%-10\%)\right]\times(1-0.2)=40\%$$

$$\text{净资产收益率}_4=\left[30\%+\frac{70}{30}\times(30\%-10\%)\right]\times(1-0.2)=61.33\%$$

负债比重的提高对净资产收益率的提高具有加速作用，是以息税前资产利润率大于负债利率为前提的，此时，调高负债比重将使资本净利润率递增，调低负债比重将产生净资产收益率的机会损失；反之，当息税前资产利润率小于负债利率时，调高负债比重将加速净资产收益率的下降，调低负债比重将使净资产收益率下降的速度减缓（如表 2—15 所示）。

表 2—15　　不同资本结构下净资产收益率计算表(二)　　单位:万元

资本结构	0∶100	30∶70	50∶50	70∶30
息税前利润	5	5	5	5
利息(10%)	0	3	5	7
税前利润	5'	2	0	−2
所得税费用(20%)	1	0.4	0	0
税后利润	4	1.6	0	−2
净资产收益率	4%	2.29%	0%	−6.67%

在息税前资产利润率(5%)小于负债利率(10%)的前提下,负债比例为30%时,尚有2.29%的净资产收益率;当负债比率提高到70%时,净资产收益率为−6.67%,这时,投资者不但没有投资收益,相反却出现了亏损,使资本贬值,长期下去将导致资不抵债。

为此,企业应正确处理好息税前资产利润率、负债利率、净资产收益率等财务指标与负债程度之间的关系,准确把握举债的"度"。当企业息税前资产利润率高于借入资金利息率时,说明使用借入资金获得的利润除了补偿利息外还有剩余,等于用别人的资金使自己的资本不断增值;反之,当企业息税前资产利润率低于借入资金利息率时,使用借入资金获得的利润还不够支付利息,需动用自有资金的一部分来支付利息,那么,这种举债是得不偿失的,将会导致企业发生亏损。由于众多因素的影响,企业息税前资产利润率和借入资金利息率的差额具有不确定性,从而引起净资产收益率的高低变化,这种风险即为筹资风险。这种风险程度的大小还受到借入资金对自有资金比例的影响,借入资金的比例越大,风险程度就越高;借入资金的比例越小,风险程度也就越低。对财务风险的管理,关键是要保证有一个合理的资本结构,维持适度的负债水平,既要充分利用举债经营这一手段获取财务杠杆收益,提高自有资金的盈利能力,又要注意防止过度举债而引起的财务风险的加大,避免陷入财务困境。

(二)企业实现资金增长的主要方式

1.依靠内部资金增长作为来源

内部积累资金主要来源于净利润,而净利润占收入的比重不会很高,不少净利润通过分配已经归属于投资者而离开了企业,因此,从企业增长所需的资金来源看,其财务资源可能是有限的,有时还会限制企业的快速发展。

2.依靠外部资金增长作为来源

增加股东的投入资本可以支撑企业的发展,但会分散控制权,稀释每股盈利等。增加负债是企业主要的资金来源,但会导致资产负债率急剧上升,使财务风险加大,筹资能力下降;而且,当息税前资产利润率低于负债利息率时,还会降低净资产收益率。负债过度会造成可怕的后患。

从静态角度分析,企业应不断优化资本结构,增加主权资本的比重,降低债务风险。

从动态角度分析，企业应当比较息税前资产利润率与负债利率，根据企业的需要与负债的可能，自动调节其债务结构，加强财务杠杆对企业筹资的自我约束。也就是说，在息税前资产利润率下降的条件下，自动降低负债比例，从而减少财务杠杆系数，降低债务风险；而在息税前资产利润率上升的条件下，自动调高负债比例，从而提高财务杠杆系数，提高资本净利润率。

3. 追求平衡增长

平衡增长就是要求在保持目前良好的财务结构和与此相关的财务风险的前提下，按照所有者权益或股东权益的增长比率增加借款，以此支持销售的增长。由于这种增长率一般不会消耗企业的财务资源，因此是一种可持续增长率。

可持续增长率是指企业不增发新股并保持目前经营效率和财务政策条件下销售所能增长的最大比率。在不改变企业目前经营效率（反映在资产周转率和销售净利率上）和财务政策（反映在资产负债率和收益留成率上）的情况下，即认为当前经营效率和财务政策是处于理想的目标状态下，那么，限制资产增长的是所有者权益即股东权益的增长率，因而可持续增长率也表现为所有者权益增长率，即股东权益增长率。

复习思考题

1. 为什么说筹资动机是因，筹资规划是果，筹资管理的结果最终都会客观地反映在资产负债表上？

2. 简述自有资金与借入资金，直接筹资与间接筹资，内部筹资与外部筹资的主要区别。

3. 简述资本结构决策的意义与调整资本结构的方法。

4. 什么是资本成本？简述加权平均资本成本和边际资本成本的作用与计算步骤。

5. 什么是最佳资本结构？怎样计算最佳资本结构？

6. 试比较说明经营杠杆、财务杠杆、总杠杆的概念、作用与计算公式。

7. 负债比重提高对净资产收益率的提高具有加速作用的前提条件是息税前资产利润率大于负债利率。没有这个前提条件，不但会失去加速提高的作用，而且会导致净资产收益率的下降。你同意这种说法吗？为什么？

8. 理论联系实际谈谈企业应当怎样保持资金的平衡增长。

业务练习题

练习一

A公司2014年利润表有关项目与销售的百分比如下表所示。该公司适用的所得税税率为20%。经预测,该公司2015年的销售收入为180 000元。

要求:计算并填列A公司2015年预计利润表和预计资产负债表。

2015年预计利润表

单位:元

项　目	2014年实际数	占销售收入的百分比(%)	2015年预计数
营业收入	150 000	100.0	
减:营业成本	114 000	76.0	
营业利润	36 000	24.0	
减:销售费用	600	0.4	
管理费用	30 600	20.4	
财务费用	300	0.2	
利润总额	4 500	3.0	
减:所得税费用	900		
净利润	3 600		

2015年预计资产负债表

单位:元

项　目	2014年实际数	占销售收入的百分比(%)	2015年预计数
资产:			
现金	750	0.5	
应收账款	24 000	16.0	
存货	26 100	17.4	
对外投资	100	—	
预付费用	2 850	1.9	
资产总额	53 800	35.9	
负债及所有者权益:			
短期借款	5 000	—	
应付账款	26 400	17.6	
应付费用	1 050	0.7	
长期负债	550	—	
负债合计	33 000	18.3	
实收资本	2 500	—	
未分配利润	18 300	—	
所有者权益合计	20 800		
追加外部筹资额			
负债及所有者权益总计	53 800		

练习二

B公司目前的资本结构中，长期负债：普通股为1：3，公司打算扩大经营规模，拟筹集资金并维持目前的资本结构不变。随着筹资额的增加，各种资金成本的变化如下表所示：

筹资额与资金成本

资金种类	新筹资额(万元)	资金成本
长期借款	50万元及以下	4%
	50万元以上	8%
普通股	75万元及以下	10%
	75万元以上	12%

要求：计算各筹资分界点及相应各筹资范围的边际资金成本。

练习三

已知C公司当前的资金结构如下表所示。因生产发展的需要，C公司年初准备增加资金2 500万元，现有两个方案：甲方案为增加发行1 000万股普通股，每股市价2.5元；乙方案为按面值发行每年年末付息、票面利率为10%的公司债券2 500万元。假定股票与债券的发行费用均可忽略不计，适用的企业所得税税率为25%。

资金结构

筹资方式	金额(万元)
长期债券(年利率8%)	1 000
普通股(4 500万股)	4 500
留存收益	2 000
合 计	7 500

要求：

(1)计算两种筹资方案下每股利润无差别点的息税前利润。

(2)计算处于每股利润无差别点时乙方案的财务杠杆系数。

(3)如果C公司预计息税前利润为1 200万元，指出该公司应采用的筹资方案。

(4)如果C公司预计息税前利润为1 600万元，指出该公司应采用的筹资方案。

(5)若C公司预计息税前利润在每股利润无差别点增长10%，计算采用乙方案时该公司每股利润的增长幅度。

练习四

D企业只生产和销售A产品。上年度A产品的销售量为10 000件,每件售价为5元,单位变动成本为3元,固定成本为10 000元。按市场预测本年A产品的销售数量将增长10%。

要求:

(1)计算上年D企业的边际贡献总额。

(2)计算上年D企业的息税前利润。

(3)计算本年D企业的经营杠杆系数。

(4)计算本年D企业的息税前利润增长率。

(5)假定D企业上年发生负债利息5 000元,且无优先股股息,计算本年的总杠杆系数。

练习五

E公司目前年销售额为100万元,变动成本为70万元,全部固定成本和利息费用为20万元,平均资产总额为60万元,资产负债率为37.5%,负债的年平均利率为8%,企业所得税税率为20%。

E公司拟改变经营计划,需要追加投资50万元,从而使E公司每年固定成本增加6万元,年销售额增长20%,并使变动成本率下降至60%。E公司以提高净资产收益率和降低总杠杆系数作为改进经营计划的标准。

要求:

(1) 计算E公司目前(追加筹资前)的负债、净资产、净资产收益率、年利息、年固定成本、经营杠杆系数、财务杠杆系数和总杠杆系数。

(2)如E公司所需50万元资金以追加实收资本取得,计算净资产收益率、经营杠杆系数、财务杠杆系数和总杠杆系数。

(3) 如E公司所需50万元资金以10%的利率借入,计算净资产收益率、经营杠杆系数、财务杠杆系数和总杠杆系数。

(4)根据以上计算结果,说明E公司应选择哪个方案?

第三章 营运资金管理

第一节 营运资金概述

一、营运资金管理范畴

企业如何将筹措的资金直接用于生产经营活动，如何用好、管好流动资产和流动负债，属于营运资金的管理范畴。

营运资金是指流动资产减去流动负债后的余额，也被称为净流动资产，是维持企业正常运行周转的资金，是日常财务管理的重点。营运资金具有来源多样性、周转循环短期性、占用数量波动性、实物形态变动性（或变现性）等特点，原因在于流动资产或流动负债容易受内外条件的影响，其数量的波动往往很大，且营运资金的需求问题既可通过长期筹资方式解决，也可通过短期筹资方式解决，仅短期筹资就有银行短期借款、短期融资、商业信用、票据贴现等多种方式。所以，不少财务经理的主要精力用于营运资金管理。

流动资产是指可以在 1 年内或超过 1 年的一个营业周期内变现或运用的资产，具有占用时间短、周转速度快、数量波动大、容易变现等特点，其管理重点包括现金管理、应收账款管理和存货管理。流动资产质量高，其营运资金的质量也就高。

流动负债是指需要在 1 年内或超过 1 年的一个营业周期内偿还的债务，具有融资成本低、偿还期短、容易获得、灵活性强，但还本付息压力较大等特点，其管理重点包括短期借款管理、短期融资券管理和商业信用管理等。

加强营运资金管理就是加强对流动资产和流动负债的管理，一方面应加快各项流动资产的周转速度，尽量减少资金的过分占用，降低资金的占用成本；另一方面应合理利用商业信用，有效筹措短期负债资金，解决资金短期周转困难的问题，在适度负债和有效利用财务杠杆的基础上，提高资金周转速度。

二、营运资金来源分析

一张资产负债表从总体上可以分为资产占用和资金来源两个相关方面。资产占用方可以分为流动资产（即短期资产）和非流动资产（即长期资产），其流动性表明资产价值实现、转移或摊销的时间长度。资金来源方可以分为短期融资和长期融资（包括长期负债和所有者权益），其流动性表明融资清欠、退还或可用的时间长度。理性的财务管理期望流动资产大于流动负债，即长期融资大于长期资产，这样，营运资金来源于长期融资的一部分，就有相应的保障（如图 3－1 所示）。

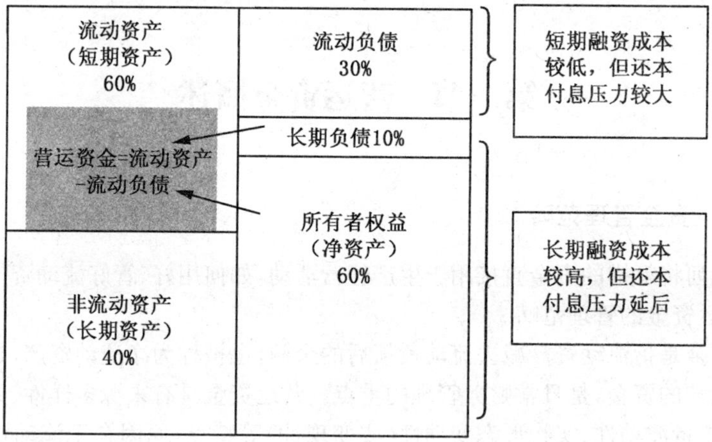

图 3－1 营运资金来源分析

如果流动资产－流动负债＞0，即流动资产大于流动负债，说明此时的“净流动资产”是以长期负债和所有者权益的一定份额作为资金来源的，营运资金来源虽有保障，但其资金成本较高；若营运资金增加，在短期偿债能力增强的同时，也可能存在资产利用率下降等问题。

如果流动资产－流动负债＝0，即流动资产等于流动负债，说明占用在流动资产上的资金都是依赖于流动负债融资，资金成本较低，但缺乏运营资金来源，短期债务可能会陷入偿还困境。

如果流动资产－流动负债＜0，即营运资金出现负数，短期融资已经被流动资产和长期资产共同占用了，企业的短期偿债能力较差，资金链可能随时因周转失灵而断裂。

从平衡资产运营能力角度分析，资产负债表主要项目之间的对应关系可表述如下：

(一)长期资产一般需要长期融资来源作为保证

如果企业以短期融资来支持长期资产，就会有持续不断的偿债压力。如果不断地借新债还旧债，以短期融资来支持长期资产，虽可获得低融资成本的好处，但一旦新债难以筹措，企业将陷入财务困境。所以，在正常情况下，企业一般不会以短期融资来支持长期资产。长期资产适合率要求长期融资应大于长期资产，这时，营运资金就有其相应的资金来源了，有的来源于长期负债和所有者权益，有的来源于长期负债，如此，营运资金的成本是比较高的。

(二)短期资产一般需要由短期融资来保证

短期资产能在较短的时间内实现、转移、摊销其价值，也就能满足短期融资的清欠和退还在时间上的要求。短期融资一般不能用长期资产作为保证。

(三)短期资产也可以由长期融资来支持

短期资产由长期融资来支持是很稳妥的，当然也是一种成本较高的方法。在这种情况下，企业一般不会面临偿债或流动性压力，但长期融资成本却高于短期融资成本。一般来说，企业不会作出短期资产全部或大部分由长期融资来支持的决策。不过，从短期资产的占用来看，其中有一部分也会被经常、持续地占用，从而具有长期资产的性质。只有临时波动的短期资产占用才是一种纯粹的短期占用。为了保证这种经常、持续的占用所需资金的稳定性和安全性，企业有时也不得不依靠一部分长期融资的支持。

(四)长期债务一般不应超过营运资金

长期债务如果超过营运资金，营运资金就有可能失去其来源。这是因为，营运资金在量上等于流动资产减去流动负债后的差额，并且长期债务会随时间的延续不断转化为流动负债，不断地需要动用流动资产来补偿。如果能保持长期债务不超过营运资金，就不会因为这种转化而造成流动资产小于流动负债，从而使长期债务的债权人感到贷款有保障。

营运资金可以反映企业短期的财务实力和偿债能力，是一项重要的财务指标，其金额越大，表明该企业对于支付义务的准备越充足，短期偿债能力越有保障。当然，营运资金是个绝对数，如果企业之间规模相差很大，绝对数比较的意义有限，这时，分析流动比率等相对数指标可能更适合企业之间以及本企业不同历史时期之间的比较。

三、流动资产动态管理

流动资产的根本特征就在于流动，从投入的那一刻起就在不断运动，并随着实物形态的变化而不断地改变着自己的形态。对资产实行动态管理之所以重要，是因为资产时刻在变动，只有在动态中才能将其管好。

营运资金管理在企业销售、采购和资金回笼等业务中处于重要地位，对企业利润目标的实现会产生重大影响。当然，营运资金管理应是对购销工作的控制而不是限制。

但一些企业为了实现利润,经常采用赊销形式,片面追求销售业绩,可能会忽视对应收账款的管理而造成管理效率低下。例如,对赊销的现金流动情况及信用状况缺乏控制,未能及时催收货款,容易出现货款被拖欠从而造成账面利润高于实际资金。财务部门应加强对赊销和预购业务的控制,制定相应的应收账款、预付货款控制制度,加强对应收账款的管理,及时收回应收账款,减少风险,从而提高企业资金的使用效率。

资金运动会与实物运动相背离,会与价值运动不一致。从事生产与销售等的业务主管往往比较重视实物运动,希望产品尽快生产出来,商品尽快销售出去,因而有可能发生销售实现了,但应收账款也增加了的局面。财务管理往往更加重视资金运动(即价值运动),希望商品卖出去后尽快收回货款,关注现金流量是否到位,再加上市场经济本身就是信用经济,赊销是客观存在的,延期付款或延期交货是商业信用的表现,所以,在日常的理财活动中,时常会发现资金运动与实物运动相背离,出现现金流转不同步或不同量等现象。

企业应正视资金流转不平衡的现状,因为资金流转的平衡是相对的、有条件的,而不平衡是绝对的、客观存在的。财务管理的任务之一就在于从不平衡中发现平衡、找到平衡、组织新的平衡。

资金流转的不平衡现象主要表现在以下三个方面:

第一,资金流转的同步不同量。例如,某公司销售商品 100 万元,销售成本为 90 万元,由于质次价高,削价销售为 80 万元,当即收到货款。

第二,资金流转的同量不同步。例如,某公司销售商品 100 万元,销售成本为 90 万元,开出发票 100 万元,相隔 1 年后才收到这笔货款。

第三,资金流转的不同步不同量。例如,某公司销售商品 100 万元,销售成本为 90 万元,由于质次价高,削价销售为 80 万元,相隔半年后才收到这笔货款。

管理人员面对以上三种资金流转的不平衡现象,应及时提供信息,提出警告,重在控制,力争资金流转既同步又同量,保持实物运动与资金运动的衔接。例如,某公司销售商品 100 万元,销售成本为 90 万元,售价为 100 万元,力争当即收到货款或在信用期内收到货款,这就是资金流转既同步又同量的表现。控制资金流转既同步又同量的一个有效的办法就是销售业绩与回笼货款同时抓,既考核销售业绩,也考核应收账款回收率,并且以考核应收账款回收率为主,把考核工作落到实处。

对资产实行动态管理,不仅要求控制资产的总量,还要求及时掌握和控制资产在各种形式上的动态分布(分量)及其结构百分比,并通过分析动态中各种形式资产的增减变动及其合理性,观察其变动发展的趋势,寻找管好、用好资产的规律。

在资产的运动过程中加强管理,在管理的强化过程中掌握资产的动态发展趋势,同时,还应当深入组成各种资产形态的具体内容中去。例如,成品资产可以分成甲、乙、丙三大类,在这三大类中又可分成 A、B、C、D 四小类,每一小类又由若干产品品种组成。

那么，对成品资产的结构动态分析和趋势动态分析应当深入这些大类、小类和具体产品品种的分析中去，通过分析这些大类、小类和具体产品品种的增减变动，找到构成成品资产变动的具体因素，从而有的放矢地提出管理建议，对症下药，加强管理，不断提高资产的周转率。

第二节　现金管理

一、现金管理目标

财务管理学中所称的现金是一个广义的概念，一般是指在生产过程中暂时停留在货币形态的资金，包括库存现金、银行存款和其他货币资金。

现金是变现能力最强的资产，可以用来满足生产经营开支的各种需要，也是还本付息和履行纳税义务的保证。因此，拥有足够的现金对于降低企业风险，增强资产的流动性和债务的可清偿性有着重要的意义。但是，现金属于非盈利资产，即使是银行存款，其存款的利率也不高。现金持有量过多，其所提供的流动性边际效益便会下降，进而导致企业的收益水平降低。现金管理的目标应当是合理确定现金持有量，使现金收支不但在数量上，而且在时间上相互衔接，以便在保证经营活动所需现金的同时，尽量减少闲置的现金数量，提高现金的使用效率与效益。

二、现金持有动机

（一）交易性需求

企业应当在正常生产经营秩序下保持一定的现金支付能力，这就是企业持有现金的交易动机。企业为了组织日常生产经营活动，必须保持一定数额的现金余额用于购买原材料、支付工资、缴纳税款、偿付到期债务、派发现金股利等。企业为满足交易性需求而持有的现金余额主要取决于企业的销售水平。企业销售扩大，销售额增加，所需现金也随之增加。

（二）预防性需求

企业为了应付紧急情况，应当保持一定的现金支付能力，这就是企业持有现金的预防动机。由于市场行情的瞬息万变和其他各种不测因素的存在，企业通常难以对未来现金流入量和流出量作出准确的估计和预期。一旦企业对未来现金流量的预期与实际情况发生偏离，必然会对企业的正常经营秩序产生不利的影响。因此，在正常业务活动现金需要量的基础上，追加一定数量的现金余额以应付未来现金流入和流出的随机波动，是企业在确定必要现金持有量时应当考虑的因素。企业为应付紧急情况所持有的现金余额主要取决于以下三个方面：一是企业愿意承担风险的程度；二是企业临时举债能力的强弱；三是企业对现金流量预测的可靠程度。

（三）未来需求

企业为了抓住各种转瞬即逝的市场机会，获取较大的利益，应当准备一定数额的现金，这就是企业持有现金的未来需求动机。例如，利用证券市价大幅度跌落购入有价证券以期在价格反弹时卖出从而获取高额资本利得（价差收入）等。这类现金持有量的大小往往与企业在金融市场上的投资机会及企业对待风险的态度有关。

企业在确定现金余额时，应综合考虑上述各方面的持有动机。但要注意的是，由于各种动机所需的现金可以调节使用，企业持有的现金总额并不等于各种动机所需现金余额的简单相加，前者通常小于后者。另外，上述各种动机所需保持的现金并不要求必须都是货币形态，也可以是能够随时变现的有价证券或可随时借入的银行资金等。

三、现金管理成本

（一）管理成本

企业保留现金，对现金进行管理，会发生一定的管理费用，如管理人员工资及必要的安全措施费等。这部分费用具有固定成本的性质，在一定范围内与现金持有量的多少关系不大，属于决策无关成本。

（二）机会成本

再投资收益是企业不能同时用该现金进行有价证券投资所产生的机会成本，这种成本在数额上等同于资金成本。放弃的再投资收益的机会成本属于变动成本，它与现金持有量呈正比例关系。

（三）转换成本

转换成本是指企业用现金购入有价证券以及转让有价证券以换取现金时付出的交易费用，即现金与有价证券之间相互转换的成本，如委托买卖佣金、委托手续费、证券过户费、实物交割手续费等。

具有变动成本性质的转换成本，通常是按照委托成交金额计算的，如委托买卖佣金或手续费。这些费用，在证券总额既定的条件下，无论变现次数如何变动，所需支付的委托成交金额都是相同的。因此，那些依据委托成交额计算的转换成本与证券变现次数关系不大，属于决策无关成本。

与证券变现次数密切相关的转换成本是指固定性交易费用，如证券过户费、实物交割手续费等。固定性转换成本与现金持有量呈反比例关系。

（四）短缺成本

现金短缺成本是指在现金持有量不足而又无法及时通过有价证券变现加以补充而给企业造成的损失，包括直接损失与间接损失。现金的短缺成本与现金持有量呈反方向变动关系。

通过分析与现金有关的成本及其各自的特性，有助于从成本最低的角度出发确定最佳现金持有量。

四、最佳现金持有量

(一)成本分析模式

成本分析模式是根据现金的有关成本，分析预测其总成本最低时的持有量的一种方法。该模式只考虑因持有一定量的现金而产生的机会成本和短缺成本，不考虑管理成本和转换成本。

机会成本即因持有现金而丧失的再投资收益，与现金持有量呈正比例变动关系，用公式表示如下：

机会成本=现金持有量×有价证券利率

短缺成本与现金持有量呈反方向变动关系，即现金持有量越多，短缺机会越少，短缺成本越小。

成本分析模式是基于上述原理来确定最佳现金持有量的。在这种模式下，最佳现金持有量就是持有现金而产生的机会成本与短缺成本之和最小时的现金持有量。

例 **3—1** 某公司三种现金持有方案的成本资料如表 3—1 所示。

表 3—1 **现金持有量相关资料** 单位：元

项 目	A 方案	B 方案	C 方案
现金持有量	20 000	25 000	30 000
机会成本率	10%	10%	10%
短缺成本	1 800	1 500	1 200

根据表 3—1 编制该公司最佳现金持有量测算表(如表 3—2 所示)。

表 3—2 **现金持有量备选方案比较分析** 单位：元

方案及现金持有量	机会成本	短缺成本	相关总成本
A 方案(20 000)	2 000	1 800	3 800
B 方案(25 000)	2 500	1 500	4 000
C 方案(30 000)	3 000	1 200	4 200

通过分析比较表 3—2 中各方案的总成本可知，A 方案的相关总成本最低，因此，企

业持有 20 000 元现金为最佳持有量。

(二)存货模式

运用存货模式确定最佳现金持有量是以下列假设为前提的:(1)企业所需要的现金可通过证券变现取得,且证券变现的不确定性很小;(2)企业预算期内的现金需要总量可以预测;(3)现金的支出过程比较稳定,波动较小,而且每当现金余额降至零时,均可通过部分证券变现得以补足;(4)证券利率以及每次固定性交易费用可以获悉。如果上述条件能够得到满足,企业便可以利用存货模式来确定最佳现金持有量。

在存货模式中,只对机会成本和固定性转换成本予以考虑。机会成本和固定性转换成本随着现金持有量的变动而呈现相反的变动趋势,这就要求企业必须对现金与有价证券的分割比例进行合理安排,从而使机会成本与固定性转换成本保持最佳组合。也就是说,能够使现金管理的机会成本与固定性转换成本之和保持最低的现金持有量即为最佳现金持有量。存货模式的着眼点也是使现金相关总成本最低。

由于管理成本相对稳定,与现金持有量的多少关系不大,因此,在存货模式中将管理成本视为决策无关成本。

由于现金是否会发生短缺、短缺多少、概率多大以及各种短缺情形发生时可能的损失如何都存在很大的不确定性和无法计量性,因此,在利用存货模式计算最佳现金持有量时,对短缺成本也不予考虑。

设 T 为一个周期内的现金总需求量;F 为每次转换有价证券的固定成本;Q 为最佳现金持有量(每次证券变现的数量);K 为有价证券利息率(机会成本率);TC 为现金管理相关总成本,其计算公式如下:

现金管理相关总成本=机会成本+固定性转换成本

即:

$$TC=\frac{Q}{2}\times K+\frac{T}{Q}\times F \tag{3-1}$$

持有现金的机会成本与证券变现的交易成本相等时,现金管理的相关总成本最低,此时的现金持有量为最佳现金持有量,即:

$$Q=\sqrt{\frac{2TF}{K}} \tag{3-2}$$

将公式(3—2)代入公式(3—1),得:

$$最低现金管理相关总成本(TC)=\sqrt{2TFK} \tag{3-3}$$

例 **3—2** B公司的现金收支状况比较稳定,预计全年(按 360 天计算)需要现金 250 000 元,现金与有价证券的转换成本为每次 500 元,有价证券的年利率为 10%。请分别计算最佳现金持有量、最低现金管理相关总成本、转换成本、机会成本、有价证券交易次数和有价证券交易间隔期。

最佳现金持有量(Q)$=\sqrt{2\times250\ 000\times500\div10\%}=50\ 000$(元)

最低现金管理相关总成本(TC)$=\sqrt{2\times250\ 000\times500\times10\%}=5\ 000$(元)

其中:转换成本$=250\ 000\div50\ 000\times500=2\ 500$(元)

机会成本$=50\ 000\div2\times10\%=2\ 500$(元)

有价证券交易次数$=250\ 000\div50\ 000=5$(次)

有价证券交易间隔期$=360\div5=72$(天)

在现金需求量难以预知的情况下,企业也可以采用随机模型等方式来控制现金持有量。

五、现金日常管理

现金是流通手段,是企业流动资金中最活跃的部分。在生产经营中,现金变为非现金资产,非现金资产又变为现金,这种周而复始的流转过程被称为现金流转。现金循环与其他业务循环存在着直接或间接的联系,其他业务循环是否畅通、是否出现障碍、是否存在弊端和漏洞,都会对现金循环产生影响。企业应严格遵守现金管理制度,正确进行现金收支的核算,加强对现金的管理和控制,监督现金使用的合法性与合理性,降低现金使用成本和财务风险,提高现金的使用效益,保护现金的安全、完整。

第三节　应收账款管理

一、应收账款管理目标

应收账款是企业因对外赊销产品、提供劳务等而应向购货或接受劳务的单位收取的款项。

商品与劳务的赊销与赊供,在强化企业市场竞争能力、扩大销售、增加收益、节约存货资金占用以及降低存货管理成本方面有优势。但相对于现销方式,赊销意味着应计现金流入量与实际现金流入量在时间上的不一致,因而产生拖欠甚至坏账损失的可能性比较高。应收账款的增加会造成坏账损失率的上升和管理费用的增加。或者说,太严的信用政策将损失销售,而过宽的信用政策将导致坏账损失增加。应收账款管理的目标应当是在发挥应收账款强化竞争、扩大销货的功能的同时,尽可能地降低应收账款投资的机会成本,减少坏账损失和管理成本,提高应收账款投资的收益率。只有当应收账款所增加的盈利超过所增加的成本时,才应当实行赊销;如果赊销有着良好的盈利前景,就应当放宽信用条件以增加赊销量。

二、应收账款成本分析

(一)机会成本

应收账款的机会成本是指因资金投放在应收账款上而丧失的机会收益,如投资于有价证券便会有利息收入。这种机会成本的大小通常与企业维持赊销业务所需要的资金数量和资金成本率(一般可按有价证券利息率计算)有关。其计算公式如下:

应收账款机会成本=维持赊销业务所需资金×资金成本率

维持赊销业务所需资金=应收账款平均余额×变动成本率

应收账款平均余额=平均每日销售额×平均收账天数

平均每日销售额=年销售额÷360

例 3—3 C公司预测某年度的销售额为 6 000 000 元,应收账款平均收账天数为 60 天,变动成本率为 70%,资金成本率为 10%,则应收账款的机会成本可计算如下:

应收账款平均余额=6 000 000÷360×60=1 000 000(元)

维持赊销业务所需资金=1 000 000×70%=700 000(元)

应收账款机会成本=700 000×10%=70 000(元)

上述计算表明,C公司投放 700 000 元资金可维持 6 000 000 元销售业务,相当于垫支资金的 8 倍多。这一较高的倍数在很大程度上取决于应收账款的收账速度。在正常情况下,应收账款收账天数越少,一定数量资金所维持的赊销额就越大;应收账款收账天数越多,维持相同赊销额所需要的资金数量就越大。应收账款的机会成本在很大程度上取决于企业维持赊销业务所需资金的多少。

(二)管理成本

应收账款的管理成本是指企业对应收账款进行管理而耗费的开支,主要包括对客户的资信调查费用、收账费用和其他费用。

(三)坏账成本

应收账款基于商业信用而产生,存在无法收回的可能性,由此而给应收账款持有企业带来的损失即为坏账成本。这一成本一般与应收账款的数量同方向变动,即应收账款越多,坏账成本也越多。基于此,为规避发生坏账成本给企业生产经营活动的稳定性带来不利影响,企业应合理提取坏账准备。

三、信用与信用政策

信用是指在商品交换的过程中,交易一方以将来偿还的方式获得另一方的财、物或服务的能力。信用的根据是获得财、物或服务的一方所作出的给付承诺。由此可见,信用是受信方与授信方之间的约定。在交易市场上,受信方往往是赊购者或者接受信贷者，授信方一般是采用赊销方式的企业或提供信贷的金融机构。信用包括两个重要因素：一是受信方必须在一定期限内为获得财、物或服务而付款或还款，而且该时间期限必须得到授信方的认可；二是授信方必须信任受信方的付款承诺，而且对信用风险作出了判断。

信用政策是指授信方制定的应收账款管理政策，是对应收账款进行规划与控制而确立的基本原则与行为规范，包括信用标准、信用条件和收账政策。

(一)信用标准

信用标准是企业评价客户等级，决定给予或拒绝客户信用的依据。如果企业把信用标准定得过高，将使许多客户因信用品质达不到所设的标准而被企业拒之门外，其结果尽管有利于降低违约风险及收账费用，但不利于企业市场竞争能力的提高和销售收入的增加。如果企业接受较低的信用标准，虽然有利于企业扩大销售，提高市场竞争力和占有率，但同时也会导致坏账损失风险的加大和收账费用的增加。

影响信用标准的因素包括：(1)同行业竞争对手的情况；(2)企业承担违约风险的能力；(3)客户的资信程度；等等。客户资信程度的高低通常取决于信用要素，包括品质、能力、资本、抵押、条件等。

(二)信用条件

信用条件就是指企业接受客户的信用订单时所提出的付款要求，主要包括信用期限、折扣期限及现金折扣率等。

信用条件的基本表现方式如“1/10，n/30”，即客户如果能够在发票开出后的10日内付款，可以享受1%的现金折扣；如果放弃折扣优惠，则全部款项必须在30日内付清。30日为信用期限，10日为折扣期限，1%为现金折扣率。

企业还可以根据需要，采取阶段性现金折扣期和不同的现金折扣率，如“3/10，2/30，n/60”等，即给予客户60日的信用期限，客户若能在开票后的10日内付款，便可以得到3%的现金折扣；超过10日而能在30日内付款时，也可以得到2%的现金折扣；否则，只能全额支付账面款项。

例 **3－4** D公司预测某年度的销售额为3 600万元，其信用条件是n/30，变动成本率为70%，资金成本率为10%。假设收账政策不变，固定成本总额不变。D公司准备了3个信用条件备选方案：甲方案维持原n/30的信用条件不变；乙方案将信用条件放宽到n/40；丙方案将信用条件放宽到n/50。有关3个备选方案的估计销售水平、坏账百分比和收账费用等数据如表3－3所示。

表 3—3　　信用条件备选方案资料　　单位:万元

项目 \ 备选方案 / 信用条件	甲方案	乙方案	丙方案
	$n/30$	$n/40$	$n/50$
年销售额	3 600	4 320	5 040
应收账款平均收账天数	30	40	50
应收账款平均余额	3 600÷360×30=300	4 320÷360×40=480	5 040÷360×50=700
维持赊销业务所需资金	300×70%=210	480×70%=336	700×70%=490
坏账损失÷年赊销额	3%	4%	5%
坏账损失	3 600×3%=108	4 320×4%=172.8	5 040×5%=252
收账费用	100	150	200

根据表 3—3 的资料,3 个备选方案的有关数据可计算如表 3—4 所示。

表 3—4　　信用条件分析评价表(一)　　单位:万元

项目 \ 备选方案 / 信用条件	甲方案	乙方案	丙方案
	$n/30$	$n/40$	$n/50$
年销售额	3 600.00	4 320.00	5 040.00
变动成本	2 520.00	3 024.00	3 528.00
信用成本前收益	1 080.00	1 296.00	1 512.00
减:应收账款机会成本	210×10%=21.00	336×10%=33.60	490×10%=49.00
坏账损失	108.00	172.80	252.00
收账费用	100.00	150.00	200.00
信用成本小计	229.00	356.40	501.00
信用成本后的净收益	851.00	939.60	1 011.00

根据表 3—4 中的资料可知,在这 3 个方案中,丙方案的获利最大,它比甲方案增加收益 160 万元(1 011—851),比乙方案增加收益 71.4 万元(1 011—939.6)。因此,在其他条件不变的情况下,应选择丙方案。

例 3—5 沿用例 3—4,如果该公司选择了丙方案,但为了加速应收账款的回收,决定将赊销条件改为"2/10,1/20,n/60"(丁方案),估计约有 50%的客户(按销售额计算)将享受 2%的现金折扣,30%的客户将享受 1%的现金折扣,坏账损失率降为

2%，收账费用降为50万元，其他条件不变。根据上述资料，有关指标可计算如下：

应收账款平均收账天数＝50%×10＋30%×20＋20%×60＝23(天)

应收账款平均余额＝5 040÷360×23＝322(万元)

维持赊销业务所需资金＝322×70%＝225.4(万元)

应收账款机会成本＝225.4×10%＝22.54(万元)

坏账损失＝5 040×2%＝100.8(万元)

现金折扣＝5 040×(2%×50%＋1%×30%)＝65.52(万元)

根据以上资料可编制表3－5。

表3－5　　信用条件分析评价表(二)　　单位:万元

项目 \ 备选方案 / 信用条件	丙方案	丁方案
	$n/50$	2/10,1/20,$n/60$
年销售额	5 040.00	5 040.00
减:现金折扣	—	65.52
年赊销净额	5 040.00	4974.48
减:变动成本	3 528.00	3 528.00
信用成本前收益	1 512.00	1 446.48
减:应收账款机会成本	49.00	22.54
坏账损失	252.00	100.80
收账费用	200.00	50.00
信用成本小计	501.00	173.34
信用成本后的净收益	1 011.00	1 273.14

上述计算结果表明，实行现金折扣以后，企业的收益增加262.14万元(1 273.14－1 011.00)，因此，该公司最终应当选择丁方案。

例 3－6　沿用例3－5，如果该公司某销售科长又提出了一个戊方案，将赊销条件改为“3/20,2/40,n/60”，估计约有60%的客户(按赊销额计算)将享受3%的现金折扣，30%的客户将享受2%的现金折扣。采用戊方案后，预计年销售额将达到5 400万元，但坏账损失率估计将上升到3%，其他条件不变。该公司应选择哪个方案为优？

我们可以通过计算比较戊方案相对于丁方案由于赊销条件变化而增加的收入是否大于增加的成本来进行决策。

增加的收益＝增加的销售×边际贡献率

=(5 400－5 040)×(1－70%)=108(万元)

增加的成本包括以下几个部分：

(1)增加应收账款占用资金的应计利息：

戊方案应收账款的平均收账期(天数)=60%×20+30%×40+10%×60=30(天)

戊方案应计利息=5 400÷360×30×70%×10%=31.5(万元)

应计利息增加=31.50－22.54=8.96(万元)

(2)坏账损失增加=5 400×3%－100.8=61.2(万元)

(3)现金折扣增加=5 400×(3%×60%+2%×30%)－65.52=64.08(万元)

增加的净收益=增加的收入－增加的成本

=108－(8.96+61.2+64.08)=－26.24(万元)

计算结果表明，戊方案与丁方案相比增加的净收益为－26.24 万元，因此，戊方案不可取，仍应该采用丁方案。

(三)收账政策

在企业向客户提供商业信用时，必须考虑客户是否会拖欠或拒付账款，怎样最大限度地防止客户拖欠账款以及一旦账款遭到拖欠甚至拒付时应采取怎样的对策等。收账政策就是指当客户违反信用条件，拖欠甚至拒付账款时企业所采取的收账策略与措施。

企业为了扩大销售，增强竞争能力，往往对客户的逾期未付款项规定一个允许的拖欠期限，超过规定的期限，企业就应采取各种形式进行催收。如果企业制定的收款政策过宽，会导致逾期未付款客户拖延时间更长，对企业不利；收账政策过严，催收过急，又可能伤害无意拖欠的客户，影响企业未来的销售和利润。因此，企业在制定收账政策时，要权衡利弊，掌握好宽严界限。

企业对拖欠的应收账款，无论采用何种方式进行催收，都会发生一定的收账费用，如收款所花的邮电通信费、派专人收款的差旅费和法律诉讼费等。一般而言，企业加强收账管理，及早收回货款，可以减少坏账损失，减少应收账款上的资金占用，但会增加收账费用。因此，制定收账政策要在增加收账费用与减少坏账损失、减少应收账款机会成本之间进行权衡，若前者小于后者，则说明制定的收账政策是可取的。

例 **3－7** 利民公司应收账款原有的收账政策和拟改变的收账政策如表 3－6 所示。

表 3－6 **收账政策备选方案资料**

项　目	现行收账政策	拟改变的收账政策
年收账费用(万元)	5	10
平均收账天数(天)	60	30

续表

项　目	现行收账政策	拟改变的收账政策
坏账损失占销售额的百分比(%)	4	2
销售额(万元)	540	540
变动成本率(%)	70	70

假设资金利润率为10%，根据表3—6中的资料，计算两种方案的收账总成本如表3—7所示。

表3—7　　收账政策分析评价　　单位：万元

项　目	现行收账政策	拟改变的收账政策
销售额	540.00	540.00
应收账款平均收账天数	60	30
应收账款平均余额	540÷360×60＝90.00	540÷360×30＝45.00
应收账款占用的资金	90×70%＝63.00	45×70%＝31.50
收账成本：		
应收账款机会成本	63×10%＝6.30	31.50×10%＝3.15
坏账损失	540×4%＝21.60	540×2%＝10.80
年收账费用	5.00	10.00
收账总成本	32.90	23.95

表3—7的计算结果表明，拟改变的收账政策的相关收账成本低于现行收账政策的收账成本，因此，改变收账政策的方案是可以接受的。

四、应收账款日常管理

在发货前，客户的赊销应被授权批准。为此，企业应正确制定信用政策，对赊销客户在信用额度内进行赊销。企业管理当局应负责制定企业的信用政策，确定信用标准、信用条件(含信用期限、信用额度、折扣率)及收账政策。销售部门应对每位客户进行信用调查，包括(但不限于)获取信用评审机构对顾客信用等级的评定报告，根据客户的信用状况提出相应的信用期限、信用额度，并经企业负责人或其授权人批准。销售、收款经办人员必须根据批准的信用期限、信用额度控制赊销金额。客户信用期限、信用额度的调整必须经相应权限的审批人员审核批准。

企业必须按照信用管理的要求，建立科学的客户信息分类标准，从逾期收款情况、总资产、资产负债率、速动比率、应付款支付周期、利润率、销售能力、市场占有率、行业信誉、合作时间、管理质量、组织结构等方面进行全面评估，制定客户信用等级评分标准，建立客户信息系统。对客户的资信状况调查应滚动或经常进行，并严格按信用等级加以管理。

企业应根据销售及资金回笼情况对客户的资信额度进行动态管理。应根据应收账款账龄清单，努力做到对每笔未结账进行账龄分析，对资信下降的客户要及时采取减少发货、加强催收和实行担保等预防和减少风险的措施，对资信差并拖欠货款的客户要停止发货。有条件的企业应在计算机管理程序中设计监督控制功能。

客户一旦出现拖欠款项的情况，赊销企业就必须考虑如何按期足额收回。客户能否严格履行赊销企业的信用条件，一般取决于两个因素：一是客户的信用品质；二是客户现金的持有量与调剂程度（如现金用途的约束性、其他短期债务的偿还对现金的要求等）。如果客户的信用品质良好，持有一定的现金余额，且现金支出的约束性较小，可调剂程度较大，客户大多是不愿以损失市场信誉为代价而拖欠赊销企业账款的。如果客户信用品质不佳或现金匮乏或现金的可调剂程度低下，那么，赊销企业的账款遭受拖欠也就在所难免。

企业已发生的应收账款时间长短不一，有的尚未超过信用期，有的则已逾期拖欠。一般来说，逾期拖欠时间越长，账款催收的难度越大，成为坏账的可能性也就越大。因此，进行账龄分析，密切注意应收账款的回收情况是提高应收账款收现效率的重要环节。

应收账款账龄分析就是考察研究应收账款的账龄结构。所谓应收账款的账龄结构，是指各账龄应收账款的余额占应收账款总计余额的比重。

例 3－8 已知某企业的平均信用期为3个月，某月底财务人员经分析后的应收账款账龄分析如表3－8所示。

表3－8　　应收账款账龄分析

应收账款账龄	客户数量	金额（万元）	比重（%）
信用期内（3个月内）	120	50	50
超过信用期1个月内	40	15	15
超过信用期2个月内	13	8	8
超过信用期3个月内	11	6	6
超过信用期4个月内	16	7	7
超过信用期5个月内	10	4	4
超过信用期6个月内	4	1	1
超过信用期6个月以上	12	9	9
应收账款余额总计	—	100	100

表3－8表明，在该企业应收账款余额中，有50万元尚在信用期内，占全部应收账款的50%。超过信用期的应收账款数额为50万元，占全部应收账款的50%，其中，逾期在1、2、3、4、5、6个月内的分别为15%、8%、6%、7%、4%、1%，另有9%的应收账款已经逾期半年以上。企业还应进一步分析具体是哪些客户拖欠了账款，这些客户是否经常拖欠账款，发生拖欠的原因何在。一般而言，账款的逾期时间越短，收回的可能性越大，发生坏账损失的可能性越小；反之，收账的难度及发生坏账损失的可能性也就越大。因此，对不同拖欠时间的账款及不同信用品质的客户，企业应采取不同的收账方法。对可能发生的坏账损失需有所准备，充分估计这一因素对企业损益的影响。对尚未过期的应收账款也不能放松管理与监督，以防发生新的拖欠。

通过应收账款账龄分析，不仅能提示财务管理人员应把过期款项视为工作重点，而且有助于促进企业进一步研究与制定新的信用政策。

第四节 存货管理

一、存货管理目标

存货是指企业在日常生产经营过程中为生产或销售而储备的物资。企业拥有充足的存货、大批量购货，不仅有助于降低购货成本、节约采购费用、缩短生产时间、防止停工待料、保证生产过程的顺利进行，而且有助于迅速地满足客户的各种订货需求，从而为企业的生产与销售提供较大的机动性，避免因存货不足而造成机会损失。然而，存货的增加必然要占用更多资金，其储存成本和管理费用也会增加，影响企业获利能力的提高。因此，如何在存货的功能与成本之间进行利弊权衡，在充分发挥存货功能的同时降低成本、增加收益、实现它们的最佳组合，成为存货管理的基本目标。

20世纪50年代，日本丰田公司创造了一种高质量、低库存的即时生产方式(Just in Time,JIT)，其基本含义是“只在需要的时候，按需要的量，生产所需的产品”。这是追求一种无库存或库存量达到最小的生产系统。通过精确地协调生产和供应，企业大大降低了原材料的库存，提高了企业的运作效率，也增加了企业的利润。进入21世纪，信息技术和互联网发展突飞猛进，存货管理与生产计划、市场销售的信息充分共享，计划、采购、生产和销售等各部门之间可以更好地协同。戴尔公司根据顾客在网上的订单来组织生产，提供完全个性化的产品和服务。“摒弃库存”“不断聆听顾客意见”“绝不进行间接销售”三项金律对今天的存货管理影响深远。

企业应当结合生产经营特点，从严控制采购与销售行为。一方面强化供应链管理，加强企业之间的交流与合作，在降低存货持有成本的同时，减少交易成本和获取信息的成本,降低企业的仓储成本;另一方面,通过合理整合内部物流资源,充分利用第三方物流,改善业务流程设计等节省物流支出。企业还可以通过建立供应与销售方的信息档案,加强对其信誉、资质等级的管理,进一步发挥存货管理的效率、效果与效益。

二、存货经济批量管理

(一)存货成本分析

1. 进货成本

进货成本是指存货的取得成本,主要由存货的进价成本和进货费用两个方面构成。

(1)进价成本。进价成本又称购置成本,是指存货本身的价值,其等于采购单价与采购数量的乘积。在一定时期进货总量既定的条件下,假设物价不变且无采购数量折扣,则无论企业的采购次数如何变动,存货的进价成本通常都是保持相对稳定的,因而属于决策无关成本。

(2)进货费用。进货费用又称订货成本,是指企业为组织进货而开支的费用,如与材料采购有关的办公费、差旅费、邮资、电话费、运输费、检验费、入库搬运费等支出。进货费用可以按照与订货次数的关系分为变动性进货费用和固定性进货费用两类。

变动性进货费用与订货次数有关,如差旅费、邮资、电话费等费用与进货次数呈正比例变动,属于决策相关成本。

固定性进货费用与订货次数无关,如专设采购机构的基本开支等,属于决策无关成本。

2. 储存成本

存货的储存成本是指企业为持有存货而发生的费用,主要包括存货资金占用费或机会成本、仓储费用、保险费用、存货残损霉变损失等。储存成本可以按照与储存数额的关系分为变动性储存成本和固定性储存成本两类。

固定性储存成本与存货储存数额没有直接的联系,如仓库折旧费、仓库职工的固定月工资等,属于决策无关成本。

变动性储存成本随着存货储存数额的增减呈正比例变动,如存货资金的应计利息、存货残损和变质损失、存货的保险费用等,属于决策相关成本。

3. 缺货成本

缺货成本是因存货不足而给企业造成的损失,包括由于材料供应中断而造成的停工损失、成品供应中断导致延误发货而造成的信誉损失及丧失销售机会的损失等。如果生产企业能够以替代材料解决库存材料供应中断之急的话,缺货成本便表现为替代材料紧急采购的额外开支。缺货成本能否作为决策的相关成本,应视企业是否允许出现存货短缺的不同情形而定。若允许缺货,则缺货成本与存货数量反向相关,即属于决策相关成本;反之,若企业不允许发生缺货情形,此时的缺货成本假设为零,也就无须加以考虑。

采购批量是指每次采购的数量。在采购总量和成本确定的情况下，材料资金占用量的大小取决于采购批量。采购批量大，采购次数少，进货费用减少，但资金占用多，保管费用多；采购批量小，采购次数多，进货费用增加，但资金占用少，保管费用少。企业应根据全年物资耗用量的大小、进货费用和保管费用的多少来寻求总费用最低的合理批量（也称经济批量）。计算经济批量有统计列表法、图示法和公式法等方法。现用列表法举例如下：

例 **3—9**　某公司全年采购某种材料 3 600 千克，材料单价为 15 元，一次进货费用为 500 元，每千克材料的保管费用为 1 元，每次采购量有 4 种方案（600 千克、900 千克、1 800 千克、3 600 千克）可供选择，各种采购方案的总费用（包括进货费用和保管费用）如表 3—9 所示。

表 3—9　**各种采购方案的总费用**

顺序号	摘　要	采购方案			
		①	②	③	④
①	每次采购量（千克）	600	900	1 800	3 600
②	每年采购次数	6	4	2	1
③	材料平均库存量（千克）＝①÷2	300	450	900	1 800
④	每千克材料的保管费用（元）	1	1	1	1
⑤	1 年的保管费用（元）＝③×④	300	450	900	1 800
⑥	每次进货费用（元）	500	500	500	500
⑦	全年进货费用（元）＝⑥×②	3 000	2 000	1 000	500
⑧	1 年的总费用（元）＝⑤＋⑦	3 300	2 450	1 900	2 300

从表 3—9 可以看出，1 年采购 2 次，每次 1 800 千克，全年所需总费用最小（1 900 元），所以，应以 1 800 千克作为每次的采购量。

通常，存货的总成本是上述存货的进货成本、储存成本、缺货成本之和，但其中与决策相关的成本却因存货决策模型而有所区别。例如，存货的经济进货批量是指能够使一定时期存货的相关总成本达到最低点的进货数量。通过上述对存货成本的分析可知，决定存货经济进货批量的成本因素主要包括变动性进货费用（简称进货费用）、变动性储存成本（简称储存成本）以及允许缺货时的缺货成本。不同的成本项目与进货批量呈现不同的变动关系。减少进货批量，增加进货次数，在引起储存成本降低的同时，也会导致进货费用与缺货成本的提高；相反，增加进货批量，减少进货次数，尽管有利于降低进货费用与缺货成本，但同时会引起储存成本的提高。因此，如何协调各成本之间的关系，使其总和保持最低水平，是企业组织进货过程需解决的主要问题。又如，实际采购过程中，通常还存在着数量优惠(即商业折扣或称价格折扣)等情形，企业必须同时结合价格折扣等不同情况具体分析，灵活运用经济进货批量模式。总之，能够使一定时期存货的相关总成本达到最低点时的进货数量应当是最佳的。

(二)经济进货批量基本模式

经济进货批量基本模式是以如下基本假设为前提的：(1)企业一定时期的进货总量可以较为准确地预测；(2)存货的耗用或者销售比较均衡；(3)存货的价格稳定，不存在数量折扣，进货日期完全由企业自行决定，并且每当存货量降为零时，下一批存货能马上一次到位；(4)仓储条件及所需现金不受限制；(5)不允许出现缺货情形；(6)存货市场供应充足，不会因买不到所需存货而影响其他方面。

由于企业不允许缺货，即每当存货数量降至零时，下一批订货便会随即全部购入，故不存在缺货成本。根据以上几个方面的基本假设可以看出，在经济进货批量基本模式下，与存货订购批量、批次直接相关的就只有进货费用和储存成本两项。

$$存货决策相关总成本=相关进货费用+相关储存成本$$

$$=\frac{存货全年计划进货总量}{每次进货批量}\times 每次进货费用+\frac{每次进货批量}{2}\times 单位存货年储存成本$$

当相关进货费用与相关储存成本相等时，存货相关总成本最低，此时的进货批量就是经济进货批量。

设 Q 为经济进货批量，A 为某种存货的年度计划进货总量，B 为平均每次的进货费用，C 为单位存货的年度单位储存成本，P 为进货单价。上述公式可简化如下：

$$经济进货批量(Q)=\sqrt{\frac{2AB}{C}}$$

$$经济进货批量有关的存货相关总成本(TC)=\sqrt{2ABC}$$

$$经济进货批量平均占用资金(W)=\frac{PQ}{2}=P\sqrt{\frac{AB}{2C}}$$

$$年度最佳进货批次(N)=\frac{A}{Q}=\sqrt{\frac{AC}{2B}}$$

$$年度最佳订货周期(T)=\frac{1}{N}$$

例 **3—10** 风华公司每年需耗用特种钢材 2 880 千克，该材料每千克的采购成本为 20 元，单位储存成本为 40 元，平均每次进货费用为 400 元，则：

$$Q=\sqrt{\frac{2AB}{G}}=\sqrt{\frac{2\times 2\ 880\times 400}{40}}=240(千克)$$

$TC=\sqrt{2ABC}=\sqrt{2\times 2\ 880\times 400\times 40}=9\ 600$(元)

其中:相关进货费用=2 880÷240×400=4 800(元)

相关储存成本=240÷2×40=4 800(元)

$W=\dfrac{PQ}{2}=\dfrac{240\times 20}{2}=2\ 400$(元)

$N=A\div Q=2\ 880\div 240=12$(次)

$T=1\div 12=1$(月)

上述计算表明,当进货批量为240千克时,进货费用与储存成本的总额最低。

(三)提前订货期模式

一般情况下,企业存货的供应需要有一个间隔期,如订货天数、运输天数、结算天数、整理准备天数等,在有交货时间的供应情况下,企业的存货不能等到用完了才去订货,而需要在还没有用完之前就提前订货。在能够做到提前订货的情况下,企业再次发出订货单时,尚有存货库存量,这称为再订货点,即采购时点储备量,用R表示,它等于交货时间(L)与每日平均需用量(d)的乘积。

例 **3—11**　达成公司的丙材料从发出订单开始到送货上门验收入库为止的时间为6天,该材料预计全年需用量为5 400千克,要求计算提前订货点。

$R=6\times(5\ 400\div 360)=90$(千克)

为了防止供货中断和需求变化引起的缺货损失,企业往往需要设立一个保险储备量。如果保险储备量(B)可以预测,上述提前订货点的公式可变化如下:

$$R=L\times d+B$$

如例3—11中,达成公司已经确定丙材料的保险储备量为60千克,那么,该种材料的订货点应为:

$R=6\times 15+60=150$(千克)

提前订货点的计算对经济进货批量基本模式并没有影响,只是要求在实际安排采购工作时考虑采购时点储备量,在提前订货点发出订单就可以了。

(四)实行数量折扣的经济进货批量模式

为了鼓励客户购买更多商品,销售企业通常会给予不同程度的价格优惠,即实行商业折扣或称价格折扣。客户购买得越多,所获得的价格优惠越大。此时,进货企业对经济进货批量的确定,除了考虑进货费用与储存成本外,还应考虑存货的进价成本,因为此时的存货进价成本已经与进货数量有了直接的联系,属于决策相关成本。

存在数量折扣时的存货相关总成本可按下列公式计算:

存货相关总成本=进货成本+相关进货费用+相关储存成本

上述存货相关总成本最小时所对应的采购批量应该是最佳的。

实行数量折扣的经济进货批量的具体步骤如下：

第一，按照基本经济进货批量模式确定经济进货批量。

第二，计算按经济进货批量进货时的存货相关总成本。

第三，计算按给予数量折扣的进货批量进货时的存货相关总成本。如果进货数量在100～199千克可享受3%的价格优惠，以后每递增100千克可增加1%的优惠待遇时，一般应按给予数量折扣的最低进货批量，即按100千克计算存货相关总成本；依此类推。因为在给予数量折扣的进货批量范围内，无论进货量是多少，存货的进价成本总额都是相同的。相关总成本的变动规律是：进货批量越小，相关总成本越低。

第四，比较不同进货批量存货的相关总成本，最低存货相关总成本对应的进货批量就是实行数量折扣的经济进货批量。

例 3－12 宏大公司甲材料的年需要量为3 600千克，每千克标准价为10元。销售企业规定：客户每批购买量不足1 000千克的，按照标准价格计算；每批购买量为1 000千克以上2 000千克以下的，价格优惠3%；每批购买量为2 000千克以上的，价格优惠5%。已知每批进货费用为25元，单位材料的年储存成本为2元。要求计算实行数量折扣时的经济进货批量。

(1)按经济进货批量基本模式确定的经济进货批量为：

$$Q=\sqrt{\frac{2\times 3\ 600\times 25}{2}}=300(\text{千克})$$

(2)每次进货300千克时的存货相关总成本为：

存货相关总成本＝3 600×10＋3 600÷300×25＋300÷2×2＝36 600(元)

(3)每次进货1 000千克时的存货相关总成本为：

存货相关总成本＝3 600×10×(1－3%)＋3 600÷1 000×25＋1 000÷2×2
＝36 010(元)

(4)每次进货2 000千克时的存货相关总成本为：

存货相关总成本＝3 600×10×(1－5%)＋3 600÷2 000×25＋2 000÷2×2
＝36 245(元)

通过比较发现，每次进货为1 000千克时的存货相关总成本最低，所以，经济进货批量应为1 000千克。

(五)允许缺货时的经济进货模式

在允许缺货的情况下，企业对经济进货批量的确定就不仅要考虑进货费用和储存费用，而且必须对可能的缺货成本加以考虑，即能够使三项成本的总和最低的批量便是经济进货批量。

$$\text{允许缺货时的经济进货批量}=\sqrt{2\times\frac{\text{一定时期存货需要总量}\times\text{平均每次进货费用}}{\text{一定时期单位存货储存成本}}\times\frac{\text{一定时期单位存货储存成本}+\text{一定时期单位缺货成本}}{\text{一定时期单位缺货成本}}}$$

$$\text{平均缺货量}=\text{允许缺货时的经济进货批量}\times\frac{\text{一定时期单位存货储存成本}}{\text{一定时期单位存货储存成本}+\text{一定时期单位缺货成本}}$$

设缺货量为 S，单位缺货成本为 R，有关计算公式如下：

$$Q=\sqrt{\frac{(2AB\div C)\times(C+R)}{R}}$$

$$S=Q\times C\div(C+R)$$

例 **3—13** 东方公司丁材料的年需要量为 24 000 千克，每次进货费用为 50 元，单位储存成本为 4 元，单位缺货成本为 6 元。要求计算丁材料允许缺货时的经济进货批量和平均缺货量。

$$\text{允许缺货时的经济进货批量}=\sqrt{\frac{2\times 24\,000\times 50}{4}\times\frac{4+6}{6}}=1\,000\text{（千克）}$$

$$\text{平均缺货量}=1\,000\times\frac{4}{4+6}=400\text{（千克）}$$

三、存货 ABC 分类管理

存货 ABC 分类管理就是按照一定的标准，将公司的存货划分为 A、B、C 三类，实行分品种重点管理、分类别一般控制和按总额灵活掌握的存货管理方法。其分类的标准主要有两个：一是金额标准，二是品种数量标准。其中，金额标准是最基本的，品种数量标准仅作为参考。

A 类存货金额巨大，但品种数量较少；B 类存货金额一般，品种数量相对较多；C 类存货品种数量繁多，但金额却很小。例如，一个拥有上万种商品的百货公司，家用电器、高档皮货、家具、摩托车、大型健身器械等商品的品种数量并不多，但价值却相当大；大众化的服装、鞋帽、床上用品、文具用具等商品的品种数量比较多，但价值相对 A 类商品要小得多；至于各种小百货，如针线、纽扣、化妆品、日常卫生用品及其他日用品等品种数量非常多，但所占金额却很少。三类存货的金额比重大致为 A∶B∶C＝7∶2∶1，而品种数量比重大致为 A∶B∶C＝1∶2∶7。可见，由于 A 类存货占用着企业绝大部分资金，只要能够控制好 A 类存货，基本上也就不会出现较大的问题；同时，由于 A 类存货的品种数量较少，企业完全有能力按照每一品种进行管理。B 类存货的金额相对较小，企业不必像对待 A 类存货那样花费太多的精力；同时，由于 B 类存货的品种数量远远多于 A 类存货，企业通常没有能力对每一具体品种进行控制，因此，可以通过划分类别的方式进行管理。C类存货尽管品种数量繁多，但其所占金额却很少，对此，企业只要把握一个总金额就可以了。不过，需要注意的是，由于C类存货大多与消费者的日常生活息息相关，虽然其直接经济效益对企业并不重要，但如果企业能够在服务态度、花色品种、存货质量、价格方面加以重视，其间接经济效益将是无法估量的；相反，企业一旦忽视了这些方面的影响，其间接的经济损失同样也是无法估量的。

四、存货储存期控制

储存存货时要求企业付出一定的资金占用费（如利息成本或机会成本）和仓储管理费，因此，尽力缩短存货储存时间、加速存货周转，是节约资金占用、降低成本费用、提高企业获利水平的重要保证。

存货储存发生的费用支出，按照与储存时间的关系可以分为固定储存费与变动储存费。固定储存费的金额多少与存货储存期的长短没有直接关系，如进货费用、管理费用等。变动储存费的金额随存货储存期的变动呈正比例变动，如存货资金占用费（贷款购置存货的利息或现金购置存货的机会成本）、存货仓储管理费、仓储损耗（为计算方便，如果仓储损耗较小，也可将其并入固定储存费）等。

根据本量利的平衡关系式可以得出如下计算关系：

利润＝毛利－固定储存费－营业税金及附加－每日变动储存费×储存天数

上述公式告诉我们，存货的储存成本之所以会不断增加，主要是因为变动储存费随着存货储存期的延长而不断增加的结果，所以，利润与费用之间此增彼减的关系实际上是利润与变动储存费之间此增彼减的关系。这样，随着存货储存期的延长，利润将日渐减少。当毛利扣除固定储存费和营业税金及附加后的差额被变动储存费抵消到恰好等于企业目标利润时，表明存货已经到了保利期。当它完全被变动储存费抵消时，便意味着存货已经到了保本期。无疑，存货如果能够在保利期内售出，可获得的利润会超过目标值；反之，将难以实现既定的利润目标。倘若存货不能在保本期内售出的话，企业便会蒙受损失。

例 **3－14** 美华商场购进甲商品2 000件，每件商品的进价（不含增值税）为100元，单位售价为110元（不含增值税），经销该批商品的一次性固定储存费用为10 000元。若货款均来自银行贷款，则年利率为10.8%。该批存货的月保管费用率为3‰，价内营业税金及附加为2 000元。要求：(1)计算该批存货的保本储存期；(2)若企业要求获得2%的投资利润率，则计算保利期；(3)若该批存货实际储存了40天，问能否实现2%的目标投资利润率？差额是多少？(4)若该批存货亏损了1 600元，求实际储存天数。

(1)每日变动储存费＝购进批量×购进单价×日变动储存费率

$$=2\ 000\times100\times(10.8\%\div360+3‰\div30)=80(\text{元})$$

$$\text{保本储存天数}=\frac{\text{毛利}-\text{固定储存费}-\text{营业税金及附加}}{\text{每日变动储存费}}$$

$$=\frac{(110-100)\times2\ 000-10\ 000-2\ 000}{80}=100(\text{天})$$

(2)目标利润＝投资额×投资利润率＝2 000×100×2%＝4 000(元)

$$\text{保利储存天数}=\frac{\text{毛利}-\text{固定储存费}-\text{营业税金及附加}-\text{目标利润}}{\text{每日变动储存费}}$$

$$=\frac{(110-100)\times2\ 000-10\ 000-2\ 000-4\ 000}{80}=50(\text{天})$$

(3) $\begin{matrix}\text{批进批出经销该}\\\text{商品的实际获利额}\end{matrix}=\text{每日变动储存费}\times(\text{保本储存天数}-\text{实际储存天数})$

$$=80\times(100-40)=4\ 800(\text{元})$$

Δ 利润＝实际利润－目标利润

$$=4\ 800-4\ 000=800(\text{元})$$

Δ 利润率＝实际利润率－目标利润率

$$=\frac{4\ 800}{2\ 000\times100}\times100\%-2\%=0.4\%(\text{能够超额完成})$$

(4) $\text{实际储存天数}=\text{保本储存天数}-\dfrac{\text{该批存货获利额}}{\text{每日变动储存费}}$

$$=100-\frac{1\ 600}{80}=120(\text{天})$$

$$\text{或}=\frac{(110-100)\times2\ 000-10\ 000-2\ 000-(-16\ 00)}{80}=120(\text{天})$$

上述有关保本与保利储存期对存货的损益情况的计算属于批进批出的控制模型，即建立在批进批出购销商品的前提条件之上的。然而，企业在存货经销的实际工作中，普遍的情形是存货大批量购进、小批量售出或批进零售，此时应适用批进零售的存货控制模型。

例 3－15　假设美华商场购进上述甲商品 2 000 件，有关资料与例 3－14 基本相同。但据市场调研反馈信息表明，该批商品日均销量约 20 件，需 100 天左右方能全部售出，单位售价(不含增值税)仍为 110 元。要求计算批进零售该批商品的预计获利额。

预计获利额＝该批存货的每日变动储存费×(保本储存天数－平均实际储存天数)

$$=80\times[100-(100+1)\div2]=3\ 960(\text{元})$$

通过对存货储存期的分析与控制，可以及时将企业的存货信息传输给经营决策部门,如有多少存货已过保本期或保利期、金额多大、比重多高,有利于决策者针对不同情况采取相应措施。一般而言,凡是已过保本期的商品大多属于积压呆滞存货,对此,企业应当积极推销,压缩库存,将损失降至最低限度;对超过保利期但未过保本期的存货,应当首先检查销售状况,查明原因,是人为所致还是市场行情已经逆转,有无过期积压存货的可能,若有,需尽早采取措施;至于那些尚未超过保利期的存货,企业应密切监督、控制,以防发生过期损失。财务部门还应当通过调整资金供应政策,促使经营部门调整产品结构和投资方向,推动企业存货结构的优化,压缩存货储存期,提高存货的投资效率。

此外,掌握库存动态,分析和控制库存储备量也是有效的管理方法之一。例如,库存材料动态可以通过最高储备量、最低储备量和采购时点储备量三个指标来反映。

最高储备量是材料库存储备量的最高界限。它相当于按供应间隔日数、整理准备日数和保险日数之和计算的储备量,计算公式如下:

最高储备量＝平均每日耗用量×(供应间隔日数＋整理准备日数＋保险日数)

最低储备量是材料库存储备量的最低界限,它相当于按整理准备日数和保险日数之和计算的储备量,计算公式如下;

最低储备量＝平均每日耗用量×(整理准备日数＋保险日数)

采购时点储备量是指库存材料到必须再一次采购时的库存量,也称"采购指示量",它相当于按从订货到入库的日数、整理准备日数和保险日数之和计算的储备量,计算公式如下:

采购时点储备量＝平均每日耗用量×(从订货到入库的日数＋整理准备日数＋保险日数)

控制材料储备量的各种指标确定后,应填写在材料明细账和材料卡片上,仓库保管人员在各种材料入库和出库时应及时结出结存量,并与材料库存定额进行比较。当实际库存量达到最高储备量时,应立即通知采购员暂停采购,以免形成超储积压;当实际库存量降到采购时点储备量时,应立即通知采购员组织采购,以免供应中断,影响生产;当实际库存量降到最低储备量时,应保证下批材料验收入库,使生产得以正常进行。

第五节 营运资金战略*

一、营运资金的风险与应对策略

(一)营运资金的风险

营运资金是企业整体资金运作的支撑,承载着企业价值补偿与价值增值的使命。由于营运资金涉及面广、不确定因素复杂且分散、具有潜伏性和累积性,成为一些企业资金风险管理链中的薄弱环节，主要表现为：

1.经营目标与财务能力不协调

企业应当围绕一定的经营目标来开展投融资活动，应充分考虑企业的融资能力和债务偿还能力，努力维持与之相匹配的流动资产持有量，保持一定的财务弹性，使企业在承担既定财务风险的情况下成本最小、收益最大；或是在预计收益水平有限的情况下，将营运资金的风险控制在较低水平。

但出于生存的压力和对发展的渴求，一些企业容易产生激进甚至是冒进行为。例如，长期投资过快过多，挤占营运资金，造成原有经营规模资金吃紧；又如，片面追求销售业绩使赊销策略粗放、宽泛，放松了对应收账款风险的管理，造成资金被占用、坏账损失加大等。如果维持企业日常经营的营运资金缺乏匹配性策略，那就大大削弱了实现企业目标的基础；如果只是围绕短期经营进行资金运作，企业就会缺乏财务弹性，以至于许多财务经理整日疲于应付日常收支，但营运资金还是捉襟见肘。

2.职能分隔与短视行为造成营运资金管理被动

在复杂多变的资金运动面前，企业应积极疏导财务调控障碍，提高财务执行力，实现企业内部财务与非财务部门职能的有机衔接与协调管理。同时，企业各生产经营部门在履行其供应、生产、销售等经营责任的同时，也应承担其相应的资金周转与资产安全等责任。

但由于企业职能的分工，经营活动中的资金流、物流、信息流等信息可能分布在财务、经营、统计等不同部门，且各种信息存在着不同步性，而各职能部门之间缺乏协调性就可能导致营运资金风险的存在。如不能将原材料市场供应、同业销售竞争等信息快速反映到财务上来，使资金结算、商业信用等政策缺乏实效性与约束性，营运资金周转缓慢、低效甚至发生资金沉淀。

3.缺乏对风险与收益的适度权衡

流动性与收益性呈反比，流动资产变现能力较强但盈利性较差，而长期资产周转慢但盈利能力较强。在对利润的追逐过程中，企业如忽视对风险与收益的理性思考，所留营运资金头寸小，将极易导致过度运用流动负债，通过频繁地借新债还旧债来维持日常经营，而短期借款偿还周期短则容易造成财务拮据。

企业经营资产包括流动资产和固定资产，营运资金的日常管理应关注其经营资产的品质、占用资金的流动性和流动效率，消除流动资产不流动、固定资产无故闲置现象，适时调整和优化财务结构，这是营运资金风险管理的日常工作之一，是现代企业主动规避财务风险的管理重点之一。

(二)营运资金的风险应对策略

针对上述情况，企业应在资金的风险管理中设计财务指标体系，进行财务风险预警，全面评价整体经营的抗风险能力，包括：(1)反映经营现金流量信息的指标，如现金流量与收入关系的指标、现金流量内部结构比率的指标、现金流量与债务关系的比率指标、现金流量与利润关系的比率指标、现金流量增长状况的指标等;(2)反映企业主营业务、其他业务等损益变动趋势的指标,如销售增长率、成本费用增长率、营业净利增长率等;(3)反映企业营运能力的指标,如应收账款周转率、存货周转率等;(4)反映企业偿债能力的指标,如流动比率、速动比率、资产负债率等;(5)反映企业再融资能力的资料信息,如资本结构、资产分布、资产质量与安全等指标。

二、流动资产投资战略

由于销售水平、成本、生产时间、存货补给、从订货到交货的时间、顾客服务水平、首款和支付期限等方面存在不确定性,因此,流动资产的投资决策至关重要。对于不同的产业和企业规模,流动资产与销售额比率的变动范围非常大。

企业的不确定性和风险忍受程度决定了其在流动资产账户上的投资水平。流动资产账户通常随着销售额的变化而变化,但风险却与销售的稳定性和可预测性相关。销售额越不稳定、越不可预测,投资于流动资产的资金就应越多。如果销售额既稳定又可预测,则只需维持较低的流动资产投资水平。

一个企业必须选择与其业务需要和管理风格相符合的流动资产投资战略。可选择的流动资产投资战略主要有以下两种:

(一)宽松的流动资产投资战略

在宽松的流动资产投资战略下,企业通常会维持高水平的流动资产与销售收入比率。也就是说,企业将保持较高水平的现金、应收账款和存货。对流动资产的高投资可能导致较低的投资收益率,但由于较高的流动性,企业的营运风险较小。

(二)紧缩的流动资产投资战略

在紧缩的流动资产投资战略下,企业维持低水平的流动资产与销售收入比率。利用即时制(JIT)存货管理技术,原材料等存货投资将尽可能紧缩。另外,尚未结清的应收账款和现金余额将保持在最低水平。

紧缩的流动资产投资战略可能伴随着高风险,这些风险可能源于更紧的信用和存货管理,或源于缺乏现金用于偿还应付账款。此外,紧缩的信用政策可能减少企业的销售收入,而紧缩的产品存货政策则不利于顾客进行商品选择,从而影响企业的销售。但只要不可预见的事件没有损坏企业的流动性而导致严重的问题发生,紧缩的流动资产投资战略可能会提高企业的效益。

目前,轻资产运营也是比较推崇的战略之一。以轻资产模式扩张与以自有资本经营相比,可以获得更强的盈利能力、更快的速度和更持续的增长力。

所谓轻资产运营模式,就是将产品制造和零售分销业务外包,自身则集中于设计开发和市场推广等业务。市场推广主要采用产品明星代言和广告的方式。轻资产运营模式可以降低企业的资本投入，特别是生产领域内大量固定资产的投入，以此提高资本回报率。

智力资本以知识及其管理为核心，构成了企业的轻资产。轻资产运营是一种以价值为驱动的资本战略，是网络时代和知识经济时代企业战略的新结构。轻资产运营必须根据知识管理的内容和要求，以人力资源管理为纽带，通过建立良好的管理系统平台，促进企业的生存和发展。

三、流动资产融资战略

一个企业对流动资产的需求数量一般会随着产品销售的变化而变化。例如，产品销售季节性很强的企业，当销售处于旺季时，流动资产的需求一般会更旺盛，可能是平时的几倍；当销售处于淡季时，流动资产的需求一般会减弱到平时的几分之一。即使当销售处于最低水平时，也存在对流动资产最基本的需求。在企业经营状况不发生大的变化的情况下，流动资产的基本需求具有一定的刚性和相对稳定性，即被称为流动资产的永久性水平。当销售发生季节性变化时，流动资产将会在永久性水平的基础上增加或减少。所以，流动资产可以被分解为两部分：永久性部分和波动性部分。检验各项流动资产变动与销售之间的相关关系将有助于我们较准确地估计流动资产的永久性部分和波动性部分，便于我们采取应对流动资产需求的融资策略。

永久性流动资产具有相对稳定性，是一种较长期的资金需求，需要通过长期负债融资或权益性资金解决；而对波动性流动资产的融资则相对灵活，最经济的办法是通过低成本的短期融资解决其资金需求。

融资决策主要取决于管理者的风险导向，并受到利率水平及其差异变动的影响。融资决策分析方法可以划分为期限匹配融资战略、保守融资战略和激进融资战略三种（如表3－10所示）。

表3－10　　营运资金融资战略对比分析表

类型	主要内容与融资特征分析	特点
期限匹配融资战略	永久性流动资产和固定资产以长期融资方式（负债或权益）融资，短期融资被用来为波动性流动资产融资。在给定的时间，企业的融资数量反映了当时波动性流动资产的数量 波动性流动资产＝短期资金（来源） 永久性流动资产＋固定资产＝长期资金（来源）	收益和风险居中

续表

类型	主要内容与融资特征分析	特点
保守融资战略	长期融资支持固定资产、永久性流动资产和部分波动性流动资产。企业试图以长期融资来源为波动性流动资产的平均水平融资，短期融资仅用于融通剩余的波动性流动资产 特征：最低限度地使用短期融资，具有较高的融资成本 短期资金＜波动性流动资产 长期资金＞永久性流动资产＋固定资产	风险和收益较低
激进融资战略	以长期负债和股东权益为所有的固定资产融资，仅对一部分永久性流动资产使用长期融资方式。短期融资方式支持剩下的永久性流动资产和所有临时性流动资产 特征：更多的短期融资，具有较低的融资成本 短期资金＞波动性流动资产 长期资金＜永久性流动资产＋固定资产	收益和风险较高

事实上，任何融资都是有代价的，短期融资也不例外。短期借款是指企业向银行或其他金融机构借入的期限在1年（含1年）以内的各种借款，除了利息之外，通常会附带一些信用条件，如信贷额度、周转信贷协议、补偿性余额、借款抵押、偿还条件和其他承诺等。短期融资券是由企业依法发行的无担保短期本票，是一种在约定期限内还本付息的有价证券。商业信用是指企业在商品或劳务的交易过程中，以延期付款或预收货款方式进行购销活动而形成的借贷关系，是企业之间的直接信用行为，也是企业短期资金的重要来源，其形式包括应付账款、预收货款等。商业信用具有容易获得、企业有较大的机动权、一般不用提供担保等优点；但由于商业信用期限短、还款压力大，对现金流量管理的要求较高，且受外部环境影响较大，如果放弃现金折扣，其信用成本较高。

例 **3－16** 某公司的一家供应商提供的信用条件为“2/10，*n*/30”。A公司如果在10天内付款，可获得2%的现金折扣；如果在10～30天内付款，则需支付全额货款。若A公司第30天才付货款，相当于使用了供应商一笔资金，那么，使用这笔资金的成本是多少？

该公司全额付款为100万元。若第10天付款，只需付98万元[100×(1－2%)]；若第30天付款，相当于供应商为A公司提供可用20天(30－10)的短期资金98万元，但A公司第30天需要付款100万元，相当于归还实际用款98万元后，还需额外多付2万元，这2万元相当于A公司使用供应商提供的98万元短期资金的利息，使用时间为20天，使用这笔资金20天的资金成本率为2.04%(2÷98×100%)，如果换算成年资金成本率，则为36.73%[2÷98×360÷(30－10)]。

放弃现金折扣的成本的一般计算公式为：

$$放弃现金折扣的成本=\frac{折扣百分比}{1-折扣百分比}\times\frac{360}{信用期-折扣期}\times100\%$$

上述公式表明，放弃现金折扣的成本与折扣百分比的大小、折扣期的长短同方向变化，与信用期的长短反方向变化。当放弃现金折扣时，其为资金成本率；当享受现金折扣时，其为收益率。利用现金折扣的决策方法如下：

(1)放弃现金折扣的成本＞短期借款利率→在折扣期内付款，享受现金折扣。

(2)放弃现金折扣的成本＜短期借款利率→在信用期内付款，放弃现金折扣。

(3)如果两家以上卖方提供不同的信用条件，当决定享受现金折扣(即在折扣期内付款)时，应选择放弃现金折扣成本最高的一个；当决定放弃现金折扣时，应选择放弃现金折扣成本最低的一个，即"放弃低的、享受高的"。

复习思考题

1. 简述流动资产在周转过程中的特点及其相应的管理要求。
2. 简述营运资金的概念及其来源。为什么说使用营运资金是有代价的？
3. 简述现金成本的构成及其与现金持有量之间的关系。
4. 成本模型与存货模型在确定现金持有量时对相应成本的考虑有什么区别？
5. 简述应收账款的功能、成本与决策思路。
6. 确定数量折扣时的存货相关总成本应当考虑哪些因素？
7. 为什么说随着存货储存期的延长，存货的利润将日渐减少？存货保本期和保利期的计算有什么区别？计算分析存货保本期和保利期有什么作用？
8. 简述期限匹配融资策略、保守融资策略和激进融资策略的区别。理论联系实际阐述如何加强营运资金日常管理与选择恰当的融资策略。

业务练习题

练习一

A公司的现金收支状况比较稳定，全年的现金需要量为300 000元，每次转换有价证券的固定成本为600元，有价证券的年利率为10%。

要求：分别计算最佳现金持有量、全年现金转换次数和全年固定性转换成本。

练习二

B公司预计年度销售收入为6 000万元，信用条件是"2/10、1/20、n/60"，其变动成本率为65%，资金成本率为8%，收账费用为70万元，坏账损失为赊销收入的4%。预计占销售额70%的客户会利用2%的现金折扣，占销售额10%的客户会利用1%的现金折扣，其余客户会在第60天付款(1年按360天计算)。

要求：分别计算年销售净额、信用成本前收益、平均收账期、应收账款机会成本和信用成本后收益。

练习三

C商品流通企业批进批出一批商品共500件，该商品的单位进价为500元(不含增值税)，单位售价为550元(不含增值税)，经销该批商品的一次性费用为5 000元。

已知该商品的进货款来自于银行贷款，年利率为9%，商品的月保管费用率为3‰，流转环节的税金及附加为2 500元(一年按360天计算)。

要求：

(1)计算该批商品的保本储存天数。

(2)如果企业要求获得目标利润8 750元，计算该批商品的保利储存天数。

(3)如果该批商品超过保利期10天后售出，计算该批商品的实际获利额。

(4)如果该批商品超过保本期1天后售出，计算该批商品的实际亏损额。

练习四

D公司计划采购一批商品，供应商报价如下：

(1)立即付款，价格为9 630元；(2)31天内付款，价格为9 750元；(3)31～60天付款，价格为9 870元；(4)61～90天付款，价格为10 000元。

假设银行短期借款利率为10%，每年按360天计算。

要求：计算放弃现金折扣的资金成本，并确立对公司最有利的付款期限。

练习五

E公司是一家汽车配件制造企业，近期销售量迅速增加。为满足生产和销售的需求，丙公司需要筹集资金495 000元用于增加存货，占用期限为30天。现有3个可满足资金需求的筹资方案：

方案1：利用供应商提供的商业信用，选择放弃现金折扣，信用条件为“2/10，*n*/40”。

方案2：向银行贷款，借款期限为30天，年利率为8%。银行要求的补偿性金额为借款额的20%。

方案3：以贴现法向银行借款，借款期限为30天，月利率为1%。

要求：

(1)如果丙公司选择方案1,计算其放弃现金折扣的机会成本。

(2)如果丙公司选择方案2,为获得495 000元的实际用款额,计算该公司的应借款总额和该笔借款的实际年利率。

(3)如果丙公司选择方案3,为获得495 000元的实际用款额,计算该公司的应借款总额和该笔借款的实际年利率。

(4)根据以上各方案的计算结果,为丙公司选择最优筹资方案。

第四章 投资决策管理

第一节 投资管理概述

一、投资管理的主要内容

投资是指为了将来获得更多现金流入而现在付出现金(或资产)的行为与过程。商品经济和资本市场的不断发展以及生产要素的多元化,使得投资的内涵与外延变得越来越丰富,投资对象、投资工具和投资方式也在不断创新。

投资管理有长短期之分。本章主要阐述长期投资管理,它是指回收期在1年以上的投资行为,主要包括固定资产、无形资产、对外长期投资等。该类投资按其对象的存在形态和性质还可以划分为项目投资和证券投资。

项目投资是指企业可以通过投资购买经营资产,包括有形资产和无形资产,形成具体的生产经营能力,开展实质性的生产经营活动,谋取经营利润,属于直接投资行为。

证券投资是指企业购买具有权益性的证券资产(如股票、债券、基金等),通过证券资产上所赋予的权力,获取投资收益,属于间接投资行为。

长期投资管理是财务管理的重点,与企业的资本预算相关,其主要目的是评估长期投资项目的生存能力和盈利能力,以判断是否值得投资。对投资行为的分析和投资项目的评价决定着企业的发展前景,所以,投资管理的根本要求是增加企业的价值,基本原理是投资报酬应当超过资本成本。

二、投资决策的主要特点

投资管理应当从产生投资思想开始,并贯穿于整个投资的全过程,包括投资项目的提出、评价、决策、执行、控制、监督检查等。其中，决策是投资管理的核心，其主要包括确定投资方向、控制投资规模、把握投资时机、确保投资收益以及衡量和降低投资风险等内容，尤其是选择什么投资方向、投资怎样的项目以及在什么时机进行投资，是投资决策面临的重大抉择。所以，投资决策是指投资者为了实现其预期的投资目标，运用一定的科学理论、方法和手段，通过一定的程序对投资的必要性、投资目标、投资规模、投资方向、投资结构、投资成本与收益等经济活动中的重大问题所进行的分析、判断和方案选择，一般具有以下主要特点：

（一）针对性

投资决策要有明确的目标，如果没有明确的投资目标就无所谓投资决策，达不到投资目标的决策就是失策。

（二）基础性

投资决策是投资行动的基础，是现代化投资经营管理的核心。没有正确的投资决策，也就没有合理的投资行动。

（三）择优性

投资决策与优选概念并存，为此必须提供实现投资目标的几个可行方案，因为投资决策过程就是对诸投资方案进行评判和选择的过程。合理的选择就是优选。优选方案不一定是最优方案，但它应是诸多可行投资方案中最满意的投资方案。

（四）风险性

投资风险是指对未来投资收益的不确定性。投资过程中可能会遭受收益损失甚至本金损失的风险。例如，股票可能会被套牢，债券可能无法按期还本付息，工程项目可能会失败等。投资风险就是从作出投资决策开始到投资期结束这段时间内，由于不可控因素或随机因素的影响，实际投资收益与预期收益的偏离程度。

投资决策是企业所有决策中最为核心、最为重要的决策。人们常说，投资决策失误才是企业最大的失误。一次重要的投资决策失误往往会使一个企业陷入困境甚至破产。所以，财务管理的一项极为重要的职能就是为企业当好参谋，把好投资决策关。

三、投资项目的风险控制

投资总会伴随风险，风险控制是投资项目管理的关键。风险由非系统风险和系统风险构成。非系统风险是指由于某一种特定原因对某一特定资产的收益率造成影响的可能性，包括经营风险和财务风险。通过分散投资，非系统风险能够被降低。系统风险是指市场收益率整体变化所引起的市场上所有资产收益率的变动，它是由那些影响整个市场的风险因素引起的，因而又称市场风险。系统风险是影响所有资产的风险，因而不能被分散掉。

如何以实事求是的态度来降低投资风险和提高投资效率？履行项目投资决策程序

很关键，这有助于集思广益、博采众长、扬长避短、趋利避害，其至少包括以下几个步骤：

(一)提出投资项目

为了提高生产能力或产品质量等，企业可以根据所具备的条件，实事求是地提出投资项目。

确定企业投资目标是投资决策的前提。正确确定投资目标必须要有正确的指导思想，包括明确为什么投资、最需要投资的环节、自身的条件与资源状况、市场环境的状况等。要有全局观念，要把眼前利益与长远利益结合起来，避免“短期与近视”可能给企业带来全局和长远发展的不利影响。

在明确投资目标后就可以进一步拟定具体的投资方向——事关企业今后朝哪里发展以及如何发展等问题。投资方向确认以后，就要着手制订具体的投资方案，并对方案进行可行性论证。一般情况下，可行性方案要求有两个以上，因为这样可以对不同的方案进行比较分析，对优选方案是有利的。

(二)评价投资项目

这主要分为技术可行性评价、财务评价和国民经济政策性评价等。技术可行性评价一般包括投资项目的技术是否先进，所能获得的原材料、燃料是否符合技术性能的要求，是否超出生产工人对技术的接受限度等方面的内容。财务评价一般要进行以下几项内容：预计投入与产出；预计收入与成本；预测项目的现金流量；运用各种评价指标进行可行性分析；编制评价报告；等等。国民经济的政策性评价是指企业进行投资项目评价时，必须在充分了解国家产业政策的基础上，对项目是否符合国家有关方针政策作出认真评价。投资项目评价必须在充分调查研究的基础上，如实反映投资项目的情况。

(三)优选投资项目

决策就是为了达到一定目的而采取的某种对策。科学的投资决策是保证投资有效性的前提，所以要实事求是，注重对数据资料的分析和运用，不能靠“拍脑袋”来决定事关重大的投资决策。

在进行投资决策时，应搞好投资的概预算，充分考虑投资项目所面临的风险，做好投资项目现金流量预测。只有充分考虑了货币时间价值和投资风险价值的投资决策，才是较科学的投资决策。

在进行了投资项目评价以后，投资者或经营者要认真研究项目评价报告，对项目作出是否进行投资的决策，必要时，还可聘请专家或中介机构组成专门力量进行评价，而后再作出决策。投资项目确定以后，若属于须经国家批准的项目，应按规定程序报经有关主管部门批准。

(四)执行投资项目

在筹措资金、实施投资项目的过程中，要严格控制投资方案的预算和资金的使用，包括对工程进度、质量、投资成本等进行有效控制。

（五）投资项目再评价

在投资项目的执行过程中，应密切关注投资的实施情况和项目外部情况的变化，并随时根据情况的变化对项目作出重新评价；如有必要，应及时调整投资方案甚至停止项目的执行以避免造成更大的损失。对投资项目的再评价一般应贯穿项目执行的全过程。项目完成后，应总结经验教训，评估项目的可行性程度及其实施结果，进行绩效考核。

为了防止投资决策失误，企业应当建立决策回避制度。对投资者、经营者的个人利益与企业利益有冲突的财务决策事项，相关投资者、经营者应当回避。更应当加强职务分离、授权批准、预算与计划等内部控制，并应当经过项目立项、评估、决策、实施、检查等步骤。合法的投资业务应在业务授权、业务执行、会计记录以及资产保管等方面都有明确分工，形成相互牵制的机制，以避免或减少投资业务中发生错误或舞弊的可能性。

投资业务比较复杂，其管理流程如图 4－1 所示。

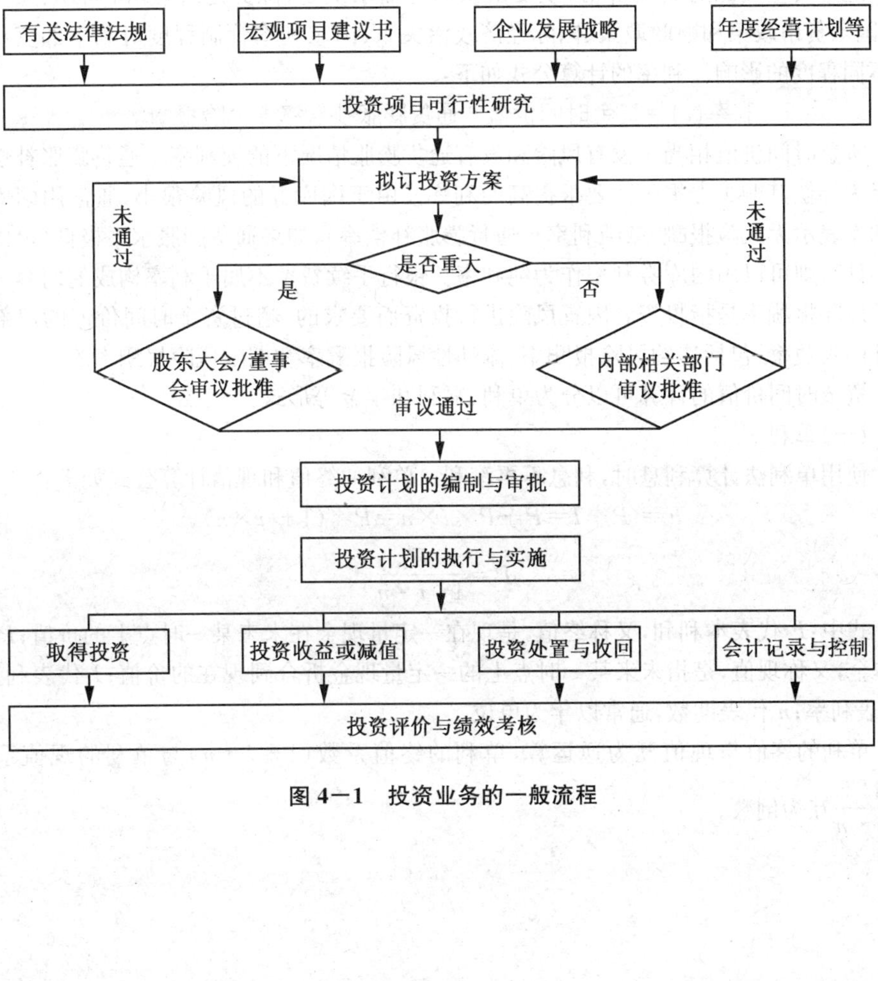

图 4—1 投资业务的一般流程

第二节 投资决策观念

一、时间价值观念

长期投资决策应当考虑资金的时间价值。资金时间价值是资金在周转使用过程(营运过程)中产生的。货币本身不具有时间价值,只有投入运营以后,即在周转使用过程中才能产生时间价值。

资金时间价值是一定量的资金在不同时点上价值量的差额,即终值与现值的差量,其表现形式有利息率或利息额,通常以利息率表示。

利息率简称利率,是利息占本金的百分比指标。从资金的借贷关系看,利率是一定时期运用资金资源的交易价格,主要由供给与需求决定;除此之外,经济周期、通货膨胀、国家货币政策和财政政策、国际经济政治关系、国家利率管制程度对利率的变动均有不同程度的影响。利率的计算公式如下:

利率(i)=资金时间价值+通货膨胀补偿率+风险报酬率

资金时间价值相当于没有风险和没有通货膨胀情况下的纯利率。通货膨胀补偿率是指为补偿其购买力损失而要求提高的利率。由于国库券的风险很小,通常用国库券的利率表示无风险报酬率(纯利率+通货膨胀补偿率),如果通货膨胀水平极低(可以忽略不计),则可以用国库券利率作为纯利率。银行手续费率不属于利率构成的内容。

风险报酬率是指投资者因冒风险进行投资而要求的、超过资金时间价值的那部分额外的收益率,包括违约风险报酬率、流动性风险报酬率和期限风险报酬率等。

资金时间价值的计算可以分为单利、复利和年金等形式。

(一)单利

使用单利法计算利息时,利息不再滚利。单利的终值和现值计算公式如下:

$$F = P + I = P + P \times i \times n = P \times (1 + i \times n)$$

$$P = \frac{F}{1 + i \cdot n}$$

式中:F 代表本利和,又称终值,是现在一定量现金在未来某一时点上的价值;P 代表本金,又称现值,是指未来某一时点上的一定量现金折合到现在的价值;I 代表利息;i 代表利率;n 代表期数,通常以年为单位。

单利的终值与现值互为逆运算,单利的终值系数($1+i \cdot n$)与单利的现值系数$\frac{1}{1+i \cdot n}$互为倒数。

(二)复利

复利是指上一期的利息要加入下一期的本金中，按本利和的总额计算下一期利息，即利息不断地资本化就是复利。复利终值和现值的计算公式如下：

$$F=P(1+i)^{n}$$
$$P=F(1+i)^{-n}$$

由于复利法下的本金随期限的延长是逐渐增加的，显然，在 p、i、n 均相同的情况下，用复利法计算得出的利息金额要大于单利法。

复利终值系数$(F/P,i,n)$和复利现值系数$(P/F,i,n)$分别如表 4－1 和表4－2所示。

表 4－1　　复利终值系数(4%～14%部分)

期数	4%	5%	6%	7%	8%	9%	10%	11%	12%	13%	14%
1	1.0400	1.0500	1.0600	1.0700	1.0800	1.0900	1.1000	1.1100	1.1200	1.1300	1.1400
2	1.0816	1.1025	1.1236	1.1449	1.1664	1.1881	1.2100	1.2321	1.2544	1.2769	1.2996
3	1.1249	1.1576	1.1910	1.2250	1.2597	1.2950	1.3310	1.3676	1.4049	1.4429	1.4815
4	1.1699	1.2155	1.2625	1.3108	1.3605	1.4116	1.4641	1.5181	1.5735	1.6305	1.6890
5	1.2167	1.2763	1.3382	1.4026	1.4693	1.5386	1.6105	1.6851	1.7623	1.8424	1.9254
6	1.2653	1.3401	1.4185	1.5007	1.5869	1.6771	1.7716	1.8704	1.9738	2.0820	2.1950
7	1.3159	1.4071	1.5036	1.6058	1.7138	1.8280	1.9487	2.0762	2.2107	2.3526	2.5023
8	1.3686	1.4775	1.5938	1.7182	1.8509	1.9926	2.1436	2.3045	2.4760	2.6584	2.8526
9	1.4233	1.5513	1.6895	1.8385	1.9990	2.1719	2.3579	2.5580	2.7731	3.0040	3.2519
10	1.4802	1.6289	1.7908	1.9672	2.1589	2.3674	2.5937	2.8394	3.1058	3.3946	3.7072

表 4－2　　复利现值系数(4%～14%部分)

期数	4%	5%	6%	7%	8%	9%	10%	11%	12%	13%	14%
1	0.9615	0.9524	0.9434	0.9346	0.9259	0.9174	0.9091	0.9009	0.8929	0.8850	0.8772
2	0.9246	0.9070	0.8900	0.8734	0.8573	0.8417	0.8264	0.8116	0.7972	0.7831	0.7695
3	0.8890	0.8638	0.8396	0.8163	0.7938	0.7722	0.7513	0.7312	0.7118	0.6931	0.6750
4	0.8548	0.8227	0.7921	0.7629	0.7350	0.7084	0.6830	0.6587	0.6355	0.6133	0.5921
5	0.8219	0.7835	0.7473	0.7130	0.6806	0.6499	0.6209	0.5935	0.5674	0.5428	0.5194

续表

期数	4%	5%	6%	7%	8%	9%	10%	11%	12%	13%	14%
6	0.7903	0.7462	0.7050	0.6663	0.6302	0.5963	0.5645	0.5346	0.5066	0.4803	0.4556
7	0.7599	0.7107	0.6651	0.6227	0.5835	0.5470	0.5132	0.4817	0.4523	0.4251	0.3996
8	0.7307	0.6768	0.6274	0.5820	0.5403	0.5019	0.4665	0.4339	0.4039	0.3762	0.3506
9	0.7026	0.6446	0.5919	0.5439	0.5002	0.4604	0.4241	0.3909	0.3606	0.3329	0.3075
10	0.6756	0.6139	0.5584	0.5083	0.4632	0.4224	0.3855	0.3522	0.3220	0.2946	0.2697

使用上述复利系数应当注意以下几个方面：

第一，复利终值系数的特征是利率越高，期数越长，系数越大；而复利现值系数的特征是利率越高，期数越长，系数越小。

第二，复利终值与复利现值互为逆运算，复利终值系数 $(1+i)^n$ 与复利现值系数 $(1+i)^{-n}$ 互为倒数。

第三，各种年金的终值和现值可在复利终值和复利现值公式的基础上推导出来。

(三)年金

年金是指等额、定期的系列收支。在年金中，系列等额收付的间隔期间只需要满足“相等”的条件即可，间隔期间可以不是1年。例如，每半年支付一次利息的债券利息也构成年金。年金收付的起始时间可以是任何时点，如1年的间隔期不一定非得从1月1日至12月31日，可以是从7月1日至第二年的6月30日等。

年金分为普通年金、即付年金、递延年金和永续年金。普通年金（后付年金）和即付年金（先付年金）是年金的基本形式，都是从第一期开始发生等额收付，区别是前者的等额收付发生在期末而后者的等额收付发生在期初。递延年金和永续年金是派生出来的年金。递延年金的等额收付从第二期或第二期以后才发生，而永续年金的等额收付有无穷多个。

1. 普通年金的终值和现值

(1)普通年金终值（已知期末等额收付的年金 A，求年金终值 F）。普通年金终值是指普通年金在最后一次收付时的本利和，是每期期末等额收付款项 A 的复利终值之和。

$$F=A+A(1+i)+\cdots+A(1+i)^{n-1}$$

$$F=A\frac{(1+i)^n-1}{i}=A(F/A,i,n)=A\times\text{普通年金终值系数}$$

普通年金终值系数 $(F/A,i,n)$ 如表4－3所示。

表 4—3 年金终值系数(4%～14%部分)

期数	4%	5%	6%	7%	8%	9%	10%	11%	12%	13%	14%
1	1.0000	1.0000	1.0000	1.0000	1.0000	1.0000	1.0000	1.0000	1.0000	1.0000	1.0000
2	2.0400	2.0500	2.0600	2.0700	2.0800	2.0900	2.1000	2.1100	2.1200	2.1300	2.1400
3	3.1216	3.1525	3.1836	3.2149	3.2464	3.2781	3.3100	3.3421	3.3744	3.4069	3.4396
4	4.2465	4.3101	4.3746	4.4399	4.5061	4.5731	4.6410	4.7097	4.7793	4.8498	4.9211
5	5.4163	5.5256	5.6371	5.7507	5.8666	5.9847	6.1051	6.2278	6.3528	6.4803	6.6101
6	6.6330	6.8019	6.9753	7.1533	7.3359	7.5233	7.7156	7.9129	8.1152	8.3227	8.5355
7	7.8983	8.1420	8.3938	8.6540	8.9228	9.2004	9.4872	9.7833	10.0890	10.4047	10.7305
8	9.2142	9.5491	9.8975	10.2598	10.6366	11.0285	11.4359	11.8594	12.2997	12.7573	13.2328
9	10.5828	11.0266	11.4913	11.9780	12.4876	13.0210	13.5795	14.1640	14.7757	15.4157	16.0853
10	12.0061	12.5779	13.1808	13.8164	14.4866	15.1929	15.9374	16.7220	17.5487	18.4197	19.3373

普通年金终值系数的特征是利率越高，期数越长，系数越大。

偿债基金的计算是普通年金终值的逆运算，故偿债基金系数是普通年金终值系数的倒数。偿债基金（已知普通年金终值 F，求年金 A）是指为了在约定的未来时点清偿某笔债务或积聚一定数额的资金而必须分次等额提取的存款准备金，也就是为使年金终值达到既定金额的年金数额。在普通年金终值中解出 A，这个 A 就是偿债基金。

(2)普通年金现值（已知期末等额收付的年金 A，求年金现值 P）。普通年金现值是指普通年金现在的价值，等于每期期末等额收付款项 A 的复利现值之和。

$$P=A(1+i)^{-1}+A(1+i)^{-2}+\cdots+A(1+i)^{-n}$$

$$P=A\frac{1-(1+i)^{-n}}{i}=A(P/A,i,n)=A\times\text{普通年金终值系数}$$

$$(P/A,i,n)=\frac{1-(1+i)^{-n}}{i}$$

$$\text{普通年金现值系数}=\frac{1-\text{复利现值系数}}{i}$$

普通年金现值系数$(P/A,i,n)$如表 4—4 所示。

表 4—4 年金现值系数(4%～14%部分)

期数	4%	5%	6%	7%	8%	9%	10%	11%	12%	13%	14%
1	0.9615	0.9524	0.9434	0.9346	0.9259	0.9174	0.9091	0.9009	0.8929	0.8850	0.8772
2	1.8861	1.8594	1.8334	1.8080	1.7833	1.7591	1.7355	1.7125	1.6901	1.6681	1.6467
3	2.7751	2.7232	2.6730	2.6243	2.5771	2.5313	2.4869	2.4437	2.4018	2.3612	2.3216

续表

期数	4%	5%	6%	7%	8%	9%	10%	11%	12%	13%	14%
4	3.6299	3.5460	3.4651	3.3872	3.3121	3.2397	3.1699	3.1024	3.0373	2.9745	2.9137
5	4.4518	4.3295	4.2124	4.1002	3.9927	3.8897	3.7908	3.6959	3.6048	3.5172	3.4331
6	5.2421	5.0757	4.9173	4.7665	4.6229	4.4859	4.3553	4.2305	4.1114	3.9975	3.8887
7	6.0021	5.7864	5.5824	5.3893	5.2064	5.0330	4.8684	4.7122	4.5638	4.4226	4.2883
8	6.7327	6.4632	6.2098	5.9713	5.7466	5.5348	5.3349	5.1461	4.9676	4.7988	4.6389
9	7.4353	7.1078	6.8017	6.5152	6.2469	5.9952	5.7590	5.5370	5.3282	5.1317	4.9464
10	8.1109	7.7217	7.3601	7.0236	6.7101	6.4177	6.1446	5.8892	5.6502	5.4262	5.2161

年金现值系数的特征是利率越低，期数越长，系数越大。

资本回收额的计算是普通年金现值的逆运算，故资本回收系数是普通年金现值系数的倒数。资本回收额是指在约定年限内等额回收初始投入资本或清偿所欠债务的金额。

2.即付年金的终值和现值

(1)即付年金终值(已知每期期初等额收付的年金 A，求 F)。

计算方法一：先将其看成普通年金，套用普通年金终值的计算公式，计算出终值，得出来的是在最后一个 A 位置上的数值，即第 $n-1$ 期期末的数值，再将其往后调整一年，得出要求的第 n 期期末的终值。

$$F=A(F/A,i,n)(1+i)$$

由此可见，n 期即付年金终值比 n 期普通年金终值多了一个计息期。

计算方法二：先把即付年金转换成普通年金。转换方法是，求终值时，假设最后一期期末有一次等额收付，这样就转换为普通年金的终值问题，计算期数为 $n+1$ 期的普通年金的终值，再把多算的终值位置上的这个等额收付 A 减掉。最后把 A 提出来，就得出即付年金终值。

即付年金终值＝年金额×即付年金终值系数(在普通年金终值系数的基础上，期数加1、系数减1)

$$F=A[(F/A,i,n+1)-1]$$

(2)即付年金现值(已知每期期初等额收付的年金 A，求 P)。

计算方法一：先将其看成普通年金，套用普通年金现值的计算公式计算现值，得出的是第一个 A 前一期位置上的数值，再将其往后调整一期，得出现值时点，即第一期期初的数值。

$$P=A(P/A,i,n)(1+i)$$

由此可见，n 期即付年金现值比 n 期普通年金现值少了一个折现期。

计算方法二：先把即付年金转换成普通年金，转换方法是，求现值时，假设第一期期初没有等额收付，这样就转化为普通年金的现值问题，计算 $n-1$ 期普通年金的现值，再加上原来未算的第一期期初位置上的这个等额收付 A。最后，把 A 提出来，就得出即付年金现值。

即付年金现值＝年金额×即付年金现值系数（在普通年金现值系数的基础上，期数减 1、系数加 1）

$$P=A[(P/A,i,n-1)+1]$$

3. 递延年金的终值和现值

递延年金是指第一次等额收付发生在第二期或第二期以后的年金。

递延年金现值（已知从第二期或第二期以后等额收付的年金 A，求 P）的计算方法有以下三种可供选择：

计算方法一：把递延期以后的年金套用普通年金公式求现值，这时求出的现值是第一次等额收付前一期数值，再往前推递延期期数就得出了递延年金的现值。其计算公式如下：

$$P=A(P/A,i,n)(P/F,i,m)$$

计算方法二：把递延期每期期末都当作有等额的收付，把递延期和以后各期看成是一个普通年金，计算这个普通年金的现值，再把递延期多算的年金现值减去即可。其计算公式如下：

$$P=A(P/A,i,m+n)-A(P/A,i,m)$$

方法一和方法二求递延年金现值的思路是把递延年金的现值问题转换为普通年金现值的问题，再求递延年金现值。

计算方法三：先求递延年金的终值，再将终值换算成现值。其计算公式如下：

$$P=A(F/A,i,n)(P/F,i,n+m)$$

例 **4—1** 某公司拟购置一处房产，并提出两个付款方案供该房主进行比较选择：(1)从现在起，每年年初支付 20 万元，连续支付 10 次，共 200 万元；(2)从第三年开始，每年年初支付 25 万元，连续支付 10 次，共 250 万元。假设该房主要求的最低报酬率为 10%，你认为该房主应选择哪个方案为优？

(1) $P_0=20\times[(P/A,10\%,9)+1]=135.18$（万元）

或 $=20\times(P/A,10\%,10)\times(1+10\%)=135.18$（万元）

(2) $P_0=25\times(P/A,10\%,10)\times(P/F,10\%,3)=115.41$（万元）

或 $=25\times[(P/A,10\%,13)-(P/A,10\%,3)]=115.41$（万元）

或 $=25\times(F/A,10\%,10)\times(P/F,10\%,13)=115.41$（万元）

分析可知，该房主应选择第一个方案为优。

4. 永续年金现值(已知无限期等额收付的年金 A,求 P)

永续年金是指无限期等额收付的特种年金,可视为普通年金的特殊形式,即期限趋于无穷的普通年金。由于永续年金持续期无限,没有终止时间,因此,永续年金没有终值,只有现值。永续年金的现值可以通过普通年金的计算公式推导得出。在普通年金的现值公式中,令 $n\to\infty$,得出永续年金的现值:

$$P=\frac{A}{i}$$

例 **4-2** 某教授打算设立一项奖学金,每年年初要求能支付奖学金 20 万元,一直到永远,存款利率为 10%,则奖学金的现值应为多少?

如果给定的是一个以即付年金形式表示的永续年金,其现值为 $P=A+\frac{A}{i}$。这是因为永续年金的现值公式是假定永续年金是普通年金形式的基础上推出来的,如果是即付年金的形式,则可以把第一期期初的等额收付 A 单独考虑。第一期期初的 A 本身就是现值,再加上以普通年金表示的永续年金的现值 $\frac{A}{i}$,两者之和就是以即付年金形式表示的永续年金的现值。如果不考虑第一期期初 A,那么就是一个以普通年金形式表示的永续年金。

年初的 20 万元相当于年末的 20×(1+10%),而永续年金是普通年金的特殊形式,区别仅在于期限为无穷大。所以,只有换算为每一年的年末数 20×(1+10%)之后,才能按照永续年金的现值计算公式计算,结果为 220 万元 $\left[\frac{20\times(1+10\%)}{10\%}\right]$;或者按照(20+20÷10%)来计算。

在资金时间价值的计算公式中,一般都有 4 个变量(P、F、A、n 或 i),已知其中 3 个,就可以推出第四个。例如,要求计算折现率 i 或期间 n,应首先判断是一次性收付款项还是年金问题;如果是年金问题,判断是普通年金、即付年金、递延年金还是永续年金;然后判断是终值还是现值;最后,根据已知条件确定符合哪个终值或现值公式,再用内插法求解。

用内插法求解时,假定所求的变量和系数都呈线性变动,用比例关系推出。用比例关系求解时,有两种方法:第一种方法是按顺序确定比例关系;第二种方法是按大小确定比例关系。

例 **4-3** 某公司第一年年初借款 20 000 元,每年年末还本付息额均为 4 000 元,连续 9 年还清。问借款利率是多少?

本例符合普通年金现值公式:

$20\,000=4\,000(P/A,i,9)\rightarrow(P/A,i,9)=20\,000\div4\,000=5$

查表并用内插法求解。查表找出期数为9，年金现值系数比5大一点和小一点的两个数值。

$(P/A,12\%,9)=5.328\,2$

$(P/A,14\%,9)=4.916\,4$

利率	对应系数
12%	5.328 2
i	5
14%	4.916 4

可按第一种方法，用下方数据减上方数据确定比例关系：

$$\frac{i-12\%}{14\%-12\%}=\frac{5-5.328\,2}{4.916\,4-5.328\,2}$$

也可按第二种方法，用数值大的减数值小的确定比例关系：

$$\frac{i-12\%}{14\%-12\%}=\frac{5.328\,2-5}{5.328\,2-4.916\,4}$$

两种方法得出的结论相同：$i=13.59\%$。

i 表示实际利率，指一年复利一次的年利率；而名义利率是指一年复利若干次的年利率，用 r 表示。两者是可以换算的。

例 4—4　某人退休时有现金10万元，拟选择一项回报比较稳定的投资，希望每个季度能收入2 000元补贴生活。那么，该项投资的实际报酬率应为多少？

这是关于实际报酬率与名义报酬率换算的问题。根据题意，某人希望每个季度能收入2 000元，1年的复利次数为4次，季度利率为2%，故名义报酬率为8%，实际报酬率与名义报酬率的关系：$1+i=(1+8\%\div4)^4$，即 $i=8.24\%$。

在财务决策中，考虑与不考虑资金时间价值的结果是大不一样的。考虑资金时间价值是把不同时期的收入和支出按一定折现率折算为同一时点上的收支，这样在价值上就具有可比性，以便作出正确的决策。

货币时间价值的应用首要的是现值观念，"早收晚付"在经济上对企业总是有利的。对于不带利息的货币收支，与其晚收不如早收，与其早付不如晚付。货币在自己的手中，既不会有损于原来的价值，减少了风险，还可用于投资获利。

综上所述，有关资金时间价值计算的主要内容、计算公式及其相关关系详见图4－2的归纳说明。

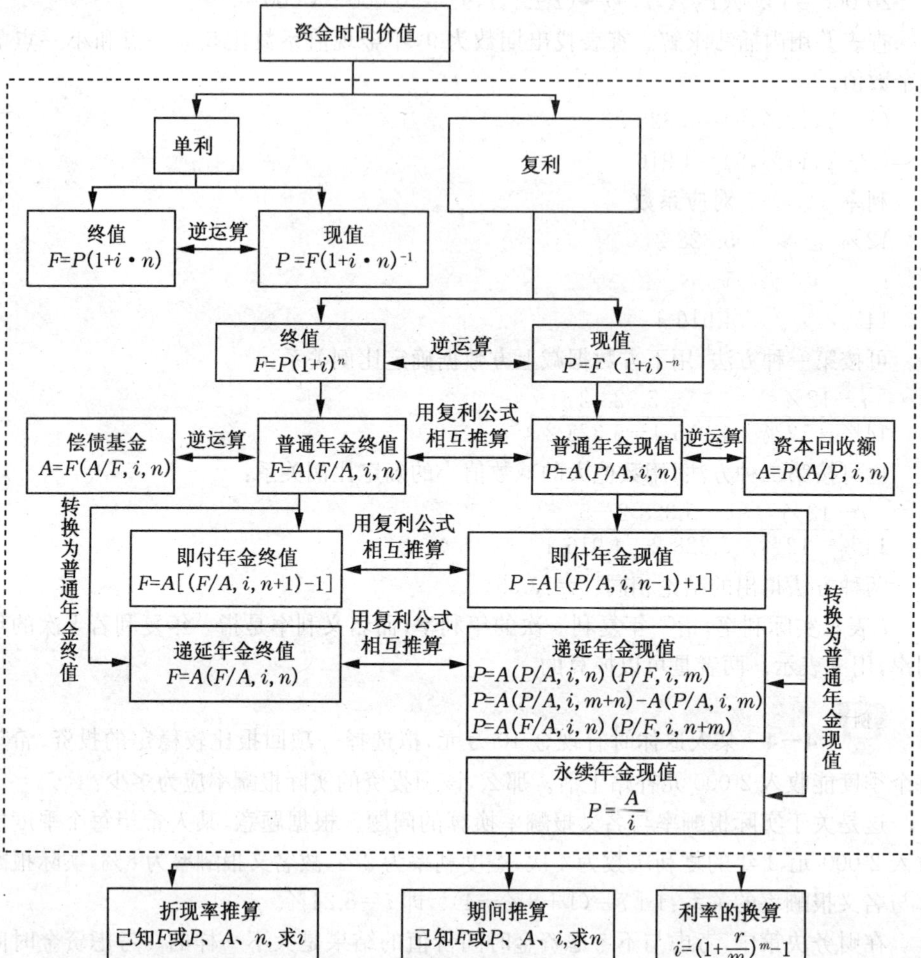

图 4—2 资金时间价值的主要内容、计算公式及相关关系

二、风险价值观念

(一)风险衡量方法

企业在实现其经营活动目标的过程中会遇到各种不确定事件,这些事件发生的概率及其影响程度是难以确定的,从而会影响目标实现的程度。长期投资决策应当考虑风险价值。

风险贯穿于财务活动的全过程,并与收益紧密地联系在一起。从理财观念来看,肯定的1元收入与不肯定的1元收入是不同的，因为不肯定的收入要负担可能收不到的风险。风险越大，项目要求的收益越高或损失越小。风险与收益均衡的观念要求等量风险带来等量收益（或损失的减少）。风险价值是超出时间价值的那部分额外收益或额外的损失减少额，它是对人们可能遇到的风险的一种价值补偿。高风险可能带来高收益，所以，人们仍在孜孜不倦地追逐着风险价值。

财务管理中所讨论的风险，通常是指已知概率分布情况下的“客观风险”，所以，人们试图将其量化。在不考虑通货膨胀因素的情况下，投资的总收益率（R）可按照以下公式计算：

$$R=R_F+R_R=R_F+b\cdot V$$

式中：R 代表投资收益率；R_F 代表无风险收益率；R_R 代表风险报酬率；b 代表风险价值系数；V 代表标准离差率。

风险的量化计算通常采用期望值 $\overline{E}$、方差 σ^2、标准离差 σ、标准离差率 V 来衡量，其计算公式分别如下：

期望值 $\overline{E}=X_iP_i$（X_i 代表可能的报酬率；P_i 代表概率）

方差 $\sigma^2=\Sigma(X_i-\overline{E})^2\times P_i$

标准离差 $\sigma=\sqrt{\sum(X_i-\overline{E})^2\times P_i}$

标准离差率 $V=\dfrac{\sigma}{\overline{E}}$

例 4—5　某企业有A、B两个投资项目，计划投资额均为1 000万元，经调查分析其收益的概率分布如表4—5所示。

表4—5　**收益的概率分布**

市场状况	概率	A项目	B项目
好	0.2	200	300
一般	0.6	100	100
差	0.2	50	−50

(1)计算两个项目收益的期望值：

$\overline{E}_A=200\times0.2+100\times0.6+50\times0.2=110$（万元）

$\overline{E}_B=300\times0.2+100\times0.6+(-50)\times0.2=110$（万元）

(2)计算两个项目收益的标准离差：

$\sigma_A=\sqrt{(200-110)^2\times0.2+(100-110)^2\times0.6+(50-110)^2\times0.2}=48.99$

$\sigma_B=\sqrt{(300-110)^2\times0.2+(100-110)^2\times0.6+(-50-110)^2\times0.2}=111.36$

(3)判断两个项目的优劣。由于A、B两个项目投资额相同,期望收益也相同,而A项目的风险相对较小(其标准离差小于B项目),因此,A项目优于B项目。

对单一项目而言,标准离差越大,风险越大。两个以上项目对比,在期望值相同的情况下,标准离差越大,风险越大;在期望值不同的情况下,标准离差率越大,风险越大。

(二)折现率选取方法

在投资项目决策中,折现率的计算很重要。折现率是指将未来预期收益折算成现值的比率。不考虑通货膨胀率,折现率主要由两部分组成:一是无风险报酬率,二是风险报酬率,可采用资本资产定价模型(Capital Asset Pricing Model,CAPM)来确定,即:

$$K_i = R_f + \beta_i \times (K_m - R_f)$$

式中:K_i 代表第 i 种资产或第 i 种投资组合的必要收益率;R_f 代表无风险报酬率,即资金时间价值,一般可指国库券收益率;$(K_m - R_f)$ 代表风险报酬率,即投资风险溢酬;K_m 代表所有股票或所有证券的平均收益率,即市场均衡收益率;β_i(Beta 系数的缩写)代表第 i 项投资的风险系数,即贝塔系数,是指个别股票风险与整个股市平均风险的比值,即相对于市场组合而言特定资产的系统风险是多少。

一些专门机构会定期进行测算并公布 β 值,其计算比较复杂,可以利用协方差或回归方程求解。

当 $\beta<1$ 时,表明某项资产的投资风险低于市场平均风险,因而其期望收益率小于市场平均收益率。

当 $\beta=1$ 时,表明某项资产的投资风险与市场平均风险一致,因而期望收益率等于市场平均收益率。

当 $\beta>1$ 时,表明某项资产的投资风险大于市场平均风险,因而期望收益率大于市场平均收益率。

可见,贝塔系数越大,期望收益率越高;贝塔系数越小,期望收益率也越小。

项目投资决策的难点之一就在于确定与项目投资现金流量相关的折现率。在投资评价实务中,除采用资本资产定价模型外,折现率一般有以下几种选择:

1. 项目的必要报酬率

人们通常利用投资者要求的报酬率(必要报酬率)作为基准折现率(i),并以此作为评价项目能否为投资者创造价值的标准。项目投资取得了高于必要报酬率的收益就能为股东创造财富。

基准折现率通常是用来评价一个项目的财务可行性。当基准折现率选用社会基准折现率、行业基准折现率、历史基准折现率等作为评价项目的基准折现率时,应关注与收益额口径的关系和可比性等问题。

2. 项目的资金成本

一个项目从不同渠道取得的资金来源都是有成本的,加权平均资本成本(WACC)

是指以各种资本在全部资本中所占的比重为权数，对各种长期资金的资本成本加权平均计算出来的资本总成本，可用来确定具有平均风险的投资项目所要求的收益率。其计算公式如下：

加权平均资本成本＝优先股权重×优先股成本＋普通股权重×普通股成本
＋债务权重×债务成本×(1－所得税税率)

从企业投资的角度看，不同性质的投资者对报酬率有着各自不同的要求，但其共同点是对投资项目的最低要求报酬为加权平均资本成本。此时，企业应当以加权平均资本成本作为折现率来计算项目的净现值。

如果使用企业当前的资本成本作为项目的贴现率，则应当具备两个条件：一是项目的风险与企业当前资产的平均风险相同；二是企业继续采用相同的资本结构为新的投资项目筹资。如果新项目的风险或筹资结构与现有资产显著不同，就不能使用企业当前的加权平均资本成本作为贴现率，而应当重新估计项目的风险，并计算项目要求的必要报酬率。在计算新项目必要报酬率的时候，应当考虑项目与项目之间因多样化组合而产生的风险分散化效应等。

3. 不同阶段采用不同的折现率

投资项目有建设期与经营期之分。建设期可用贷款的实际利率作为折现率，经营期可用资金的平均收益率等作为折现率。

三、相关成本与投资决策观念

并非任何支出都与成本相关，也并非任何成本都与决策相关。在长期投资决策中，无论是建设期的资本性支出，还是经营期的现金流量等，关注的都应当是与决策相关的成本支出。

相关成本是指与决策有关的成本，如机会成本、差量成本、付现成本、重置成本等，这类成本的发生与否直接取决于方案是否被采纳，是决策中必须充分考虑的成本。

非相关成本是指过去已经发生的与方案没有密切联系，不会对决策构成影响，决策时可以不予考虑的成本，也称无关成本，如沉没成本、账面成本、历史成本等。

(一)机会成本与折现率的使用

1. 机会成本的含义

机会成本是指为了得到某种东西而放弃的另一些东西的最大价值。在若干备选方案中，因选定某一方案而被舍弃的选项中的最高价值者(通常是指次优方案可能获得的收益)是本次决策的机会成本(择机代价)。

利用机会成本概念进行经济分析的前提条件是：资源是稀缺的，资源具有多种用途，资源已经得到充分利用，资源可以自由流动。机会成本的概念表明，任何稀缺资源的使用，不论在实际中是否为之而支付代价，总会形成机会成本，即为了这种使用所牺牲掉的其他使用能够带来的益处。因此,这一概念拓宽和深化了对消耗在一定生产活动中的经济资源的成本的理解。通过对相同的经济资源在不同生产用途中所得到的不同收入的比较,将使得经济资源从所得收入相对低的生产用途上转移到所得收入相对高的生产用途上,否则就是一种浪费。

2. 运用机会成本应注意的问题

(1)放弃的机会中收益最高的项目的收益才是机会成本,而非所放弃项目的收益总和。某人有一笔款项,只能在买股票、买债券和储蓄存款中择一从事,若三者的收益关系为股票>债券>存款,虽然债券和储蓄的收益均为机会成本,但买股票的机会成本仅为买债券的收益。

(2)在投资决策中考虑折现率(又称收益还原率)的本质就是机会成本观念在决策过程中的具体应用。每一项资产投资,由于其投资对象不同、使用条件不同、具体用途不同、所处行业不同,其所面临的风险也不同,因而折现率也不相同。

(3)机会必须是决策者可选择的项目,若不是决策者可选择的项目,便不属于决策者的机会。机会成本总是针对具体方案而言的,如果一项资产只能用来完成一项职能,则该项资产就没有机会成本。机会成本也是人们使用一种资源时所作出的牺牲,如果该资源存在过剩的生产能力,则该资源的机会成本为零。

(4)机会成本是一种择机代价,并非某种现实的成本支出,因而与时间成本相关。在知识经济中,社会信息、科技、市场的发展变化都在加快,市场竞争不仅比价格、比质量、比服务,更要比速度,赢得先机有时比什么都重要。时间成本将越来越显现它的特殊重要性。

(二)差量成本与增量现金流量

在进行投资决策时,由于各个方案预计发生的成本不同,因此就会产生差异。差量成本也称差别成本,是指两个备选方案的预计成本差异。差量收入是指两个备选方案的预计收入差额。

不同方案的优劣,在收入相等的情况下,要通过差量成本的比较来判断,如果差量成本为正数,说明两个方案中前者成本高,则应选择后者;反之,则应选择前者。在收入不等的情况下,可以通过对差量损益的计算来判断,即通过差量收入是否大于差量成本来判定和选择最优方案。如果在两个方案的比较中,差量收入大于差量成本,则选择前者;反之,则选择后者。差量成本、差量收入的概念及其相互之间的关系也是进行决策分析的重要内容。

差额计算法就是在投资决策中通过分别计算两个备选方案的现金流入量和现金流出量,然后将两个方案的现金流入量差额与现金流出量差额进行比较,从而对两个方案进行选择的方法。

例 4—6 某企业计划用一台新设备替代旧设备。新设备的买价为 61 000 元，可使用 5 年，年折旧额为 11 000 元，预计残值收入为 6 000 元。使用新设备可使年付现成本由原来的 60 800 元降至 50 000 元。旧设备原值 45 000 元，已提折旧 15 000 元，还可使用 5 年，年折旧额为 5 000 元，5 年后残值收入为 5 000 元。如果现在出售旧设备，可得价款 20 000 元。该企业适用的所得税税率为 20%。

该企业有两个方案可供选择：一是继续使用旧设备；二是卖掉旧设备，购置新设备。要进行两个方案的选择，必须先计算两个方案的增减现金流量。以“Δ”表示现金流量的增减额。其现金流量的计算步骤如下：

(1)计算增加的原始投资额。设购买新设备需支付的买价为 61 000 元，可得到出售旧设备的价款 20 000 元。出售旧设备的净损失为 10 000 元(30 000－20 000)，但这 10 000 元的损失可抵减当年所得税 2 000 元(10 000×20%)，因此：

增加的原始投资额＝－61 000＋20 000＋2 000＝－39 000(元)

(2)计算生产经营期各年增加的营业现金净流量，即Δ营业现金流量(如表 4—6 所示)。

表 4—6　　营业现金流量计算　　单位：元

项　目	现金流量
Δ付现成本①	60 800－50 000＝10 800
Δ折旧额②	11 000－5 000＝6 000
Δ税前净利③＝①－②	4 800
Δ所得税④＝③×20%	960
税后净利⑤＝③－④	3 840
营业现金流量⑥＝②＋⑤	9 840

(3)计算项目增加的终结现金流量，即Δ终结现金流量。Δ终结现金流量由新旧设备的净残值差额构成：

Δ终结现金流量＝6 000－5 000＝1 000(元)

(4)依据以上计算结果，计算全部的Δ现金流量(如表 4—7 所示)。

表 4—7　　售旧购新项目现金流量计算　　单位：元

项目计算期(年) 项目内容	0	1～4	5
Δ初始投资	－39 000		
Δ营业现金流量		9 840	9 840
Δ终结现金流量			1 000
Δ投资项目现金流量	－39 000	9 840	10 840

经计算，该投资项目的Δ净现金流量为 11 200 元（－39 000＋9 840×4＋10 840）。

在确定与投资方案相关的现金流量时所应遵循的基本原则是：只有增量现金流量才是与项目相关的现金流量。所谓增量现金流量，是指接受或拒绝某个投资方案后，企业总现金流量因此而发生的变动。只有那些由于采纳某个项目所引起的现金支出增加额，才是该项目的现金流出；只有那些由于采纳某个项目所引起的现金流入增加额，才是该项目的现金流入。

（三）付现成本与非付现成本

付现成本是指因选定或实施某项决策而引起的需要在未来以现金形式支付的成本费用。付现成本会导致现金流出企业，也称现金支出成本。

非付现成本是指没有引起现金流出的各项成本费用，通常是指会计核算时按权责发生制原则确认的折旧额、摊销额和减值准备等。

一定时期的成本总额是付现成本与非付现成本之和。

企业决策时有时会遇到资金比较短缺，但又急于上马的方案。立即全部支付现金，企业支付能力不足，但支出总成本较低；延期支付现金，支付总额将有所提高，但现在支付现金的数额较小。在这种情况下，企业通常不以总支出最低为标准选择方案，而是选择近期支付现金较少的方案，以较小的资金代价取得所需资产。因此，付现成本也是在资金拮据的情况下，确定购买方案所需考虑的一项成本。

例 4—7 某企业急需购置一台设备，但近期企业的资金紧张。有两家供货单位可提供该设备：甲公司开价 60 000 元，货款必须马上支付；乙公司开价 68 000 元，货款只需先付 8 000 元，其余分 12 个月付清，每月支付 5 000 元。向甲公司购买，总成本较低；但企业由于缺乏付现能力，会选择向乙公司购买，因为该方案虽然总成本较高，但近期付现成本较低，方案尽早实施所带来的收益可弥补现金支出成本较高而形成的损失。当然，在具体比较上述方案时，还应当运用资金时间价值的观念进行计算分析。

（四）重置成本与沉没成本

重置成本是指目前在市场上购置某项资产所需支付的成本，也称现时成本或现时重置成本，是与决策分析相关的成本。沉没成本是指由于过去的决策所引起的、无法收回的成本。沉没成本的特点是这种支出已经实现，无论现时采取何种方案都不能改变其原有数值，无论这种支出的数额是多少、时间长短如何，对现有方案的确定都不构成影响，是与决策无关的成本，如固定资产的账面价值、账面净值等。

在例 4－6 中，旧设备的原价就是企业过去的支出，无法收回，属于沉没成本，在决策时不必考虑。

（五）专属成本与共同成本

专属成本是指可以明确归属于某种、某批或某个部门的成本，属于特定决策的相关成本。例如,某设备专门生产某一种产品,该种设备的折旧就是该种产品的专属成本。

共同成本是指那些需要由几种、几批或有关部门共同负担的成本,其不是某项特定决策的相关成本。例如,某种通用设备生产A、B、C、D 4种产品,该设备的折旧就是这4种产品的共同成本。

专属成本与共同成本是按照费用的发生是否可直接追溯至某个成本对象而进行的分类。区分专属成本与共同成本的目的在于明确某项决策所发生的成本,从而作出正确的决策。

任何决策都是一个择优的过程。管理决策中有几句耳熟能详的箴言:不同的成本服务于不同的目的;成本观念应当对决策有用;没有最好的成本,只有最有用的成本。

第三节 项目投资决策

一、项目投资计算期

项目投资是一种以特定项目为对象,直接与新建项目或更新改造项目有关的长期投资行为,其中,新建项目又可分为单纯的固定资产投资项目和完整的工业投资项目。项目投资体现出企业发展战略和中长期发展规划,对于提高企业再生产能力和支撑保障能力、促进企业的可持续发展具有重要作用。

项目计算期是指投资项目从投资建设开始到最终清理结束整个过程的全部时间,包括建设期和运营期。

$$项目计算期(n)=建设期(s)+生产运营期(p)$$

建设期是指项目资金自正式投入开始到建成投产为止所需要的时间。建设期第一年的年初称为建设起点,建设期最后一年的年末称为投产日。项目计算期最后一年的年末称为终结点,假定项目最终报废或清理均发生在终结点(更新改造除外)。从投产日到终结点之间的时间间隔被称为运营期,包括试产期和达产期(完全达到设计生产能力的时期)两个阶段。运营期一般可根据项目主要设备的经济使用寿命期(折旧年限)确定。

项目资金可以一次投入,也可以分次投入。一次投入是指投资行为集中一次发生在项目计算期第一年年初或年末。分次投入是指投资行为涉及两个或两个以上年度,或虽只涉及一个年度,但同时在该年年初和年末发生。

二、项目投资现金流量

项目投资现金流量是指项目所引起的企业现金支出和现金收入增加的数量。这里的“现金”是指广义的现金，不仅包括各种货币资金，而且包括项目需要的企业非货币资源的变现价值。例如，一个项目需要使用原有的厂房、设备和材料等，则相关的现金流量就是指它们的变现价值，而不是账面成本。投资项目决策的关键是确定相应的现金流量。

由于现金流量净额是以独立的项目作为一个系统，反映其整个寿命期内各年发生的现金流入量与现金流出量的差额，而投资项目的周期一般要依次经过投资兴建、投产后发挥效益和寿命终结等阶段，因此，投资项目的现金流量也就由相应的建设期现金流量、营业现金流量和终结现金流量三个部分组成。

(一)建设期现金流量

建设期现金流量是指投资时发生的现金流量，一般表现为现金流出量，用负数表示。

一个项目的原始总投资是指为使该项目完全达到设计生产能力、开展正常经营而投入的全部现实资金，包括建设投资(直接资本投资)和流动资金投资(垫支的营运资金)两个部分。投资总额是指原始总投资加上建设期资本化利息。

建设投资应当根据项目规模和投资计划所确定的各项建设工程费用、设备购置成本、安装工程费用以及无形资产投资和开办费等费用来估算。

流动资产投资应根据与项目有关的营运资金需用量的增加额来估算。

资本化利息可根据长期借款本金、建设期和借款利息按复利方法计算求得。需要说明的是，在计算固定资产原值时，应当考虑建设期的资本化利息，但由于建设期的资本化利息一般并未实际支付，因此，它不属于建设投资的范畴，不能作为现金流出量的内容；相反，在生产经营期内，支付给债务人的利息与支付给所有者的利润在性质上有相同之处，因此，可以视其为经营现金流入。

(二)营业现金流量

营业现金流量是指项目投产后整个寿命期内正常生产经营活动所带来的现金流量，一般按年度以收付实现制为基础进行计算。

年度经营现金流入＝当期现销收入额＋回收以前的应收账款
＝当期营业收入－当期赊销收入＋回收以前的应收账款

只有假设正常经营年度每期发生的赊销额与回收的应收账款大体相等，才可以用营业收入替代经营现金流入。

年度现金流出量一般是指营业现金支出(即付现成本，不包括折旧、摊销等非付现成本)和各种税款的现金支出，即某项目某年经营成本为该年总成本费用与该年折旧、摊销、利息的差额。

经营期净现金流量＝现金流入量－现金流出量
＝营业收入－付现经营成本－所得税

=营业收入－(总成本－折旧－摊销额－利息)－所得税

=净利＋折旧＋摊销额＋利息

(三)终结现金流量

终结现金流量是指投资项目终结时所发生的现金流量，包括固定资产残值收入、原垫支的各种营运资金的收回额等。终结现金流量一般用正数表示。

例 **4－8**　某工业投资项目总额为170万元，其中，第一年年末投入固定资产100万元，第二年年末投入固定资产50万元和流动资金20万元，第三年项目投入运营。预计该项目的收益期为5年，每年可取得营业收入100万元，付现营业成本与所得税为90万元。固定资产按照使用年限法每年提取折旧30万元，期满时无残值。计算该项目投资的现金流量(如表4－8所示)。

表4－8　　**项目现金流量计算表**　　单位:万元

项目计算期	建设期		生产经营期					合计
年次	1	2	3	4	5	6	7	
固定资产投资	(100)	(50)						(150)
流动资产投资		(20)					20	0
营业收入			100	100	100	100	100	500
付现成本			90	90	90	90	90	450
净利润			10	10	10	10	10	50
折旧额			30	30	30	30	30	150
现金净流量	(100)	(70)	40	40	40	40	60	50

三、项目投资决策评价指标与评价方法

项目投资决策评价指标是指用于衡量和比较项目可行性、据以进行方案决策的定量化标准与尺度。

一个项目可行与否，应当把技术上的先进性与经济上的合理性结合起来分析评价。从财务上看，要着重搞好项目投资经济效益的评价工作，这将有助于科学、合理地进行投资决策，减少决策中的失误。

投资方案评价时使用的指标分为贴现指标和非贴现指标。贴现指标是指考虑了时间价值因素的指标，主要包括净现值、净现值率、现值指数、内含报酬率等。非贴现指标是指没有考虑时间价值因素的指标，主要包括投资利润率、投资回收期等(如图4－3所示)。

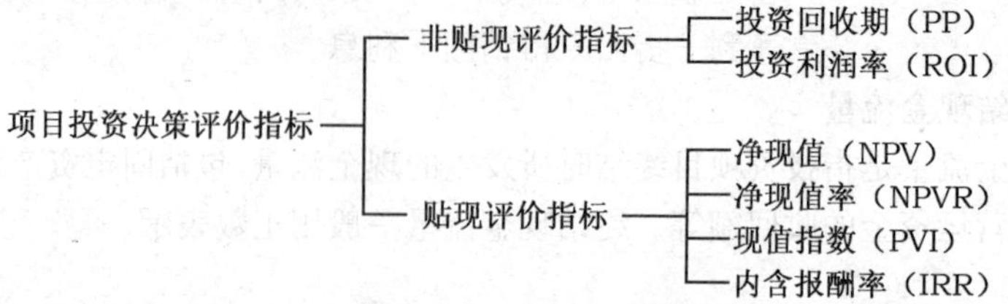

图 4—3　项目投资决策评价指标分类

上述 6 项指标中，投资回收期属于逆指标，一般是越短越好；其他 5 项指标均为正指标，一般是越大越好。

(一)投资回收期法

投资回收期是指通过计算各个备选方案原始投资额的收回时间，据此判断投资方案是否可行的一种方法，一般用“年”表示。

例 4—9　某公司拟购置一台设备，经市场调研，在多个方案中选出甲、乙两种方案进行决策。该设备为一次性投资，报废时无残值可回收，贴现率为 10%。甲、乙方案有关现金流量的资料如表 4—9 所示。

表 4—9　　项目投资的现金流量计算　　单位：元

年次	摘　要	甲方案			乙方案		
		净利润	折旧额	合　计	净利润	折旧额	合　计
0	现金流出			(180 000)			(150 000)
1	现金流入	33 000	36 000	69 000	35 000	50 000	85 000
2	现金流入	33 000	36 000	69 000	40 000	50 000	90 000
3	现金流入	33 000	36 000	69 000	45 000	50 000	95 000
4	现金流入	33 000	36 000	69 000			
5	现金流入	33 000	36 000	69 000			

由于甲方案的现金流入量等额，其适用的投资回收期计算如下：

甲方案投资回收期＝原始投资额÷年现金净流量

＝180 000÷(33 000＋36 000)＝2.61(年)

在各年现金流量不等的情况下，投资回收期可根据各年年末累计的现金净流量与各年年末尚未回收的投资金额进行计算。乙方案的现金流入量不等额，其适用的投资回收期计算如下：

$$乙方案投资回收期=\frac{累计净现金流量}{出现正值的年份}+\frac{上年累计净现金流量的绝对值}{当年净现金流量}$$

$$=1+(150\ 000-85\ 000)\div 90\ 000=1.72(年)$$

由于在两个方案中，乙方案的投资回收期较短，因此，应选择乙方案。一般来说，投资回收期越短，投资的经济效果越好，对投资者也越有利。

考虑建设期的投资回收期(PP)＝不包括建设期的投资回收期(PP')＋建设期(S)

投资回收期法的主要优点是能够直观地反映原始总投资的返本期限，计算简便，易于理解，并有利于促使企业缩短投资周期，尽早收回投资。但这种方法没有考虑资金时间价值和回收期满后发生的现金流量，也不能反映投资的盈利程度。

(二)投资利润率法

投资利润率(投资报酬率)是指项目投资所带来的每年平均净收益与投资总额的比率。其计算公式如下：

投资利润率＝年平均净利润÷投资总额×100％

现根据例 4－9 的资料计算甲、乙方案的投资利润率如下：

甲方案的投资利润率＝33 000÷180 000×100％＝18.33％

乙方案的投资利润率＝40 000÷150 000×100％＝26.67％

上述计算结果表明，乙方案的投资利润率较高，应选择乙方案。

一般来说，项目的投资报酬率应当高于无风险的投资利润率。投资利润率越高，投资的经济效益越好，对投资者也越有利。

投资利润率法的优点是简单明了，容易掌握，可以较好地反映投资的盈利程度；其缺点是没有考虑资金时间价值因素，不能正确反映建设期长短及投资方式不同对项目的影响，也没有采用现金流量信息。

(三)净现值法

净现值是指将某个投资项目所引起的现金流出量和现金流入量按一定的折现率折算成现值，用现值净额的大小作为评价长期投资方案优劣的一种决策分析方法。其计算公式如下：

净现值＝现金流入量现值总数－现金流出量现值总数

上述公式中的现金流入量和现金流出量，若每期数额相等，则可按年金折成现值；若每期数额不等，则可按普通复利分别折成现值后相加。

净现值的计算结果可能出现以下三种情况：(1)净现值为正数，表示此方案按现值计算的投资报酬率高于折现率，方案可以采纳；(2)净现值为负数，表示此方案按现值计算的投资报酬率低于折现率，方案是不可取的；(3)净现值为零，表示此方案按现值计算的投资报酬率正好等于折现率，应对该项目进行综合考虑。

任何投资方案，在其他条件基本相同的情况下，只有其所提供的按现值计算的投资报酬率高于折现率时才能被采纳，而且这个投资报酬率应该是越高越好。

现仍以例 4－9 为例，假定市场年利率(或投资者要求的必要报酬率)为 10%。甲方案每年的现金流入量相等，可将其乘以年金现值系数求得现金流入量现值总数；乙方案每年的现金流入量不等，应将其分别乘以复利现值系数求得每年的现金流入量现值数，然后加总，具体计算过程如下：

甲方案净现值＝69 000×3.790 8－180 000＝81 565.2(元)

乙方案净现值＝85 000×0.909 1＋90 000×0.826 4＋95 000×0.751 3－150 000
＝73 023 (元)

甲、乙两方案的净现值均为正数，说明它们的投资报酬率均在 10%以上。

由于甲、乙两方案不仅投资额大小不同，而且项目计算期也不一致，因此，应通过计算年金净流量(净现值÷年金现值系数)进行择优(也称年等额净回收额法)。

甲方案的年金净现值＝81 565.2÷3.790 8＝21 516.62(元)

乙方案的年金净现值＝73 023÷2.486 9＝29 363.06(元)

因为 29 363.06 元＞21 516.62 元，所以，应选择乙方案为优。

净现值法的优点是考虑了资金时间价值和风险价值以及计算期全部的现金流量；但无法从动态的角度直接反映投资项目的实际收益率水平，尤其是在几个方案的原始投资额不相同的情况下，只凭净现值绝对数的大小不能判断投资获利水平的高低，还必须考虑运用其他方法进行评价。

(四)净现值率法

净现值率是指投资项目的净现值占现金流出量(原始投资额)现值总数的比率，其计算公式如下：

净现值率＝投资项目净现值÷现金流出量现值总数×100%

现根据例 4－9 的资料分别计算甲、乙两方案的净现值率如下：

甲方案的净现值率＝81 565.2÷180 000×100%＝45.31%

乙方案的净现值率＝73 023÷150 000×100%＝48.68%

以上计算结果表明，甲、乙两方案的净现值率均大于 0，应选择乙方案为优。

净现值率是一个折现的相对量评价指标，可以从动态角度反映项目投资的资金投入与净产出之间的关系，但还是无法直接反映项目的实际收益率。

(五)现值指数法

现值指数是指投资项目的现金流入量现值总数(即未来报酬的现值)与现金流出量现值总数(即原始投资额)的比率。现值指数法就是根据现值指数的大小来判断投资方案是否可行的一种决策分析方法。其计算公式如下：

现值指数＝现金流入量现值总数÷现金流出量现值总数

现值指数的计算可能出现以下三种情况：(1)现值指数大于 1，表示投资项目按现值计算的现金流入量大于现金流出量，这项投资方案可以采纳；(2)现值指数小于1，表示投资项目按现值计算的现金流入量小于现金流出量，这项投资方案是不可取的；(3)现值指数等于1，表示投资项目按现值计算的现金流入量等于现金流出量，应对该项目进行综合考虑。

如果几个投资方案的现值指数均大于1，在进行非互斥方案的选择时，其现值指数越高，方案越好。

现仍以例4－9为例，分别计算甲、乙方案的现值指数如下：

甲方案的现值指数＝261 565.2÷180 000＝1.453 1

乙方案的现值指数＝223 023÷150 000＝1.486 8

以上计算表明，甲、乙方案的现值指数均大于1，应选择乙方案为优。

当原始投资在建设期内全部投入时，现值指数与净现值率存在着以下关系：

$$现值指数=1+净现值率$$

净现值率和现值指数都以相对数表示，便于在不同投资额的方案之间进行对比。

(六)内含报酬率法

内含报酬率是通过对投资项目的每年现金流量进行贴现，使现金流入量现值总数与现金流出量现值总数相等，由此计算出来的报酬率就是使投资方案的净现值等于零时的利率。内含报酬率法一般是根据各个方案的内含报酬率是否高于按资金成本率或必要报酬率计算的贴现率(i)，以此确定投资方案是否可行的一种决策分析方法。

内含报酬率的计算结果可能出现以下三种情况：(1)当内含报酬率大于必要报酬率时，可以获得高于期望的收益，则该项投资方案应予采纳；(2)当内含报酬率等于必要报酬率时，可以获得期望的收益；(3)当内含报酬率小于必要报酬率时，不可能获得期望的收益，则该项投资方案是不可取的。

内含报酬率的计算方法视每期现金流入量是否相等而选用不同的方法。

1. 年金法

年金法适合于从第一年开始各期现金净流量相等的情况，因为现金净流量符合普通年金形式，内含报酬率可直接利用年金现值系数来确定，不需要逐步测试。

现根据例4－9的资料，以甲方案为例说明内含报酬率的计算过程如下：

(1)计算年金现值系数(原始投资额的现值÷每期等额现金流入量)。

年金现值系数＝180 000÷69 000＝2.609

(2)查年金现值系数表，与2.609相邻近的利率在25％与30％之间，即年金现值系数在2.689与2.436之间。

$(P/A,25\%,5)=2.689$

$(P/A,i,5)=2.609$

$(P/A,30\%,5)=2.436$

(3)由于甲方案每年的现金流入量相等，因此，可采用下列公式计算内含报酬率：

$$\text{甲方案的内含报酬率}=\text{低利率}\times(\text{高利率}-\text{低利率})\times\frac{\text{低利率系数}-\text{所求利率系数}}{\text{低利率系数}-\text{高利率系数}}$$

$$=25\%+(30\%-25\%)\times\frac{2.689-2.609}{2.689-2.436}=26.58\%$$

2. 逐步测试法

逐步测试法适合于各期现金流入量不相等的非年金形式，计算方法是：先估计一个贴现率用来计算方案的净现值。如果净现值为正数，说明方案本身的报酬率超过估计的贴现率，应提高贴现率后进一步测试；如果净现值为负数，说明方案本身的报酬率低于估计的贴现率，应降低贴现率后进一步测试。经过多次测试，找出使净现值比 0 大一点和小一点的两个贴现率，再用内插法求出净现值等于 0 时的折现率(内含报酬率)。

由于乙方案每年现金流入量不相等，因此，可按照下列方法求得内含报酬率：

假设先采用 35%的利率进行第一次测算：

年次	现金流入量×现值系数＝现值
1	85 000×0.741＝62 985(元)
2	90 000×0.549＝49 410(元)
3	95 000×0.406＝38 570(元)
现金流入量现值合计	150 965(元)
减：投资额	150 000(元)
净现值	965(元)

第一次测算结果表明净现值为正数，说明贴现率偏小，应提高利率，再按 40%进行试算：

年次	现金流入量×现值系数＝现值
1	85 000 × 0.714 ＝60 690(元)
2	90 000 × 0.510 ＝45 900(元)
3	95 000 × 0.364 ＝34 580(元)
现金流入量现值合计	141 170(元)
减：投资额	150 000(元)
净现值	－8 830(元)

可利用公式求得内含报酬率如下：

$$\text{乙方案的内含报酬率}=\text{低利率}\times(\text{高利率}-\text{低利率})\times\frac{\text{正净现值}}{\text{正净现值}-\text{负净现值}}$$

$$=35\%+(40\%-35\%)\times\frac{965}{965-(-8\ 830)}=35.49\%$$

如果几个方案的内含报酬率均大于其资本成本，且各方案的投资额相同，那么，内含报酬率越高的方案越好。如果几个方案的内含报酬率虽都大于其资本成本，但各方案的投资额不等，那么，应选择“投资额×(内含报酬率－资本成本)”最大的方案为优。

上述内含报酬率法的计算结果表明，以投资乙方案为优。

内含报酬率法可以从动态角度直接反映投资项目的实际收益水平，且不受行业基准收益率高低的影响，比较客观；但计算过程比较复杂，当经营期大量追加投资时，可能出现多个内含报酬率，或偏高或偏低，缺乏实际意义。

四、项目投资评价决策研究

(一)评价指标关系研究

在评价投资项目时，如果各评价指标同时可行，即 $NPV\geqslant0$、$NPVR\geqslant0$、$PI\geqslant1$、$IRR\geqslant$折现率(i)、$PP\leqslant n/2$、$PP'\leqslant P/2$、$ROI\geqslant$基准的 ROI，则接受该方案；如果各评价指标同时不可行，则放弃该方案。当次要指标(静态投资回收期)或辅助指标(投资利润率)与主要指标(净现值、内部收益率等)产生矛盾时，应当以主要指标的结论为准。

折现评价指标计算公式之间存在着如下联系：净现值是投产后各年现金流量的现值之和减去原始投资现值之和；在净现值公式中，只要把减号改成除号，就是获利指数；获利指数＋1 就等于净现值率，而内部收益率是净现值为 0 时的折现率。在进行项目投资决策分析时，可将各种方法结合起来使用。

在单一的独立投资项目和投资额相同的多方案比较中，净现值、净现值率、现值指数和内含报酬率 4 个指标之间一般存在着如下同方向变动关系，即：

净现值＞0，净现值率＞0，现值指数＞1，内含报酬率＞i；

净现值＝0，净现值率＝0，现值指数＝1，内含报酬率＝i；

净现值＜0，净现值率＜0，现值指数＜1，内含报酬率＜i。

例 **4－10** 某企业拟进行一项固定资产投资项目决策，设定折现率为 12%，有 4 个方案可供选择。其中，甲方案的项目计算期为 10 年，净现值为 1 000 万元，$(A/P,12\%,10)=0.177$；乙方案的净现值率为－15%；丙方案的项目计算期为 11 年，其年金净现值为 150 万元；丁方案的内部收益率为 10%。应选择哪个投资方案为优？

经分析，乙方案的净现值率为－15%，说明乙方案的净现值为负，经济上不可行。丁方案的内部收益率为 10%，小于设定的折现率(12%)，经济上也不可行。甲、丙方案的净现值为正数，可行，但计算期不同，因而只能求年金净现值才能比较两方案的优劣。甲方案的年金净现值(年等额净回收额)＝1 000×$(A/P,12\%,10)$＝177(万元)，丙方案的年金净现值为 150 万元，甲方案的年金净现值大于丙方案，以甲方案为优。

(二)多个互斥方案决策研究

互斥方案是指在项目投资决策时涉及多个相互排斥、不能同时并存的投资方案，其决策过程是在每个备选方案已具备财务可行性的前提下，从中遴选出一个令人满意的方案的过程，应注意以下几种情况的区别：

第一，净现值法、净现值率法、现值指数法和内含报酬率法一般适用于原始投资额相同并且项目计算期相等的多方案的比较。

第二，差额投资内部收益率法适用于原始投资额不相同但项目计算期相等的多方案的比较，常见的决策模型就是内含报酬率法在售旧购新等更新改造方案中的应用。如例4－6中某企业计划用一台新设备替代旧设备，经计算，该投资项目的Δ净现金流量各年情况为：ΔNCF_0为－39 000元、$\Delta NCF_{1\sim4}$为9 840元、ΔNCF_5为10 840元。

如果该投资项目的必要报酬率为11％，问该售旧购新方案可行否？

首先，用12％的利率进行第一次测算，该方案的净现值计算如下：

第1～4年现金流入量现值总数＝9 840×3.037 3＝29 887.03(元)

第5年现金流入量现值总数＝10 840×0.892 9＝9 679.04(元)

减：Δ投资额　　39 000(元)

净现值　　566.07(元)

然后，用13％的利率进行第二次测算，该方案的净现值计算如下：

第1～4年现金流入量现值总数＝9 840×2.974 5＝29 269.08(元)

第5年现金流入量现值总数＝10 840×0.885＝9 593.40(元)

减：Δ投资额　　39 000(元)

净现值　　－137.52(元)

该方案内含报酬率的计算方法可利用公式求得计算结果如下：

$$\text{内含报酬率}=12\%+(13\%-12\%)\times\frac{566.07}{566.07-(-137.52)}=12.8\%$$

内含报酬率的计算结果表明，该售旧购新投资方案的内含报酬率大于必要报酬率，投资方案可行。

第三，年金净流量(ANCF)适用于原始投资额不相同且项目计算期也不相等的多方案比较，详见例4－9，还可采用计算期统一法分析，即通过对计算期不相等的多个互斥方案选定一个共同的计算分析期以满足时间可比性的要求，进而根据调整后的评价指标来选择最优方案的方法，又可分为方案重复法和最短计算期法。

(1)方案重复法(最小公倍数法)。方案重复法是将各方案计算期的最小公倍数作为比较方案的计算期进而调整有关指标，并据此进行决策的方法。

现根据例4－9中甲、乙两个方案的资料，采用方案重复法计算如下：

$NPV_{甲}=81\ 156.20+81\ 156.20\times(P/F,10\%,5)+81\ 156.20\times(P/F,10\%,10)$

$=81\ 156.20+81\ 156.20\times0.620\ 9+81\ 156.20\times0.385\ 5=162\ 831.80$(元)

$NPV_{乙}=73\ 023+73\ 023\times(P/F,10\%,3)+73\ 023\times(P/F,10\%,6)+73\ 023\times(P/F,10\%,9)+73\ 023\times(P/F,10\%,12)$

$=73\ 023+73\ 023\times0.751\ 3+73\ 023\times0.564\ 5+73\ 023\times0.424\ 1+73\ 023\times0.318\ 6=223\ 340.85$(元)

因为,223 340.85 元>162 831.80 元,所以,应选择乙方案为优。

(2)最短计算期法(最短寿命法)。最短计算期法是在将所有方案的净现值均还原为等额年回收额的基础上,再按照最短的计算期来计算出相应净现值进而根据调整后的净现值进行决策的方法。

现根据例 4－9 中甲、乙两个方案的资料,采用最短计算期法计算如下:

$NPV_{甲}=81\ 156.20\div3.790\ 8\times2.486\ 9=53\ 241.36$ (元)

$NPY_{乙}=73\ 023$ (元)

因为,73 023 元>53 241.36 元,所以,应选择乙方案为优。

(三)多个投资方案组合决策研究

如果在资金总量不受限制的情况下,多个备选方案之间不是互相排斥的关系,则应按每一项目净现值的大小进行排队,确定优先考虑的项目。

如果在资金总量受到限制的情况下,多个备选方案之间不是互相排斥的关系,则应按每一项目净现值率的大小进行排队,并结合净现值进行各种组合排队,从中选出能使净现值总额最大的最优组合。

(四)年平均成本法的应用

如果投资项目没有适当的现金流入,无论是售旧方案还是购新方案,都缺乏使用净现值、净现值率、现值指数和内含报酬率法的条件。通常,在收入相同时,人们会认为成本较低的方案是一个较好的方案。

当两个方案的尚可使用年限相同时,可比较方案之间总成本的高低;当两个方案的尚可使用年限不相同时,可比较方案之间平均年成本的高低(即年均成本法)。固定资产的平均年成本是指该项资产引起现金流出的年平均值。如果不考虑资金时间价值,它就是未来使用年限内的现金流出总额与使用年限的比值;如果考虑资金时间价值,它就是未来使用年限内的现金流出总现值与年金现值系数的比值,即平均每年的现金流出。

(五)投资付款方案决策

企业在进行项目投资(如购置固定资产等)时经常会碰到对是一次付款还是分期付款这两个方案的抉择问题。仍以例 4－9 为例,假设乙方案的生产设备在购置时有以下两个付款方案可供选择:一个是于购买时一次付款 150 000 元;另一个是可分三次付款,每年年末付 58 000 元,共计 174 000 元。贴现率为 10%。

要正确作出选择，只要将分期付款的款项按资金成本率折成现值，然后与一次付款的款项进行对比，选择现值较低者为最优方案(3 年分期付款的款项相等，可按年金现值系数折算)。

分期付款的现值＝58 000×2.487＝144 246(元)

减：一次付款的金额　　　　　150 000(元)

－5 754(元)

以上计算结果表明，分期付款方案的现值较一次付款少 5 754 元，应选择分期付款方案购置该项设备为优。

第四节　证券投资管理*

一、证券投资概述

(一)证券投资的概念与种类

项目投资的对象是实体性的经营资产，而证券投资的对象是权益性的金融资产，如股票、债券、基金等。证券投资是投资者买卖有价证券，以获取差价、利息的投资行为和投资过程，该行为具有持有目的多元、流动性强、价值虚拟、风险较高等特点。

1. 股票投资

股票投资是指企业以购买股票的形式对外投资。股票是股份有限公司签发的、以证明股东按其所持股份享有权利和承担义务的一种书面权益凭证。企业购入某公司的股票后就成为该公司的股东，并按照所持股票的份额参与该公司净收益的分配。为此，企业必须对发行股票的公司的财务状况、经营成果和现金流量予以高度重视，在作出股票投资决策之前必须进行充分的调查研究，从证券市场上的各种不同的股票中筛选可望持续取得较高收益的股票进行购买以获取预期的投资收益。股票投资一旦决策失误，不仅将导致投资收益降低，还可能血本无归。所以，股票投资是一种风险性较大、可能会获利较多的投资。

2.债券投资

债券投资是指企业以购买债券的形式对外投资。债券是发行债券的单位向债券持有人出具的承诺定期支付既定利息并按期偿还本金的一种书面债务凭证。企业购入某发行单位的债券后就成为该发行单位的债权人，具有定期取得规定的利息和按期收回本金的权益，但它既不享受企业净收益分配的权利，也不承担企业亏损的责任，因而其投资的风险程度低于股票投资，同时其获利有一定的限度。

3.投资基金

投资基金是由基金发起人以发行收益证券的形式汇集一定数量具有共同投资目的的投资者的资金，委托由投资专家组成的专门投资机构进行各种分散的投资组合，投资者按出资比例分享投资收益并共同承担投资风险。投资基金具有资金规模大和专家理财等优势，但一般无法获得很高的投资收益，在大盘大幅下跌时，投资者也会承担较大的风险。

投资基金与股票、债券的区别主要表现在以下几个方面：

(1)发行的主体和权利关系不同。股票反映的是投资与被投资之间的关系；债券反映的是债权与债务之间的关系；而基金是由基金发起人发行的，投资人与发起人之间是一种契约关系，投资人与发起人都不参与基金的运营管理，而是委托基金管理人进行运营。受托的管理人根据“受人之托，代人理财，忠实服务，科学运营”的原则，按基金章程规定的投资限制，对基金自主运用，以保证投资人有一定的收益。所以，发起人与管理人、托管人之间是一种信托契约关系。

(2)风险和收益不同。投资基金是委托由投资专家组成的专门投资机构进行分散的投资组合，其可以分散风险，因此风险一般会小于股票投资，但大于债券投资。投资基金的收益是不固定的，一般小于股票投资，但大于债券投资。

(3)存续时间不同。债券到期必须还本付息；股票一般没有到期日。投资基金都规定有一定的存续时间，期满即终止；但是，投资基金经持有人大会或基金公司董事会决定可以提前终止，也可以期满再延续。

(二)证券投资风险

1. 违约风险

违约风险是指证券发行人无法按期支付利息或偿还本金的风险。通常，政府发行的证券违约风险小，金融机构发行的证券次之，工商企业发行的证券违约风险较大。造成企业证券违约的原因有：政治经济形势发生重大变动；发生自然灾害、火灾等；企业经营管理不善、成本高、浪费大；企业在市场竞争中失败，主要客户消失；企业财务管理失误，不能及时偿还到期债务；等等。

2. 利息率风险

利息率风险是指由于利息率的变动而引起证券价格波动，从而使投资人遭受损失的风险。证券的价格通常会随利息率的变动而变动，银行利率下降则证券价格上升，银行利率上升则证券价格下降。不同期限的证券，利息率的风险不同，期限越长，风险越大。

3. 购买力风险

购买力风险是指由于通货膨胀而使证券到期或出售时所获得的货币资金的购买力降低的风险。在通货膨胀时期，购买力风险对投资者有重要影响。一般而言，随着通货膨胀的发生，变动收益证券比固定收益证券要好。因此，普通股票被认为比公司债券和其他有固定收入的证券能更好地避免购买力风险。

4. 流动性风险

流动性风险是指在投资人想出售有价证券获取现金时不能立即出售的风险。一种能在较短期限内按市价大量出售的资产，是流动性较高的资产，这种资产的流动性风险较小；反之，如果一种资产不能在短时间内按市价大量出售，则属于流动性较低的资产，这种资产的流动性风险较大。例如，购买小公司的债券，想立即出售比较困难，因而流动性风险较大；但若购买国库券，几乎可以立即出售，则流动性风险较小。

5. 期限性风险

期限性风险是指由于证券期限长而给投资人带来的风险。一项投资，到期日越长，投资人遭受的不确定性因素就越多，承担的风险也就越大。同一家企业发行的8年期债券要比3年期债券的风险大。

(三)证券投资估价

长期投资并不难，关键是如何做到"买对的"，也就是如何选择有价值的投资对象(品种)。投资估价应当是有效投资行为的前提，是投资决策的核心。没有经过投资估价的投资行为往往是盲目的。

理性的投资者所要了解的不仅仅是企业的账面价值，因为账面价值仅仅是指一个企业会计意义上的概念，而不是评估或经济上的概念。虽然资产的账面价值作为历史成本具有客观性和可验证性等优点，但这并不足以使它成为资产评估的依据，因为，当社会经济环境发生变化时，账面价值并不能反映物价变动和技术进步对资产价值的实际影响，因而也就不能正确反映资产的市场价值。

在投资活动中，投资者需要掌握公允市场价值或内在价值。公允市场价值是指评估基准日的资产在公开市场上的交易价格。内在价值是指资产预期创造的未来现金流量的现值，它是在给定未来现金流量的数量、时间和风险的情况下，投资者所愿意支付的价值。

资产价值不是一个静态的、一成不变的概念。资产的价值会依赖于许多变化的因素而存在，如买卖双方的力量、资产所处的经济环境和地理环境、资产的潜在用途、资产评估的时间、资产的相对稀缺程度和替代物的价值、所有权的性质与构成、资产的流动性和市场状况等。因此，资产价值并不是一个固定的值，它只反映了在某个特定环境下有关资产利益双方的市场观念。市场越有效，市场价值向内在价值的回归就越迅速。

二、股票投资管理

(一)股票分类方法

1. 按股东享受权利和承担义务的大小为标准进行分类

(1)普通股票(简称普通股)，是指股份公司依法发行的具有管理权、股利不固定的股票。普通股具备股票的一般特征，是股份公司资本的最基本部分。

(2)优先股票(简称优先股)，是指股份公司依法发行的具有一定优先权的股票。优先股是兼具股票与债券某些特征的双重性质的证券。优先股是企业自有资金的一部分，没有固定的到期日，不用偿还本金，其股利必须从净利润中支付；但由于需要支付固定的股利，其往往成为财务上的一项负担，又由于对盈利的分配和剩余资产的求偿具有优先权，其在某种程度上类似于债券。

优先股按利润可否累积，分为累积优先股和非累积优先股；按可否转换为普通股，分为可转换优先股和不可转换优先股；按能否参加剩余利润分配，分为参加优先股和不参加优先股；按可否赎回，分为可赎回优先股和不可赎回优先股；等等。

2. 按股票票面是否记名进行分类

(1)记名股票，是指在股票上载有股东姓名或名称并将其记入公司股东名册的一种股票。记名股票要同时附有股权手册，只有同时具备股票和股权手册，才能领取股息和红利。记名股票的转让、继承都要办理过户手续。

公司向发行人、国家授权投资的机构和法人发行的股票，应当为记名股票。

(2)无记名股票，是指在股票上不记载股东姓名或名称的股票。凡持有无记名股票的，都可成为公司股东。无记名股票的转让、继承无须办理过户手续，只要将股票交给受让人就可发生转让效力，移交股权。

对社会公众发行的股票，可以为记名股票，也可以为无记名股票。

3. 按股票票面有无金额进行分类

(1)面值股票是指在股票的票面上记载每股金额的股票。股票面值的主要功能是确定每股股票在公司全部股票中所占的份额，同时还表明在有限公司中股东对每股股票所负有限责任的最高限额。

(2)无面值股票是指股票票面不记载每股金额的股票。无面值股票仅表示每一股在公司全部股票中所占的比例。也就是说，这种股票只在票面上注明每股占公司全部净资产的比例，其价值随公司财产价值的增减而增减。

4. 按发行对象和上市地区进行分类

(1)A股，是指以人民币标明票面金额并以人民币认购和交易的股票。

(2)B股，是指以人民币标明票面金额，以外币认购和交易的股票。

(3)H股，是指在我国香港上市的股票。

(4)N股，是指在纽约上市的股票。

(二)普通股股东的权利

1. 公司管理权

普通股股东具有对公司的管理权。对公司来说，普通股股东可能成千上万，不可能每个人都直接对公司进行管理。普通股股东的管理权主要体现为在董事会选举中有选举权和被选举权，通过选出的董事会代表所有股东对企业进行控制和管理。普通股股东的管理权主要表现在以下几个方面：

(1)投票权。普通股股东有权投票选举公司董事会成员并对修改公司章程、改变公司资本结构、批准出售公司重要资产、吸收或兼并其他公司等重大问题进行投票表决。

(2)查账权。从原则上说，普通股股东具有查账权。但由于保密的原因，这种权利常常受到限制。因此，并不是每位股东都可自由查账，但股东可以委托会计师事务所去查账。

(3)阻止越权的权利。当公司的管理当局越权进行经营时，股东有权阻止。

2. 分享盈余权

公司盈余的分配方案应由股东大会决定。通常，每一个会计年度由董事会根据企业的盈利数额和财务状况来决定分发股利的多少并经股东大会批准通过。

3. 出让股份权

有的股东由于与管理当局的意见不一致，又没有足够的力量对管理当局进行控制，便出售其股票而购买其他公司的股票。有的股东认为现有股票的报酬低于所期望的报酬，便出售现有股票以寻求更有利的投资机会。有的股东由于其他原因需要大量现金，不得不出售其股票等。

4. 优先认股权

当公司增发普通股股票时，原有股东有权按持有公司股票的比例，优先认购新股票。这主要是为了使现有股东保持其原来在公司股份中所占的百分比，以保证他们的控制权。

5. 剩余财产要求权

当公司解散、清算时，普通股股东对剩余财产有要求权。当公司破产清算时，财产的变价收入首先要用来支付清算费用和清偿债务，然后支付优先股股东，最后才能分配给普通股股东。

(三)优先股股东的权利

1. 优先分配股利权

优先分配股利的权利是优先股最主要的特征。优先股通常有固定的股利，一般按面值的一定百分比来计算。优先股的股利除数额固定外，还必须在支付普通股股利之前予以支付。对于累积优先股来说，这种优先权更为突出。

2. 优先分配剩余资产权

在企业破产清算时，出售资产所得的收入，优先股股东的受偿顺序位于债权人之后，但先于普通股股东。其金额只限于优先股的票面价值加上累积未支付的股利。

3. 部分管理权

优先股股东的管理权限是有严格限制的。通常，在公司的股东大会上，优先股股东没有表决权；但是，当公司研究与优先股有关的问题时，优先股股东有权参加表决。例如，如果讨论把一般优先股改为可转换优先股或推迟优先股股利的支付时，优先股股东有权参加股东大会并表决。

(四)股票投资估价

1. 未来准备出售的股票估价模型

在一般情况下，投资者投资于股票，不仅希望得到股利收入，而且希望在未来出售股票时从股票价格的上涨中获得收益。未来准备出售的股票的价值由一系列股利和将来出售股票时的现值构成，其股票估价模型如下：

$$V=\sum_{t=1}^{n}\frac{D_t}{(1+K)^t}+\frac{F}{(1+K)^n}$$

式中：V 代表股票的价值；F 代表未来出售时预计的股票价格；K 代表投资人要求的必要报酬率；D_t 代表第 t 期的预期股利；n 代表预计持有股票的期数。

2.长期持有股票，股利稳定不变的股票估价模型

在每年股票股利稳定不变、投资人持有期间很长的情况下，其股利的支付过程实质上是一个永续年金的计算。其股票的估价模型如下：

$$V=\frac{D}{K}$$

例 4－11　某优先股每年分配每股股利 0.8 元，投资者要求的最低报酬率为 10%。经计算，该优先股的投资价值为：

$V=0.8\div10\%=8$(元)

该优先股的投资价值之所以为 8 元，是因为在报酬率为 10%的条件下，每年能给投资者带来固定不变的 0.8 元的股利收益。如果投资时该股票的市价为 6 元，其投资报酬率则高达 13.33%(0.8÷6×100%)，高于投资者要求的最低报酬率，投资是合算的；如果投资时当时的市价为 10 元，其投资报酬率只有 8%(0.8÷10×100%)，低于投资者要求的最低报酬率。

3.长期持有股票，股利固定增长的股票估价模型

如果一个公司的股利不断增长，投资人的投资期限又非常长，其估价只能计算近似数。设上年股利为 D_0，每年股利的增长率为 g，则股票估价模型可简化为：

$$V=\frac{D_0(1+g)}{(K-g)}=\frac{D_1}{(K-g)}$$

式中：D_1 代表第一年的普通股股利。

例 4－12　某公司准备投资购买某股份有限公司的普通股股票，该股票上年每

股股利为0.6元，预计以后每年以2%的增长率增长。经分析后，公司认为必须得到8%的报酬率才能购买该股份有限公司的股票，则该股票的价值应计算如下：

$$V=\frac{0.6\times(1+2\%)}{8\%-2\%}=10.2(\text{元})$$

当该股票价格在10.2元以下时，公司购买才是合算的。

关注股票的投资价值很重要。股票的价值是指股票期望提供的所有未来收益的现值。如果有的股票每股的股利不固定，或者一段时间内高速增长、一段时间内固定不变，则需要将其每年的股利折现到投资日加总。

(五)股票投资收益

企业进行股票投资是为了获得尽可能多的收益，收益的高低是影响证券投资的重要因素。证券投资收益(报酬)有绝对数和相对数之分，通常用相对数表示。证券投资报酬率计算的一般公式为：

$$K=\frac{S_1-S_0+P}{S_0}\times 100\%$$

式中：S_0 代表证券购买价格；S_1 代表证券出售价格；P 代表证券投资所取得的股利或利息；K 代表证券投资报酬率。

例 **4—13** 2014年4月10日，恒通公司购买四达公司每股市价为24元的股票。2015年1月，恒通公司每股获现金股利2.8元。2015年4月10日，恒通公司将该股票以每股26元的价格出售，则该股票的投资报酬率为：

$$K=\frac{26-24+2.8}{24}\times 100\%=20\%$$

如果是长期证券投资，因涉及时间较长，应当考虑资金时间价值等因素。

(六)股票投资的优缺点

1.股票投资的优点

普通股票的价格虽然变动频繁，但从长期看，优质股票的价格上涨的居多，只要选择得当，可能取得优厚的投资报酬。普通股由于股利不固定，在通货膨胀率比较高时，物价普遍上涨，股份公司盈利增加，股利的支付也随之增加，因此，与固定收益证券相比，普通股能有效地降低购买力风险。普通股股东属于股份公司的所有者，有权监督和控制企业的生产经营情况。如果想要控制一家企业，最好是购买这家企业的股票。

2.股票投资的缺点

普通股对企业资产和盈利的求偿权均居于最后。企业破产时，股东原来的投资可能得不到全数补偿，甚至一无所有。普通股的价格受众多因素影响，很不稳定，从而使股票投资具有较高的风险。普通股股利的多少视企业经营状况和财务状况而定，其有无、多寡均无法律上的保证，其收入的风险也远远高于固定收益的证券。

三、债券投资管理

(一)债券的分类

1. 政府债券

政府债券是由国家或地方政府发行的并由其负责偿还本息的债券。它与其他债券相比，具有安全性好、变现容易等优点。政府债券的利率水平一般较低。

2. 金融债券

金融债券是由银行和非银行金融机构发行并负责偿还本息的债券。发行金融债券的目的主要是筹集信贷资金。金融债券具有信用度高、风险小的特点，其利率水平一般比政府债券高、比企业债券低。

3. 企业债券

企业债券又称公司债券，是由企业发行并负责偿还本息的债券。它相对于政府债券和金融债券来说风险较大，因而利息率也较高。发行企业债券的公司必须是依法登记注册、具有法人资格、符合发行条件的经济实体。

债券按利息支付方式还可分为付息债券和贴现债券。

付息债券有两种形式：一种是一次性付息，即“利随本清”；另一种是分次付息，即在偿还本金以前按照规定的日期(半年或1年)分次付息。

贴现债券不规定利息率，发行时按债券面额打一定折扣后出售，待债券到期时按照债券面额还本付息。贴现债券一般只限于政府债券和金融债券。

(二)债券投资估价

1. 每年计息、一次还本、按复利估价模型

债券投资估价是指投资前按投资者要求的收益率对债券内在价值的估算。债券投资者与其他投资者一样，以现在的货币换取未来的货币，主要动机是为了货币的增值。为此，投资者只有在未来获得的现金流量的现值大于现在投入的货币量的情况下，才能得到投资收益。对于债券投资而言，这个未来的现金流量就是每年得到的利息和到期偿付的本金。债券的估价可用下列公式计算：

$$V=\sum_{t=1}^{n}\frac{Fi}{(1+r)^t}+\frac{F}{(1+r)^n}$$

式中：V 代表债券的价值；i 代表票面利率；F 代表债券面值；n 代表发行期限(或持有期)；r 代表投资者要求的收益率或市场利率。

例 4－14 某公司发行债券，每份面值为1 000元，发行期限为5年，票面利率为10%，每年付息一次，投资者要求的收益率为12%。该债券每份估价为：

$$V=\sum_{t=1}^{5}\frac{1\,000\times10\%}{(1+12\%)^t}+\frac{1\,000}{(1+12\%)^5}=927.5(\text{元})$$

以上计算表明，按要求的收益率计算，该债券的内在价值为 927.5 元。如果该债券的现实市价在其之下，则投资者购进该债券可获取 12%以上的年收益。如果该债券的现实市价在其之上，则投资者选择这种债券就不能达到所要求的收益率。

2. 一次还本付息、按单利估价模型

有些债券为一次还本付息、不计复利的债券，其估价的计算公式为：

$$V=\frac{F+F\times i\times n}{(1+r)^n}$$

例 **4－15** 某公司拟购买另一家企业发行的“利随本清”的企业债券，该债券的面值为 1 000 元，期限为 5 年，票面利率为 10%，不计复利。当前市场利率为 8%。该债券发行价格为多少时购买是合算的？

$$V=\frac{1\,000+1\,000\times10\%\times5}{(1+8\%)^5}=1\,020(\text{元})$$

计算结果表明，债券价格必须低于 1 020 元时购买才是合算的。

3. 折现发行债券估价模型

还有些债券以贴现方式发行，没有票面利率，到期按面值偿还，这些债券的估价公式为：

$$V=\frac{F}{(1+R)^n}$$

例 **4－16** 某债券面值为 1 000 元，期限为 5 年，以贴现方式发行，期内不计息，到期按面值偿还，当时市场利率和投资者要求的报酬率为 7%。问其价格为多少时投资者才能购买？

$$V=1\,000\times\frac{1\,000}{(1+7\%)^5}=713(\text{元})$$

计算结果表明，该债券的购买价在 713 元及以下时，投资才是合算的。

(三)债券投资收益

债券投资收益通常是按到期收益率来计算的。到期收益率是指以特定的价格购买债券并持有至到期日所能获得的收益率，它是使未来现金流量等于债券购入价格的折现率。

购入价格＝每年利息×年金现值系数＋面值×复利现值系数

即：

$$V=I\times(P/A,i,n)+F\times(P/S,i,s)$$

例 **4－17** 某公司发行债券，每份面值为 1 000 元，发行期限为 5 年，票面利率为 10%，每年付息一次，投资者要求的收益率为 10%。该债券每份估价如下：

$V=1\ 000\times10\%\times(P/A,10\%,5)+1\ 000\times(P/S,10\%,5)$

$=100\times3.790\ 8+1\ 000\times0.620\ 9=1\ 000$(元)

在平价发行时，每年付息一次的债券的到期收益率等于其票面利率。

如果债券的发行价格高于面值，即溢价发行时，每年付息一次的债券的到期收益率将低于其票面利率。假定例 4－17 的债券发行价格定在 1 080 元，其到期收益率可计算如下：

先试用 $i=9\%$ 试算如下：

$1\ 000\times10\%\times(P/A,9\%,5)+1\ 000\times(P/S,9\%,5)$

$=100\times3.889\ 7+1\ 000\times0.649\ 9=1\ 038.87$(元)

由于折现计算的结果仍然小于 1 080 元，因此，应进一步降低折现率进行计算。

再试用 $i=8\%$ 试算如下：

$1\ 000\times10\%\times(P/A,8\%,5)+1\ 000\times(P/S,8\%,5)$

$=100\times3.992\ 7+1\ 000\times0.680\ 6=1\ 079.87$(元)

1 079.87 元约等于 1 080 元的发行价，可以得出该债券的到期收益率为 8%。

如果债券的发行价格低于面值，即在折价发行时，每年付息一次的债券的到期收益率将高于其票面利率。

债券到期收益率是指导选购债券的标准，它可以反映债券投资在复利计算情况下的真实收益率。债券到期收益率也可运用内插法的原理进行测算求出。

(四)债券投资的优缺点

1. 债券投资的优点

与股票相比，债券投资的风险比较小。政府发行的债券有国家财力作后盾，其本金的安全性非常高，通常视为无风险证券。企业债券的持有者拥有优先求偿权，即当企业破产时，优先于股东分得企业资产，因而本金损失的可能性一般较小。债券票面一般都标有固定利息率，债券的发行人有按时支付利息的法定义务，在正常情况下，投资于债券能获得比较稳定的收入。政府及大企业发行的债券一般都可在金融市场上迅速出售，变现能力较强。

2. 债券投资的缺点

债券的面值和利息率在发行时就已确定，如果投资期间的通货膨胀率比较高，则本金和利息的购买力将不同程度地受到侵蚀。在通货膨胀率非常高时，投资者虽然名义上有收益，但实际上却蒙受损失。此外，投资于债券只是获得收益的一种手段，投资者无权对债券发行单位施加影响或控制。

复习思考题

1. 简述项目投资的特点与可行性研究的重点。

2. 简述项目投资风险控制与决策的程序。

3. 简述项目计算期、建设期、生产经营期与项目现金流量之间的关系。

4. 为什么说项目投资决策的关键是确定现金流量？确定现金流量应当注意哪些问题？

5. 投资总额、原始投资额与建设投资之间有何区别？在什么情况下应考虑资本化利息？

6. 简述投资回收期法、投资利润率、净现值、净现值率、现值指数、内含报酬率的优缺点、适用范围及它们之间的关系。

7. 简述差额投资内部收益率法、年金净现值法(年等额净回收额法)、年均成本法的适用范围和计算方法。

8. 简述股票投资与债券投资各自的优缺点及其相应的管理要求。

业务练习题

练习一

A公司拟向银行借入3 000万元资金，年利率为10%，要求每年等额归还全部本利和，请对以下3个借款还款计划进行分析：

(1)第一年年初借入3 000万元，从第四年开始连续5年每年等额归还全部本利和。

(2)前3年每年年初各借入1 000万元，从第四年开始连续5年每年等额归还全部本利和。

(3)前3年每年年末各借入1 000万元，从第四年开始连续5年每年等额归还全部本利和。

如果该公司从第四年开始连续5年每年有稳定的900万元现金净流量可用以还款，则该公司应如何安排借款和还款？

练习二

B投资者拟购买一处房产，开发商提出了3个付款方案：方案一是现在起15年内每年年末支付10万元；方案二是现在起15年内每年年初支付9.5万元；方案三是前5年不支付，第六年起到第十五年每年年末支付18万元。假设按银行贷款利率10%复利计息。

要求：分析哪种付款方式对购买者有利？

练习三

C公司欲投资一种新产品，现有两个项目可供选择，有关资料如下：

市场状况	概率(%)	预期收益(万元)	
		A项目	B项目
繁荣	0.3	50	40
一般	0.5	20	20
萧条	0.2	−5	5

要求：

(1)计算两个项目的期望收益。

(2)比较两个项目的风险大小。

(3)若从稳健角度考虑，该公司应选择哪个项目进行投资？

练习四

D公司需要购置一种设备，市场上有甲、乙、丙三种同类设备可供选择，买价分别为90 000元、80 000元和60 000元，款项于购入时一次支付。年平均净利分别为3 000元、2 000元和5 100元，年折旧额分别为18 000元、16 000元和12 000元。预计使用5年，设备报废时无残值可收回。

要求：根据上述资料，分别计算甲、乙、丙三种设备的投资回收期、投资利润率、净现值、净现值率、现值指数和内含报酬率，并作出选择。

练习五

E公司进行一项固定资产投资，设定折现率为16%。现有4个备选方案：A方案的净现值为500万元，项目计算期为8年；B方案的年等额净回收额为98万元，项目计算期为10年；C方案的内部收益率为14%；D方案的获利指数为0.95。

要求：计算并确定最优投资方案。

练习六

F公司计划进行某项投资活动，有甲、乙两个方案可供选择，有关资料如下：

甲方案的原始投资为120万元，其中，固定资产投资100万元，流动资产投资20万元。全部资金于建设起点一次投入,项目经营期为5年,到期残值收入为5万元,预计投产后年营业收入为90万元,年总成本为60万元。

乙方案的原始投资为180万元,其中,固定资产投资100万元,无形资产投资25万元,流动资产投资55万元。固定资产和无形资产投资于建设起点一次投入,流动资产投资于完工时投入。固定资产投资所需资金专门从银行借款取得,年利率为8%,期限为7年,单利计息,利息于每年年末支付。项目建设期为2年,经营期为5年,到期残值收入为16万元,无形资产自投产年份起分5年摊销完毕。项目投产后,预计年营业收入为163万元,年经营成本为80万元(未包括借款利息)。

该企业按照直线法折旧,全部流动资金于终结点一次收回,所得税税率为30%,要求的最低投资报酬率为10%。

要求:

(1)计算甲方案的净现值。

(2)计算乙方案的净现值。

(3)采用年等额净回收额法确定应选择哪一个投资方案为优。

练习七

G公司以1 030元的价格购入债券A,债券A的面值为1 000元,票面利率为10%。

要求:

(1)如果该债券按年付息,计算该债券的本期收益率。

(2)如果该债券为到期一次还本付息,持有半年后以1 060元的价格卖掉,计算该债券的持有期收益率。

(3)如果该债券为按年付息,9个月后到期,计算该债券的到期收益率。

(4)如果该债券为按年付息,2年后到期,计算该债券的到期收益率。

练习八

H公司现有甲、乙两个投资方案可供投资。该企业所得税税率为25%。

甲方案需投资50 000元,项目有效期为5年,按直线法计提折旧,5年后残值预计为0,项目投产后预计每年将增加销售收入30 000元,每年增加付现成本10 400元。

乙项目需投资45 000元,按直线法计提折旧,预计有效期为4年,4年后预计残值为5 000元,项目投产后预计每年将增加销售收入25 000元,第一年增加付现成本7 000元,以后每年在前一年的基础上增加400元。

要求:

(1)分别计算甲、乙两个投资方案经营期的现金流量。

(2)分别计算甲、乙两个投资方案的净现值、净现值率和现值指数。

(3)若甲、乙两个投资方案为互斥投资方案，目前企业的平均资金成本率为10%，要求作出投资决策。

练习九

J上市公司现有资金为10 000万元，其中，普通股股本为3 500万元、长期借款为6 000万元、留存收益为500万元。普通股成本为10.5%，长期借款年利率为8%。有关统计资料表明，J上市公司股票的系统性风险是整个股票市场风险的1.5倍。目前，整个股票市场的平均收益率为8%，无风险报酬率为5%。公司适用的所得税税率为25%。

J公司拟通过再筹资发展甲、乙两个投资项目。有关资料如下：

(1)甲项目投资额为1 200万元，经测算，甲项目的资本收益率存在−5%、12%和17%三种可能，三种情况出现的概率分别为0.4、0.2和0.4。

(2)乙项目投资额为2 000万元，经过逐次测试，得到以下数据：当设定折现率为14%和15%时，乙项目的净现值分别为4.946 8万元和−7.420 2万元。

(3)乙项目所需资金有A、B两个筹资方案可供选择。A方案：发行票面年利率为10.72%、期限为3年的公司债券；B方案：增发普通股，股东要求每年股利增长2.1%。

(4)假定该公司筹资过程中发生的筹资费可忽略不计，长期借款和公司债券均为年末付息，到期还本。

要求：

(1)指出J公司股票的β系数。

(2)计算J公司股票的必要收益率。

(3)计算甲项目的预期收益率。

(4)计算乙项目的内部收益率。

(5)以J公司股票的必要收益率为标准，判断是否应当投资于甲、乙项目？

(6)分别计算乙项目A、B两个筹资方案的资金成本。

(7)根据乙项目的内部收益率和筹资方案的资金成本，对A、B两个方案的经济合理性进行分析。

第五章 成本管理

第一节 成本管理概述

一、成本管理直接服务于企业目标

成本是指为了达到特定目的所消耗或放弃的资源。资源包括自然资源、加工后的物质资源和人力资源等；特定目的是指需要对成本进行单独核算的任何活动，也就是成本计算对象。成本无处不在，管控成本很重要。

成本管理是指企业生产经营过程中各项成本规划、成本计算、成本控制和业绩评价等一系列管理行为的总称，是企业日常经营管理的核心内容，直接服务于企业目标，是企业“练内功”的重要表现，对企业的生产经营实践有着重要意义，因为成本水平不仅决定着企业生产经营效率的高低，而且直接关系到企业的生存、发展和获利。

成本规划是根据企业的竞争战略和所处的经济环境制定的，也是对成本管理作出的规划，为具体的成本管理提供思路和总体要求。成本计算是成本管理系统的信息基础。成本控制是利用成本计算提供的信息，采取经济、技术和组织等手段实现降低成本或成本改善目的的一系列活动。业绩评价是对成本控制效果的评估，目的在于改进原有的成本控制活动、激励和约束员工的成本行为。

20 世纪 80 年代以前的成本管理内容包括重置成本管理、标准成本管理和成本管理会计等，侧重于对构成产品的直接成本进行核算和控制。重置成本管理基于分批法、分步法等成本核算方法，实现了对产品成本的核算；标准成本管理以泰勒的科学管理为基础，应用标准成本实现了对成本的预测、核算、分析和控制，形成了比较完备的成本管理体系。随着管理理论的渗透，形成了以成本预测、决策和规划为重点的成本管理会计，包括变动成本法、本量利分析法、目标成本法和责任成本法等。

自20世纪80年代以来，成本管理环境的日新月异推动着成本管理模式不断推陈出新，其目的是以最经济的方式满足客户的需求，保持企业的长期竞争优势，从而实现企业长期发展的战略目标。在竞争激烈的市场环境中，企业为了取得竞争优势，抵抗内外部压力，需要制定和实施相应的发展战略，如成本领先战略和差异化战略。实施成本领先战略，可以通过成本管理降低单位产品成本，直接提高企业在市场上的主动性和话语权；实施差异化战略，通过成本管理规范成本形成过程，适时进行流程优化或流程再造，在资源既定的前提下，生产出最多的符合质量要求的产品，提升企业的核心竞争力。现代成本管理偏重于战略成本管理、作业成本管理、产品生命周期成本和全面成本管理、环境成本和社会责任成本等，兼具多元性、系统性、前瞻性和全面性等特征。

中国制造业乃至世界制造业都已进入微利时代，所面临的市场竞争越来越激烈。企业只有靠质量和成本优势才能真正取胜。成本管理在降低成本、提高利润方面具有重要作用。随着世界经济的发展，企业管理者所面临的最具挑战性的问题不是"如何成功"，而是"如何持续地成功"。据美国生产力协会及管理会计协会的调查报告显示，20世纪，世界不少大公司把"成长"放在第一位，进入21世纪后，它们却把"成本"放在了第一位，因为成本管理是持续成功的关键因素之一。

事实雄辩地证明，企业通过加强成本管理，能够降低成本，为企业扩大再生产创造条件；可以增加企业利润，是企业提高经济效益的重要手段；还能帮助企业取得竞争优势，增强企业的竞争能力和抗压能力；等等。

二、成本管理从费用发生开始

费用实质上是一种物化劳动和活劳动的耗费，是企业为了取得收入的必要支出。成本管理应当从各项费用的发生与划清各种费用的界限开始，从节约每一笔支出入手。

费用是成本的基础，没有发生费用就不会形成成本。但费用、生产经营费用、计入本月产品成本的生产费用、期间费用、完工产品成本、营业成本等是不同的概念。以制造业为例，经过对费用的层层划分以后，各项费用与成本的分布情况如图5－1所示。从该图中可以清楚地看出，费用划分的正确与否，与各种财务信息相关，也是成本管理的基础。

正确划分各项费用至少应当关注以下几个基本问题：

(一)正确划分收益性支出与资本性支出

收益性支出是指受益期不超过1年或一个营业周期的支出，即发生该项支出仅为了取得本期收益，其支出应记入相关费用账户(支出费用化)，作为当期损益列入利润表。资本性支出是指受益期超过1年或一个营业周期的支出，即发生该项支出不仅是为了取得本期收益，而且是为了取得以后各期收益。应将资本性支出记入相关资产账

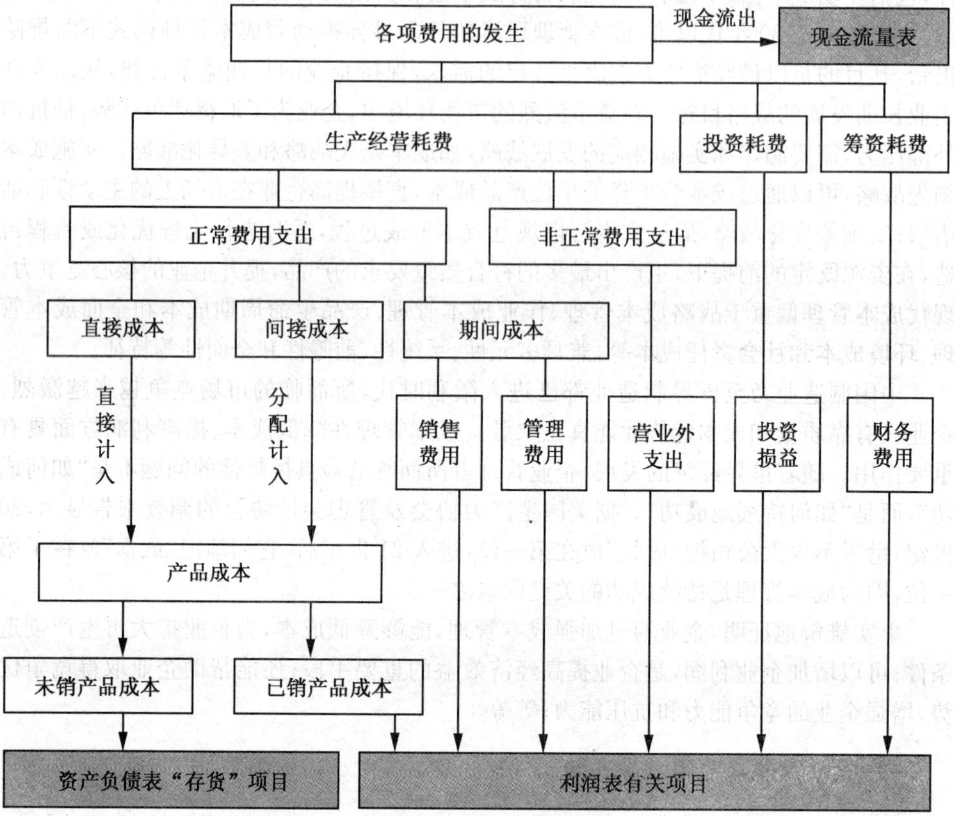

图 5—1 全部费用与成本划分情况

户(支出资本化),作为资产列入资产负债表。资本性支出将随着每期对资产的耗费,按照受益原则和耗费比例通过转移、折旧和摊销等方法,逐渐转化为费用。

(二)以权责发生制作为核算基础

按照权责发生制,凡是本期已经发生或应当负担的费用,不论其款项是否已经收付,都应作为当期费用处理;凡是不属于当期的费用,即使款项已经在当期收付,也不应作为当期费用。权责发生制明确了费用确认与计量方面的要求,解决了费用何时予以确认及确认多少等问题。

(三)实施配比原则

按照配比原则,为产生当期收入所发生的费用应当确认为该期的费用,即当收入已经实现时,某些资产(如物料用品)已被消耗,或已被出售(如商品),或劳务已经提供(如专设的销售部门人员提供的劳务),已被耗用的这些资产和劳务的成本应当在确认有关收入的期间予以确认。如果收入要到未来期间实现,相应的费用应递延分配于未来的实际受益期间。

三、成本分类的基本方法

(一)按经济用途分类

划分产品成本与期间费用的目的在于将成本归属于不同的成本对象。成本对象是指需要对成本进行单独测定的活动。划分产品成本和期间成本是为了具体贯彻配比原则。按照配比原则的要求,收入和为换取收入的费用要在同一会计期间确认。产品在出售前与当期收入不配比,其成本应按“存货”列报,是“可储存的成本”。只有产品出售时才能与当期收入配比,将存货转为当期成本。

1.产品成本

成本是指企业为生产产品或提供劳务所发生的各种耗费的货币表现,不仅指制造企业的产成品,还包括提供的劳务,实际上是指企业的产出物即最终的成本计算对象。

分配给产品的成本可能是全部生产经营成本,也可能是其中的一部分。将哪些生产经营成本分配给产品取决于成本计算的目的和对信息的利用方法。

对内报告使用的产品成本的范围因目的而异。为短期决策和本量利分析而计算的产品成本,仅包括生产成本中随产量变动的部分即变动制造成本;为政府订货(如军用品订货)确定价格而计算的产品成本,不仅包括生产成本,而且包括政府允许补偿的部分研究与开发成本和设计成本;为定价和选择产品线等决策而计算的产品成本,应包括从研究与开发成本到行政管理成本的全部成本。

成本指标是反映企业生产经营管理工作质量的综合性指标。企业在生产经营过程中,劳动的生产率水平、产品的数量和质量、原材料的节约使用情况、设备的合理利用程度、费用的开支情况以及经营管理工作水平的高低,都会直接或间接地从成本指标上得到反映。控制成本对于企业加强经营管理,提高经济效益具有十分重要的意义,也是财务控制的重点对象之一。

2.期间费用(期间成本)

期间费用是指不能经济合理地归属于特定产品,因而只能在发生当期立即转为费用的“不可储存的成本”。因为期间费用不可储存,在发生时就转为费用,所以也称之为“期间成本”。制造企业通常是将制造成本作为产品成本处理,非制造成本则被视为期间成本。

期间费用包括销售费用、管理费用和财务费用三项(如表5—1所示)。

表 5—1　　　　　　　　　　期间费用

分　类	定　义	主要内容
销售费用	企业在销售商品和材料、提供劳务的过程中发生的各种费用	保险费、包装费、展览费和广告费、商品维修费、预计产品质量保证损失、运输费、装卸费等以及为销售本企业商品而专设的销售机构(含销售网点、售后服务网点等)的职工薪酬、业务费、折旧费等经营费用
管理费用	企业为组织和管理企业的生产经营所发生的管理费用	筹建期间发生的开办费、董事会和行政管理部门在企业经营管理中发生的或者应由企业统一负担的公司经费(包括行政管理部门职工工资及福利费、物料消耗、低值易耗品摊销、办公费和差旅费等)、工会经费、董事会费(包括董事会成员津贴、会议费和差旅费等)、聘请中介机构费、咨询费(含顾问费)、诉讼费、业务招待费、房产税、车船使用税、土地使用税、印花税、技术转让费、矿产资源补偿费、研究费用、排污费等
财务费用	企业为筹集生产经营所需资金等而发生的费用	应当作为期间费用的利息支出(减利息收入)、汇兑损失(减汇兑收益)以及相关的手续费等

无论是产品成本还是期间费用,都是正常生产经营的耗费,都必须从营业收入中减除,但它们减除的时间不同。期间成本直接从当期收入中减除,而产品成本要待产品销售时才能减除。

产品成本与期间费用的划分是相对的。所有正常的生产经营成本,如果不列入产品成本,就必须列入期间费用。计入产品成本的范围越大,期间费用的范围就越小;反之亦然。

(二)按计入对象的方式分类

划分直接成本与间接成本的目的在于经济合理地分配各项费用,并准确核算产品成本。

1.直接成本

直接成本是直接计入各品种、类别、批次产品等成本对象的成本。一种成本是否属于直接成本,取决于它与成本对象是否存在直接关系,并且是否便于直接计入。因此,直接成本也可以说是与成本对象直接相关的成本中可以用经济合理的方式追溯到成本对象的那部分成本,如大部分构成产品实体的原材料的成本、某产品专用生产线的工人工资等。对于只有一种产品的企业来说,所有的产品成本都是直接成本。

上述"与成本对象直接相关",是指该成本与某一特定的成本对象存在直接关系,如它们之间存在明显的因果关系或受益关系。

上述"追溯",是指在成本发生后,寻找引起成本发生的特定对象,如构成产品主要实体的某种材料的成本就很容易找到被用于何种产品。

上述“经济合理的方式追溯”，是指将某项成本直接分派给该对象是合乎逻辑的、有道理的，并且追溯到对象的代价不能过高，不得超过所能得到的好处。

为了具体反映计入产品生产成本的生产费用的各种经济用途，应将成本进一步划分为若干个项目，即产品生产成本项目，简称成本项目。成本项目一般是将计入产品成本的费用按经济用途划分的项目，是对产品成本构成内容所作的分类。设置成本项目可以反映产品成本的构成情况，满足成本管理的目的和要求，有利于了解企业生产费用的经济用途，便于企业分析和考核产品成本计划的执行情况。

制造企业一般设置直接材料、燃料和动力、直接人工和制造费用等成本项目（如表5—2所示）。

表5—2 成本项目

分类	性质	定义	主要内容
直接材料	直接费用，应根据实际发生数进行核实，并按照成本核算对象进行归集，根据原始凭证或原始凭证汇总表计入成本核算对象	构成产品实体的原材料以及有助于产品形成的主要材料和辅助材料	在生产产品的过程中实际消耗的、直接用于产品生产、构成产品实体的原材料，辅助材料，备品配件，外购半成品，包装物，低值易耗品和运输、装卸、整理等费用
燃料和动力		直接用于产品生产的燃料和动力	包括直接用于产品生产的外购和自制的各种燃料和动力
直接人工		直接从事产品生产的人员的职工薪酬	直接从事产品生产的人员的工资及按工资总额和规定比例提取的福利费、社会保险费等
制造费用	间接费用，不能根据原始凭证或原始凭证汇总表直接计入产品成本，需要按照一定标准分配计入成本核算对象	企业为生产产品和提供劳务而发生的各项间接费用	包括企业生产部门（如生产车间）发生的水电费、固定资产折旧、无形资产摊销、管理人员的职工薪酬、劳动保护费、国家规定的有关环保费用、季节性和修理期间的停工损失等

由于生产的特点，各种费用支出的比重、成本管理和核算的要求不同，各企业可根据具体情况增设废品损失、停工损失等项目。

2.间接成本

间接成本是指与成本对象相关联的成本中不能用一种经济合理的方式追溯到成本对象的那一部分产品成本。例如，车间辅助工人的工资、厂房的折旧等。

上述“不能用经济合理的方式追溯”有两种情况：一种是不能合理地追溯到成本对象；另一种是不能经济地追溯到成本对象。例如，很难分辨出每种产品中应分担总经理工资的数额，属于不能合理地追溯到成本对象；又如，润滑油的成本可以通过单独计量追溯到个别产品，但单独计量的成本较高，而其本身数额不大，更准确地分配实际意义有限，不如将其列入制造费用进行统一分配更经济。

一项成本可能是直接成本，也可能是间接成本，要根据成本对象的选择而定。例如，一个企业设有一个维修车间、若干个按生产工艺划分的生产车间，生产若干种产品，它们都是需要单独计算成本的成本对象。维修车间的工人工资直接计入维修车间成本，维修成本要分配给各生产车间成本，生产车间成本还要分配给各种最终产品成本。此时，维修车间工人的工资对于“维修车间成本”来说是直接成本，而对于“生产车间成本”和“最终产品成本”来说则是间接成本。

成本的分配是指将归集的间接成本分配给成本对象的过程，也称间接成本的分摊或分派。

成本分配要使用某种参数作为基础。成本分配基础是指能联系成本对象和成本的参数。可供选择的分配基础有多种，如人工工时、机器台时、占用面积、直接人工工资、订货次数、采购价值、直接材料成本和直接材料数量等。

为了合理地选择分配基础，正确分配间接成本，需要遵循以下原则：

一是因果原则，即资源的使用导致成本的发生，两者有因果关系，因此，应当按使用资源的数量在对象之间分摊成本。按此原则要确定各对象使用资源的数量，如耗用的材料、工时等，按使用资源的数量比例分摊间接成本。

二是受益原则，即“谁受益多，谁多承担成本”，应按受益比例分摊间接成本。按此原则，管理人员要确定间接成本的受益者，如车间房屋维修成本按各车间的面积分摊、广告费按各种产品的销售额分摊等。因果原则是看“起因”，受益原则是看“后果”，两者有区别。

三是公平原则，即成本分配要公平对待所涉及的各方。在根据成本确定对外销售价格和内部转移价格时，合理的成本是合理价格的基础，因此，计算成本时要对购销双方公平合理，在实务中，政府规范或权威标准成为公平性的具体尺度。

成本管理要求按照“谁耗费，谁负担”或“谁受益，谁负担”的原则将费用准确地分配到各成本对象中去。常见的分配标准有以下几类：(1)成果类，如产品的重量、体积、产量、产值；(2)消耗类，如生产工时、生产工人工资、机器工时、原材料消耗量等；(3)定额类，如原材料定额消耗量、定额费用等；(4)成本动因类，如批次、机器台时、检验时间等。成本动因是指引起成本发生的原因，是采用作业成本法的前提。

间接费用分配的基本公式如下：

费用分配率＝待分配费用总额÷分配标准总额

某分配对象应分配的费用＝该对象的分配标准额×费用分配率

由于企业某一期间发生的费用与归属产品的期间并不完全一致，即归属于当期产品成本中的生产费用有一部分是当期发生的，有一部分则可能是以前会计期间发生的；归属于本期间的生产费用也不一定就归属于当期产品成本，可能会由以后期间的产品来负担，因此，企业某一会计期间实际发生的生产费用总和不一定等于该期产品成本的总和。

四、成本核算及其管理模式

随着市场经济体制的日益完善，企业由传统生产型向生产经营型和开拓经营型转变，其产品成本核算的目的也发生了重大变化，不仅要满足政府、股东、债权人等利益相关方的外部信息需求，还要为企业内部管理服务，从而切实提高企业的经济效益。这在客观上要求企业建立起既能计算产品实际成本，又便于成本控制和成本预测；既能满足宏观成本管理要求，又能满足企业内部管理要求的成本核算模式。

为了加强企业产品成本核算工作，保证产品成本信息真实、完整，促进企业和经济社会的可持续发展，根据《中华人民共和国会计法》、企业会计准则等国家有关规定，财政部颁发了《企业产品成本核算制度（试行）》的通知（财会〔2013〕17 号），自 2014 年 1 月 1 日起在除金融保险业以外的大中型企业范围内施行，包括制造业、农业、批发零售业、建筑业、房地产业、采矿业、交通运输业、信息传输业、软件及信息技术服务业、文化业和其他行业的企业，小企业也要参照执行。

企业可以根据生产经营的特点和管理要求确定成本核算对象，归集成本费用，进行产品成本核算。企业内部管理有相关要求的，还可以按照现代企业多维度、多层次的管理需要，确定多元化的产品成本核算对象。

多维度是指以产品的最小生产步骤或作业为基础，按照企业有关部门的生产流程及其相应的成本管理要求，利用现代信息技术，组合出产品维度、工序维度、车间班组维度、生产设备维度、客户订单维度、变动成本维度和固定成本维度等不同的成本核算对象。

多层次，是指根据企业成本管理的需要，划分为企业管理部门、工厂、车间和班组等成本管控层次。

事实上，不仅生产类型不同、管理要求不同对成本模式有影响，成本核算及其管理模式的选择还与企业的管理现状、管理目的、管理水平有一定的联系，以下几种模式各有其自身的独特作用：

（一）实际成本模式

实际成本是根据实际发生的各项支出计算成本的一种制度安排。它是一种支出成本，是指过去、现在或未来的现金流出，是企业的实际耗费。正确计算企业的实际成本对于保证合理的价值补偿，正确计算企业期末存货的价值和盈利，考核企业成本费用水平，按照税法的规定计算利润、缴纳税费等具有重要意义。

传统的实际成本模式又称完全成本计算模式或“吸收成本”计算模式，它将包含变动成本和固定成本在内的所有制造成本都吸收到产品成本中去，用来进行存货的估价和确定已售产品成本。

我国企业应当按照权责发生制的要求，根据产品的生产特点和管理要求结转实际成本，不得以计划成本、标准成本、定额成本等代替实际成本。企业采用计划成本、标准成本、定额成本等类似成本进行直接材料日常核算的，期末应当将计划成本或定额成本等类似成本调整为实际成本。

(二)变动成本模式

变动成本模式是指以成本性态分析为前提条件，只将变动生产成本作为产品成本的构成内容，而将固定生产成本作为期间成本，并按边际贡献确定损益计算程序的一种成本核算方法。

在变动成本法下，总成本(Y)按其与业务量的关系可分为变动成本(bx)和固定成本(a)(如图 5－2 所示)。

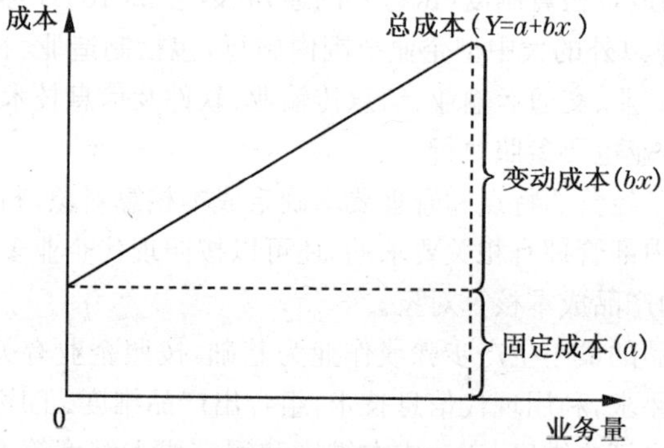

图 5－2 变动成本法的基本模型

变动成本是指总额随业务量的变化而呈正比例增减变化的成本。但变动成本与业务量之间呈正比例变动的关系是有一定范围的，超过一定的范围，变动成本与业务量之间的比例关系可能会改变。

固定成本是指在一定期间和一定业务量范围内，其总额不随业务量的增减变动而变动的成本，该类成本保持相对固定。

采用变动成本模式组织日常核算，对产品成本、存货成本、边际贡献和税前利润都按变动成本计算，以满足企业内部管理的需要，这也是本量利分析、编制弹性预算和实施短期决策的基础与前提。

(三)标准成本模式

标准成本是指在正常和高效率运转的情况下制造产品的成本。标准成本模式是以"应该成本"为核心，通过标准成本的制定、执行、核算、控制、差异分析等一系列有机结合的环节，将成本的核算、控制、考核、分析融为一体，以实现成本管理目的的一种成本管理制度。

企业只要划定成本中心、确定成本标准和成本项目以后，就可以按一定的程序核算出标准成本、实际成本和成本差异。采用标准成本便于成本核算、成本控制和分清各成本中心的责任，从而提高决策的准确性和有效性。

（四）作业成本模式

作业成本法是将成本计算与成本管理有机结合的新尝试。该模式认为，企业是一个为最终满足顾客需要而设计的“一系列作业”的有序集合体，也就是一条作业链。在这条作业链上存在着“资源—作业—成本对象”的联结关系，即“作业耗用资源，产品耗用作业”。企业每完成一项作业，就有一定的资源被消耗；同时，通过一定量的产出转移到下一作业，如此逐一进行，直至最终形成产品。所以，企业可以按照不同成本的性质建立较多的成本集合，以成本动因作为间接成本的分配基础。

而在传统成本计算模式下，各种间接费用的分配通常以产量或与产品产量关联密切的直接材料成本或直接人工成本等为基础。传统方法的局限性较大，仅适用于产量是成本的主要驱动因素的企业。

（五）管理成本模式

管理成本是用于企业内部经营管理的各种成本的总称，是根据财务成本和其他有关资料进行不同的归类、分析和调整后计算出来的，是对财务成本的深化和发展。

管理成本主要包括决策成本（如差别成本、机会成本、边际成本、相关成本、沉没成本和重置成本等）、控制与考核成本（如标准成本、定额成本、责任成本、可控成本、计划成本和可比成本等）等。例如，机会成本是指由于选择最优方案而放弃的次优方案的收益，不是企业实际的支出。财务会计系统的特征是记录支出成本而不记录机会成本。但是，管理者为了保证所作的决策是最优的，在进行决策时应当考虑机会成本。

按照管理成本模式的要求，成本核算对象是可变的。成本核算对象是为了计算成本而确定的归集费用的各个对象（受益物），即确定归集和分配生产费用的具体对象，是生产费用的承担客体。以产品品种为成本计算对象，简称品种法；以产品批别为成本计算对象，简称分批法；以产品生产步骤为成本计算对象，简称分步法。成本对象还可以是一项服务、一位顾客、一张订单、一纸合同、一个作业或一个部门等。例如，制造企业一般按照产品品种、批次订单或生产步骤等确定产品成本的核算对象，通过设置直接材料、燃料和动力、直接人工和制造费用等成本项目进行成本核算；农业企业一般按照生物资产的品种、成长期、批别（群别、批次）、与农业生产相关的劳务作业等确定成本核算对象，通过设置直接材料、直接人工、机械作业费、其他直接费用、间接费用等成本项目进行成本核算。

应当承认，不同的成本服务于不同的目的，关键在于如何恰当地运用成本概念，采用恰当的成本计算方法得出恰当的成本核算结论，从而恰当地为决策服务。

企业应当充分利用现代信息技术，编制、执行企业产品成本预算，对执行情况进行分析、考核，落实成本管理责任制，加强对产品生产事前、事中和事后的全过程控制，加强对产品成本核算与管理的各项基础工作。产品成本核算既是企业的一项重要会计工作，也是企业的一项重要管理活动；同时，成本管理又为成本核算的不断完善提供了方向和环境。①

五、成本控制的基本程序

成本控制是指在生产过程中将各项费用支出限制在规定的标准范围之内，保证达到降低成本的目标，是成本管理的关键环节，失控会导致浪费与损失。控制是一个过程，其要点在于是否符合成本核算与管控的规范要求，其重点在于监督各项经济活动是否按照目标、计划、预算或标准正常运行，其关键在于防错纠偏。

虽然成本控制的具体对象各有不同，控制工作与要求也有所差异，但控制过程是存在共性的，大致可分为以下 4 个步骤：

（一）确定控制标准

确定评定成本管理绩效的尺度，如制定各项消耗定额和费用开支标准，并将这些定额和指标层层分解落实到各个生产部门、车间、班组和个人，使各级都有明确的控制标准和责任。管理者应以目标、计划、预算、定额等为基础，制定出控制工作所需要的标准。

（二）衡量工作成效

通过管理信息系统采集实际工作数据（与已制定的控制标准中所对应的要素），了解和掌握工作的实际情况。在这一过程中，要监督生产费用的实际开支，建立严格的审核制度，包括限额领料和费用开支的审批等。要特别注意获取信息的质量，做到所获取的信息准确、及时、可靠、适用。

（三）分析衡量结果

将实际工作结果与标准进行对照，找出偏差并分析原因，为进一步采取管理行动做好准备。这是控制中最需理智分析的环节，是否要进一步采取管理行动就取决于此。若分析结果表明没有偏差或只存在“健康”的正偏差，那么，控制人员就不必再进行下一步，控制也就到此为止了。

（四）采取管理行动，纠正偏差

纠正偏差的方法不外乎两种：要么改进工作绩效，要么修订标准。控制就是要有行动。没有行动，再好的控制制度也会流于形式，或束之高阁，或形同虚设。

---

① 详见李敏主编的《成本会计学》和《管理会计学》，上海财经大学出版社 2014 年 1 月和 5 月出版。

第二节　目标成本管理

一、目标成本的概念与种类

(一)目标成本的概念

目标成本是指企业在一定时期内通过成本预测和决策形成的成本目标，是对未来产品成本所规定的奋斗目标。企业可以通过建立目标成本和成本预算制度，编制成本预算，将企业的目标成本具体化，并加强对成本的控制。

目标成本通常比已经达到的实际成本要低，但只要经过努力还是能够实现的，因而在制定时要体现先进与可行相结合的科学性原则。

(二)目标成本的种类

1. 计划成本

计划成本是根据计划期各项平均先进消耗定额和当期费用计划及其他有关资料计算的成本，是企业降低成本的奋斗目标，如制造业的计划成本指标有全部商品产品计划总成本、主要商品产品单位计划成本、可比产品计划总成本、可比产品成本计划降低率及计划降低额。计划成本与实际成本的计算口径必须一致，以便实际与计划进行分析比较。

2. 定额成本

定额成本是指根据现行的工艺流程和各种消耗定额计算出来的成本，反映了企业在现有生产条件下应该达到的成本水平。对于采用定额法计算产品成本的企业而言，定额成本是计算实际成本的基础，也是企业制订成本计划、控制实际成本支出以及检查成本脱离定额的差异的主要依据。定额成本的编制范围与编制方法应与其相应的实际成本的口径保持一致，以便考核分析。

3.估计成本

估计成本是为了某种临时需要而估计的成本，如为了估计企业的销售利润等。由于它主要是根据过去的实际成本和当事人的经验来推算和判断，因此比较粗糙。

4. 标准成本

标准成本是经过仔细调查、分析和技术测定后制定的，在正常生产条件下应该实现的，可以作为控制开支、评价实际成本、衡量工作效率的依据和尺度的一种目标成本，包括标准用量与标准价格等。

二、目标成本的制定方法与程序

目标成本的制定要经过系统的分析和精确的计算，使制定出的目标成本既具有市场竞争力，又先进可行。在一般情况下，目标成本的制定有以下三种方法：

(一)在先进成本水平中进行选择

先进成本水平是指国内外同类产品的先进成本水平或历史先进成本水平。这种先进成本水平接近于根据平均先进定额制定的定额成本或标准成本，也可以是企业上一年达到的实际成本按计划期成本降低率计算的成本。

(二)先确定目标利润，再确定目标成本

企业从有利于销售的角度出发，制定出具有竞争力的产品市场价格，然后确定目标销售收入，在此基础上确定企业的目标利润。目标利润是未来一定时期内从事生产经营活动最优化的利润奋斗目标，它是在销售预测的基础上，根据现有生产经营条件和未来经济发展所确定的必须达到的利润水平。确定目标利润也可在以下几种方法中选择：

1.用销售利润率来确定企业的目标利润

目标利润＝预计销售收入总额×目标销售利润率

2.用资金利润率来确定目标利润

目标利润＝预计资金平均占用额×目标资金利润率

3.根据本—量—利关系分析原理来确定目标利润

目标利润＝产销数量×单位售价－产销数量×单位变动成本－固定成本

或＝产销数量×单位贡献利润－固定成本

在确定目标利润的基础上确定目标成本，即：

目标成本＝预测单价×预测销售量－目标利润－流转税税金与相关附加费

(三)直接制定出目标成本

由有关专业人员建立目标成本制定小组，并由企业内部各部门提供各阶段成本的预计消耗定额、计划单价和预计工资分配率等资料，各部门制定出本部门的费用预算，在此基础上制定统一的目标成本。某公司制定新产品目标成本的程序如图5—3所示。

三、目标成本的特点与作用

目标成本法虽以目标成本为名，但隐含了多种不同的价格与成本概念，包含目标售价、目标利润与目标成本的关系。目标成本是目标售价减去目标利润等后的结果，因而目标成本的确定反映了企业对其产品售价和产品利润的期望。由目标成本法所决定的相关价格与成本更符合顾客的需求。

传统的产品定价方式多运用成本加成定价法，这是指用成本加上预计的加成金额即为目标售价。成本加成的定价方式着重以生产阶段的成本资料为依据，但在实务上

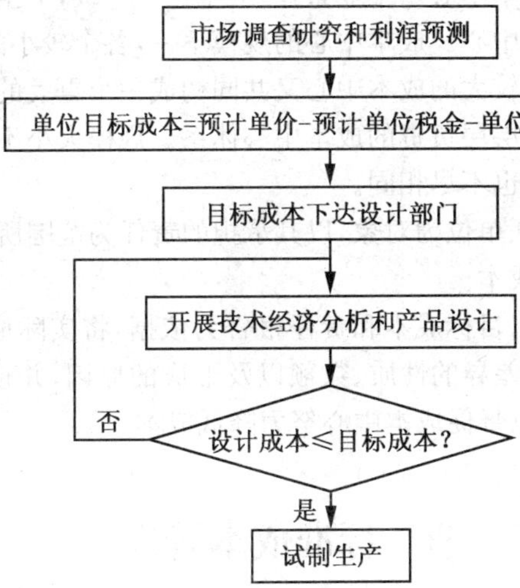

图 5—3 目标成本制定的基本程序

有许多成本是在生产前便发生的;另外,产品价格的最后主宰是市场而非单一厂商本身。可见,传统的产品定价方式难以充分反映市场和顾客的期望。相反地,目标成本法则是以产品开发程序的观点来考虑产品定价问题的,它经由产品正式设计前的目标市场反应来决定开发产品时所能容许的产品成本(目标成本)与最终价格(目标售价),此种定价方式具有积极约束产品成本的作用。

推行目标成本是企业参与市场竞争的需要。产品竞争在某种意义上是价格竞争,而价格竞争力的来源之一是企业不断降低的成本和费用。目标成本管理是现代企业经营管理的重要组成部分,是企业挖掘内部潜力、不断降低产品成本、提高企业整体工作质量的需要,是衡量企业实际成本节约或超支、考核企业在一定时期内成本管理水平高低的依据。

目标成本是企业编制成本计划和预算的依据。企业利用目标成本,可以查明生产经营过程中实际成本与目标成本之间差异的原因,明确其责任人员,并将管理重点转到脱离目标成本的重大差异上,有助于挖掘降低成本的潜力,提高成本控制的工作效率。

目标成本一般具有综合性、科学性、先进性和约束性等特点。企业只有将日常的成本费用支出限定在目标成本的范围之内,才能保证目标成本与目标利润的实现。

四、成本中心与目标成本控制

建立成本中心,落实责任成本控制是目标成本控制系统的基础工作。

成本中心的应用范围很广。企业内部凡有成本发生、需要对成本负责并能实施成本控制的单位，都可以成为成本中心。工业企业，上至工厂一级，下至车间、工段、班组，甚至个人，都有可能成为成本中心。成本中心的规模不一，各个较小的成本中心共同组成一个较大的成本中心，各个较大的成本中心又共同构成一个更大的成本中心，从而在企业内部形成一个逐级控制、层层负责的成本中心体系。规模大小不一、层次不同的成本中心，其控制和考核的内容也不尽相同。

责任成本是以具体的责任单位为对象，以其承担的责任为范围所归集的成本，也就是特定责任中心的全部可控成本。

成本中心的业绩考核应以目标成本和责任报告为依据，将实际成本与目标成本或责任成本进行比较，确定两者差异的性质、数额以及形成的原因，并根据差异分析的结果，对各成本中心进行奖罚，以督促成本中心努力降低成本。

第三节　标准成本管理

一、标准成本制度

标准成本是指在正常和高效率运转的情况下制造产品的成本，而不是指实际发生的成本。它是一种“应该成本”，是成本控制及其业绩考评的主要依据之一。

正常标准成本是根据正常的耗用水平、正常的价格和正常的生产经营能力利用程度制定的成本水平，其应当根据以往一段时期实际成本的平均值，剔除生产经营活动中的异常因素并考虑今后的变动趋势而制定。这是一种经过努力可以达到的成本，而且在生产技术和经营管理条件没有较大变动的情况下，可以不必修订而继续使用，使正常的标准成本在成本管理工作中能充分发挥其应有的积极作用，因而在实际工作中得到了广泛的应用。

实施标准成本管理，明确了成本中心的责任以后，可以使成本控制的责任下放到车间、班组等作业成本中心，有助于事前、事中和事后控制。预先制定所生产的各种产品应该发生的各项成本即标准成本，作为员工努力工作的目标，以及用作衡量实际成本节约或超支的尺度；在生产过程中将成本核算的实际消耗与标准消耗进行比较，及时揭示和分析脱离成本标准的差异，并迅速采取措施加以改进；每月终了按实际产量乘以各项目的成本标准，将求得的标准成本与计算出来的实际成本相比较，揭示成本差异，分析差异原因，查明责任归属，评估业绩，从而制定有效措施，以避免不合理支出和损失的重新发生，为未来的成本管理工作和降低成本指明方向。标准成本管理还细化了成本核算，为正确计算产品单位变动成本提供了科学依据，从而有利于提高决策的准确性和有效性。

二、标准成本的制定

(一)直接材料标准成本

产品的生产成本一般包括在生产过程耗用的直接材料、直接人工和制造费用三部分,其基本形式是以“数量”标准乘以“价格”标准求得。其中,“数量”标准主要由工程技术部门研究确定;“价格”标准由会计部门会同有关责任部门研究确定。

直接材料的标准成本等于产品的各种材料耗用量标准和各种材料价格标准的乘积,即:

直接材料标准成本＝单位产品材料用量标准×材料价格标准

其中,用量标准是指现有生产技术条件下生产单位产品所需要的各种材料的消耗量(而不是指采购量或领用量),包括构成产品实体的材料数量、生产中必要的材料损耗量和不可避免的废品所消耗的材料数量。数量标准的制定应以技术分析为基础,按产品耗用的各种材料分别制定。价格标准是指事先确定的购买材料应付的标准价格,包括购价和运杂费等,按各种材料分别制定。

(二)直接人工标准成本

在计件工资形式下,直接人工的标准成本就是计件单价。在计时工资形式下,直接人工的标准成本等于产品单位工作时间耗用量标准与工资率标准之积,即:

直接人工标准成本＝工时用量标准×工资率标准

其中,工时用量标准是在现有生产技术条件下生产单位产品需用的工作时间(包括对产品直接加工所用的时间、必要的间歇和停工时间以及不可避免的废品所耗用的工作时间),应以时间与动作研究为基础,按产品的加工步骤分别计算,然后汇总确定。“价格”标准是指工资率标准,即每一标准工时应分配的工资。

(三)制造费用标准成本

按照成本变动与业务量之间的依存关系,制造费用可分为变动制造费用和固定制造费用。变动制造费用是指其总额会随业务量的变动而呈正比例变动的成本,如按工作量计算的设备折旧等;固定制造费用是指其总额在一定时期和一定业务量范围内不直接受业务量变动影响而相对固定不变的成本,如按使用年限法计算的折旧费、保险费、管理人员工资等。制造费用标准成本的计算公式如下:

制造费用标准成本＝工时用量标准×制造费用分配率标准

将上述三项标准成本汇总后可求得产品的标准成本,即:

产品的标准成本＝直接材料标准成本＋直接人工标准成本＋制造费用标准成本

例 **5－1**　某公司计划期间的生产量标准为 1 000 工时,直接人工工资总额为 6 000元,全部制造费用总额为 10 000 元(其中,变动费用预算总额为 4 500 元)。制造每件产品的直接人工定额工时为40工时，直接材料的消耗定额为20千克，每千克标准单价为15元。经计算，工资单价＝6 000÷1 000＝6(元/工时)，变动费用标准单价＝4 500÷1 000＝4.5(元/工时)，固定费用标准单价＝5 500÷1 000＝5.5(元/工时)。甲产品的标准成本为940元，如表5—3所示。

表5—3　　单位产品标准成本计算

成本项目	标准单价	标准数量	标准成本
直接材料	15元/千克	20千克	300元
直接人工	6元/工时	40工时	240元
变动制造费用	4.5元/工时	40工时	180元
固定制造费用	5.5元/工时	40工时	220元

三、标准成本差异分析

成本差异是指实际成本与标准成本之间的差额。实际成本低于标准成本所形成的差异称为顺差，也称有利差异，表示成本节约，用负数表示；实际成本超过标准成本所形成的差异称为逆差，也称不利差异，表示成本超支，用正数表示。

成本差异通常由用量变动或价格变动所引起，包括直接材料成本差异、直接人工成本差异和制造费用差异(制造费用差异可进一步细分为变动制造费用差异和固定制造费用差异)。标准成本是根据标准用量和标准价格计算的，实际成木是根据实际用量和实际价格计算的。通常将数量因素变动所形成的差异称为数量差异，将价格因素变动所形成的差异称为价格差异。差异分析的一般程序是，量差分析在前，价差分析在后。

变动成本差异分析的基本方法是将料、工、费三部分差异分别分解为数量差异和价格差异两个部分，具体内容与计算公式如表5—4所示。

表5—4　　变动成本差异分析

对　象	内　容	差异分析基本公式
材料成本差异分析	直接材料成本差异是指一定产量产品的直接材料实际成本与标准成本之间的差额	直接材料成本差异＝直接材料实际成本－直接材料标准成本 ＝实际用量×实际价格－标准用量×标准价格 ①材料用量差异＝实际用量×标准价格－标准用量×标准价格 ＝(实际用量－标准用量)×标准价格 ②材料价格差异＝实际用量×实际价格－实际用量×标准价格 ＝实际用量×(实际价格－标准价格)

续表

对象	内容	差异分析基本公式
工资成本差异分析	直接人工成本差异是指一定产量产品的直接人工实际成本与标准成本之间的差额	直接人工成本差异＝实际工资－标准工资 ＝实际工时×实际工资率－标准工时×标准工资率 ①效率差异＝实际工时×标准工资率－标准工时×标准工资率 ＝(实际工时－标准工时)×标准工资率 ②工资率差异＝实际工时×实际工资率－实际工时×标准工资率 ＝实际工时×(实际工资率－标准工资率)
变动制造费用差异分析	变动制造费用差异是指一定产量产品的实际变动制造费用与标准变动制造费用之间的差额	变动制造费用成本差异＝实际变动制造费用－标准变动制造费用 ①效率差异＝实际工时×标准分配率－标准工时×标准分配率 ＝(实际工时－标准工时)×标准分配率 ②耗费差异＝实际工时×实际分配率－实际工时×标准分配率 ＝实际工时×(实际分配率－标准分配率)

固定费用与变动费用不同，不因业务量的变动而变动，故分析其差异时不考虑业务量的变动，而以原定的预算数作为标准。

固定制造费用两差异分析法是指耗费差异和能量差异。实际数超过预算数被视为耗费过多，称为耗费差异。能量差异是指固定制造费用预算数与实际完成产量应分配数之间的差异，说明了未能充分使用现有生产能量而造成的损失或因超产而带来的收益。能量差异还可进一步分为两个部分：一部分是实际工时脱离标准能量而形成的闲置能量差异，另一部分是实际工时脱离标准工时而形成的效率差异，故而形成固定制造费用三差异分析法。其具体内容与计算公式如表5－5所示。

表5－5 固定成本差异分析

对象	内容	差异分析基本公式
固定制造费用差异二因素分析	固定制造费用差异是指一定期间的实际固定制造费用与标准固定制造费用之间的差额	固定制造费用成本差异＝实际固定制造费用－标准固定制造费用 ①耗费差异＝实际固定制造费用－预算产量下标准固定制造费用 ＝实际固定制造费用－标准工时×预算产量×标准分配率 ＝实际固定制造费用－预算产量下标准工时×标准分配率 ②能量差异＝预算产量下标准固定制造费用－实际产量下标准固定制造费用 ＝标准工时×预算产量×标准分配率－标准工时×实际产量×标准分配率 ＝(预算产量下标准工时－实际产量下标准工时)×标准分配率
固定制造费用差异三因素分析		固定制造费用差异＝耗费差异＋产量差异＋效率差异 ①耗费差异＝实际固定制造费用－预算产量下标准固定制造费用 ＝实际固定制造费用－标准工时×预算产量×标准分配率 ＝实际固定制造费用－预算产量下标准工时×标准分配率 ②产量差异＝(预算产量下标准工时－实际产量下实际工时)×标准分配率 ③效率差异＝(实际产量下实际工时－实际产量下标准工时)×标准分配率

四、标准成本核算与分析操作步骤

在标准成本制度下，为了将产品成本核算与成本控制相结合，在产品、库存商品和销售成本的结转都按标准成本进行，对成本差异则单独设立账户加以反映，期末，产品实际成本的计算是通过各项差异的分配和摊销来进行的，一般可按下列程序操作：

第一，按产品类别编制产品标准成本计算单。

第二，按产品类别设置产品成本明细账，并按标准成本登记。应设置"原材料""库存商品（产成品）"和"生产成本"等存货账户。"生产成本"和"库存商品（产成品）"账户的借方和贷方都按标准成本入账。

第三，编制费用分配表，分别反映其标准成本和实际成本，分析各种差异。

第四，设置有关差异账户，将所计算的差异记入各该账户，通过差异的分配结转后计算出产品的实际成本。应分别设置"材料价格差异""材料数量差异""直接人工工资率差异""直接人工效率差异""变动制造费用耗费差异""变动制造费用效率差异""固定制造费用耗费差异""固定制造费用闲置能量差异"和"固定制造费用效率差异"等账户。这些差异账户的借方登记不利差异，贷方登记有利差异。"主营业务成本"账户的借方先按标准成本入账，本期各项成本差异则视其金额的大小分别采用分配法或直接法转入"主营业务成本"账户进行处理。

每月的成本差异可按标准成本的比例在销售成本、产成品和在产品之间分摊。在成本差异不大的情况下，由于造成超支、节约的原因早已反馈给管理当局，在核算上也可采用简便的方法，将成本差异累积到年终再转销到销售成本中去。

第五，进行成本差异汇总分析。管理人员一般应当对重大成本差异进行重点分析，寻找差异增减变动的原因并落实管控措施。按照例外管理的原则，企业管理人员应突出重点，对非正常的关键性差异进行控制和管理。这样，既可解决成本管理中的关键问题，又可大大降低成本控制的耗费。

例 5－2 某公司运用标准成本系统计算产品成本，有关资料如下：

（1）单位产品标准成本。

直接材料标准成本：5 千克×2 元/千克＝10（元）

直接人工标准成本：4 小时×3 元/小时＝12（元）

变动制造费用标准成本：4 小时×2.5 元/小时＝10（元）

固定制造费用标准成本：4 小时×1 元/小时＝4（元）

单位产品标准成本：10＋12＋10＋4＝36（元）

（2）存货相关资料。

原材料：期初库存原材料 100 千克，本期购入 2 000 千克，单价 2.1 元/千克，耗用

2 050千克。

在产品：期初在产品存货40件，原材料陆续投入，完工程度为50%；本月投产500件，完工入库480件；期末在产品60件，原材料陆续投入，完工程度为50%。

产成品：期初产成品存货30件，本期完工入库480件，本期销售450件。

本期耗用直接人工2 100小时；发生工资6 620元，变动制造费用5 400元，固定制造费用1 900元；生产能量为2 000小时。

(3)本期各项成本差异采用直接法转入“主营业务成本”账户，即采用本期损益账务处理法。

要求：

(1)计算上述产品的实际成本、标准成本和成本差异总额。

①实际成本的计算：

原材料＝2 050×2.1＝4 305(元)

直接人工＝6 620(元)

变动制造费用＝5 400(元)

固定制造费用＝1 900(元)

实际成本合计＝4 305＋6 620＋5 400＋1 900＝18 225(元)

②本月完成的约当产量＝480＋60×50%－40×50%＝490(件)

标准成本＝36×490＝17 640(元)

③成本差异总额＝18 225－17 640＝585(元)

(2)计算产品标准成本差异(直接材料价格差异按耗用量计算，固定制造费用成本差异按三因素分析法计算)并简要说明差异的原因。

①材料成本差异分析：

材料用量差异＝(2 050－490×5)×2＝－800(元)

材料价格差异＝(2.1－2)×2 050＝205(元)

材料成本差异＝(－800)＋205＝－595(元)

材料的实际单位用量低于标准单位用量，使材料成本减少800元，属于主观因素(有利因素)；材料的实际价格高于标准价格，使材料成本上升205元，属于客观因素(不利因素)；两者相抵，直接材料成本减少595元，为节约差异。

②人工成本差异分析：

人工效率差异＝(2 100－490×4)×3＝420(元)

人工工资率差异＝(6 620÷2 100－3)×2 100＝320(元)

人工成本差异＝320＋420＝740(元)

实际工时高于标准工时，使直接人工成本上升420元；实际工资率高于标准工资率，使直接人工成本上升320元；两者相加，直接人工成本净上升740元，为不利差异。

③变动制造费用差异分析：

变动制造费用效率差异＝(2 100－490×4)×2.5＝350(元)

变动制造费用耗费差异＝(5 400÷2 100－2.5)×2 100＝150(元)

变动制造费用差异＝150＋350＝500(元)

实际工时高于标准工时，使变动制造费用上升350元；变动费用实际分配率高于变动费用标准分配率，使变动制造费用增加150元；两者相加，变动制造费用增加500元，为不利差异。

④固定制造费用差异分析：

固定制造费用耗费差异＝1 900－2 000×1＝－100(元)

固定制造费用产量差异＝(2 000－2 100)×1＝－100(元)

固定制造费用效率差异＝(2 100－490×4)×l＝140(元)

固定制造费用差异＝－100＋(－100)＋140＝－60(元)

实际固定制造费用低于预算产量下标准固定制造费用，其耗费差异节约100元；预算产量下标准工时低于实际产量下实际工时，其产量差异节约100元；实际产量下实际工时高于实际产量下标准工时，其效率差异增加140元；三者相抵后节约差异为60元。

(3)汇总验算上述产品的实际成本、标准成本和成本差异。

成本差异总额＝－595＋740＋500＋(－60)＝585(元)

或＝18 225－17 640＝585(元)

(4)编制采用结转本期损益法处理成本差异的会计分录：

借:主营业务成本	585.00	
材料数量差异	800.00	
固定制造费用耗费差异	100.00	
固定制造费用闲置能量差异	100.00	
贷:材料价格差异		205.00
人工工资率差异		320.00
人工效率差异		420.00
变动制造费用耗费差异		150.00
变动制造费用效率差异		350.00
固定制造费用效率差异		140.00

(5)分别计算期末原材料、在产品、产成品和存货的成本金额。

原材料期末成本＝(100＋2 000－2 050)×2＝100(元)

在产品期末成本＝60×50％×36＝1 080(元)

产成品期末成本＝(30＋480－450)×36＝2 160(元)

企业期末存货成本＝100＋1 080＋2 160＝3 340(元)

第四节　作业成本管理*

一、作业成本的基本原理

随着经济的发展，我国企业产品的生产制造环境发生了一定变化，直接生产成本的比重与传统制造环境相比有所下降，同时，制造费用增加并呈现多样化，分摊标准如果只用产量、工时等单一成本动因已经难以可靠地反映各种产品的成本。引入作业成本法，可以提高产品成本的科学化和精细化管理。

作业成本管理的基础是作业成本计算。作业成本法与传统成本法的比较如图5－4所示。

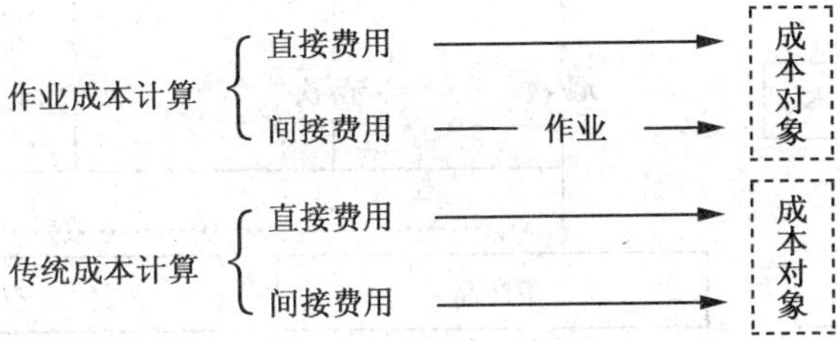

图5—4　作业成本法与传统成本法的主要区别

作业成本法与传统成本法的相同点是，直接材料成本和直接人工成本都可以直接归集到成本对象；两者的区别集中在对间接费用（制造费用）的分配方面。在传统成本法下，制造费用以直接人工工时或机器工时为分配依据，不同的产品，只要消耗的工时相同，分配的制造费用就相同，由此，当企业生产多样性明显时，生产量小、技术要求高的产品成本的计算结果偏低，而生产量大、技术要求低的产品成本的计算结果偏高，造成成本扭曲。在作业成本法下，首先确认发生制造费用的一个或多个作业环节，如维修机器作业、搬运作业、质量检验作业等；然后根据作业量的大小，将制造费用分配到各作业中；最后依据相应的成本动因，如维修工时、搬运数量、检查次数等将各作业中心的成本分配到成本对象。采用作业成本法，制造费用按照成本动因直接分配，避免了传统成本计算法下的成本扭曲。

根据作业成本法"作业耗用资源，产品耗用作业"的基本指导思想，产品成本的计算过程可以分为两个阶段：第一阶段，识别作业，根据作业消耗资源的方式，按资源动因将作业执行中耗费的资源分派到作业，计算作业的成本；第二阶段，根据产品消耗成本的动因，将第一阶段计算的作业成本分配到各有关成本对象，然后按各最终产品所耗用的作业数量将各作业的成本分配计入各最终产品，从而计算出各最终产品的总成本和单位成本(如图 5—5 所示)。

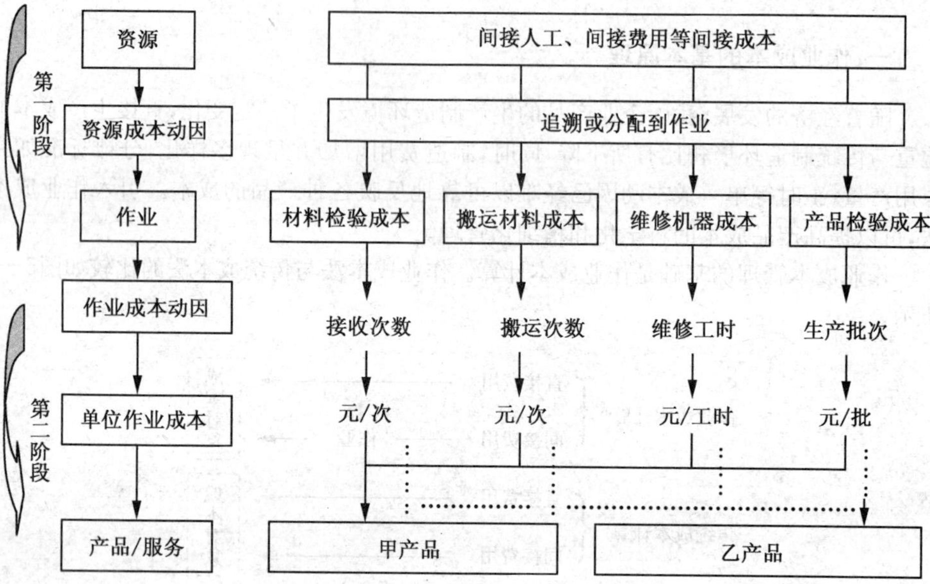

图 5—5 作业成本法的计算

例 5—3 某公司生产甲、乙两种产品，甲、乙两种产品的复杂程度不一样，所耗用的作业量也不一样。依据作业动因设置 5 个成本库，有关资料如表 5—6 所示。

表 5—6 甲、乙产品作业成本资料

作业名称	成本动因	作业成本(元)	作业动因数		
			甲产品	乙产品	合 计
机器调整	调整次数	100 000	3 000	2 000	5 000
质量检验	检验次数	480 000	4 000	4 000	8 000
生产订单	订单份数	120 000	200	400	600
机器维修	维修次数	600 000	400	600	1 000
材料验收	验收次数	200 000	100	300	400
合 计		1 500 000			

要求：采用作业成本法计算甲、乙产品分配的制造费用（即作业成本）。

首先，用作业成本法计算各项作业的成本动因分配率，计算结果如表5—7所示。

表5—7 作业成本动因分配率

作业名称	成本动因	作业成本	作业动因数	分配率（元/次）
机器调整	调整次数	100 000	5 000	20
质量检验	检验次数	480 000	8 000	60
生产订单	订单份数	120 000	600	200
机器维修	维修次数	600 000	1 000	600
材料验收	验收次数	200 000	400	500

然后，计算作业成本法下两种产品的制造费用，计算结果如表5—8所示。

表5—8 按作业成本法计算的制造费用

作业名称	作业成本	作业动因数		分配率	分配的制造费用（元）	
		甲产品	乙产品		甲产品	乙产品
机器调整	100 000	3 000	2 000	20	60 000	40 000
质量检验	480 000	4 000	4 000	60	240 000	240 000
生产订单	120 000	200	400	200	40 000	80 000
机器维修	600 000	400	600	600	240 000	360 000
材料验收	200 000	100	300	500	50 000	150 000
合　计	1 500 000				630 000	870 000

综上所述，作业成本法与传统成本法相比，不仅分配基础（成本动因）发生了量变，而且发生了质变，它不再仅限于传统成本计算所采用的单一数量分配基准，而是可以采用多元分配基准；它也不停留于多元分配基准，而是集财务变量与非财务变量于一体，并且还特别强调非财务变量（产品的零部件数量、调整准备次数、运输距离、质量检测时间等）。这种量变与质变、财务变量与非财务变量相结合的分配基础提高了其与产品实际消耗费用的相关性，使作业成本可以提供“相对准确”的产品成本信息。

随着经营环境不断发生变化和市场竞争的日益激烈，产品成本越来越逼近售价，获利空间越来越小。面对这种情况，企业必须不断提高成本的准确性，不允许一部分产品成本虚增而另一部分产品成本虚减的成本扭曲现象发生。因为成本扭曲、失真可能会导致盲目扩大那些实际成本较高的产品的销售市场，从而形成亏损；或者拒绝价格合理的订单，使企业丢掉实际成本较低的产品的市场份额；等等。

二、作业成本的基本概念

(一)资源

资源是企业生产耗费的原始形态，是成本的源泉。企业作业系统所涉及的人力、物力、财力都属于资源。企业的资源包括直接人工、直接材料、间接制造费用以及生产过程以外的成本(如广告费用)等。

(二)作业

1. 作业的含义

作业是指在一个组织内为了某一目的而进行的耗费资源的工作，它是作业成本计算系统中最小的成本归集单元。作业贯穿产品生产经营的全过程，从产品设计、原料采购、生产加工直至产品的发运销售。在这一过程中，每个环节、每道工序都可以视为一项作业。

2. 作业的特征

作业通常具有如下特征：一是同质性，一项作业只代表同类性质的业务活动，而与作业主体、发生的地点无关；二是因果关系性，产品要消耗作业，生产会导致作业的发生，而作业的发生必然导致制造费用的发生，因此，作业与制造费用之间具有密切的因果关系；三是非产量驱动性，一项作业所代表的业务活动不仅仅受产量的制约，还会受到生产组织形式、工艺要求、生产类型以及业务活动量等诸多复杂因素的影响。

3. 作业的分类

作业按其层次的不同，可以分为单位作业、批次作业、产品作业和支持作业。其中，单位作业是指使单位产品受益的作业，作业的成本与产品的数量呈正比，如加工零件、产品检验等；批次作业是指使一批产品受益的作业，作业的成本与产品的批次数量呈正比，如设备调试、生产准备等；产品作业是指使某种产品的每一单位都受益的作业，如产品工艺设计等；支持作业是指为维持企业的正常生产而使所有产品都受益的作业，作业的成本与产品数量无相关关系，如厂房维修与管理等。通常认为，单位作业、批次作业、产品作业以外的所有作业均是支持作业。

(三)成本动因

成本动因又称成本驱动因素，是指导致成本发生的因素，即成本的诱因。成本动因通常以作业活动耗费的资源来度量，如质量检查次数、用电度数等。在作业成本法下，成本动因是成本分配的依据。成本动因又可以分为资源动因和作业动因。

1. 资源动因

资源动因是引起作业成本变动的驱动因素，反映作业量与耗费之间的因果关系。

资源动因被用来计量各项作业对资源的耗用，根据资源动因可以将资源成本分配给各有关作业。按照作业成本法，作业量的多少决定着资源的耗用量，但资源耗用量的多少与最终的产品数量没有直接关系。

2. 作业动因

作业动因是引起产品成本变动的驱动因素，反映产品产量与作业成本之间的因果关系。作业动因计量各种产品对作业耗用的情况，并被用来作为作业成本的分配基础，是沟通资源消耗与最终产出的中介。例如，材料搬运作业的衡量标准是搬运的材料数量，生产调度作业的衡量标准是生产订单数量，加工作业的衡量标准是直接人工工时，自动化设备作业的衡量标准是机器作业小时数等。

(四)作业中心

作业中心又称成本库，是指构成一个业务过程的相互联系的作业集合，用来汇集业务过程及其产出的成本。换言之，按照统一的作业动因，将各种资源耗费项目归结在一起，便形成了作业中心。作业中心有助于企业更明晰地分析一组相关的作业，以便进行作业管理以及企业组织机构和责任中心的设计与考核。

传统成本管理关注的重点是成本，而作业成本管理关注的重点是作业。传统成本管理的对象主要是产品，关注的重点是如何降低产品成本，并不涉及作业。通过传统成本计算取得的仅仅是产品成本信息，而不是与作业相关的信息。尽管使用不同的成本计算方法可以得到固定成本、变动成本、标准成本、成本差异、可控成本等信息，但这些成本均是以产量为基础分摊到产品中的成本，所提供的信息不仅在准确性方面遭到质疑，在信息的广泛性、相关性、及时性等方面也都存在一定的问题，利用它们实施成本控制和进行决策，往往具有很大的局限性，只能“就成本论成本”。传统成本管理尤其不适合那些制造环境先进、产品品种多且更新换代较快、市场竞争十分激烈的企业。

作业成本管理的对象不仅是产品，而且包括作业，并把关注的重点放在作业上。作业成本管理认为，作业引起成本，对作业进行管理效率更高，能够更好地降低成本。通过作业管理，对作业进行分析，可以将管理引入更深层次，发现影响成本的根本原因，从而解决影响成本的实质问题。例如，将材料从仓库运往车间这项作业，通过对作业动因的认定和分析，可以指出产生该项作业的原因是仓库与车间之间存在500米的距离，如果改变流程布局，缩短仓库与车间之间的距离，则可以降低或者消除该项作业成本，从而达到消除浪费、降低产品成本的目的。在实施作业管理的过程中，需要计算和使用关于效率、质量、时间的大量非财务性指标(如产出/人工工时、产出/千瓦小时、不合格品的数量、次品数量/总产量、交货时间等)，以研究和分析作业产生的原因、作业执行的质量和效率以及作业执行的结果，并从中寻找降低成本的途径。

作业成本管理使用作业成本计算的信息，目的不单是使产品和服务趋于合理化，更重要的是通过作业改变和过程优化以提高生产效率和生产能力。它将成本管理的重心深入到供应链作业层次，尽可能消除“非增值作业”，改进“增值作业”，优化“作业链”和“价值链”，从成本优化的角度改造作业和重组作业流程，通过对供应链中各项作业的成本效益分析，确定关键作业，对关键作业进行重点控制。作业成本管理突破了对成本的种种传统认识，并为企业管理者开拓了成本持续降低的有效途径。

三、作业成本管理与分析

以作业成本为基础的作业成本管理旨在提高客户价值和增加企业利润。它通过对作业及作业成本的确认、计量，最终计算产品成本，同时将成本计算深入作业层次，对企业所有作业活动进行追踪并动态反映，从而为企业决策提供准确的信息，指导企业有效地执行必要的作业，消除和精简不能创造价值的作业，以达到降低成本、提高效率的目的。作业成本核算与作业成本管理在流程中的相互关系如图 5－6 所示。

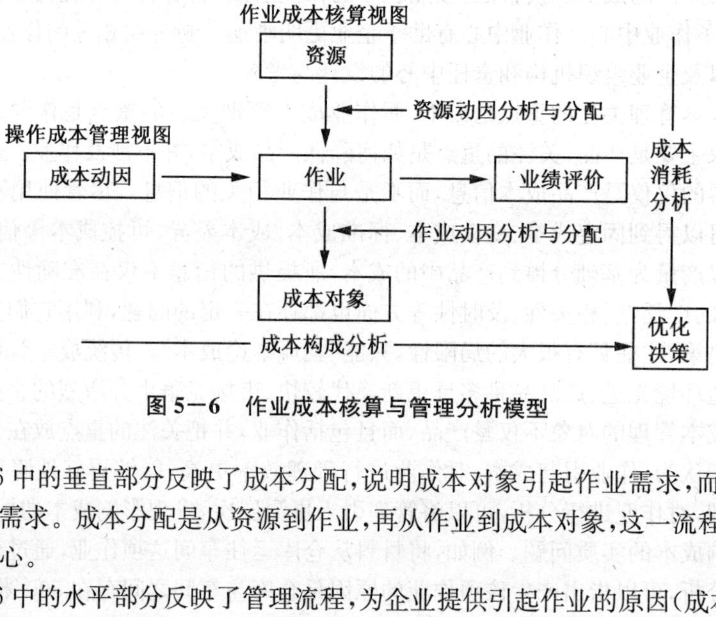

图 5－6　作业成本核算与管理分析模型

图 5－6 中的垂直部分反映了成本分配，说明成本对象引起作业需求，而作业需求又引起资源需求。成本分配是从资源到作业，再从作业到成本对象，这一流程是作业成本计算的核心。

图 5－6 中的水平部分反映了管理流程，为企业提供引起作业的原因（成本动因）以及作业完成情况（业绩计量）的信息，关注的是确认作业成本的根源，评价已完成的工作和已实现的结果。企业利用这些信息可以改进作业链，提高从外部顾客获得的价值，因而作业成本管理是一种符合战略管理思想要求的现代成本计算和管理模式，它既是精确的成本计算系统，也是改进业绩的工具。其关键作用在于成本动因分析、作业分析和业绩考核等。

（一）成本动因分析

要进行作业成本管理，必须找出导致作业成本发生的原因。每项作业都有投入和产出。作业投入是为取得产出而由作业消耗的资源,而作业产出则是一项作业的结果或产品。例如,原料搬运,搬运到指定地点的材料数量是该“搬运”作业的产出量,也可以称为作业动因。然而,产出量指标不一定是作业成本发生的根本原因,必须进一步进行动因分析,找出形成作业成本的根本原因。例如,搬运材料的根本原因可能是车间布局不合理等。一旦得知了根本原因,就可以采取相应的措施改善作业,如改善车间布局,以减少搬运成本。

(二)作业分析

作业分析的主要目的是认识企业的作业过程,以便从中发现持续改善的机会及途径。分析和评价作业、改进作业和消除非增值作业构成了流程价值分析与管理的基本内容。改进流程首先需要将每一项作业分为增值作业和非增值作业,明确增值成本和非增值成本,然后进一步确定如何将非增值成本减至最小。

按照对顾客价值的贡献,作业可以分为增值作业和非增值作业。

增值作业,是指那些顾客认为可以增加其购买的产品或服务的有用性,有必要保留在企业中的作业。一项作业必须同时满足下列 3 个条件才可断定为增值作业:(1)该作业导致了状态的改变;(2)该状态的变化不能由其他作业来完成;(3)该作业使其他作业得以进行。例如,印刷厂的最后装订工序是先折页再装订,折页作业使所有纸张整齐划一,从而改变了原来的状态。这种状态之前的印刷或其他作业均不能实现该目的,而且只有折页以后才能进行后续的装订作业。折页作业符合上述全部条件,因此为增值作业。增值作业又可分为高效作业和低效作业。增值成本即以最佳效率执行增值作业所发生的成本,或者说,是高效增值作业产生的成本。而增值作业中因为低效率所发生的成本则属于非增值成本。

非增值作业,是指即使消除也不会影响产品对顾客服务的潜能,不必要的或可消除的作业。如果一项作业不能同时满足增值作业的 3 个条件,就可断定其为非增值作业。例如,检验作业,只能说明产品是否符合标准而不能改变其形态,不符合第一个条件;次品返工作业是重复作业,在其之前的加工作业本来就应提供符合标准的产品,因此也属于非增值作业。执行非增值作业而发生的成本全部是非增值成本。持续改进和流程再造的目标就是寻找非增值作业,将非增值成本降至最低。

在区分了增值成本与非增值成本之后,企业要尽量消除或减少非增值成本,最大化利用增值作业,以减少不必要的耗费,提升经营效率。作业成本管理中进行成本节约的途径主要有 4 种(如表 5—9 所示)。

表 5—9　　　　作业成本管理中成本节约的途径

途径	内涵	举例说明
作业消除	消除非增值作业或不必要的作业，降低非增值成本	将原材料从集中保管的仓库搬运到生产部门，将某部门生产的零件搬运到下一个生产部门，都是非增值作业。如果条件许可，将原料供应商的交货方式改变为直接送达原料使用部门，将功能性的工厂布局转变为单元制造式布局，就可以缩短运输距离
作业选择	对所有能够达到同样目的的不同作业，选取其中最佳的方案	不同的策略经常产生不同的作业，如不同的产品销售策略会产生不同的销售作业，而作业引发成本，因此，不同的产品销售策略引发不同的作业成本。在其他条件不变的情况下，选择作业成本最低的销售策略可以降低成本
作业减少	以不断改进的方式降低作业消耗的资源或时间	减少整备次数可以降低整备作业消耗的资源，减少搬运次数可以节约人力资源和时间资源等
作业共享	利用规模经济来提高增值作业的效率	新产品在设计时，考虑到充分利用现有其他产品使用的零件，可以免除新产品零件的设计作业，从而降低新产品的生产成本

作业分析是流程价值分析的核心。通过对作业的分析研究，进而采取措施，消除非增值作业，改善低效作业，优化作业链，对于削减成本、提高效率具有非常重要的意义。

(三)作业业绩考核

实施作业成本管理的目的在于找出并消除所有非增值作业，提高增值作业的效率，削减非增值成本。利用作业成本计算系统识别出流程中的非增值作业及其成本动因后，业绩改善就有了方向。若要评价作业和流程的执行情况，就必须建立业绩指标，可以是财务指标，也可以是非财务指标，以此来评价是否改善了流程。财务指标主要集中在增值成本和非增值成本上，可以提供增值与非增值报告，以及作业成本趋势报告。而非财务指标主要体现在效率、质量和时间三个方面，如投入产出比、次品率和生产周期等。

传统的成本管理一般以部门(或生产线)为责任中心，以该部门的可控成本为对象；以企业可能达到的水平为控制标准，且这一标准是相对稳定的，是企业实际能够达到的，而不是最高水平的标准；以是否达到该标准及达到该标准的程度为考核依据，对部门和相关责任人兑现奖惩。这种模式，一方面容易造成部门利益与企业总体目标相悖，为追求部门利益可能损害企业的整体利益。例如，采购部门为了降低材料采购成本，可能减少对供应商和材料质量的考察、选择，或者增加一次购入量，减少采购次数。这种情况可能会增加材料质量检验的工作量，提高检验作业成本，扩大材料储备量，增加储备作业成本；同时，还可能造成次品的增加，致使材料浪费和返工作业量增加，提高加工成本，使企业的整体利益受损。另一方面，以企业当前可能实现的水平为控制标准不能实现持续改善。我们知道，标准成本的制定一般是以企业的正常成本为依据的，而正常成本是按企业现实可能达到的水平确定的。以机器设备为例，它不仅考虑了设备维修、保养，操作人员必要的沟通及休息等停工时间，而且考虑了现实的低效率、可能出现的技术故障、次品返工、待料停工时间等因素。这种标准本身包含着节约的潜力。以这种标准为控制标准，并以达到或超过这种标准确定奖惩，显然无法刺激有关责任人进行持续改善，不利于成本的不断降低。

作业成本管理则是以作业及相关作业形成的价值链来划分职责，以价值链作为责任控制单元，而价值链是超越部门界限的。这种职责划分只能建立在作业成本计算的基础之上。某一作业成本库或若干个成本库的成本之和就是作业或价值链的成本，资料的获取十分容易。作业成本管理以实际作业能力[在不考虑现实的低效率、技术故障、次（废）品、非正常停工等因素的情况下，可能达到的最高产出水平]成本即最优或理想成本为控制标准，以不断消除浪费所取得的成果和接近最优标准的程度为业绩。实现的业绩可以用财务指标衡量，也可以用非财务指标衡量。非财务指标一般是实物性的营运指标，它便于所有参与人员（非财务人员）尤其是工人接受，而且无须通过成本计算，随时可以取得，因而大大提高了控制信息的及时性及对作业链中各种作业的执行者即“团队”（不是某一部门和某一责任人）实施奖惩。因此，实施作业成本管理更有利于划清责任，并保证局部与整体利益高度一致；不断消除浪费，提高效率，实现持续改善。同时，由于是使用实际作业能力成本作为标准，而不是以本企业现实可能达到的水平作为标准，因此，有利于企业达到行业最高标准，使企业在激烈的竞争环境中处于有利地位。

传统成本管理关注的是在经营过程中实际发生的成本，并在此基础上采取各种措施来控制这些成本，而忽视实际发生的成本中存在的非增值部分。在现实的管理水平下，非增值成本并非不必要的成本，但却是可以通过持续改善加以消除的成本。例如，为了防止不合格产品流向市场，产品质量检验作业是必需的；但是，检验作业的成本不能增加客户价值。通过持续改善，不断提高生产技术和工艺水平，可以实现下线产品一次合格率达到百分之百，那么，检验作业就可以消除。传统成本管理虽然注重提高产品质量，也注意控制和压缩检验费用的开支，但没有意识到它是一项非增值成本，应逐步予以消除。而作业成本管理从实现和提高客户价值方面考虑，能够发现并报告非增值成本，并十分明确地提出目标，通过持续改善，最终消除非增值成本。

第五节 全面成本管理*

一、产品生命周期与全面成本管理

产品生命周期成本是指在企业内部及其关联方发生的全部成本，包括产品开发、设计、制造、营销等过程中发生的成本，消费者购入产品后发生的使用成本、维护成本，以及产品的废弃处置成本。企业为了取得竞争优势，致力于将用户的使用、废弃处置成本尽可能地降低，因而越来越重视产品生命周期成本。自 20 世纪 70 年代起，产品生命周期成本作为一种管理实践，开始由军事工业导入民用工业，并逐渐得以发展。这一概念体现了企业作为社会的经济细胞所承担的社会责任，符合可持续发展的观念。

产品成本是一项综合性的指标，涉及面广，影响因素多，为了不断地降低成本，就必须实行全过程和全员的成本管理，即实施全面成本管理。对产品实行全过程管理，就是对产品设计、工艺制定、材料供应、产品生产和销售，一直到产品售后服务等一系列过程都要进行成本管理，要在供、产、销全过程中加强成本管理。对产品成本实行全过程管理必然要求实行全员成本管理，即企业的生产、技术和经营管理各部门以及厂部、车间、班组各环节都要进行成本管理；从企业领导到群众，从管理干部、技术人员到工人，人人都要参加成本管理。做到层层抓成本，人人有责任，发挥集体智慧的力量，从各环节、各部门、各岗位上挖掘降低成本的潜力。

全面成本管理是运用成本管理的基本原理和方法体系，依据现代企业成本运动的规律，以优化成本投入、改善成本结构、规避成本风险为主要目的，对企业经营管理活动实行全过程、动态性、多维度成本控制的管理模式。所谓全面，包括 3 个关注点，即全员参与、涵盖经营管理的全过程、建立全面的成本管理体系。在一个企业中，实现全面成本管理，首先要从管理过程分析的角度全面审视企业现有的经营过程，并从中寻找存在的问题；其次要持续改善，全面地、持续不断地改进成本管理。

二、全面成本管理的原则

（一）全面控制原则

成本控制要全部、全员、全程控制。全部控制是指要对产品生产的全部费用加以控制；全员控制是指要发动全体员工树立成本意识，参与成本控制；全程控制是指要对产品设计、制造、销售的全流程进行控制。

产品投产前的控制主要包括产品设计成本、加工工艺成本、物资采购成本、生产组织方式、材料定额与劳动定额水平等。这些内容对成本的影响很大，产品总成本取决于这个阶段成本控制工作的质量。这项控制工作属于事前控制，在控制活动实施时真实的成本还没有发生，但它决定了成本将怎样发生，从而基本上决定了产品的成本水平。

制造过程中的控制是成本形成的主要阶段。绝大部分成本支出在这一阶段发生，包括原材料、人工、能源动力、各种辅料的消耗、工序间的物料运输费用、车间以及其他管理部门的费用支出。投产前控制的种种方案设想、控制措施能否在制造过程中贯彻实施、大部分控制目标能否实现与这一阶段的控制活动密切相关，它主要属于始终控制方式。由于成本控制的核算信息很难及时得到，会给事中控制带来很多困难。

流通过程中的控制包括产品包装、厂外运输、广告促销、销售机构开支和售后服务等费用。在目前强调企业市场管理职能的情况下，很容易不顾成本地采取种种促销手段，反而抵消了利润增量，因此，对此也要作定量分析。

(二)经济效益原则

提高经济效益不仅依靠降低成本的绝对数，更重要的是实现相对节约，以较少的消耗取得更多的成果，取得最佳的经济效益。

(三)例外管理原则

成本控制要将注意力集中在不同寻常的情况上。实际发生的费用往往与预算有出入，没有必要一一查明原因，而只要把注意力集中在非正常的例外事项上，并及时进行信息反馈。

三、全面成本管理的主要特征

(一)全过程成本管理

全过程成本管理是从传统的生产过程管理向前延伸到投产前的筹划过程，向后扩展到售后用户的使用过程等一切发生耗费而影响成本的活动过程。从时间管理上看，对筹划中的未来经济活动进行事前预测管理称为前馈管理，对生产过程中正在发生的经济活动进行事中监督管理称为实施管理，对产品形成到售后使用过程中已经发生的经济活动进行事后反映分析的管理称为反馈管理。从管理功能上看，前馈管理处于产品投产前的筹划过程，站在成本管理的战略高度对反馈和收集的经济信息进行综合分析、推理、判断和利用，从资金、质量、功能、工艺、设备、资源配置、售后服务、市场竞争等多方面进行可行性研究，以便选择最佳的成本方案，确定最佳的成本目标，约束和监督未来的经济活动，使损失防患于未然。这是全过程成本管理的根本性管理，对管理效果起着决定性作用。

前馈管理在全过程管理中占主导地位，而实施管理是前馈管理的具体操作，是对前馈管理目标实现的有效保证。反馈管理既是对实施管理的综合反映，又是对前馈管理目标预测程度的检验。三者是相互联系、相互制约的有机管理整体，既要突出重点管理，又要狠抓全程管理，还要强化全过程管理的广度。

(二)全系统成本管理

全系统成本管理是根据系统论，在实施管理的过程中，依据等级秩序原理，在经营者的领导下，建立以财务部门为中心、以车间为纽带、以班组或作业中心、作业岗位和个人为基础的纵向三级责任实体，以财会、供销、生产技术部门为主导的横向平行责任实体，形成纵横交错、上下连锁、相互依存的成本管理系统。由于企业各生产经营环境的作业相互联系，形成相互依存的“作业链”，因此，在管理系统内部要建立以作业中心为责任中心的作业管理体系，实现“作业链”的整体作业管理。根据系统对象的可控空间和可控性，采用等级结构管理形式，对成本各层次作业划分责任和分解成本总目标，使具体的作业成本目标层层细化落实到各职能部门、车间、班组或责任中心、作业岗位和个人。实行归口分级定岗作业成本管理，可以使压力、动力、活力同在，责任、权利、利益并存，充分调动各层次、各责任中心、各作业岗位和各类人员的积极性和创造性。

（三）全指标成本管理

全指标成本管理是在全系统成本管理的基础上，根据管理理论，依据各责任层次所处的不同地位、权限和管理功能，采用不同的量度指标予以管理。广义的成本概念既包括产品的制造成本（中游），又包括产品的开发设计成本（上游），同时还包括使用成本、维护保养成本和废弃成本（下游）等一系列与产品有关的所有企业资源的耗费。相应地，成本管理指标应当能够涵盖三个环节所发生的所有成本。

四、正确处理成本管理中的各种关系

全面成本管理是一项系统工程，涉及企业经营管理的方方面面，应当全面动员，在发生成本费用的各个环节，发动全体员工积极参与，全过程监控，才能把成本管理工作落到实处，取得实效。

由于成本与企业的收益、资产的质量等有着广泛的联系，成本的上升可能会导致利润的下降、资产的虚增、现金流量的减少等许多不良现象；又由于成本管理是企业增加盈利的根本途径，是抵御外来压力、求得生存的主要保障，是参与竞争、发展企业的坚实基础，因此，为了做好成本管理工作，应关注并处理好以下几个方面的关系：

（一）正确处理产量与成本的关系

产量与成本的关系在一般情况下是相互促进的。降低产品成本可以节约人力、物力和财力，为增加产量创造条件；产量增加后可以减少单位产品中的固定费用，从而降低产品成本。但成本不会随着产量的增加而自然降低，如果在生产中不注意节约，成本不仅不会降低，而且可能提高。因此，必须既抓生产又抓节约，以增产求节约，以节约促增产，使成本不断降低。

（二）正确处理质量与成本的关系

提高产品质量可以减少废品损失，从而降低产品成本。但不能盲目追求质量而不惜工本，也不能为降低成本而不顾质量。降低成本必须以保证产品质量为前提。质量成本是指企业为了保证和提高产品或服务的质量而支出的一切费用以及因未达到既定质量标准而发生的一切损失之和，一般包括以下 4 个组成部分：

1. 预防成本

预防成本是为了防止产生不合格品与质量故障而发生的各项费用，主要包括质量工作费用、产品评审费用、质量培训费用、质量奖励费用、质量改进措施费用和质量管理专职人员工薪费用。

2. 检验成本

检验成本是为检查和评定产品质量、工作质量、工序质量、管理质量是否满足规定要求和标准所需的费用，主要包括进货检测试制费、现场产品制造和加工检测及产品测试等费用。

3. 内部缺陷成本

内部缺陷成本是指产品交用户前由于自身的缺陷而造成的损失，及处理故障所支出的费用之和，主要包括不可修复的废品损失、可修复废品的返修损失、返工后或矫正后的产品重复检测和试验的复验费用、由于产品质量事故而引起的停工损失及产品降级损失等。

4. 外部缺陷成本

外部缺陷成本是指在产品交用户后，因产品质量缺陷而引起的一切损失费用，主要包括由于质量缺陷而支付的诉讼费用、索赔费用、退换货损失、保修费用和降价损失等。

现代质量成本观认为：每种缺陷都有其可预防的根本原因，且预防总是比较便宜的，如果增加其预防成本和检验成本并降低缺陷成本，则随后的预防成本和鉴定成本也能够得到削减。全面质量成本管理还强调顾客愿意接受并支付增加价值的作业的成本。内部和外部缺陷作业及其相关联的成本都属于非增值作业，应予以彻底消除；预防作业可视为增值作业而予以保留；一部分检验作业是预防作业所必需的，如质量审计等。企业在生产过程中既要重视质量，又要降低成本，寻求提高质量与降低成本的最佳组合。

(三)正确处理局部与全局的关系

企业是市场发展与国家经济的重要组成部分，企业在进行成本管理的过程中，要多从全局着眼，从整体出发，克服只顾本企业利益而忽视全局利益的倾向。全局利益离不开局部利益，但局部利益必须服从全局利益。有时企业采取某些措施，可能对降低本企业产品成本有利，但对全局不利(如污染环境等)，企业应服从全局，维护社会利益；反之，若某项措施对全局有利，但可能提高企业的产品成本，企业仍应以全局为重。企业在进行经营决策时，应充分考虑环境问题，协调经济发展与环境的关系。环境成本是指企业执行环境目标和要求所付出的代价，包括环境保护成本和环境损害成本。循环经济的研究也为现代成本管理开辟了更为宽广的探索视角和领域。

(四)正确处理目前利益与长远利益的关系

目前利益与长远利益从根本上说是一致的，但有时也会在某些方面出现矛盾，尤其是在正确对待环境成本和社会责任成本的问题上，一定要正确处理好目前利益与长远利益的关系。社会责任成本是指在满足企业价值最大化的前提条件下，对利益相关者履行经济责任、法律责任和伦理责任所产生的成本支出，或者说是企业为承担社会责任而发生的价值牺牲或付出的经济代价，包括经营责任成本、维权责任成本、环境责任成本、制度责任成本等。作为社会的有机组成部分，企业必须承担相应的社会责任，这样做既有助于企业实现其经营目标，也有助于其在社会上树立良好的形象，更有助于其自身和社会的发展。

五、全面成本管理与战略成本管理

企业所处的经济环境日新月异，顾客对产品的消费在质量、时间、服务等方面提出了新的要求。现代高科技被广泛应用于生产领域，如生产自动化设备、机器人、电脑辅助生产等，企业制造环境也从过去的劳动密集型向技术密集型转化。面对激烈的行业竞争，企业开始重视制定竞争战略，并随时根据顾客需求和竞争者情况的变动做出相应调整，从而跨入战略成本管理阶段。

战略成本管理是通过对企业自身以及竞争对手的有关成本资料进行分析，为管理者提供战略决策所需的信息，是明确强调战略问题和企业所关注的重点的一种成本管理理论，要求通过运用财务信息来实施战略，以取得持久的竞争优势，从而拓展了成本管理的范围。

战略成本管理将企业的成本管理与企业的战略相结合，从战略的高度对企业及其关联方的各项成本行为、成本结构实施全面了解、分析与管理，从而为企业战略管理提供决策信息，增强企业的竞争优势。与传统成本管理模式相比，战略成本管理的特点主要体现在以下几个方面：一是成本内容不断拓展，企业更多关注的是所处环境及其环境因素对企业的影响，包括企业优劣势、竞争对手的威胁等，并依据自身所处的竞争地位及时调整竞争战略；二是成本范围不断延伸，从企业内部价值链延伸到企业外部价值链；三是成本管理手段不断丰富，超越了传统格式化的成本报告、分析模式，注重定性因素对企业的影响，并利用财务和非财务的各种成本信息服务于企业管理，推动企业战略目标的实现。

战略成本管理要求从企业所处的竞争环境出发，其成本管理不仅包括企业内部的价值链分析，而且包括竞争对手价值链分析和企业所处行业的价值链分析，从而达到知己知彼、洞察全局的目的。

复习思考题

1. 正确分配间接成本应当遵循哪些原则？请举例说明。
2. 目标成本有哪些表现形式？与传统成本有什么区别？
3. 标准成本与实际成本有什么区别？
4. 简述引起直接材料、直接人工和制造费用产生差异的主要原因。
5. 如何进行作业分析并有效区分增值作业与非增值作业？

6. 简述作业成本管理与传统成本管理的主要区别。

7. 简述产品生命周期与全面成本管理之间的关系。

8. 理论联系实际阐述如何有效实施全面成本管理。

业务练习题

练习一

新业制造有限公司某年1月份有关支出、费用、成本的资料如下：

(1)为生产甲、乙两种产品，本月支付专用设备购买款268 000元，属于资本性支出。

(2)甲产品生产发生直接材料费用60 000元，直接人工费用40 000元；乙产品生产发生直接材料费用50 000元，直接人工费用30 000元；两者共计180 000元，当月已发生现金流出，属于应当计入当月产品成本的直接费用。

(3)本月车间一般消耗用材料10 000元，车间管理人员工资费用6 000元，车间管理人员办公费等4 000元，共计20 000元，当月已发生现金流出，属于应当计入当月的制造费用。

(4)因产品生产需要，预付上半年经营性租入固定资产的租金为12 000元，按6个月分期摊销，其中，1个月的摊销额属于应当计入当月的制造费用。

(5)计提公司本部固定资产折旧费用1 000元，属于应当计入当月的管理费用。

(6)预提本月银行短期借款利息1 200元，属于应当计入当月的财务费用。

(7)支付公司本部管理人员工资、办公费、差旅费等共计8 800元，属于应当计入当月的管理费用。

(8)销售产品过程中支付广告费、展览费、包装费等共计32 000元，属于应当计入当月的销售费用。

(9)月末，甲产品尚有在产品500件，其单位在产品成本为30元；乙产品全部完工。本月制造费用分配比例为：甲产品70%，乙产品30%。

要求：计算本月支出总额、发生的成本费用总额、应计入本月的产品成本、本月甲产品成本、本月乙产品成本、本月完工甲产品成本和本月完工乙产品成本。

练习二

丁公司生产某产品，本月有关成本资料如下：

单位：元

成本项目	标准数量×标准单价＝单位产品标准成本	实际总成本
直接材料	50×9＝450	9 000
直接人工	45×4＝180	3 325
变动制造费用	45×3＝135	2 375
固定制造费用	45×2＝90	2 850
合　计	855	17 550

该产品生产能量为 1 000 小时，制造费用均按人工小时分配。

本月实际产量为 20 件，实际材料耗用量为 900 千克，每千克 10 元，实际人工工时为 950 小时。

要求：

(1)计算本月成本差异总额。

(2)将成本差异总额分解为 9 种差异(固定制造费用采用“三因素法”)。

(3)对上述结果进行验算。

(4)根据上述资料进行必要的账务处理。

练习三

某制造公司生产甲、乙两种产品，有关资料如下：

(1)甲、乙两种产品某年 1 月份的有关成本资料如下表所示：

单位：元

产品名称	产量(件)	直接材料单位产品成本	直接人工单位产品成本
甲	100	50	40
乙	200	80	30

(2)月初甲产品在产品的制造费用(作业成本)为 3 600 元，乙产品在产品的制造费用(作业成本)为 4 600 元；月末在产品数量，甲为 40 件，乙为 60 件，总体完工率均为 50%；按照约当产量法在完工产品与在产品之间分配制造费用(作业成本)，本月发生的制造费用(作业成本)总额为 50 000 元，相关的作业有 4 个，有关资料如下表所示：

作业名称	成本动因	作业成本(元)	甲产品耗用作业量	乙产品耗用作业量
质量检验	检验次数	4 000	5	15
订单处理	生产订单份数	4 000	30	10
机器运行	机器小时数	40 000	200	800
设备调整准备	调整准备次数	2 000	6	4

要求：

(1)采用作业成本法计算甲、乙两种产品的单位成本。

(2)以机器小时作为制造费用的分配标准，采用传统成本法计算甲、乙两种产品的单位成本。

(3)假设经营者只允许单位售价高于单位成本10元，试分析按照传统成本法可能造成的不利后果，并简要说明作业成本法的作用。

第六章 收益分配管理

第一节 收益分配概述

一、收益分配管理的主要内容

任何企业都有分配活动。广义的分配是指对各项收入和利润进行分割或分派的过程,狭义的分配仅指对利润的分配。

利润分配是分配管理的重点,是指将企业实现的净利润按照法律法规规定的分配形式和分配顺序,在企业与投资者之间进行的分配。企业利润分配的主体是投资者和企业;利润分配的对象是企业实现的净利润;利润分配的过程与结果关系到所有者的合法权益能否得到保护,企业能否长期稳定地发展等重要问题。所以,必须加强对利润分配的管理和核算。

利润的取得是对利润进行分配的基础,即收益分配管理的前提是依法核算各项收入、相关的成本费用和盈亏。

盈利是企业经营的目标之一。只有盈利的企业才能更好地发展,才能实现资本的保值与增值。利润是某一会计期间的收入和同一期与之相联系的费用相配比之后的差额,其计量与分配基准具有不同的计算口径,取决于收入、费用、损失或利得的配比情况。其计算步骤和计算口径如表 6—1 所示。

表 6—1 **利润与利润分配计算口径**

待分配项目	利润计算口径
营业收入	营业毛利
减:营业成本	
营业税金及附加	营业利润
期间费用	
资产减值损失	
加减:投资损益	
营业外收支	利润总额
减:所得税费用	净利润
提取公积金	可供分配利润
减:利润分配	未分配利润

收入通常是指企业在日常活动中形成、会导致所有者权益增加、与所有者投入资本无关的经济利益的总流入,包括营业收入、投资收益和营业外收入等。表 6－1 中的营业收入包括主营业务收入和其他业务收入。企业通过投资和资产营运取得的各项收入应千方百计加速资金收回,加快资金周转速度,因为回收资金越快,获得的资金周转价值越大,效益就越好。

费用通常是指企业在日常活动中发生、会导致所有者权益减少、与向所有者分配利润无关的经济利益的总流出,一般可以分为营业成本、期间费用、资产减值准备、所得税费用等。其中,营业成本是指销售商品或提供劳务的成本,应当与营业收入配比;期间费用包括销售费用、管理费用和财务费用,应当与会计期间相匹配;资产减值准备是指企业根据资产减值等准则计提各项资产减值准备所形成的损失,应当全部计入当期损益;所得税费用是指企业根据所得税准则确认的应当从当期利润总额中扣除的所得税费用。

企业应当编制利润分配表,反映一定时期的利润分配情况和年末未分配利润结余等情况。它是利润表的附表,说明利润表上反映的净利润的分配去向。随着分配过程的进行,资金或者退出或者留存企业,其必然会影响企业的资金运动,这不仅表现在资金运动的规模上,而且表现在资金运动的结构上。例如,对债权人而言,通过利息等形式进行分配属于税前分配,资金流出了企业;对所有者而言,利润分配属于税后分配,其分配结果是:一部分资金流出企业,另一部分资金留存企业。因此,在一定的法律原则下,如何合理确定分配规模和分配方式,以使企业的长期利益最大化,是财务管理的重要内容之一。

二、分配管理的基本原则

分配管理要求正确处理与投资者、债权人、企业、职工等方面的经济利益关系,既要保证积累和消费的适当比例，使消费与生产发展相适应，又要使权限、责任、效果、利益有机结合，使眼前利益与长远利益相结合，从而最大限度地调动各方面的积极性。因此，分配管理的原则应当体现出正确处理财务关系的要求。

（一）盈亏自负原则

企业是市场经济条件下独立核算、自负盈亏的经济组织，生产经营发生的亏损应当由企业用以后年度实现的利润来弥补。

（二）依法分配原则

收支必须依法核算。只有当企业有税后盈余时，方可分配利润。利润分配前要求企业依法纳税，执行纳税义务；税后利润要求按规定的分配程序和比例进行分配。

（三）妥善处理分配与积累的关系原则

无论是广义的分配还是狭义的分配，都要求正确处理分配与积累的关系、短期收益与长期发展的关系等重要问题。考虑到未来投资机会及其收益能力，考虑到企业的长期规划及发展潜力，有必要将部分利润以留存的方式再投资于企业，以提高企业的市场价值，满足所有者权益最大化的愿望。适当的积累还有利于以丰补歉。

（四）同股同权、同股同利原则

企业在对投资者分红时，必须坚持同股同权、同股同利原则，不得以权谋私。利润分配方案要提交股东大会讨论并决议。利润分配应做到公平、公正、公开，维护投资者的权益。

企业经营者和其他职工以管理、技术等要素参与企业收益分配的，应当按照国家有关规定在企业章程或者有关合同中对分配办法作出规定，并区别以下情况处理：凡取得股权的，与其他投资者一同进行企业利润分配；凡没有取得股权的，在相关业务实现的利润限额和分配标准内，从当期费用中列支。

第二节　本量利分析

一、本量利分析的基本原理

利润的高低取决于产品的售价、成本和业务量等因素，产品的成本影响售价，售价影响销售量，销售量直接影响产量，而产量反过来又影响成本。企业应当通过对成本、业务量和利润之间的内在分析，掌握有关因素变动对企业盈亏影响的规律，从而为企业改善经营管理和正确地进行经营决策提供有用的资料。

本量利分析是成本、产量（或销售量）、利润依存关系分析的简称，也称 CVP 分析（Cost-Volume-Profit Analysis），是指在变动成本计算模式的基础上，用会计模型和图文来揭示固定成本、变动成本、销售量、单价、销售额和利润等变量之间的内在规律性，为财务预测、决策和规划提供必要的财务信息的一种定量分析方法。

由于本量利分析是在成本性态分析的基础上发展起来的，因此，成本性态分析的基本假设也就成为本量利分析的基本假设，也就是在相关范围内，固定成本总额保持不变，变动成本总额随业务量的变化呈正比例变化，总成本与业务量呈线性关系，即：

总成本＝固定成本总额＋单位变动成本×业务量

$$y=a+bx$$

设销售单价为 p，销售量为 x，单位变动成本为 b，固定成本总额为 a。当利润＝0 时，本量利分析的基本方程式如下：

$$px-bx-a=0$$

上述公式表明，p、x、b、a 中任何一项或多项变动，都会对利润的增减变动产生影响。当企业需要达到一定的目标利润时，成本、业务量和利润之间的关系可表示如下：

目标利润＝(售价－单位变动成本)×业务量－固定成本总额

例 **6－1**　A公司预计总资产占用额为170 000元。其只经营一种产品，经初步测算，单价为10元，单位变动成本为6元，固定成本总额为12 000元，2014年已实现销售10 000件、利润28 000元。要求按同行业平均资产利润率(20％)分析2015年企业实现目标利润应当采取的措施。

(1)初步测定2015年目标利润基数＝170 000×20％＝34 000(元)

(2)按本量利分析原理，计算2015年为实现34 000元利润应采取的措施如下(即在考虑某一因素变动时，假定其他因素不变)：

$$\text{①实现目标利润的销售量}=\frac{\text{固定成本总额}+\text{目标利润}}{\text{单价}-\text{单位变动成本}}$$

＝(12 000＋34 000)÷(10－6)＝11 500(件)

实现目标利润需增加的销售量＝11 500－10 000＝1 500(件)

销售量增长率＝1 500÷10 000×100％＝15％

目标销售利润率＝34 000÷(11 500×10)×100％＝29.56％

$$\text{②实现目标利润的单位变动成本}=\text{单价}-\frac{\text{固定成本总额}+\text{目标利润}}{\text{销售量}}$$

＝10－(12 000＋34 000)÷10 000＝5.4(元)

实现目标利润需降低的单位变动成本＝6－5.4＝0.6(元)

单位变动成本降低率＝0.6÷6×100％＝10％

③实现目标利润的固定成本＝(单价－单位变动成本)×销售量－目标利润

＝(10－6)×10 000－34 000＝6 000(元)

固定成本降低额＝12 000－6 000＝6 000(元)

固定成本降低率＝6 000÷12 000×100％＝50％

④实现目标利润的单价$=\dfrac{\text{固定成本总额}+\text{目标利润}}{\text{销售量}}+\text{单位变动成本}$

＝(12 000＋34 000)÷10 000＋6＝10.6(元)

实现目标利润需提高单价＝10.6－10＝0.6(元)

单价增长率＝0.6÷10×100％＝6％

(3)在上述各单项措施中，只要有一项能够实现，就可以完成目标利润。但由于种种原因，假定该企业无法实现上述任何一项单项措施，那么，企业必须考虑采取综合措施。假设有管理人员提出以下措施，应进行分析计算如下：

①为提高产品质量，需追加3％的单位变动成本投入，可使售价提高4％，求销售量应为多少？

$$\text{实现目标利润的销售量期望值}=\frac{12\,000+34\,000}{10\times(1+4\%)-6\times(1+3\%)}=10\,901(\text{件})$$

实现目标利润需增加销售量＝10 901－10 000＝901(件)

销售量增长率＝901÷10 000×100％＝9.01％

②假定该产品价格弹性较大，如降低价格8％可使市场容量迅速增长，而企业生产能力尚有潜力，完全可以满足市场需要，求此时的销售量应为多少？

$$\text{实现目标利润的销售量期望值}=\frac{12\,000+34\,000}{10\times(1-8\%)-6}=14\,375(\text{件})$$

实现目标利润销售量需增加的数额＝14 375－10 000＝4 375(件)

销售量增长率＝4 375÷10 000×100％＝43.75％

③如果在市场容量维持不变的情况下追加2 000元固定资产(专用设备)投入可以提高自动化水平、提高人工效率、降低材料消耗，求实现目标利润的单位变动成本应为多少？

$$\text{实现目标利润的单位变动成本期望值}=\frac{12\,000+2\,000+34\,000}{10\,000}=5.2(\text{元})$$

实现目标利润的单位变动成本需降低的数额＝6－5.2＝0.8(元)

单位变动成本降低率＝0.8÷6×100％＝13.33％

目标利润一经确定就应立即纳入预算执行体系，以此作为采取相应措施的依据。

二、边际贡献和边际贡献率

学会计算产品的边际贡献和边际贡献率是本量利分析的前提条件之一。

边际贡献是指产品的销售收入超过其变动成本的金额，也称贡献毛益。边际贡献首先应该用于补偿固定成本，补偿固定成本之后的余额即为企业的利润。

单位产品的边际贡献是指产品的销售单价减去单位变动成本后的余额，计算公式如下：

单位边际贡献＝销售单价－单位变动成本

边际贡献总额是指产品销售收入总额减去变动成本总额后的余额，计算公式如下：

边际贡献总额＝销售收入总额－变动成本总额

当企业进行短期经营决策分析时，一般都以提供边际贡献总额最大的备选方案为最优。

例 **6－2**　B公司生产组装甲和乙两种产品，有关产品资料如表 6－2 所示。

表 6－2　**甲和乙两种产品的资料**

项　目	甲产品	乙产品
单位售价(元)	8 000	9 500
单位变动成本(元)	6 000	7 000
生产单件产品所需要的机器工时(小时)	2	5

该公司在满足正常订单后只有 600 小时的剩余生产能力，短期内不能获得额外的生产能力。B公司的产品目前销售得很好，能够销售出其全部产品。经理要求知晓本公司应该如何安排剩余生产能力？能够实现的最大新增税前收益是多少？

该公司可通过计算边际贡献总额进行择优选择(如表 6－3 所示)。

表 6－3　**边际贡献的计算**

项　目	甲产品	乙产品
单位边际贡献(元)	2 000	2 500
单位产品所需要的机器工时(小时)	2	5
每小时的边际贡献(元)	1 000	500
600 个剩余机器工时的总边际贡献(元)	600 000	300 000

上述计算结果表明，应全部安排生产甲产品且生产 300 件(600÷2)，企业能够新增税前收益 600 000 元。

边际贡献率是指单位边际贡献与销售单价之间的比率，或边际贡献总额与销售收入总额之间的比率，表示每百元销售收入能提供的边际贡献。其计算公式如下：

边际贡献率＝单位边际贡献÷销售单价×100％

或＝边际贡献总额÷销售收入总额×100％

由于变动成本与边际贡献之和等于销售收入，因此，边际贡献率与变动成本率之间存在着互补的关系，即：

边际贡献率＝1－变动成本率

或

变动成本率＝1－边际贡献率

凡变动成本率低的企业，边际贡献率高，创利能力强；反之，变动成本率高的企业，边际贡献率低，创利能力弱。所以，边际贡献率的高低在企业的经营决策中具有举足轻重的影响。

三、保本点分析

保本点也称盈亏平衡点或盈亏临界点，是指企业全部销售收入等于全部成本费用时的销售量或销售额，即在这一销售量或销售额上，企业正好不盈也不亏，也就是说，达到这一销售量或销售额时，企业产品提供的边际贡献正好抵偿固定成本总额。

由本量利分析的基本模型可知，保本点是企业利润等于零时的销售量，即 $px=bx+a+0$。由此可推导出：

保本销售量＝$a\div(p-b)$

保本销售额＝保本销售量 $x\times$ 销售单价 p

盈亏临界点作业率，是指盈亏临界点销售量占企业正常销售量的比重。正常销售量是指正常市场和正常开工情况下的销售数量，也可以用销售金额来表示。盈亏临界点作业率的计算公式如下：

盈亏临界点作业率＝盈亏临界点销售量÷正常销售量×100%

企业保本点可以透露出以下几个方面的重要管理信息：

第一，在保本点不变的情况下，如果产品销售量超过保本点一单位，即可获得一单位边际贡献的盈利，销售量越大，能实现的盈利就越多；反之，如果产品销售量低于保本点一单位，即亏损一单位边际贡献，销售量越小，亏损额越大。

第二，在销售量不变的情况下，保本点越低，产品的盈利性就越高，即实现的利润越多或发生的亏损越小；反之，保本点越高，则产品的盈利性就越低，即实现的利润越小或发生的亏损越大。

第三，在销售收入既定的情况下，保本点的高低取决于单位变动成本与固定成本总额的大小。单位变动成本或固定成本总额越小，则保本点越低；反之，则保本点越高。

如果企业生产并销售多种产品，其保本点不能用数量表示，而只能用金额反映，即只能计算保本点销售额。多种产品保本点销售额的计算方法主要有加权平均法、分别计算法和历史资料法等。

保本点的分析也可采用绘制“保本图”的方式进行。保本图是围绕保本点将影响企业利润的有关因素集中在一张图上形象而具体地表现出来，从而揭示有关成本、业务量和利润之间的规律性联系（如图 6—1 所示）。

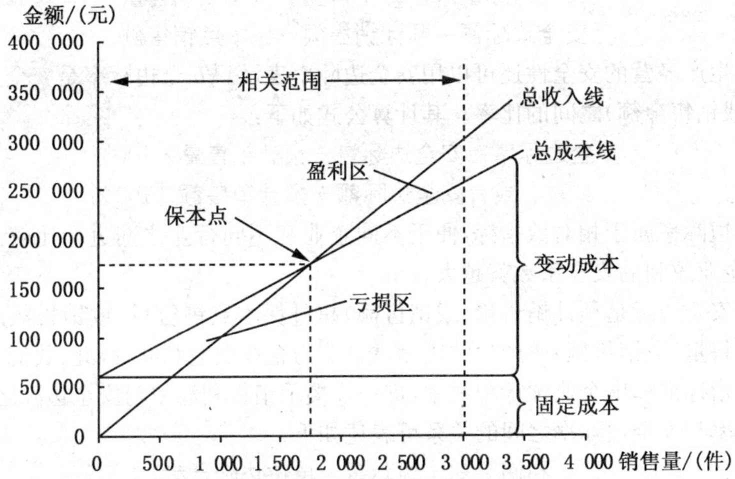

图 6—1　收入式保本图盈亏平衡分析

例 6—3　A 公司正考虑投资一种新产品，经预测每年可销售该新产品 30 000 件，预计售价为 50 元，单位变动成本为 30 元，固定成本总额为 120 000 元。

盈亏临界点销售量＝120 000÷(50－30)＝6 000(件)

盈亏临界点销售额＝6 000×50＝300 000(元)

当销售该产品 6 000 件（或实现销售收入 300 000 元）时保本，其固定成本 120 000 元得到全额补偿，另外还补偿了变动成本 180 000 元。

A 公司若想实现营业利润 24 000 元，新产品需要销售 7 200 件[(120 000＋24 000)÷(50－30)]。

A 公司如果实现销售量 7 200 件，超过盈亏临界点 1 200 件，由于单位产品提供的边际贡献为 20 元，故边际贡献总额为 24 000 元(1 200×20)。

四、安全边际与安全边际率

安全边际是指产品的预计销售量（或销售额）超过保本点销售量（或销售额）的差额，反映了该产品的安全幅度。安全边际越大，销售该产品发生亏损的可能性越小，安全性越高；反之，安全边际越小，销售该产品发生亏损的可能性越大，安全性就越低。

由于保本点有两种表现形式，因此，安全边际同样也有两种表现形式：一种是用实物量表示，称为安全边际量；另一种是用货币金额表示，称为安全边际额。根据安全边际与保本点之间的关系，安全边际的计算公式如下：

安全边际量＝预计销售量－保本点销售量

安全边际额＝预计销售额－保本点销售额

企业生产经营的安全性还可以用安全边际率表示。安全边际率是安全边际与预计销售量（或销售金额）之间的比率。其计算公式如下：

安全边际率＝安全边际量÷预计销售量×100％

或＝安全边际额÷预计销售额×100％

安全边际率属于相对数指标，便于不同企业和不同行业之间进行比较。安全边际率越高，企业盈利的安全系数就越大。

由于安全边际是预计销售量（或销售额）超过保本点销售量（或销售额）的差额，而这部分销售量（或销售额）所产生的边际贡献能为企业创造利润，因此，我们还可以利用安全边际指标推算出企业预计利润率，进一步揭示销售利润率与安全边际之间的关系。销售利润率与安全边际率之间的关系可表述如下：

由于：　利润＝安全边际量×单位边际贡献

或＝安全边际额×边际贡献率

因此：　销售利润率＝安全边际率×边际贡献率

盈亏临界点分析把正常销售分为两个部分：一部分是盈亏临界点销售额，另一部分是安全边际，即：

正常销售额＝盈亏临界点销售额＋安全边际

上述公式两端同时除以正常销售额，可得公式如下：

盈亏临界点作业率＋安全边际率＝1

安全边际和安全边际率的数值越大，企业发生亏损的可能性越小，企业就越安全。

第三节　利润分配政策

一、利润分配的法定顺序

股利分配是指企业向股东分派股利，是企业利润分配的一部分，包括股利支付程序中各日期的确定、股利支付比率的确定和支付现金股利所需资金的筹集方式的确定等。上市公司管理当局在制定股利分配政策时，要遵循一定的原则并充分考虑影响股利分配政策的相关因素与市场反应，使公司的收益分配规范化。

企业发生的年度经营亏损，依照税法的规定弥补。税法规定年限内的税前利润不足弥补的，用以后年度的税后利润弥补，或者经投资者审议后，用盈余公积弥补。企业年度净利润，除法律、行政法规另有规定外，按照表6—4的顺序分配。

表6—4　公司利润分配顺序与计算方法

分配顺序	分配项目	计算公式	特别说明
1	弥补以前年度亏损	可供分配的利润＝本年利润＋年初未分配利润	企业弥补以前年度亏损和提取盈余公积后，当年没有可供分配的利润时，不得向投资者分配利润，但法律、行政法规另有规定的除外
2	提取法定公积金	法定公积金＝(本年净利润－年初未弥补亏损)×10%	按净利润扣除弥补以前年度亏损后的10%提取，达到注册资本的50%时，可不再提取。公积金转增资本时，所留存的该项公积金不得少于转增前注册资本的25%
3	提取任意公积金	任意公积金＝(本年净利润－年初未弥补亏损)×提取比例	按公司章程或股东会议决议提取和使用，其提取比例由投资者决定，目的是对分配的利润水平进行限制和调节
4	向投资者分配利润或股利	可供股东分配的利润＝本年净利润＋年初未分配利润－计提的法定公积金－计提的任意公积金	在公司当年无利润但用公积金弥补其亏损后，经股东大会特别决议，可按照不超过股票面值6%的比率用公积金向股东分配股利，但留存的法定公积金不得低于注册资本的25%

例 **6—4** D公司某年实现销售收入2 000万元，全年固定成本为300万元，变动成本率为60%，所得税税率为20%。年初已超过5年的尚未弥补亏损为40万元，按10%提取盈余公积金，向投资者分配利润的比率为可供分配利润的40%。要求计算该年的税后利润、提取的法定公积金和未分配利润。

税后利润＝(2 000－300－2 000×60%)×(1－20%)＝400(万元)

提取法定公积金＝(400－40)×10%＝36(万元)

可供投资者分配的利润＝－40＋400－36＝324(万元)

应向投资者分配的利润＝324×40%＝129.6(万元)

未分配利润＝324－129.6＝194.4(万元)

二、利润分配政策及其选择

(一)剩余股利政策

剩余股利政策要求在公司有着良好的投资机会时，根据一定的目标资本结构(最佳资本结构)测算出投资所需的权益资本，先从盈余中留用，然后将剩余的盈余作为股利予以分配。

采用剩余股利政策时，应遵循以下四个步骤：(1)设定目标资本结构，即确定权益资本与债务资本的比率，在此资本结构下，加权平均资本成本将达到最低水平；(2)确定目标资本结构下投资所需的股东权益数额；(3)最大限度地使用保留盈余来满足投资方案所需的权益资本数额；(4)投资方案所需权益资本已经满足后若有剩余盈余，再将其作为股利发放给股东。

奉行剩余股利政策，意味着公司只将剩余的盈余用于发放股利，这样做的根本理由是为了保持理想的资本结构，使加权平均资本成本最低。

(二)固定或持续增长股利政策

该政策是将每年发放的股利固定在某一相对稳定的水平上并在较长的时期内不变，只有当公司认为未来盈余会显著地、不可逆转地增长时，才提高年度的股利发放额。

固定或持续增长股利政策的主要目的是避免出现由于经营不善而削减股利的情况。采用这种股利政策的理由在于：

第一，稳定的股利向市场传递着公司正常发展的信息，有利于树立公司的良好形象，增强投资者对公司的信心，稳定股票的价格。

第二，稳定的股利额有利于投资者安排股利收入和支出，特别是那些对股利有着很强依赖性的股东更是如此；而股利忽高忽低的股票则不会受这些股东的欢迎，股票价格会因此而下降。

第三，稳定的股利政策可能不符合剩余股利理论，但考虑到股票市场会受多种因素的影响，其中包括股东的心理状态和其他要求，因此，为了使股利维持在稳定的水平上，即使推迟某些投资方案或者暂时偏离目标资本结构，也可能要比降低股利或降低股利增长率更有利。

(三)固定股利支付率政策

固定股利支付率政策要求公司确定一个股利占盈余的比率，长期按此比率支付股利。在这一股利政策下，每年股利额随公司经营的好坏上下波动，获得较多盈余的年份股利额高，获得较少盈余的年份股利额低。

主张实行固定股利支付率的人认为，这样做能使股利与公司盈余紧密配合，以体现多盈多分、少盈少分、无利不分的原则，公平地对待每一位股东。但是，在这种政策下各年的股利变动较大，极易造成公司不稳定的感觉，对于稳定股票价格不利。

(四)低正常股利加额外股利政策

该政策要求公司一般情况下每年只支付固定的、数额较低的股利，在盈余多的年份再根据实际情况向股东发放额外股利。但额外股利并不固定化，不意味着公司永久地提高了规定的股利率。

采用本政策的理由：一方面这种股利政策使公司具有较大的灵活性。当公司盈余较少或投资需用较多资金时，可维持设定的较低但正常的股利，股东不会有股利跌落感;而当盈余有较大幅度增加时,则可适度增发股利,把经济繁荣的部分利益分配给股东,使他们增强对公司的信心,从而有利于稳定股票的价格。

另一方面这种股利政策可使那些依靠股利度日的股东每年可以得到虽然较低但比较稳定的股利收入,从而吸引住这部分股东。

根据影响股利政策因素的不同,企业应权衡利弊得失,制定最佳的股利政策。上述四种股利分配政策的优缺点及适用范围汇总如表6—5所示。

表6—5　股利政策的优缺点及适用范围

种类	特　点	优　点	缺　点	适用范围
剩余股利政策	税后利润首先应较多地考虑满足公司投资项目的需要,只有当增加的资本额达到预定的目标资本结构(最佳资本结构)时,才能派发股利	有利于优化资本结构,降低综合资本成本,实现企业价值的长期最大化	使股利发放额每年随投资机会和盈利水平的波动而波动,不利于投资者安排收支,也不利于企业树立良好的形象	公司初创阶段
固定股利政策	公司将每年派发的股利额固定在某一特定水平上,不论公司的盈利情况和财务状况如何,派发的股利额均保持不变	有利于稳定股票的价格,增强投资者对公司的信心;有利于投资者安排收入和支出	股利支付与盈利相脱离,造成投资风险与投资收益不对称;还可能会有较大的财务支付压力	经营比较稳定或正处于成长阶段的公司
固定股利支付率政策	公司确定固定的股利支付率并长期按此比率支付股利的政策	使股利与盈余结合,以体现多盈多分、少盈少分、不盈不分的原则;保持了股利与利润之间一定的比例关系,体现了投资风险与投资收益的对称性	公司财务压力较大;缺乏财务弹性;确定合理的固定股利支付率难度很大	稳定发展的公司和公司财务状况较稳定的阶段
低正常股利加额外股利政策	公司事先设定一个较低的经常性股利额,每期都按此金额支付正常股利,只有企业盈利较多时才根据实际情况发放额外股利	赋予公司较大的灵活性,财务弹性较大	股利派发仍然缺乏稳定性;一旦"正常股利"取消,容易给投资者造成公司"财务状况"逆转的负面印象,从而导致股价下跌	盈利随经济周期波动较大或盈利与现金流不够稳定的公司

三、股利支付方式

(一)现金股利

现金股利是股利支付的主要方式。公司支付现金股利除了要有累计盈余(特殊情况下可用弥补亏损后的盈余公积金支付)外,还要有足够的现金。

(二)财产股利

财产股利主要是以公司所拥有的其他企业的有价证券,如债券、股票作为股利支付给股东。

(三)负债股利

负债股利通常以公司的应付票据支付给股东,特殊情况下也有通过发行公司债券抵付股利的。

(四)股票股利

股票股利是公司以发放的股票作为股利的支付方式。发放股票股利,对公司来说并没有现金流出,也不会导致公司的财产减少,而只是将公司的留存收益转化为股本。但股票股利会增加流通在外的股票数量(股数),同时降低股票的每股价值。它不会改变公司股东权益总额,却会改变股东权益的结构。从表面上看,分配股票股利除了增加所持股数外,似乎并没有给股东带来直接收益;但事实并非如此,因为市场和投资者普遍认为,公司如果发放股票股利往往预示着公司会有较大的发展和成长,这样的信息传递可能会稳定股票价格甚至可能使股票价格上升。

第四节　利润分配决策*

一、正确处理利润分配的各种关系

利润分配涉及方方面面的经济利益,至少应当关注以下问题,并正确处理好各种分配关系。

(一)分配与投资者的关系

企业与投资者之间的关系实质上就是投资与分配的关系。从财务角度看,这是一种资本保全及按资(按出资比例)分红(利润)、共担风险的关系。若企业以所控制的资产对外投资,在企业与被投资方的财务关系中则相应处于所有者地位。

投资者通常要考虑对企业的控制程度(是全资拥有、控股拥有,还是参股拥有),可以参加企业利润分配的形式(是按资分配、协议分配,还是定额返利),对企业净资产享有的分配权(有没有优先享有权)以及对企业承担的经济责任和法律责任(独资企业承担无限责任,合伙企业承担无限连带责任,公司制企业承担有限责任)等。

(二)分配与筹资的关系

企业的资本结构是由企业采用的各种筹资方式筹集资金而形成的,各种筹资方式的不同组合会导致资本结构的变化,而这种变化的结果最终都会客观地反映在资产负债表上。筹资管理的核心问题是进行资本结构决策,资本结构决策实质上是要解决负债与资本的比例问题,即负债在企业资本结构中占多大的比重才是合适的。增加留存收益有助于降低负债程度,减少债务风险,增加持续发展的后劲。

资本结构管理的重点应是控制财务风险,降低资本成本。不同的资本结构有着不同的财务风险和相应的资本成本。企业现有资本结构的状况以及对具有不同风险的融资种类的偏好,反映了企业对融资风险的态度。

(三)分配与税务的关系

对法人的股利分配适用《中华人民共和国企业所得税法》。股息、红利等权益性投资收益按照被投资方作出利润分配决定的日期确认收入的实现,按照分配所得的企业所在地确定。

免税收入是一种税收优惠政策,如连续持有居民企业公开发行并上市流通的股票12个月以上取得的投资收益为免税收入。

股份制企业向法人股东支付股票股利、现金股利时,因法人股东不缴个人所得税而无所得税代扣代缴问题。若以资本公积转增股本,不属于股息、红利性质的分配,不征个人所得税,也无代扣代缴个人所得税问题。

对自然人的股利分配,适用《中华人民共和国个人所得税法》(简称《个人所得税法》)。投资者个人取得的税后分红所得、投资收益和盈余公积金转增注册资本等,均应按照《个人所得税法》规定的"利息、股息、红利所得"项目,依20%的税率征收个人所得税。

(四)分配与弥补亏损的关系

税法上所称的亏损是指企业依照企业所得税法的规定将每一纳税年度的收入总额扣除不征税收入、免税收入和各项扣除后小于零的数额。其表明该企业的成本大于利润,因而存在亏损,不仅没有可供缴纳企业所得税的收入,还需要将亏损在以后几年的利润中予以结转扣除。如果计算出的结果大于零,则表明有可供缴纳企业所得税的收入;如果等于零,则表明利润与成本相抵。税法中的亏损和财务会计中的亏损含义是不同的。财务会计中的亏损是指当年总收益小于当年总支出。

企业纳税年度发生的亏损准予向以后年度结转,用以后年度的所得弥补,但结转年限最长不得超过5年。

纳税人发生年度亏损,必须在年度终了后45日内将本年度纳税申报表和财务决算报表报送当地主管税务机关。主管税务机关要依据税收法规及有关规定,认真审核纳税人的年度纳税申报表及有关资料,必要时要调阅纳税人的账册、凭证等有关资料或深入实地进行审核,以确保纳税人年度税前弥补亏损数额的真实性和准确性。

纳税人在税收法规规定的亏损弥补期内,在报送企业所得税申报表时,应附《企业税前弥补亏损申报表》,表式可由各地自定。主管税务机关要依据税收法规及有关规定和纳税人弥补亏损台账的有关资料进行认真审核,审核无误后方可弥补。

二、影响利润分配的因素分析

影响公司股利分配政策的主要因素：一是法律因素，包括资本保全、企业积累、净利润、偿债能力和超额累积利润约束等方面的考虑；二是企业因素，包括流动性、举债能力、投资机会和资本成本等方面的考虑；三是股东因素，包括稳定的收入、控制权的稀释和避税等方面的考虑；四是其他因素，如债务契约的约束和通货膨胀等方面的考虑。有关因素汇总如表6—6所示。

表6—6　　确定利润分配政策应考虑的因素

影响利润分配的因素		特别事项说明
法律因素	资本保全约束	不能用股本和资本公积发放股利
	资本积累约束	盈利时提取公积金
	偿债能力约束	发放现金股利要考虑偿债能力
	超额累积利润约束	防止公司为大股东逃税
股东因素	控制权考虑	持有控股权的股东希望少分股利
	税务考虑	高股利收入的股东为避税反对发放较多的股利
	稳定收入考虑	靠股利度日的股东要求支付稳定的股利
	规避风险考虑	取得股利比获得资本利得风险小，要求多分股利
公司因素	公司举债能力	具有较强举债能力的公司往往采取较宽松的股利政策
	未来投资机会	有良好投资机会的公司往往少发股利
	盈余稳定状况	盈余相对稳定的公司有可能支付较高的股利
	资产流动状况	资产流动性较低的公司往往支付较低的股利
	筹资成本	负债资金较多且资金结构欠佳的公司将利润留存
	其他因素	为债转股、反收购、反兼并而支付较多的股利等
其他因素	债务合同限制	由于债务合同限制，公司只能采取低股利政策
	通货膨胀限制	弥补货币购买力下降和资金缺口，采用偏紧的股利政策

三、利润分配决策分析

股利分配政策与股利支付方式是公司如何对盈利进行分配的决策问题，在公司经营中起着至关重要的作用，关系到公司的长远发展、股东对投资回报的要求和资本结构的合理性。合理的股利分配政策一方面可以为企业的规模扩张提供资金来源，另一方面可以为企业树立良好的形象以吸引潜在的投资者和债权人，实现公司价值即股东财富最大化。上市公司特别重视股利分配政策的制定，通常会在综合考虑各种相关因素后，对各种不同的股利分配政策进行比较，最终选择一种符合本公司特点和需要的股利分配政策予以实施。

股利分配政策的发布也会对市场产生重要影响。既然股利分配政策与公司价值有很强的相关性，那么，其中必然传递着某些价值信息。“信号传递”理论认为，公司的股利分配政策不仅是一种分配方案，而且是一种有效的信号传递工具。股利分配政策的变化往往是公司经营状况发生变化的信号，这些信号有积极的市场影响，也有消极的市场影响。资本市场的效率性越强，这种传递方式越有效、成本越低。因为投资者相信，作为内部人的管理层拥有公司目前最真实、全面的经营发展信息，他们会通过发放股利向投资者证明其经营能力。投资者由于具有不同的股利偏好特性，会选择在适合自己股利偏好的上市公司群落周围积聚，因此，公司可能通过设计和修改股利分配政策、在股利分配政策中包含更丰富的信息来吸引投资者。

例 **6－5**　E公司成立于2013年1月1日，2013年度实现的净利润为1 000万元，分配现金股利550万元，提取公积金共计450万元。2014年实现的净利润为900万元。2015年E公司计划增加投资，其所需资金为700万元。假定公司的目标资本结构为自有资金占60％、借入资金占40％。

(1)在保持目标资本结构的前提下，2015年投资方案所需的自有资金额为420万元(700×60％)，需要从外部借入资金280万元(700×40％)。

(2)在保持目标资本结构的前提下，如果公司执行剩余股利政策，2014年度应分配的现金股利等于净利润900万元减去2015年投资方案所需自有资金后的余额，为480万元(900－420)。

(3)在不考虑目标资本结构的前提下，如果公司执行固定股利政策，2014年度应分配的现金股利即上年分配的现金股利为550万元，可用于2015年投资的留存收益为350万元(900－550)，需要对外借入资金350万元(700－350)。

(4)在不考虑目标资本结构的前提下，如果公司执行固定股利支付率政策，则该公司的股利支付率为55％(550÷1 000×100％)，2014年度应分配现金股利495万元(55％×900)。

(5)假定公司2015年面临从外部筹资的困难，只能从内部筹资，在不考虑目标资本结构的前提下，由于2015年的投资需要从2014年的净利润中留存700万元，因此，2014年度应分配现金股利200万元(900－700)。

综上所述，利润分配政策是指企业管理层对利润分配有关事项所作的方针与决策，其实质是对分配政策的选择和分配数量的确定。按照企业财务制度的规定，企业对当年实现的利润不能“吃光用光”，应该做到“以丰补歉”，除按规定提取盈余公积外，还应适当地保留一部分未分配利润。分配政策有一定的弹性，在利润有限的情况下，企业如何处理留存与分红、投资与筹资、短期利益与长远利益、企业与股东等关系，会影响企业的对外再筹资能力和企业市场价值的大小。

复习思考题

1. 简述分配的含义与分配的基本原则。
2. 对所有者分配与对债权人分配有些什么联系与区别？
3. 收入与费用应当怎样配比才能正确计算出各种利润？
4. 简述本量利分析对短期经营决策的重要意义。
5. 试比较说明利润、边际贡献、安全边际的联系与区别。
6. 理论联系实际谈谈本量利分析对目标利润规划的现实作用。
7. 简述四种股利政策的优缺点及其适用性。
8. 简述影响利润分配政策的因素并举例说明。

业务练习题

练习一

A公司计划年销售甲产品3 000件，每件单位售价为50元，单位产品变动成本为30元，全年固定成本总额为40 000元。

要求：

(1)计算A公司预计的目标利润。

(2)如果预计目标利润要达到30 000元，则预计的目标销售量应为多少？

练习二

B公司产销一种产品，单价为100元，单位变动制造成本为55元，单位变动销售费用为10元，单位变动管理费用为5元，每月固定生产成本为20万元，固定销售费用为15万元，固定管理费用为10万元，平均所得税税率为30%，平均价内流转税税率为10%。

要求：

(1)计算B公司的保本销售量、保本销售额和边际贡献率。

(2)分析销量为5万件时的安全边际率和保本点作业率。

(3)假如要使税后利润达到35万元,销量应为多少?此时的盈亏临界点作业率和安全边际率为多少?

(4)假如要使公司的销售利润率达到10%,固定生产成本将上升30%,固定销售费用将上升20%,固定管理费用将上升10%。为保证目标利润的实现,销售要达到什么水平?此时的盈亏临界点作业率为多少?

练习三

C公司的产品销路稳定,公司准备再投资600万元以扩大生产能力。该公司想要维持目前45%的负债比率,并想继续执行20%的固定股利支付率政策。该公司在2014年的税后利润为260万元,那么,C公司2015年为扩大生产能力必须从外部筹措多少权益资金?

练习四

D公司2014年年底的所有者权益总额为900万元,普通股为400万股(每股面值为1元,市场价格为10元)。该公司目前的资金结构为长期负债占40%,所有者权益占60%,长期负债的年平均利率为10%,没有需要付息的流动负债。该公司的所得税税率为30%,预计继续增加长期债务不会改变目前的利率水平。

D公司2015年度的资金安排计划为:(1)分配现金股利0.3元/股;(2)为新的投资项目筹集资金500万元;(3)维持目前的资金结构不变,不增发新股,不举借短期借款。

要求:

(1)计算D公司为实现上述要求所需要的息税前利润。

(2)D公司普通股的β值为0.8,当前国库券的收益率为7%,股票市场普通股平均收益率为13%。计算该普通股成本和D公司的平均资金成本。

第七章 财务预算与战略规划

第一节 财务预算概述

一、预算管理与财务预算

预算应当是预测与决策的体现，是企业行为计划的量化，是控制与考核的依据。作为一种资源分配的有效方法，预算还是对投入产出内容、数量以及投入产出时间安排等管理要求的详细说明。通过预算的编制，可以使经营管理者明确具体的经营目标和工作方向，并有助于协调工作、贯彻计划，是一种重要的管理工具。

预算管理是指企业在战略目标或战略规划预算的指导下，对未来的经营活动和相应财务结果进行充分、全面的预测和筹划，并通过对执行过程的监控，将实际完成情况与预算目标不断对照和分析，从而及时指导经营活动的改善和调整，以帮助管理者更加有效地管理企业和实现战略目标。其基本内容主要包括销售预算（包括现金收入预算）、生产预算、直接材料预算（包括现金支出预算）、直接人工预算、制造费用预算、产成品存货预算、期间费用预算、专门决策预算（如投资预算、筹资预算）、现金预算（预计现金流量表）、预计利润表和预计资产负债表等内容，具体分类如图 7－1 所示。其中，财务预算处于预算管理的核心地位，对预算绩效具有举足轻重的作用。

财务预算是企业运用科学的技术手段和数量方法，对预算期的财务状况、经营成果和现金流量进行预计的总称。财务预算与业务预算、专门决策预算（包括资本预算和筹资预算等）共同构成企业全面预算体系的主要内容。

凡事预则立，不预则废。全面预算管理是能把组织的所有关键问题融合于一个体系之中的管理控制方法之一，已经成为现代化企业不可或缺的重要管理模式。它通过

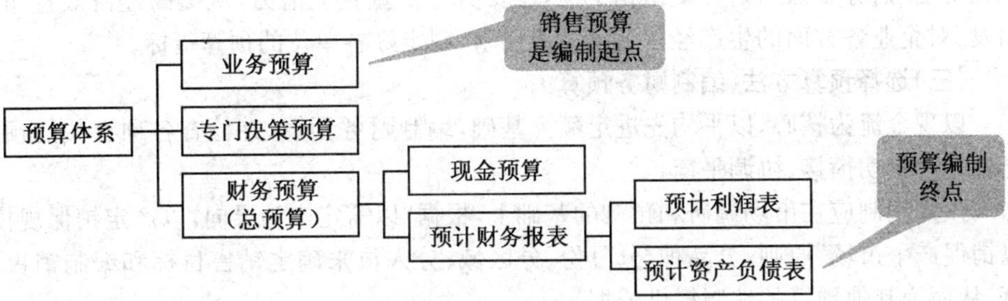

图 7—1　预算体系

业务、资金、信息、人才的整合，明确适度的分权授权和战略驱动的业绩评价等来实现企业的资源合理配置并真实反映企业的实际需要，进而对作业协同、战略贯彻、经营现状与价值增长等方面的最终决策提供支持。

财务预算应当围绕公司的战略要求和发展规划，以业务预算、资本预算和筹资预算为基础，以经营利润为目标，以现金流为核心进行编制，并主要以财务报表的形式予以充分反映，具有规划、沟通和协调、资源分配、营运控制和绩效评估的功能。财务预算及其预算管理过程如图 7－2 说明。

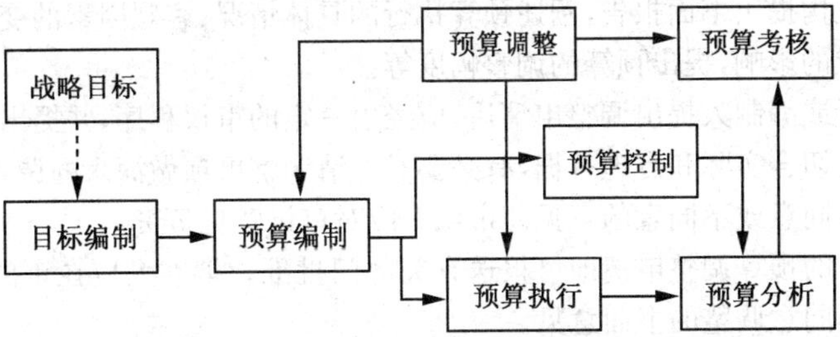

图 7—2　财务预算及其预算管理过程

二、财务预算管理的基本步骤

(一)分析经营环境，确定预算指标

企业应当根据其外部宏观环境和内部微观状况，运用科学的方法，分析与所确定的经营目标有关的各种因素，按照总体经济效益原则，确定主要的预算指标。

(二)协调财务能力，组织综合平衡

企业应当合理安排人力、物力和财力，使之与经营目标相适应，资金运用与资金来

源相平衡，财务收入与财务支出相平衡，还要努力挖掘企业潜力，从提高经济效益角度出发，对企业各方面的生产经营活动提出要求，制定好各单位的预算指标。

（三）选择预算方法，编制财务预算

以现金流为核心，以平均先进定额为基础，编制财务预算，并检查各项有关的预算指标是否密切衔接、协调平衡。

预算编制应在市场调研和预测的基础上，根据“以需定产为导向，以产定销保规模，以销促产争市场”原则，分品种、分月份、分区域、分人员来确定销售目标和编制销售预算，从而为其他预算的编制提供依据。

编制预算一般应当按照“由上而下、上下结合、分级编制、逐级汇总”的要求进行。其主要程序是下达目标、编制上报、审查平衡、审议批准和下达执行等。

（四）实施预算管理，控制预算调整

预算制定出来以后，预算执行者应当对预算进行管理，促进预算的实施，而不是被预算所“套住”。必要时可以根据实际情况作出检查和修订，对预算进行调整。预算调整需要经过申请、审议和批准三个主要程序。

由于市场环境、经营条件、国家法规政策等发生重大变化，或出现重大自然灾害等不可抗力、公共紧急事件等致使预算的编制基础不成立，或者将导致预算执行结果产生重大差异的，经企业决策机构批准可以调整预算。调整预算应当由预算执行单位逐级向企业决策机构提出书面报告，阐述预算执行的具体情况、客观因素的变化情况及其对预算执行造成的影响，提出预算的调整幅度等。

预算执行或编制人提出调整申请后，应经由一定的审议程序，并提出审议意见。为了使审议意见切合实际和有理有据，有必要对申请调整事项做深入的调查研究和论证，不可随意作出同意或不同意的意见。审议人应对审议意见负责。

经审议后的预算调整申请即可报送有关部门批准。批准人应在审阅有关资料后，提出同意或不同意调整的书面意见。

第二节　财务预算方法

财务预算可以根据不同的预算项目，分别采用增量预算与零基预算、固定预算与弹性预算、定期预算与滚动预算等方法进行编制，应当注意各种编制方法的优缺点及适用范围。

一、增量预算与零基预算

按照编制预算的出发点的不同，预算编制方法可分为增量预算和零基预算两种。

增量预算是指以基期成本费用水平为基础，结合预算业务量水平及有关降低成本的措施，通过调整原有费用项目而编制预算的方法。增量预算方法比较简单，但它是以过去的水平为基础，不加分析地保留或接受原有的成本项目，可能使原来不合理的费用继续开支而得不到控制，造成不必要的开支被合理化，导致预算上的浪费。

零基预算不考虑以往会计期间所发生的费用项目或费用数额，而是以所有的预算支出均为零为出发点，结合实际需要与可能，逐项审议预算期内各项费用的内容及开支标准是否合理，在综合平衡的基础上编制费用预算的一种方法。

增量预算与零基预算编制方法的差异如表7－1所示。

表7－1　　增量预算方法与零基预算方法

比较项目	定　义	优缺点	假设前提或适用场合
增量预算（调整预算法）	以基期成本费用水平为基础，结合预算期业务量水平及有关影响成本的因素的未来变动情况，通过调整有关原有费用项目而编制预算的方法	优点：编制方法简单易行 缺点：(1)受原有费用项目限制，可能导致保护落后；(2)滋长预算中的“平均主义”和“简单化”；(3)不利于企业未来的发展	假设前提：(1)现有业务活动是企业必需的；(2)原有的各项开支都是合理的；(3)增加费用预算是值得的
零基预算（零底预算法）	不考虑以往会计期间发生的费用项目和数额，一切以零为出发点编制预算的方法	优点：(1)不受现有费用开支水平限制；(2)能调动降低费用的积极性；(3)有助于企业的发展 缺点：工作量大，编制时间较长	适用场合：产出较难辨认的服务性部门的费用预算

二、固定预算与弹性预算

(一)固定预算与弹性预算的含义

按照编制预算的业务量基础的不同，预算编制方法可分为固定预算和弹性预算两种。

固定预算是指以预算期内正常的、可实现的某一业务量(如生产量、销售量)水平作为唯一基础来编制预算的方法。传统预算大多采用固定预算。

弹性预算是指在成本习性分析的基础上，以业务量、成本和利润之间的依存关系为依据，按照预算期可预见的各种业务量水平编制能够适应多种情况的预算的编制方法。

固定预算与弹性预算编制方法的差异如表7－2所示。

表 7—2　　　　固定预算方法与弹性预算方法

比较项目	定　义	优缺点	适用场合
固定预算（静态预算）	以预算期内正常的、可实现的某一固定业务量水平作为唯一基础编制的预算	缺点：(1)机械呆板；(2)可比性差	业务量较为稳定的企业或非营利组织
弹性预算（变动预算、滑动预算）	以业务量、成本和利润之间的依存关系为依据，以预算期可预见的各种业务量水平为基础编制的预算	优点：(1)预算范围宽；(2)可比性强；(3)便于考核	所有与业务量有关的预算，主要用于编制弹性成本预算和弹性利润预算

（二）弹性预算的编制方法

编制弹性预算所依据的业务量可以是产量、销售量、直接人工工时、机器工时、材料消耗量和直接人工工资等。

业务量范围是指弹性预算所适用的业务量区间。业务量范围的选择应根据企业的具体情况而定。一般来说，可定在正常生产能力的 70%～110%，或以历史上最高业务量和最低业务量为其上下限。

弹性成本预算的编制通常采用如下几种方法：

1. 公式法

公式法是指通过确定 $y=a+bx$ 和公式中的 a 和 b 来编制弹性成本预算的方法。

公式中的 a 为固定成本，b 为单位变动成本。在进行成本习性分析的基础上，可以将任何成本近似地表示为 $y=a+bx$。当 $b=0$ 时，y 为固定成本项目；当 $a=0$ 时，y 为变动成本项目；当 a 和 b 均不为零时，y 为混合成本。x 表示业务量。在公式法下，如果事先确定了有关业务量 x 的变动范围，只要根据有关成本项目的 a 和 b，就可以很方便地推算出业务量在允许范围内任何水平上的各项预算成本。

例 7—1　表 7—3 所列的为大方公司某车间某年按公式法编制的（部分）制造费用弹性预算指标，业务量范围为直接人工工时 7 000～11 000 小时。

表 7—3　　　　制造费用弹性预算（公式法编制）　　　　单位：元

项　目	a	b	项　目	a	b
折旧费	3 000		工人工资		7.00
保险费	1 000		电费		1.00
设备租金	2 000		燃油费	1 000	0.50
耗用物料		2.00	修理费	2 000	0.60

假设该车间直接人工的预算工时为 9 500 小时，其制造费用弹性预算指标应当计算如下：

制造费用预算指标 y = 变动成本 + 混合成本 + 固定成本

$$= 9\ 500 \times (2+7+1) + 1\ 000 + 9\ 500 \times 0.5 + 2\ 000 + 9\ 500 \times 0.6 + 3\ 000 + 1\ 000 + 2\ 000 = 114\ 450(\text{元})$$

公式法的优点是便于计算任何业务量下的预算成本，不受一定范围业务量的限制；缺点是逐项甚至按细目分解成本的工作量较大。

2. 列表法

列表法是指通过列表的方式，在相关范围内每隔一定业务量计算相关数值来编制弹性成本预算的方法（如表 7—4 所示）。

表 7—4　　制造费用弹性预算（列表法编制）　　单位：元

项　目	业务量预算范围				
直接人工工时	7 000	8 000	9 000	10 000	11 000
生产能力利用(%)	70	80	90	100	110
1.变动成本项目	70 000	80 000	90 000	100 000	110 000
耗用物料	14 000	16 000	18 000	20 000	22 000
工人工资	49 000	56 000	63 000	70 000	77 000
电费	7 000	8 000	9 000	10 000	11 000
2.混合成本项目	10 700	11 800	12 900	14 000	15 100
油料	4 500	5 000	5 500	6 000	6 500
修理费	6 200	6 800	7 400	8 000	8 600
3.固定成本项目	6 000	6 000	6 000	6 000	6 000
折旧费	3 000	3 000	3 000	3 000	3 000
保险费	1 000	1 000	1 000	1 000	1 000
设备租金	2 000	2 000	2 000	2 000	2 000
制造费用预算额	86 700	97 800	108 900	120 000	131 100

表 7—4 是按生产能力利用 10% 为业务量间距的，实际预测时可以再大些或再小些。列表法的优点是直观明了，这种编制方法工作量较大，但弹性幅度也大。

三、定期预算与滚动预算

(一)定期预算与滚动预算的含义

按照编制预算方法的预算期不同，预算编制方法可分为定期预算和滚动预算两种。

定期预算是指在编制预算时以不变的会计期间(如日历年度)作为预算期的一种编制预算的方法,该方法能够使预算期间与会计年度相配合,便于考核和评价预算的执行结果。

滚动预算是指在编制预算时,将预算期与会计年度脱离开,随着预算执行的不断延伸而不断补充预算,逐期向后滚动,使预算期永远保持为12个月的一种方法。

定期预算与滚动预算编制方法的差异如表7—5所示。

表7—5　定期预算方法与滚动预算方法

比较项目	定　义	优　点	缺　点
定期预算	以不变的会计期间作为预算期的一种预算编制方法	预算期间与会计年度配合,便于考核、评价预算的执行结果	(1)远期指导性差;(2)灵活性差;(3)连续性差
滚动预算(连续预算、永续预算)	将预算期与会计年度脱离开,随着预算的执行不断延伸补充预算,逐步向后滚动,使预算期永远保持为一个固定期间的预算方法	(1)透明度高;(2)及时性强;(3)连续性、完整性和稳定性突出	工作量较大

(二)滚动预算的编制方法

滚动预算的具体编制方法是:每过一个季度(或月份),立即根据前一个季度(或月份)的预算执行情况对以后季度(或月份)进行修订,并增加一个季度(或月份)的预算。如此以逐期向后滚动、连续不断的预算形式规划企业未来的经营活动。

滚动预算按其预算编制和滚动的时间单位的不同可分为逐月滚动、逐季滚动和混合滚动三种方式。

1. 逐月滚动

逐月滚动是指在预算编制的过程中,以月份为预算的编制和滚动单位,每个月调整一次预算的方法。例如,在2014年1～12月的预算执行过程中,需要在1月末根据当月预算的执行情况,修订2～12月的预算,同时补充2015年1月份的预算;2月末根据当月预算的执行情况,修订3月至2015年1月的预算,同时补充2015年2月的预算;以此类推,逐月滚动。

2. 逐季滚动

逐季滚动是指在预算编制的过程中,以季度为预算的编制和滚动单位,每个季度调整一次预算的方法。例如,在2014年第一季度至第四季度的预算执行过程中,需要在第一季度末根据当季预算的执行情况,修订第二季度至第四季度的预算,同时补充2015年第一季度的预算;第二季度末根据当季预算的执行情况,修订第三季度至2015

年第一季度的预算，同时补充2015年第二季度的预算；以此类推，逐季滚动。

3. 混合滚动

混合滚动是指在预算编制的过程中，同时使用月份和季度作为预算的编制和滚动单位的方法，是滚动预算的一种变通方式。这种方式的理论依据是：人们对未来的了解程度具有对近期的预计把握较大，对远期的预计把握较小的特征。为了做到长计划短安排、远略近详，在预算编制的过程中，可以对近期预算提出较高的精度要求，使预算的内容相对详细；对远期预算提出较低的精度要求，使预算的内容相对简单。这样可以减少预算工作量。例如，对2014年1～3月的头3个月逐月编制详细预算，4～12月分别按季度编制粗略预算；3月末根据第一季度预算的执行情况，编制4～6月的详细预算，并修订第三至第四季度的预算，同时补充2015年第一季度的预算；6月末根据当季预算的执行情况，编制7～9月的详细预算，并修订第四季度至2015年第一季度的预算，同时补充2015年第二季度的预算；以此类推，混合滚动。

第三节　财务预算编制

一、财务预算编制依据

（一）财务预算的编制原则

财务预算年度应与会计年度一致，其预算编制的基本原则是：量入为出，综合平衡；效益优先，确保重点；权责明确，分级实施；规范运作，防范风险。

财务预算委员会主要拟定财务预算的目标、政策，制定财务预算管理的具体措施和办法，审议、平衡财务预算方案，组织、下达财务预算，协调、解决财务预算编制和执行过程中的问题，组织审计、考核财务预算的执行情况，督促完成财务预算目标。

公司财务部是财务预算委员会的常设工作机构，负责组织公司财务预算的编制、查核、汇总、上报、下达等具体工作，跟踪监督财务预算的执行情况，分析财务预算与实际执行的差异及原因，提出改进管理的措施和建议。

编制财务预算应当按照先业务预算、资本预算、筹资预算，后财务预算的流程进行，并按照各预算执行单位所承担经济业务的类型及其责任权限，编制不同形式的财务预算。

例 **7—2**　申雅公司某年第四季度要求财务部按照预算管理的规范要求编制好下一年度的财务预算，有关资料如下：

总经理提出下年度经营目标利润为217 000元，为此需实现的目标销售收入测算为 525 000 元。销售预测资料表明，A 产品年销售量可达 1 200 件，B 产品年销售量可达 2 000 件。销售收入预计可在当季收回 50%，次季收回 50%。各项销售费用预计为销售收入的 1%，均在当季支付。预计年初应收账款余额为 55 000 元，于预算期第一季度收回。

根据生产预算的安排，A 产品预算期的期初存货为 150 件，最低库存量为 80 件，最高库存量为 15 件，预算期的年末存货为 130 件，最大生产量为 400 件；B 产品预算期的期初存货为 200 件，最低库存量为 100 件，最高库存量为 250 件，预算期的年末存货为 220 件，最大生产量为 600 件。

公司生产的 A、B 产品共同耗用一种甲材料，单位产品耗用量分别为 4 件和 1 件；单位采购成本为 20 元，预算期的期初存货为 300 件，期末存货预计为下期生产耗用量的 20%，预算期存货为 300 件。采购货款要求当期支付 40%，下期支付 60%。预算期的期初应付购货款为 12 000 元，在第一季度支付。

公司按照制造成本法核算产品成本。生产 A、B 产品时所需单位直接人工工时分别预测为 6 小时和 2 小时，平均小时工资率为 5 元。公司要求制造费用分为变动和固定两个部分，其中，变动制造费用按工时耗用量比例分配，固定制造费用按季度平均分配。分季预算要求折旧费用按季度平均分配，管理费用按季度平均支付。

公司拟进行设备更新，根据确定的最优方案，在考虑企业现金支付能力和筹措的可能性的基础上，决定在第一季度购进一套设备，总价款为 80 000 元，以分两季付款的方式购买，第一季度付款 60%，第二季度付款 40%，并支付利息 1 280 元。

预计公司全年所得税费用为 43 400 元，分季平均支付。根据董事会决议，股利分配暂按经营目标利润的 50%安排，并分季等额支付。

期初现金余额为 18 000 元，期末现金最低库存额为 15 000 元。现金短缺时，要求在各期期初向银行申请贷款（贷款年利率为 12%），贷款的起点为 1 000 元。现金有盈余时，应在季末及时归还贷款本息，并按照归还的本金计算应当归还的利息。

（二）财务预算的表现形式

按照公司预算管理的规定，财务预算主要以现金预算、预计资产负债表和预计表等形式反映。

现金预算是以业务预算、资本预算和筹资预算为基础，是其他预算有关现金收支的汇总，是公司资金管理的重要依据。

预计资产负债表是按照资产负债表的内容和格式综合反映预算执行单位期末财务状况的预算报表。

预计利润表是按照损益表的内容和格式编制的反映预算执行单位在预算期内利润目标的预算报表。

二、各项业务预算编制的要点

(一)销售预算

销售预算是编制全面预算的基础和前提。通过对企业未来产品销售情况所作的预测,推测出下一预算期的产品销售量和销售单价,可求出预计的销售收入,即:

$$销售收入=销售量\times销售单价$$

销售预算主要分品种列示全年或分季度、分月度的预计销售数量和销售收入。销售费用与销售收入存在一定的比例关系,企业可以将销售费用预算反映在销售预算之中。本章为方便计算,均不单独考虑增值税等流转税费。

在销售预算的正表下,通常还附有预计现金收入的计算,为编制现金预算提供必要的资料。

$$\text{某预算期经营现金收入}=\text{该期现销含税收入}+\text{该期回收以前各期的应收账款}$$

申雅公司编制的年度销售预算和现金收入预算如表7—6和表7—7所示。

表7—6　　销售与销售费用预算

期　间	A产品		B产品		销售收入合计(元)	销售费用(元)
	销量(件)	销售额(元)	销量(件)	销售额(元)		
第一季度	300	74 000	500	57 000	131 000	1 310
第二季度	330	81 700	600	69 000	150 700	1 507
第三季度	320	78 800	500	57 000	135 800	1 358
第四季度	250	61 500	400	46 000	107 500	1 075
合　计	1 200	296 000	2 000	229 000	525 000	5 250

表7—7　　现金收入预算　　单位:元

项　目	当期收回的现金				
	第一季度	第二季度	第三季度	第四季度	全年合计
年初应收账款余额	55 000				55 000
第一季度销售收入	65 500	65 500			131 000
第二季度销售收入		75 350	75 350		150 700
第三季度销售收入			67 900	67 900	135 800
第四季度销售收入				53 750	53 750
现金收入合计	120 500	140 850	143 250	121 650	526 250
年末应收账款余额	65 500	75 350	67 900	53 750	53 750

(二)生产预算

遵循“以销定产”的原则,生产预算是根据销售预算进行编制的,即需要根据预计的销售量,并考虑预计期初存货和预计期末存货等因素按品种分别编制。生产预算是业务预算中唯一仅以数量形式反映的预算。

由于计划期间除必须备有足够的产品以供销售外,还必须考虑到计划期期初和期末存货的预计水平,以避免存货太多,形成资金的积压、浪费;或存货太少,影响下一季度销售活动的正常进行,因此,在生产预算中,预计产品生产量与销售量之间的关系,可按下式计算:

预计生产量=预计销售量+预计期末产成品存货-预计期初产成品存货

申雅公司编制的年度生产预算如表7-8所示。

表7-8　　生产预算　　单位:件

产品	项　目	第一季度	第二季度	第三季度	第四季度	全年合计
A产品	预计销售量	300	330	320	250	1 200
	预计期末存货	130	130	80	130	130
	预计期初存货	150	130	130	80	150
	预计生产量	280	330	270	300	1 180
B产品	预计销售量	500	600	500	400	2 000
	预计期末存货	180	150	130	220	220
	预计期初存货	200	180	150	130	200
	预计生产量	480	570	480	490	2 020

(三)直接材料预算

编制直接材料预算是以生产预算、材料消耗定额和预计材料采购单价等信息为基础,并考虑期初、期末材料存货水平编制的。

预计采购量=预计生产量×单位产品耗用量+预计期末材料-预计期初材料

根据计算所得到的预计直接材料采购量,不仅可以安排预算期内的采购计划,而且可以得到直接材料的预算额:

直接材料预算额=直接材料预计采购量×直接材料单价

为便于编制现金预算,在直接材料预算中,通常还包括材料方面预期的现金支出的计算,包括上期采购的材料将于本期支付的现金和本期采购的材料中应由本期支付的现金。

$$\frac{某预算期采}{购现金支出}=\frac{该期现购材}{料现金支出}+\frac{该期支付以前}{各期的应付账款}$$

申雅公司编制的年度材料预算和现金支出预算如表7—9和表7—10所示。

表7—9　直接材料预算

项　目		第一季度	第二季度	第三季度	第四季度	全年合计
预计生产量（件）	A产品	280	330	270	300	1 180
	B产品	480	570	480	490	2 020
单位产品耗用数量（件）	A产品	4	4	4	4	4
	B产品	1	1	1	1	1
生产需用量（件）	A产品	1 120	1 320	1 080	1 200	4 720
	B产品	480	570	480	490	2 020
	小计	1 600	1 890	1 560	1 690	6 740
预计期末存货（件）		378	312	338	300	300
预计期初存货（件）		300	378	312	338	300
预计采购量（件）		1 678	1 824	1 586	1 652	6 740
平均单位采购成本		20	20	20	20	20
预计采购成本（件）		33 560	36 480	31 720	33 040	134 800

表7—10　材料采购现金支出预算　单位：元

项　目	第一季度	第二季度	第三季度	第四季度	全年合计
年初应付购货款余额	12 000				12 000
第一季度采购成本	13 424	20 136			33 560
第二季度采购成本		14 592	21 888		36 480
第三季度采购成本			12 688	19 032	31 720
第四季度采购成本				13 216	13 216
现金支出合计	25 424	34 728	34 576	32 248	126 976
年末应付购货款余额	20 136	21 888	19 032	19 824	19 824

根据销售预算、材料采购预算等相关数据和适用税率等资料，还可以计算预计应交增值税或应交税金及附加预算表。

(四)直接人工预算

直接人工预算也是以生产预算为基础进行编制的,它根据已知的标准工资率、标准单位直接人工工时、其他直接费用计提标准和生产预算中的预计生产量等资料编制。

直接人工预算应当列示全年和分季度预计需用的直接人工工时和直接人工成本。将各期的预计产量乘以单位产品所需直接人工工时,即得各期的直接人工工时预算,再乘以每小时直接人工成本,便是直接人工成本预算。

直接人工预算额=预计生产量×单位产品直接人工工时×小时工资率

申雅公司编制的年度直接人工预算如表7—11所示。

表7—11 直接人工预算

项　目		第一季度	第二季度	第三季度	第四季度	全年合计
预计生产量(件)	A产品	280	330	270	300	1 180
	B产品	480	570	480	490	2 020
单位产品直接人工工时(小时)	A产品	6	6	6	6	6
	B产品	2	2	2	2	2
预计直接人工工时耗用量(小时)	A产品	1 680	1 980	1 620	1 800	7 080
	B产品	960	1 140	960	980	4 040
	合计	2 640	3 120	2 580	2 780	11 120
平均小时工资率(元/小时)		5	5	5	5	5
直接人工总成本(元)		13 200	15 600	12 900	13 900	55 600

(五)制造费用预算

凡生产成本中不属于直接材料和直接人工的部分,都计入制造费用。这些费用按其性态划分为变动性制造费用和固定性制造费用两个部分。不同性态的制造费用,其预算的编制方法也不同。

在变动成本法下,变动性制造费用根据单位产品的预定分配率和生产量进行预计,固定性制造费用在上年的基础上根据预期变动加以适当修正进行预计。

变动制造费用与生产之间存在着线性关系,其计算方法为:

变动制造费用预算额=预计生产量×单位产品预算分配率

$$\frac{\text{变动性制造费}}{\text{用预算分配率}}=\frac{\text{变动性制造费用预算总额}}{\text{相关分配标准预算总数}}$$

固定制造费用与生产量之间不存在线性关系,其预算通常都是根据上年的实际水平,经过适当的调整而形成。

$$\text{某期预计制造费用现金支出}=\text{该期预算变动性制造费用现金支出}+\text{该期预算固定性制造费用现金支出}$$

制造费用预算的编制，通常还包括费用方面预计的现金支出的计算，为编制现金预算提供必要的资料。由于固定资产折旧是无须现金支出的项目，因此，计算费用方面预期的现金支出，应将折旧等非付现费用予以扣除。

申雅公司编制的年度制造费用预算如表 7—12 和表 7—13 所示。

表 7—12　　制造费用预算

<table>
<tr><th>费用项目</th><th>费用额(元)</th><th>分配方法与分配计算</th></tr>
<tr><td colspan="2">变动制造费用：</td><td rowspan="7">变动制造费用分摊率
＝22 240÷11 120＝2(元/小时)</td></tr>
<tr><td>间接人工</td><td>6 672</td></tr>
<tr><td>间接材料</td><td>5 560</td></tr>
<tr><td>修理费</td><td>2 224</td></tr>
<tr><td>水电费</td><td>4 448</td></tr>
<tr><td>固定资产租金</td><td>3 336</td></tr>
<tr><td>小　计</td><td>22 240</td></tr>
<tr><td colspan="2">固定制造费用：</td><td rowspan="6">固定制造费用按季平均分配
＝16 680÷4＝4 170(元)</td></tr>
<tr><td>管理人员工资</td><td>3 000</td></tr>
<tr><td>折旧费</td><td>10 000</td></tr>
<tr><td>保险费</td><td>1 600</td></tr>
<tr><td>财产税</td><td>2 080</td></tr>
<tr><td>小　计</td><td>16 680</td></tr>
<tr><td>合　计</td><td>38 920</td><td></td></tr>
</table>

表 7—13　　制造费用预计现金支出预算　　单位：元

项　目	第一季度	第二季度	第三季度	第四季度	全年合计
变动制造费用	5 280	6 240	5 160	5 560	22 240
固定制造费用	4 170	4 170	4 170	4 170	16 680
小　计	9 450	10 410	9 330	9 730	38 920
减：非现金支付	2 500	2 500	2 500	2 500	10 000
现金支出合计	6 950	7 910	6 830	7 230	28 920

(六)产品成本和期末存货预算

产品成本预算是以生产预算、直接材料预算、直接人工预算和制造费用预算为基础进行编制。

$$\text{某产品某期预计成本}=\text{该产品该期预计生产成本}+\text{该产品在产品成本期初余额}-\text{该产品在产品成本期末余额}$$

$$\text{本期预计产品销售成本}=\text{本期预计产品生产成本}+\text{产成品成本期初余额}-\text{产成品成本期末余额}$$

期末存货预算是为了规划一定预算期期末的在产品、产成品和原材料预计成本水平而编制的日常业务预算。

编制期末存货预算是为了综合反映计划期内生产单位产品预计的成本水平,同时也为正确计量预计利润表中的主营业务成本和预计资产负债表中的期末材料存货和期末产成品存货提供数据。其计算公式为:

预计期末产成品存货成本=预计期末产成品存货量×单位成本

采用变动成本法计算产品成本时,单位产品成本只包括直接材料、直接人工和制造费用的变动部分,至于固定费用部分则当作"期间费用"列入利润表,从当期的主营业务收入中扣除。

$$\text{某期期末存货余额}=\text{该期在产品存货期末余额}+\text{该期产成品存货期末余额}+\text{该期原材料存货期末余额}$$

申雅公司编制的年度产品成本预算如表 7—14 所示。

表 7—14　　产品生产成本和期末产成品预算　　单位:元

产品	项　目	第一季度	第二季度	第三季度	第四季度	全年合计
A产品	预计生产量(件)	280	330	270	300	1 180
	预计生产成本:					
	直接材料	22 400	26 400	21 600	24 000	94 400
	直接人工	8 400	9 900	8 100	9 000	35 400
	变动制造费用	3 360	3 960	3 240	3 600	14 160
	生产成本合计	34 160	40 260	32 940	36 600	143 960
	预计单位成本	122	122	122	122	122
	期末存货成本	15 860	15 860	9 760	15 860	15 860

续表

产品	项目	第一季度	第二季度	第三季度	第四季度	全年合计
B产品	预计生产量(件)	480	570	480	490	2 020
	预计生产成本:					
	直接材料	9 600	11 400	9 600	9 800	40 400
	直接人工	4 800	5 700	4 800	4 900	20 200
	变动制造费用	1 920	2 280	1 920	1 960	8 080
	生产成本合计	16 320	19 380	16 320	16 660	68 680
	预计单位成本	34	34	34	34	34
	期末存货成本	6 120	5 100	4 420	7 480	7 480

(七)管理费用预算

管理费用预算包括预算期内将发生的制造费用以外的各项费用。管理费用预算的各费用明细项目要按成本性态分为变动费用与固定费用两类。其预算的编制方法与制造费用预算的编制方法相同,也是按照费用的不同性态分别进行编制的。

管理费用预算应当按项目反映全年预计水平,可按预算期的变动性管理费用分配率和预计销售业务量进行测算。

申雅公司编制的年度管理费用预算如表7—15所示。

表7—15　管理费用预算　单位:元

费用项目	金额
管理人员工资	34 000
水电费	4 000
邮电费	8 000
办公费	8 600
业务招待费	4 400
律师费	3 600
差旅费	7 000
保险费	2 000
合计	71 600

管理费用预算的编制还应当包括费用方面预计现金支出的预算，为编制现金预算提供必要的资料(如表 7—16 所示)。

表 7—16　　管理费用预计现金支出预算　　单位:元

项　目	第一季度	第二季度	第三季度	第四季度	全年合计
现金支出	17 900	17 900	17 900	17 900	71 600

(八)特种决策预算

企业可以根据借款的取得和本息偿还的安排编制财务费用预算或筹资预算；还可以编制应付税金及附加预算，纳入现金预算。特种决策预算一般不纳入日常业务预算，但应计入与此有关的现金预算和预计资产负债表。

申雅公司编制的年度投资(特种)预算如表 7—17 所示。

表 7—17　　设备更新支出预算　　单位:元

项　目	第一季度	第二季度	第三季度	第四季度	全年合计
设备价款支付额	48 000	32 000			80 000
利息支出		1 280			1 280
合　计	48 000	33 280			81 280

三、现金预算的编制方法

现金预算是以各项业务预算为基础的，是财务预算的中心，企业所有按收付实现制编制的日常业务预算资料都应当直接或间接地反映在现金预算表中。上述业务预算、特种预算和现金预算之间的关系如图 7—3 所示。

现金预算表中的现金是指货币资金。现金预算表主要反映现金收支差额和现金筹措使用情况，同时反映期初期末现金余额。它是企业协调、控制、管理现金的有效工具。现金预算的编制应以各项营业预算和资本预算为基础，用以反映预算期内全部现金流入与流出的数额，并加以对比说明，其目的在于现金多余时及时处理现金余额，现金不足时及时筹措资金，并提供现金收支的控制限额，从而能够起到控制现金与管理现金的作用。

现金预算表应当包括以下几个主要方面的内容：

第一，期初现金余额来源于上期期末现金余额。

第二，现金收入来源于各项经营业务活动的现金收入和其他现金收入。

期初现金余额＋现金收入＝可供使用现金

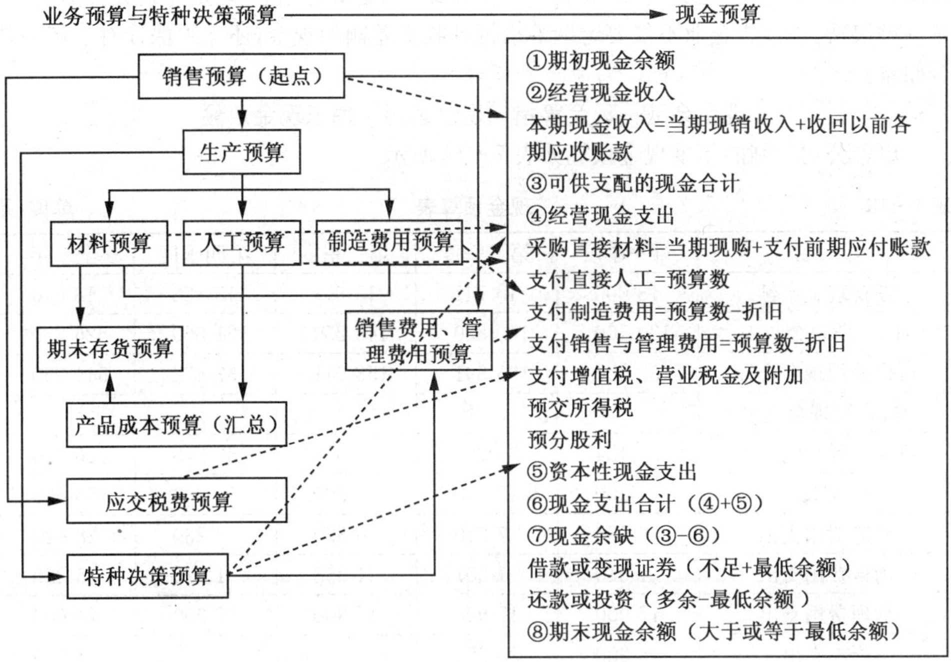

图 7—3　业务预算、特种预算和现金预算之间的关系

第三，现金支出包括直接材料、直接人工、制造费用、销售费用、管理费用、财务费用等方面的经营性现金支出，用于缴纳税金和股利分配等支出，还包括购买设备等资本性支出。

第四，现金收支差额又称现金余缺，是指各项现金收入减去现金支出后的余额。

可供使用现金－现金支出合计＝现金余缺

第五，资金的筹措与运用又称融通现金，也是现金预算管理的重点关注所在。当收支差额为正值（称为现金结余），在偿还了利息和借款本金之后仍超过现金余额上限时，就应当拿出一部分钱用于有价证券投资；但一旦发现还本付息之后的收支差额低于现金余额下限，就应该抛出一部分有价证券来补足现金短缺；如果现金收支差额为负值（即现金短缺），则可采取发行股票、发行债券、抛售有价证券或向银行借款等措施来弥补现金不足。

第六，期末现金余额应当保持一个合理的或者最佳的现金持有量。现金收支差额与期末现金余额均要通过协调资金筹措及运用来调整。应当在保证各项支出所需资金供应的前提下，通过计算现金最佳持有量，注意保持期末现金余额在合理的上下限度内波动。因为现金储备过少会影响周转，造成短缺；现金储备过多又会造成机会损失，也是一种浪费。所以，企业不仅要定期筹措抵补收支差额的现金，还必须保证有一定的现金储备。

现金余缺＋现金筹措－现金运用＝期末现金余额

申雅公司编制的年度现金预算如表7－18所示。

表7－18 **现金预算表** 单位：元

项　目	第一季度	第二季度	第三季度	第四季度	全　年
期初现金余额	18 000	15 741	15 691	15 822	18 000
加：本期现金收入	120 500	140 850	143 250	121 650	526 250
可供使用现金合计	138 500	156 591	158 941	137 472	544 250
减：本期现金支出					
直接材料采购支出	25 424	34 728	34 576	32 248	126 976
直接人工支出	13 200	15 600	12 900	13 900	55 600
制造费用支出	6 950	7 910	6 830	7 230	28 920
销售费用支出	1 310	1 507	1 358	1 075	5 250
管理费用支出	17 900	17 900	17 900	17 900	71 600
资本支出	48 000	33 280			81 280
支付股利	27 125	27 125	27 125	27 125	108 500
支付所得税	10 850	10 850	10 850	10 850	43 400
现金支出合计	150 759	148 900	111 539	110 328	521 526
现金余缺	(12 259)	7 691	47 402	27 144	22 724
现金筹措与运用：					
银行借款	28 000	8 000			36 000
借款归还			(29 000)	(7 000)	(36 000)
支付利息			(2 580)	(630)	(3 210)
筹资活动收付合计	28 000	8 000	(31 580)	(7 630)	(3 210)
期末现金余额	15 741	15 691	15 822	19 514	19 514

注：还本29 000元的计息依据：28 000×12%×9÷12＝2 520(元)；1 000×12%×6÷12＝60(元)；合计2 580元。还本7 000元的计息依据：7 000×12%×9÷12＝630(元)。

四、预计财务报表编制方法

预计财务报表是预算管理的重要工具，包括预计利润表、预计资产负债表和预计现金流量表。预计财务报表主要为企业管理服务，是控制企业资金、成本和利润总量的重要手段。因其可以从总体上反映一定时期企业经营状况的全局，所以在某种程度上有"总预算"的意义，被称为企业的总预算。

预计财务报表还是企业进行财务分析的重要工具之一。将预计财务报表与实际财务报表进行分析对比，可以反映出企业预算管理的水平与现状，并有利于发现问题、分析问题和解决问题。

(一)预计利润表

预计利润表是以权责发生制为基础，在汇总预算期内销售预算、产品成本预算、各项费用预算、营业外收支预算和资本支出预算等资料的基础上编制的。其中，所得税费用项目为估算数，应根据利润总额和适用的所得税税率，在经过纳税调整以后计算求得。

通过编制预计利润表，可以了解企业预期的盈利水平。如果预算利润与最初编制方针中的目标利润有较大差异，就需要调整部门预算，设法达到目标，或者经企业决策层批准修改目标利润。

预计利润表是以货币为单位，全面、综合地表现预算期内经营成果的利润计划。该表既可以分季，也可以按年编制。

申雅公司编制的预计利润表如表7—19所示。

表7—19　　预计利润表　　单位:元

项　目	第一季度	第二季度	第三季度	第四季度	全年合计
销售收入	131 000	150 700	135 800	107 500	525 000
减:变动生产成本	53 600	60 660	56 040	44 100	214 400
销售费用	1 310	1 507	1 358	1 075	5 250
变动费用小计	54 910	62 167	57 398	45 175	219 650
边际贡献	76 090	88 533	78 402	62 325	305 350
减:固定制造费用	4 170	4 170	4 170	4 170	16 680
管理费用	17 900	17 900	17 900	17 900	71 600
固定费用小计	22 070	22 070	22 070	22 070	88 280
息税前利润	54 020	66 463	56 332	40 255	217 070
减:利息支出		1 280	2 580	630	4 490
利润总额	54 020	65 183	53 752	39 625	212 580
减:所得税费用	10 850	10 850	10 850	10 850	43 400
税后净利润	43 170	54 333	42 902	28 775	169 180

(二)预计资产负债表

预计资产负债表是以权责发生制为基础编制的,其形式与实际的资产负债表的内容、格式大体相同,只不过数据是反映预算期期末的财务状况。该表是利用本期期初资产负债表,根据销售、成本、资产等预算的有关数据加以调整编制的。编制预计资产负债表的目的在于判断预算反映的财务状况的稳定性和流动性。如果通过预计资产负债表的分析,发现某些财务比率不佳,必要时可修改有关预算,以改善财务状况。

预计资产负债表是以货币单位反映预算期期末财务状况的总括性预算,表中除上年期末数事先已知外,其余项目均应在前面所列的各项预算指标的基础上分析填列,并应注意表与表之间的勾稽关系。

申雅公司编制的预计资产负债表如表 7－20 所示。

表 7—20 　　　　　　　　**资产负债表(简式)** 　　　　　　　　单位:元

资　产			负债及所有者权益		
资产项目	期初余额	期末余额	负债及所有者权益	期初余额	期末余额
流动资产:			流动负债:		
货币资金	18 000	19 514	应付账款	12 000	19 824
应收账款	55 000	53 750			
材料	6 000	6 000	长期负债:		
产成品	25 100	23 340			
非流动资产:			所有者权益:		
房屋	60 000	60 000	实收资本	120 000	120 000
设备	102 000	182 000	留存收益	113 700	174 380
减:累计折旧	20 400	30 400			
资产总计	245 700	314 204	负债及所有者权益总计	245 700	314 204

(三)预计现金流量表

预计现金流量表是以收付实现制为基础,汇总反映企业预算期内现金和现金等价物流入和流出状况的报表。它是在现金预算的基础上,结合企业预算期内相关现金收支资料编制的,其内容、格式与实务中的现金流量表基本相同。在预算编制实务中,企业往往以“现金预算”代替现金流量表,所以此处不再叙述现金流量表的编制过程。

第四节　财务战略规划*

一、财务战略规划的基本特征

财务战略是指为谋求企业资金均衡、有效地流动，实现企业整体战略，增强企业财务竞争优势，在分析企业内外环境因素对资金流动影响的基础上，对企业的资金流动进行全局性、长期性与创造性的谋划，并确保其执行的过程。财务战略规划实质上是在财务全面预算的基础上所作出的理性安排。

任何一个企业发展所需的资金都是有限的。从全社会角度来看，任何特定时点上金融市场所能提供的资金总量总是有限的。相对于一个特定的企业而言，在企业现状(如规模、获利水平、财务结构等)和企业环境(如经济成长速度、产业生命周期、有关法律和政策等)既定的情况下，其可能获得的资金总量也必然是有限的。由于资金的有限性，企业活动过程中资金的需要与资金的供给永远是一对需要谨慎处理的矛盾。企业既需要确保各项业务活动(如营销、研究开发、技术改造、基本建设等)的资金需要，又必须讲究资金分配和使用的合理性，尽可能节约资金占用。从长期战略分析，赚取利润无疑是重要的，但没有足够的现金以满足发展需求，即便有利可图，也可能会因现金陷于困境而发生危机。所以，现代企业不仅需要有获取利润的能力，而且必须确保赚取利润的过程中资金流转的顺畅和财务结构的安全。

财务战略与其他职能战略之间既相对独立又密切联系。由于资金的筹集取决于企业发展和生产经营的需要，资金的投放和使用更是与企业的再生产过程不可分割，即便是股利分配，也绝不是单一、纯粹的财务问题，而是在一定程度上取决于企业内部的需要。所以，企业财务活动的实际过程总是与企业活动的其他方面相互联系的，甚至很难将其简单地划归于财务活动或非财务活动。财务活动的复杂性和重要性决定了财务管理是企业管理中一项牵涉面甚广的职能管理工作，财务管理部门往往是组织而非完全独立地承担企业的财务管理任务，许多重要的财务事项都需要由企业最高决策层行使最终决策权。事实上，在实施战略管理的企业中，财务管理不再是财务专家的专属，企业战略也不再是总经理的特权，战略与财务之间的联系日趋紧密与明显。财务战略管理就是企业战略管理与财务管理相结合的产物。有效的财务战略管理有助于实现企业战略目标、承担社会责任、协调利益相关者之间的关系和增强竞争优势，从而实现企业价值最大化。

财务战略管理的基本特征有以下三个方面：

第一，财务战略管理的逻辑起点应该是企业目标和财务目标的确立。只有明确了企业目标和财务目标，才可以将财务战略管理尤其是财务战略形成过程限定在一个合理的框架之内，才能避免漫无目的地探寻财务战略方案。财务战略管理运用理性战略思维，着眼于未来，以企业的筹资、投资及收益的分配为工作对象，规划企业未来较长时期财务活动的发展方向、目标以及实现目标的基本途径和策略，是企业日常财务管理活动的行动纲领和指南。

传统的理财观念以实现企业利润最大化为目标，这是一种短期的发展战略。而财务战略管理则强调长期发展，关注企业的发展前景，重视企业在市场竞争中的地位，以谋求企业财务资源的有效配置和实现企业战略，从而实现企业价值最大化的目标。

第二，环境分析是财务战略管理的重心和难点。传统财务管理以企业内部情况为重点，主要是对资金流动过程进行管理，提供的信息局限于财务主体内部。财务战略管理则以内外部情况尤其是以企业外部情况为管理重点，以企业获得竞争优势为目的，密切关注整个市场和竞争对手的动向，及时调整企业战略。

任何财务管理都离不开一定的环境分析，不适应环境要求的财务管理难以取得真正的成功。环境分析是综合的，不仅要分析诸如政治、法律、社会文化、经济等宏观环境，而且要认真分析产业、供应商、客户、竞争者以及企业内部因素等微观环境，还应特别强调动态分析，关心环境因素的动态变化趋势。

第三，财务战略管理是一个连续不断的动态优化过程，包括财务战略方案的实施与评价等。传统财务管理的业绩评价指标一般采用投资报酬率指标，只重结果，不重过程，忽略了相对竞争地位在业绩评价中的作用。而财务战略管理主要是从提高竞争地位的角度来评价业绩，将业绩评价指标与战略管理相结合，根据不同的战略确定不同的业绩评价标准，注重谋求财务指标和非财务指标之间的均衡；既比较企业战略的执行结果，又评价取得这一结果的过程。传统财务管理的内容主要是融资、投资和分配过程，相互之间是独立的，而财务战略管理则致力于融资与投资的合理化，并将创新机制引入其中。因为财务战略管理就是为实现企业战略目标和加强竞争优势，运用财务战略管理的分析工具，确认企业的竞争地位，对财务战略的决策与选择、实施与控制、计量与评价等活动进行全局性、长期性和创造性谋划的过程，所以需要不断优化。

财务战略管理是基于宏观和微观环境下对于财务活动的系统安排，在符合企业整体战略的条件下以求实现经营目标。它除了履行传统财务管理所具有的筹资、投资、分配职能外，还应全面参与企业战略的制定与实施过程，履行分析、检查、评估与修正等职能。其涉及的范围更加广泛，并注重现有的活动和未来可能的活动；其目标也不再局限于传统的企业利润和股东财富最大化，而是着眼于复杂多变的内外环境，以解决企业外部环境、内部条件和经营目标三者之间的动态平衡问题和可持续发展问题，因而还具有综合性、长期性和开放性等特征。

二、财务战略的理性选择

财务战略是为谋求企业资金均衡、有效流动和实现企业战略，一般有以下三种路径可供选择：

（一）快速扩张型财务战略

快速扩张型财务战略是指以实现企业资产规模的快速扩张为目的的一种财务战略。为了实施这种财务战略，企业需要将大部分乃至全部利润留存，同时进行大量外部筹资，更多地利用负债以弥补内部积累相对于企业扩张需要的不足。企业资产规模的快速扩张会使企业资产收益率在一个较长的时期内表现为相对的低水平，因为收益的增长相对于资产的增长总是具有一定的滞后性。快速扩张型财务战略一般会表现出“高负债、低收益、少分配”的特征。

（二）稳健发展型财务战略

稳健发展型财务战略是指以实现企业财务绩效的稳定增长和资产规模的平稳扩张为目的的一种财务战略。实施稳健发展型财务战略的企业，一般会尽可能优化现有资源的配置和提高现有资源的使用效率及效益，因而会将利润积累作为实现企业资产规模扩张的基本资金来源。为了防止过重的利息负担，这类企业对利用负债实现企业资产规模从而经营规模的扩张往往持十分谨慎的态度。实施稳健发展型财务战略的企业的一般财务特征是“低负债、高收益、中分配”。

（三）防御收缩型财务战略

防御收缩型财务战略是指以预防出现财务危机和求得生存及新的发展为目的的一种财务战略。实施防御收缩型财务战略的企业会以尽可能减少现金流出和尽可能增加现金流入作为首要任务，通过采取削减分部和精简机构等措施，盘活存量资产，节约成本支出。这类企业有可能曾经遭遇挫折，因而历史上所形成的负债包袱和当前经营所面临的困难迫使其采取“高负债、低收益、不分配”的防御收缩型财务战略。

财务战略管理既有理论，又需实践。实施财务战略管理是一项协同性很强的工作，既要体现企业战略管理的原则要求，又要遵循企业财务活动的基本规律。有效的财务战略管理将获得企业战略下的长期财务支持，并有助于财务管理更好、更有效。

复习思考题

1. 简述财务预算的概念、内容与编制程序。
2. 如何进行预算调整？应当注意些什么问题？
3. 简述增量预算和零基预算的优缺点。
4. 与固定预算相比，弹性预算的特点表现在哪些方面？

5. 为什么要编制滚动预算？滚动预算有哪些编制方法？应如何编制？

6. 简述现金预算的特点、作用与编制方法。

7. 简述快速扩张型、稳健发展型和防御收缩型财务战略的主要特征。

8. 为什么说企业财务管理的核心内容是保持资金均衡、合理流动和有效利用？

业务练习题

练习一

A公司编制“直接材料预算”时，预计第四季度期初存量为500千克，季度生产需用量为2 300千克，预计期末存量为350千克，材料单价为10元；材料采购货款有60%在本季度内付清，另外40%在下季度付清。

要求：

(1)预计第四季度材料采购量。

(2)计算预计资产负债表年末“应付账款”项目。

练习二

B公司2014年年末应收账款余额为100万元，2015年1～4月的销售收入分别为700万元、800万元、900万元和1 000万元。每月销售收入中，当月收到40%，次月收到60%，各月直接材料采购成本按下月销售收入的60%计算，所购材料款于当月用现金支付50%，下月支付剩余的50%。

B公司2015年1～3月的制造费用分别为130万元、140万元和160万元，除固定资产折旧费用外(每月均为10万元)，均需用现金支付。公司拟于3月份购买固定资产，需现金200万元。

已知B公司2015年1月的现金余额为60万元，1～3月的直接工资支出分别为50万元、55万元和60万元，其他付现费用分别为20万元、22万元和24万元。

B公司现金不足时可向银行借款，现金多余时则归还借款(借、还款项均为10万元的倍数)。假定期初借款、期末还款，每月支付利息，借款年利率为12%，月末现金余额不低于50万元。

要求：根据上述资料分别计算1～3月经营现金收入、经营现金支出、现金余缺、现金筹措或运用数额、归还银行的借款和支付借款的利息，并确定各月现金的月末余额。

练习三

C公司某年度有关预算的部分资料如下表所示。现金管理要求期末保持现金最低余额为5 000元，银行借款与还款均以1 000元为单位，年利率为10%，季初借入，季末归还,还本时付息先借先还。

要求:按编制现金预算表的有关规定填制下表。

单位:元

摘　要	第一季度	第二季度	第三季度	第四季度	全　年
期初现金余额	8 000				
加:现金收入			96 000		321 000
可供使用现金	68 000				
减:现金支出					
采购材料	35 000	45 000		35 000	
销售费用		30 000	30 000		113 000
购置设备	8 000	8 000	10 000		36 000
支付股利	2 000	2 000	2 000	2 000	
合　计		85 000			
现金收支差额	−2 000		11 000		
银行借款		15 000			
归还借款					
归还利息					
期末现金余额	5 000	5 000			

练习四

D公司为编制某年2月份的预计现金流量表时收集到以下资料:

(1)某年1月31日资产负债表的有关数据如下:现金40 000元,应收账款80 000元,坏账准备(贷方余额)400元,存货160 000元,固定资产320 000元,资产合计599 600元。

(2)2月份销售预算120 000元,3月份销售预算140 000元。

(3)预计销售当月可收回货款的60%,次月收回39.8%,其余的0.2%无法收回。

(4)毛利为销售额的30%,每月购货为下月计划销售额的70%。

(5)2月份现金支付的其他费用为20 000元,每月折旧为6 000元。

要求:

(1)预测2月份现金期末余额。

(2)预测2月份预计利润总额。

(3)预测2月28日预计应收账款净额。

第八章 财务控制与风险管理

第一节 财务控制概述

一、控制的基本含义

控制是一种有规范、有目的、有约束的管理行为。在经济生活与管理活动中,两个或两个以上的人同时做一件事,比一个人独自做一件事出错和舞弊的可能性要小。也就是说,实现有效的内部控制,可以合理保证各项管理行为和业务活动相互制约、权力制衡。正确认识和恰当掌握好这一基本假定,才能理解内部控制的内涵,才会明白为什么在经济生活和管理活动中会一再强调"职责分离""岗位授权"等内部控制措施与方法的重要性。

内部控制自古有之,西周设置"司会"作为会计系统的主管部门,其下分设司书、职内、职岁和职币 4 个部门。司书负责会计核算,职内(纳)掌管赋税收入,职岁掌管财赋支出,职币掌管余则。司会对 4 个部门的资料进行交互考核,用以提高会计核算的质量,相互牵制,严密周到。"凡税敛,掌事者受法焉。及事成,则人要贰焉。""凡受财者,受其贰令而书之。及会,以逆职岁与官府财用之出。"凡各部门领取财物,须将支出命令的副本送达职内处。属于贡赋收入的凭证,由掌管仓库的官员制作,一式二简,一简送职内,作为处理收入事项的依据,另一简留存;凡属于财物支出的凭证,由职岁统一颁发,每次亦一式二简,一简留存,另一简给财用者凭以到仓库领用财物,通过严格的凭证制度控制财物的出入。"入、出、余三条线,其控制的严密,较诸现代的出纳,似无逊色。"内部控制是社会经济发展到一定阶段的产物,在 20 世纪 40 年代以后得到不断的发展和完善。现代企业内部控制的内涵已经很丰富,在"一毫财赋之出入,数人耳目之通焉"

的古训的基础上，已经大量导入了风险评估、信息沟通、内部监督与风险管理等理念。

目前，我国企业内部控制制度体系建设的基本目标是：建立一套以防范风险和控制舞弊为中心、控制标准和评价标准为主体的内部控制制度体系，以监管部门为主导、各单位具体实施为基础、会计师事务所等中介机构咨询服务为支撑、政府监管和社会评价相结合的内部控制实施体系，推动公司、企业和其他非营利组织完善治理结构和内部约束机制，不断提高经营管理水平和可持续发展能力。

2008 年 6 月 28 日，财政部、证监会、审计署、银监会、保监会联合发布了《企业内部控制基本规范》，首次构建了我国企业内部控制的标准框架。2010 年 4 月 26 日，财政部、证监会、审计署、银监会、保监会又发布了《企业内部控制配套指引》，由 18 项《企业内部控制应用指引》、1 项《企业内部控制评价指引》和 1 项《企业内部控制审计指引》组成，从而形成了一个有机整体，建立起具有中国特色的企业内部控制制度体系（如图 8—1所示）。

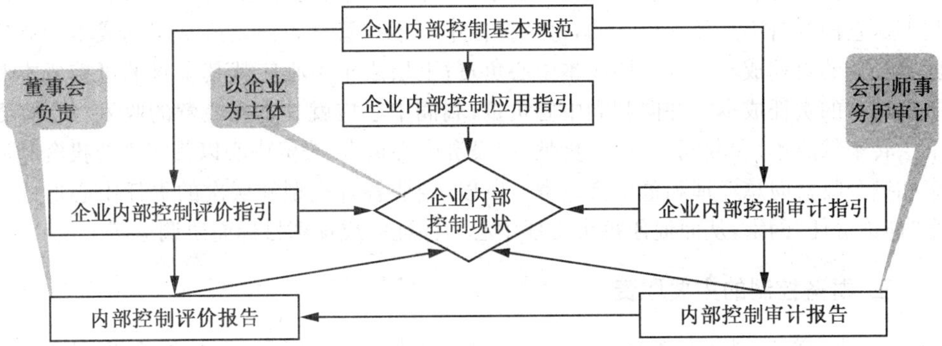

图 8—1　企业内部控制制度体系

企业是内部控制规范体系建设的主体，而内部控制自我评价和外部审计评价是我国企业内部控制规范体系建设的两大制度层面。执行企业内部控制规范体系的企业，应当对本企业内部控制的有效性进行自我评价，披露年度自我评价报告，同时聘请会计师事务所对其内部控制的有效性进行审计，出具审计报告。政府监管部门将对相关企业执行企业内部控制规范体系的情况进行监督检查。

在企业内部，控制是指控制主体按照给定的条件和目标，对控制客体施加影响的过程和行为。控制的关键在于行动，而不是停留在文字（或文件）上，即控制是为使人们的行为遵循规范所采取的监督和矫正等管理行为，其目的是指出偏差，以便纠正错误并防止重犯。[①]

二、财务控制的主要特征

财务控制是企业内部控制的核心，是指按一定的程序和方法，确保企业及其内部机构和人员全面落实及实现财务预算目标的过程，其主要特征是：(1)以价值形式为控制手段，将不同岗位、部门和层次的不同经济业务作为综合控制对象；(2)以财务预算为基准；(3)以控制日常现金流量为主要内容。

财务控制活动就是为了确保组织的目标以及为此而拟订的计划能够得以实现，各级主管人员根据事先确定的标准或因发展的需要而重新拟定的标准，对下级的工作进行衡量、测量和评价，并在出现偏差时进行纠正，以防止偏差进一步发展或今后再度发生的过程。

有效的财务控制应当建立于企业内各责任领域，从而建立起相关的责任中心。责任中心根据其控制区域和权责范围的大小，可分为成本中心、利润中心和投资中心三种类型。它们各自不是孤立存在的，每个责任中心承担管理责任。最基层的成本中心应就其经营的可控成本向其上层成本中心负责；上层成本中心应就其本身的可控成本和下层转来的责任成本一并向利润中心负责；利润中心应就其本身经营的收入、成本（含下层转来的成本）和利润（或边际贡献）向投资中心负责；投资中心以其实现的投资利润率和剩余收益向总经理和董事会负责。所以，企业各种类型和层次的责任中心形成一个“连锁责任”网络，从而促使每个责任中心为保证完成预算目标而协调运转。

三、财务控制的主要职责

《企业内部控制基本规范》认为，内部控制是由企业董事会、监事会、经理层和全体员工实施的，旨在实现控制目标的过程。也就是说，内部控制的目标是合理保证企业经营管理合法、合规，资产安全，财务报告及相关信息真实、完整，提高企业的经营效率和效果，促进企业实现发展战略。这些控制目标能否实现与财务控制休戚相关，其中：

董事会对股东(大)会负责，依法行使企业的经营决策权，属于出资者控制的范畴，旨在为实现其资本保全和资本增值目标而对经营者的财务收支活动进行控制，如对全面预算和投资活动的控制等。

监事会对股东(大)会负责，监督董事、经理和其他高级管理人员依法履行职责。

经理层负责组织实施股东(大)会、董事会决议事项，主持企业的生产经营和管理工作。经理层控制属于经营者控制范畴，是为了实现财务预算目标而对企业及各责任中

---

① 关于企业内部控制的理论、法规、政策与方法详见李敏主编的《企业内部控制规范》，上海财经大学出版社 2013 年 7 月出版。

心的财务收支活动进行的控制，是通过经营者制订财务决策目标并促使这些目标被贯彻执行而实现的。例如，控制财务收入活动，旨在实现高收入；控制财务支出活动，旨在降低成本，减少支出，从而实现利润最大化等。

财务控制是在经理层领导下的职能部门控制。例如，为了有效地组织现金流动，财务部门通过编制和执行现金预算等，对企业的日常财务活动和各责任中心的现金流入和现金流出活动所进行的控制。由于会计核算采用权责发生制，导致利润不等于现金净流入，因此，对现金有必要单独控制。又由于日常财务活动主要是组织现金流动的过程，因此，现金控制就显得十分重要，应通过对现金的控制，力求实现现金流入与流出的基本平衡，既要防止因现金短缺而造成的支付危机，又要减少因现金沉淀而增加的机会成本等。

财务控制的主要职责如下：

第一，确定财务控制目标、计划或预算，并围绕目标进行控制。通常，目标应当是具体的，因而工作计划或预算是基本的控制标准，但为了实施更为有效的控制，应当对各项工作设置更为详尽的、可操作的具体标准。

第二，建立控制组织与控制程序，明确各部门和每个人的控制职责，这是控制得以明确、连续、有效实施的组织基础。

第三，落实控制措施并及时有效实施控制，迅速发现问题并立即加以纠正。控制对象应有针对性，控制方法要恰如其分，控制措施重在防错纠偏。

第四，控制措施应有一定的力度。因为问题不能得以及时纠正可能会出现负面效应，容易使人们产生消极情绪和不良的效仿后果，所以，应根据问题的严重程度来确定施加控制的力度。

第五，财务控制是一个动态过程，要善于应变，精益求精。对待计划或预算要有适度的灵活性，内外部情况发生较大变化时，应对控制的目标和方式进行调整。

企业应当创造条件编制内部控制缺陷认定汇总表，结合日常监督和专项监督发现的制度缺陷和运行缺陷及其持续改进情况，对内部控制缺陷及其成因、表现形式和影响程度进行综合分析和全面复核，提出认定意见，并以适当的形式向董事会、监事会或者经理层报告。

四、财务控制的一般原则

(一)全面性原则

财务控制应当涉及各项经济业务及相关岗位，并应针对业务处理过程中的关键控制点，落实到决策、执行、监督和反馈等各个环节，并尽可能覆盖企业及所属单位的各种业务和事项。

设计财务控制制度应充分体现内部控制各要素的要求，包括内部环境、风险评估、控制活动、信息与沟通、内部监督等。设计各种业务的内部控制制度，既要在各个制度中充分表述各个要素的内容，又要相互联系、相互制约，使其构成管理中的一个完整的、持续可行的系统，以有效地控制企业的经营活动，促使企业、单位完成预期的控制目标。为了使控制制度达到系统、完整的目的，在设计时应关注制度的严谨性、完整性和协调性，防止疏漏与失控，充分发挥制度的整体控制功能。在财务制度的表述上要简明扼要、清楚易行；在控制手续上要讲究实效，不要繁琐复杂；要善于通过内部控制提高工作效率，避免重复控制。

(二)重要性原则

财务控制应当在全面控制的基础上关注重要业务、重大事项和高风险领域，并落实相应的关键控制点。

重要业务：一般以资产、收入、利润等作为判定标准，凡资产占用、营业收入、利润比例较高业务，相对比较重要。

重大事项：一般是指重大投资决策项目，如兼并重组、资产调整、产权转让项目，期权、期货等金融衍生业务，融资、担保项目，重大的生产经营安排，重要设备和技术引进，采购大宗物资和购买服务，重大工程建设项目，年度预算内大额度资金调动和使用以及其他大额度资金运作事项等。

高风险业务：一般是指经过风险评估后确定为较高或高风险的业务，包括特殊行业及特殊业务，国家法律、法规有特殊管制或监管要求的业务等。

(三)制衡性原则

财务控制的基本假设是：两个人有意识地犯同样的错误的概率要小于一个人，两个人有意识地合伙舞弊的可能性要小于一个人。也就是说，在相互牵制的关系下，几个人发生同一错弊而不被发现的概率是每个人发生该项错弊的概率的连乘积。为此，企业对经营业务活动进行组织分工时，要求对不相容职务应分别由不同的人员处理，即进行职务分离，使工作有所牵制、有所制约，防止贪污盗窃，保护资产安全。在横向关系上，至少要由彼此独立的两个部门或人员办理，以使该部门或人员的工作接受另一个部门或人员的检查和制约；在纵向关系上，至少要经过互不隶属的两个或两个以上的岗位和环节，以使下级受上级监督，上级受下级制约。

相互制衡是建立和实施内部控制的核心理念。制衡就是在单位议事决策机制、岗位设置、权责分配、业务流程等方面形成相互制约、相互监督的机制，尤其是对权力与权力源头的制衡。在制衡过程中，特别是监督检查部门应具有良好的独立性。为此，财务控制应当保证企业内部涉及会计工作的机构、岗位的合理设置及其职责权限的合理划分，应当坚持不相容职务相互分离，确保不同机构和岗位之间权责分明、相互制约、相互监督。

(四)适应性原则

由于各企业的实际情况千差万别,因此,不可能也没有必要存在一个完整而固定的内部控制模式。内部控制应当与企业的经营规模、业务范围、竞争状况和风险水平等相适应,并随着情况的变化及时加以调整。企业可以根据自身的实际情况,因地制宜、因人而异地设计财务控制制度,切不可脱离实际、好高骛远,设计空中楼阁式的制度,或者照搬照抄其他单位的制度。财务控制应随着外部环境的变化、企业职能的调整和管理要求的提高,不断修订和完善。

(五)成本效益原则

一个合理的财务控制制度应当既能防错防弊,又能提高企业的经营管理水平。所以,能够鼓励有关责任人员及经营管理部门为达到目标而努力的设计思想很重要。为此,财务控制应当权衡实施成本与预期效益,以适当的成本实现有效控制。符合成本效益原则,就是要求为进行控制而花费的成本(包括花费的时间和支付的费用等)与缺乏控制所遭受的损失相比较,当控制的效益大于成本时,该项控制措施才是可行的,否则就是不可行的。

当然,控制活动的成本效益要结合具体的情况而定,要从全局的角度运用财务分析法或宏观经济分析法来确定其"效益",对于环保等项目,还要从整个社会的角度研究其"社会效益"。总之,合理的内部会计控制应当以合理的控制成本达到最佳的控制效果。

(六)有效性原则

财务控制应当约束企业内部涉及财务会计工作的所有人员,任何个人都不得拥有超越财务控制的权力。为此,应当建立财务控制实施的激励和约束机制,将各责任单位和全体员工实施内部控制的情况纳入绩效考评体系,促进财务控制的有效实施。

有效控制风险是最重要的。由于风险是未能实现目标的可能性,因此,对预先设定的目标进行风险评价是设计内部控制制度的前提。管理层在设计内部控制制度时,要密切关注并处理企业所面临的风险,要对有关的业务风险加以分类、辨认,认识关键的风险控制点,有针对性地对该项业务设计其内部控制制度,并要采用一定的技术方法来分析风险发生后的实际情况与目标的差异,进而提出改进风险管理的措施,使风险控制更加完善。

由于企业的风险控制环境一般较难确定,特别是外部环境变化多端,较难实现全面预防和规范,因此,企业在制订战略目标并考虑控制措施时,应考虑相关风险项目是企业的强项还是弱项,是企业的机遇还是威胁。这就是要求在设计财务制度时,对企业内部控制环境的优势与劣势以及对外部控制环境的压力与计划系统地进行分析,从中考虑研究创新、化险为夷的策略和机遇,为实现既定的控制目标做好思想准备和物质准备。要认识到风险与机会是并存的,在风险中寻找转化为机会的契机,并在制订内部控制制度时勇于面对风险。

第二节 财务控制方法

一、财务控制的基本方法

(一)不相容职务分离控制

不相容职务是指那些如果由一个人担任,既可能发生错误和舞弊行为,又可能掩盖其错误和舞弊行为的职务,一般包括授权批准与业务经办、业务经办与会计记录、会计记录与财产保管、业务经办与稽核检查、授权批准与监督检查等。

不相容职务相互分离的核心是"内部牵制",重点在于"权责制衡"。《会计法》明确规定:"记账人员与经济业务事项和会计事项的审批人员、经办人员、财物保管人员的职责权限应当明确,并相互分离、相互制约。"例如,一个会计人员既保管支票印章,又负责签发支票;既记录支票登记簿,又登记银行存款日记账;既负责编制会计凭证,又负责企业与银行之间账目的审核与对账等工作,就完全不符合不相容职务相互分离的控制原则,很有可能会导致舞弊行为的发生。又如,在库存管理中,实物保管、仓库记账、财务复核三者之间就是不相容职务,应当实行分离。

如果对于不相容的职务不实行相互分离的措施,就容易发生舞弊等行为。因为人性是复杂的,人们的需要与欲望是多种多样的,而且这些需要会随着各种条件的变化而不断改变。所以,不相容职务相互分离要求每项经济业务都要经过两个或两个以上的部门或人员的处理,使得单个人或部门的工作必须与其他人或部门的工作相一致或相联系,并受其监督和制约,这样可以避免或减少一个人单独从事和隐瞒不合规行为的机会。但是,如果担任不相容职务的员工之间相互串通勾结,则不相容职务相互分离的作用会消失殆尽;如果两个或更多的人串通舞弊,则可能逃避控制,使内部控制形同虚设。这既是内部控制的局限之一,也是建立内部控制制度的基本前提或假设。离开了这一假设,内部控制就无法建立。因此,企业在设计与建立财务控制制度时,首先应确定哪些岗位和职务是不相容的,再规定各个机构和岗位的职责权限,使不相容岗位和职务之间能够相互监督、相互制约,形成有效的制衡机制。

岗位轮换也是一个行之有效的内部控制方法。对于关键岗位,可以实行强制休假制度,并在最长不超过5年的时间内进行岗位轮换。实行岗位轮换的关键财会岗位由企业根据实际情况确定并在内部公布。通过轮换交接可以揭露前任工作中可能存在的差错和弊端,抑制不法分子的不良动机。此外,顶岗的职工还可能提出改进工作的新设想,改善工作程序并提高工作效率等。

(二)授权批准控制

1. 授权批准控制的含义

授权批准是指在办理各项经济业务时,必须明确规定涉及会计及相关工作审批过程中的范围、权限、程序、责任等内容。授权批准控制是指单位应根据各岗位的业务性质和员工的要求,相应地赋予作业任务和职责权限,规定操作规程和处理手续,明确纪律规则和检查标准,以使职、责、权、利相结合。岗位工作要求做到事事有人管,人人有专职,办事有标准,工作有检查。进行授权控制,既可防止滥用职权,又可让员工在授权范围内放手开展有关业务活动。所以,授权批准控制也是指在处理相关经济业务时对授权批准行为的监控。例如,某公司的对外投资融资管理制度规定:"公司对外投资融资的决策机构为股东大会或董事会。投资及融资金额一次性不超过公司最近一期经审计净资产 20%(含 20%)、年度累计不超过公司净资产 50%的对外投资及融资行为,由公司董事会负责审批;投资及融资金额超过上述比例的对外投资及融资行为,由董事会审议后,交公司股东大会批准;除此以外的任何部门和个人均无权对公司的对外投资及融资作出决定。"

在公司制企业中,一般由股东会授权董事会,然后再由董事会授权总经理和有关管理人员。每一层的管理人员既是上级管理人员的授权客体,又是对下级管理人员实施授权的主体。企业内部的各级管理层必须在授权范围内行使职权和承担责任,经办人员也必须在授权范围内办理业务。

2. 授权批准的方式

授权批准的方式有常规授权(一般授权)和特殊授权之分。

常规授权是指在日常经营管理活动中按照既定的职责和程序实施的授权,用以规范经济业务的权力、条件和有关责任者,其时效性一般较长。常规授权通常是在对该业务管理人员任命的时候确定,在管理部门中也采用岗位责任制或管理文件的授权形式认定,或在经济业务中以规定其办理条件、办理范围的形式反映。例如,财务部门规定某人负责支票的审核与相关政策,那么当符合支票签发政策的部门和人员申请支票时,该人员就可按这些政策的规定授权办理支票审核业务。

特别授权是指对办理例外的、非常规性交易事件的权力、条件和责任的应急性授权。特殊授权只涉及特定经济业务处理的具体条件及有关具体人员。例如,上述负责支票审核的某会计人员,在审核应当开具的支票时,发现金额高达数百万元,其额度远远超过某会计人员甚至是会计部门的权限,对于这笔支票审核业务可以作为特殊授权办理。这样的授权时效较短,有的还须一事一议。

3. 授权批准体系

一个完整的企业授权批准体系主要包括以下内容:

(1)授权批准的范围。企业所有的经营活动一般都应当纳入授权批准的范围,以便于全面预算与全面控制。授权批准的范围不仅要包括控制各种业务的预算(计划)制定情况，还要进行就紧接着的办理手续对相关人员进行授权，同时，对业务的业绩报告也授权有关人员反映和考核。

(2)授权批准的层次。授权应当是有层次的，区别不同情况的。根据经济活动的重要性和金额的大小确定不同的授权批准层次有利于保证各管理层和有关人员有权有责。

授权批准在层次上应当考虑连续性，应将可能发生的情况全面纳入授权批准体系，避免出现“真空地带”。当然，应当允许根据具体情况的变化，不断对有关制度进行修正，适当调整授权层次。例如，某项业务新出现的，应配上相应的规定；金额规模变动的，要修改原有的层次界定；等等。

(3)授权批准的责任。被授权者应能够明确在履行权力时应对哪些方面负责，避免授权责任不清，一旦出现问题又难咎其责的情况发生。以差旅费报销业务为例，此项业务一般会涉及以下三个部门和相关的人员：报销人员与所在部门负责人应对报销事项的真实性负责；审核部门与相关人员应核定报销标准并予以审核确认；会计部门审核有关凭证的合法性、完整性，对符合条件的情形予以报销。

(4)授权批准的程序。企业的经济业务既涉及企业与外单位之间资产与劳务的交换，也包括企业内部资产与劳务的转移和使用。每类经济业务都会有一系列内部相互联系的流转程序。所以，应规定每一类经济业务的审批程序，以便按程序办理审批，避免越级审批和违规审批。

(三)会计系统控制

会计作为一个信息系统，对内能够向管理层提供经营管理的诸多信息，对外可以向投资者、债权人等提供用于投融资等决策的信息。会计系统控制主要是通过对会计主体所发生的各项能以货币计量的经济业务进行确认、记录、计量和报告等进行的控制，其内容主要包括：

第一，依法设置会计机构，配备会计从业人员。从事会计工作的人员必须取得会计从业资格证书，会计机构负责人应当具备会计师以上专业技术职务资格。

第二，建立会计工作的岗位责任制，对会计人员进行科学、合理的分工，使他们之间相互监督和制约。

第三，按照规定取得和填制原始凭证。原始凭证又称单据，是在经济业务发生或完成时取得或填制的，用以记录或证明经济业务的发生或完成情况的文字凭据。它不仅能用来记录经济业务发生或完成的情况，还可以明确经济责任，是进行会计核算工作的原始资料和重要依据，是会计资料中最具有法律效力的一种文件。

第四，设计良好的凭证格式与要求。例如，原始凭证的基本要素包括原始凭证名称，填制凭证的日期和编号，填制凭证的单位的名称或者填制人的姓名，对外凭证应有接受凭证的单位的名称，经济业务所涉及的数量、计量单位、单价和金额，经济业务的内容摘要，经办业务部门或人员的签章等。

日常收付核算时，除应当具备原始凭证的上述内容外，还可以有以下附加条件：(1)从外单位取得的原始凭证应使用统一发票，发票上应印有税务专用章，同时必须加盖填制单位的公章；(2)自制的原始凭证，必须有经办单位负责人或者由部门负责人指定的人员的签名或者盖章；(3)支付款项的原始凭证，必须有收款单位或收款人的收款证明，不能仅以支付款项的有关凭证代替；(4)购买实物的原始凭证，必须有验收证明；(5)销售货物发生退回并退还货款时，必须以退货发票、退货验收证明和对方的收款单据作为原始凭证；(6)职工公出借款填制的借款凭证，必须附在记账凭证之后；(7)经上级有关部门批准的经济业务事项，应当将批准文件作为原始凭证的附件；等等。

第五，对凭证进行连续编号。通过凭证编号可以控制企业签发的凭证数量和相应的其他文件，如支票、发票、订单、存货收发证明的使用情况等，便于查询与核对，避免重复、遗漏；更重要的是，编号的连续性在一定程度上可以减少抽取发票、截取银行收款凭证等进行贪污舞弊的可能性。

第六，规定合理的凭证传递程序。可以运用流程图来确定内部会计控制的流程、凭证的传递与关键控制点等。

第七，明确凭证的装订和保管手续责任。

第八，合理设置账户，登记会计账簿，进行复式记账。企业应按会计准则的规定设置和使用会计科目。

第九，按照《会计法》和会计准则的要求编制、报送、保管财务报告。

(四)财产保全控制

财产保全控制要求限制未经授权的人员对财产的直接接触，采取定期盘点、财产记录与账实核对、记录保护、财产保险、财产记录监督等措施，确保各种财产的安全、完整。

1. 限制接近

限制接近是指严格限制未经授权的人员对资产的直接接触，只有经过授权批准的人员才能接触相关资产。限制接近包括限制对资产本身的接触和通过文件批准方式对资产使用或分配的间接接触。一般情况下，对货币资金、有价证券、存货等变现能力强的资产必须限制无关人员的直接接触。

(1)限制接近现金。现金收支的责任应当落实到特定的出纳员。出纳员应与控制现金余额的会计记录人员和登记应收账款的人员相分离。可以设立独立、封闭的出纳室或带锁抽屉的收银机来保护现金的安全。零星现金的支出也可以通过指定专门的核算人员管理备用金的方法来加以控制。

(2)限制接近其他易变现资产。其他易变现资产，如应收票据和有价证券等，一般都采用确保两个人同时接近资产的方式加以控制。例如，由银行等第三方保管易变现资产，在处理保管的易变现资产时，要求由两名管理人员共同签名等。

(3)限制接近存货。制造业对存货的实物保护应有专职的仓库保管员控制，通过设置分离、封闭的仓库区域等方式实现。在零售企业中，存货的实物保护可以通过在营业时间中和营业时间后控制接近库房的方式（如使用夜盗警铃、发放有限的钥匙）来实现。对贵重商品使用带锁的营业柜，以及聘用专人日常巡视和采用某些监控设备等，也是实物保护控制可采取的措施。

2. 定期盘点和账实核对

定期盘点是指定期对实物资产进行盘点，并将盘点结果与会计记录相比较。

实物资产盘点并与会计记录核对一致在很大程度上保证了资产的安全，虽然并不排除实物资产和会计记录存在相同错误的可能。为保证盘点时资产的安全，通常应先盘点实物，再核对账册，以防止盘盈资产的流失。

实物盘点的结果与有关会计记录之间的差异应由独立于保管和记录职务的人员进行调查。如果盘点结果与会计记录不一致，说明资产管理上可能出现错误、浪费、损失或其他不正常现象。为防止差异再次发生，应通过详细调查，分析原因、查明责任，并根据资产性质、现行的制度、差异数额及产生的原因，采取保护性控制措施。

需要说明的是，企业可以根据某项资产的性态来确定盘点频率。例如，动产较之不动产，可携带品较之不可携带品，消费品较之生产用品，货币性资产较之非货币性资产的盘点频率要高得多。

3. 记录保护

应妥善保管各种文件资料（尤其是资产、财务会计等资料）。首先，应当严格限制接近会计记录的人员，以保持保管、批准和记录职务分离的有效性。其次，会计记录应妥善保存，尽可能减少记录受损、被盗或被毁的可能性。再次，某些重要资料（如财务报告）应当留有备份，以便在遭受意外损失或毁坏时重新恢复，这在计算机处理条件下尤为重要。

4. 财产保险

通过资产投保（如火灾险、盗窃险、责任险等）来增加实物资产受损后补偿的程度或机会，从而保护企业的实物安全。

5. 财产记录监控

建立资产个体档案，对资产的增减变动作出及时、全面的记录，同时加强对财产所有权凭证的登记与管理等。

(五)预算控制

预算控制是指以财务预算为依据，对预算执行主体的财务收支活动进行监督、调整的一种控制形式。预算表明了其执行主体的责任和奋斗目标，规定了预算执行主体的行为。内部财务监督应以建立健全的财务预算为依据。面向整个企业的财务预算是控制企业经济活动的依据。财务预算应分解落实到各责任中心，使之成为控制各责任中心经济活动的依据。

预算指标有定额与定率之分，定额控制没有弹性，定率控制具有弹性。

定额控制（也称绝对控制），是指对企业和责任中心的财务指标采用绝对数进行控制，如资金、成本、费用、利润等。一般而言，对激励性指标（如利润等）确定最低控制标准，对约束性指标（如成本费用等）确定最高控制标准。

定率控制（也称相对控制），是指对企业和责任中心的财务指标采用相对比率进行控制，如资本净利润率、总资产利润率、成本费用利润率等。一般而言，定率控制具有投入与产出对比、开源与节流并重的特征。

企业应当以财务预算为重点，以业务预算为基础，以现金流为核心编制预算，分季度按月落实财务预算管理工作。

预算控制的内容涵盖了企业经营活动的全过程，企业通过预算的编制和检查预算的执行情况，可以比较、分析内部各部门未完成预算的原因，并对未完成预算的不良后果采取改进措施，确保各项预算的严格执行。在实际工作中，预算的编制不论采用自上而下或自下而上的方法，其决策权都应落实到内部管理的最高层，由这一权威层次进行决策指挥和协调。预算确定后由各预算单位组织实施，并辅之以对等的权、责、利关系，由内部审计部门等负责监督预算的执行。

预算控制还要求做到预算内资金实行责任人限额审批，限额以上资金实行集体审批，严格控制无预算的资金支出。

（六）运营分析控制

开展运营活动分析的目的在于把握企业经营是否向着预算规定的目标发展，一旦发生偏差就能找出问题所在，并根据新的情况解决问题或修正预算。

一个企业的成功不仅仅依靠面对市场、扩大销售等手段，还依靠对财务状况和运营成果的总结和分析，为此，要求企业建立运营情况分析控制。管理层应当综合运用生产、购销、投资、筹资、财务等方面的信息，通过因素分析、对比分析、结构分析、趋势分析等方法，实事求是，一分为二，有针对性地发现问题、分析问题、解决问题。

（七）绩效考评控制

绩效考评控制要求企业科学设置考核指标体系，对企业及其内部各职能部门和全体员工的业绩进行定期考核和客观评价，并将考评结果作为确定员工薪酬以及职务晋升、评优、降级、调岗和辞退的依据。

绩效考评是一个过程，首先应明确企业要做什么（目标和计划），然后找到衡量工作做得好与坏的标准进行分析与监测。发现做得好的，进行奖励，使其继续保持或者做得更好，能够完成更高的目标；发现差错的地方，通过评价指出利弊得失，扬长避短，惩前毖后，改错纠偏。

二、控制方法的其他分类

(一)按控制作用分类

1.预防性控制

预防性控制是为了防止错误和舞弊的发生而采取的控制,所以,它应当是“事前控制”。例如,任何一笔经济业务的发生必须经过两个或两个以上的部门或人员操作,如签发支票的印鉴必须分别由不同的人员保管、采购商品必须得到授权批准等,都是预防性控制。

预防性控制是由不同的人员或职能部门在履行各自职责的过程中实施的,包括职责分离、授权批准、监督检查、双重控制、计量校验等。在计算机系统下输入数据时,计算机的程序往往要求某些栏目不得留空,否则拒绝对数据进行下一步处理,这也是一种预防性控制。

预防性控制的优势在于能够在事前防止损失的发生,降低风险。但是,全面、周到的预防性控制是相当罕见的,实际工作中很难实现百分之百的预防。因此,光有预防性控制是不够的,还必须有检查性控制等。

2.检查性控制

检查性控制就是查出已经发生和存在的错弊并加以监控。例如,现场观察原材料的收发情况,核对账证、账实、账表等是否相符等,都是典型的检查性控制手段。又如,签发支票必须经过两个人才能办理,一个人是财务主管,审核并盖法人章;另一个人是出纳员,开出支票并加盖单位印鉴章。如果其中一个人因故外出,而企业又非常迫切地需要开具支票,此时,我们不妨设想上述情形在缺乏检查性控制的情况下可能产生的后果:只要任何一个人员不在场,就无法采取双重审核的预防性控制,如果没有检查性控制加以监督,其中一个人很可能会滥用职权或草率行事,或者存在错弊的支付行为。可见,如果缺乏检查性控制,当预防性的实施存在困难时,有关人员就可能为所欲为,使控制制度遭到严重破坏。更为严重的是,组织难以及时发现存在的问题及其影响范围,从而不能及时采取措施加以解决,结果只能任由错弊发展下去,遭致巨额损失。

在实际工作中,检查性控制是一种很有效的监督工具,也是完善的财务控制系统的一个基本组成因素。由于交易一般都是可以测试的,而检查性控制重在抽样,因此,其成本会低于预防性控制的成本。

3.纠正性控制

纠正性控制是指对发现的问题加以控制并予以纠正的行为。通常,检查性控制会与纠正性控制结合使用,从而可以发挥防错纠偏的作用,在经济业务发生与操作的过程中同时实施,更有利于提高正确性。例如,在计算机操作系统中,当输入的代码有误或主文件中找不到客户名称时,就表明该笔销售业务并未经过审批,这时,计算机不但不会接受这笔业务，而且还会打印出例外情况报告，此时，检查性和纠正性的控制程序都在发挥作用了。

4.指导性控制

预防性控制、检查性控制和纠正性控制是为了预防、检查和纠正不利的结果，而指导性控制则是为了实现有利结果而采取的控制，这项控制主要由管理层实施。例如，企业制定出适合本企业的内部财务控制规范或守则供全体员工共同遵守，用以指导和规范员工的行为。

财务控制应当包括防弊与兴利两大方面，既要防止财务信息失真与财务舞弊，又要不断提高经营效率与经济效益等，两个方面都是财务控制的重要目标。指导性控制在指导实现有利结果的同时，也有益于避免不利结果的发生。

5.补偿性控制

补偿性控制是针对某些环节的不足或缺陷而采取的控制措施。例如，在人手紧缺的小型企业里，出纳如果同时担任收付款与记账工作，这时，在财务审核的基础上再实施的抽查、复核或者向银行函证等行为就是一种补偿性控制。又如，不定期地对库存报告进行突击抽查或临时监盘也是有效的补救措施。一些小型公司往往缺乏职责分离，此时，由持有公司股份的高层管理人员对经营者进行监督或由上级公司派出财务总监不失为一种良好的补偿性控制方法。

实施补偿性控制的目的是为了把风险控制在一定的范围内。对某个特定的系统而言，分析存在的风险时，必须充分考虑由于存在薄弱环节而可能会产生的问题。因此，一项补偿性控制可以包含多个控制措施，也就是说，可以把多重控制手段作为一项控制程序来看待。例如，数据输入的核对控制至少包含以下两个方面的控制要求：一是对数据输入结果的核对；二是在发生异常情况时生成例外情况报告等。

补偿性控制的目的是想办法排除损失和错弊，同时还要检查出损失和错弊。所以，带有检查成分的补偿性控制要发挥作用，必须做到及时、有效、有针对性。

应当看到，实施财务控制只是对实现目标的一种合理保证，不可能是绝对保证，其也存在局限性。在内部控制设计时需要考虑成本效益，即由于缺乏控制而导致的损失必须大于实施该项控制所花费的成本。所以，针对某一控制对象所采用的措施，还需要通盘考虑多项控制措施所带来的其他方面的损益，从而平衡得失。

（二）按控制时序分类

1.事前控制

事前控制又称前馈控制，是指在财务收支活动尚未发生之前所进行的控制，如财务收支活动发生之前的内部牵制制度、授权审批制度和费用报销的规定等。事前控制重在防护，控制者理应事先深入实际，调查研究，预测出发生差错的问题与概率，并设想出预防的措施、关键控制点与保护性措施。

目标控制就是事前控制,是一个能为所有职能的执行明确职责的组织计划。实行目标控制,就是要使企业的活动不仅实现近期目标,而且逐步实现远期目标。这就需要连续不断地对所取得的成果进行测试和检查,将实绩与目标相比较,及时揭示实绩与目标之间的差异及其原因,并进行定性、定量分析和作出客观的评估,把结论反馈给有关的管理人员,以便修改原定的计划或采取有效的补救措施。

授权控制也是事前控制,是指各项业务的办理必须由被批准和被授权的人去执行,也就是说,企业的各级人员必须获得批准或授权才能执行正常的或特殊的业务。其要求通过制度的设计,使每项经营活动的执行都得到适当的授权;同时,还可以根据"岗位工作说明"等,定期检查权力执行和应负责任的情况,检查当事人核准执行的业务是否在职权范围内,从而对企业各项经营活动进行有效的控制。

程序控制更是一种典型的事前控制方法,它不仅要求按照牵制的原则进行程序设置,而且要求所有业务活动都要建立切实可行的办理程序。任何业务的处理程序都要与企业的机构设置、人员配备相吻合,任何业务程序都要有助于制约错误和弊端;同时还要注意程序的经济性与有效性,既不能繁琐与重复,也不能过于简单或存在漏洞。

2.事中控制

事中控制又称过程控制,是指在财务收支活动发生的过程中所进行的控制,如按财务预算的要求监督预算的执行过程、对各项收入的去向和支出的用途进行监督、对在产品加工工艺的记录、对产品生产过程中发生的成本进行控制等。事中控制的特点是及时获得实际状况的信息反馈,以供控制者及时发现问题、解决问题。事中控制应当重在防错纠偏。

3.事后控制

事后控制又称结果控制或反馈控制,是指对财务收支活动的结果所进行的考核以及对相关责任对象所做出的相应奖罚。例如,按财务预算的要求对各责任中心的财务收支结果进行评价,并以此作为实施奖罚的标准;在产品成本形成之后进行综合分析与考核,以确定各责任中心和企业的成本责任等。事后控制的特点是在实际行动发生以后再分析、比较实际业绩与控制目标或标准之间的差异,然后采取相应的措施改错纠偏。监督检查法是最常见的事后控制方法。

财务控制应当渗透到经营管理的全过程,积极实施事前、事中、事后的全过程控制。

此外,企业可以实施固定程序控制,即控制者事先确定严格的控制指标和控制程序,受控者只能严格按照既定的指标和程序办事,不得改变。这种控制方法适用于客观条件稳定不变并能事先完全确定的事项,如定员控制、定额控制、制度控制等。也可以实施弹性程序控制,即控制者在实施控制的过程中,根据受控者行为的反馈信息,补充或调整原有的控制指标和控制程序,使控制活动按照新的控制要求继续进行。这种控制方法能适应事先难以完全预料的客观条件的变化,使控制活动始终保持在先进、合理的水平上。此外，还可以实施跟踪控制（随动控制），这种控制方法的特点是，控制者对受控者只规定基本的控制指标或控制要求，不规定控制程序；受控者可以在不违反基本要求的前提下，根据客观条件的变化随时调节自身的行为，如内部承包制度、内部牵制制度等。

制度控制很重要，它是通过制定企业财务控制等规章制度约束企业和各责任中心财务收支活动的一种控制形式。制度控制通常规定只能做什么，不能做什么。与预算控制相比，制度控制具有防护性的作用，而预算控制主要具有激励性的作用。

内部控制制度包括组织机构的设计和企业内部采取的所有相互协调的方法和措施。这些方法和措施可以起到保护企业财产、检查企业财务信息的准确性和可靠性、提高经营效率、促使有关人员遵循既定的管理方针等作用。

制度控制至少包括以下三个方面的具体措施：一是方针政策控制（也称合法性措施），是指以企业的方针、政策、计划和预算作为其控制手段的控制方法；二是记录报告控制（也称可靠性措施），任何管理形式和程序都要有对行动负有责任的授权记录，在正式说明经营状况和经营成果时，应有记录报告制度；三是资产管理控制（也称安全性措施），是指为保护财产的完整和安全所采取的控制措施。

制度建设与控制不严，就会出现“牛栏关猫”的现象，但有了制度，更要认真地执行制度，才能真正发挥制度的作用；否则，制度就成了“纸老虎”。“没有执行的制度比没有制度更可怕。”

第三节　财务责任考核

一、责任中心与业绩考核指标

（一）成本中心与责任成本

1. 成本中心的含义与分类

成本中心是指用一定的成本去完成具体任务的核算单位，如车间、工段、班组等，不是一个法人实体，只是企业内部的一个核算单位。成本中心不形成或者不考核其收入，只对其成本负责，因而也只考核其责任成本。

成本中心分为以下两类：

（1）技术性成本中心。技术性成本发生的数额通过技术分析可以相对可靠地估算出来，如产品生产过程中发生的直接材料、直接人工和间接制造费用等。这类成本的投入产出之间的关系密切，可以通过弹性预算予以控制。

（2）酌量性成本中心。酌量性成本是否发生以及发生多少由管理人员的决策决定，如研究开发费、广告宣传费和职工培训费等。这类成本的投入与产出之间没有直接关系，控制应重点放在对预算总额的审批上。

2. 责任成本与可控成本

责任成本是以具体的责任单位为对象，以其承担的责任为范围所归集的成本，也就是特定责任中心的全部可控成本。一个成本中心如果能够对发生的成本进行预计和计量、可以通过自身的行为来调节成本、能够将有关成本的控制责任分解落实并进行考核评价，通常就被称为可控成本。凡是不能同时具备这些条件的成本，通常被称为不可控成本。

可控成本是指考核对象对成本的发生能予以控制的成本。例如，生产部门对材料的消耗是可以控制的，所以材料的耗用成本是生产部门的可控成本；而材料的价格，因由供应部门所控制，所以是供应部门的可控成本。由于可控成本对各责任中心来说是可控制的，因而必须对其负责。

不可控成本是指考核对象对成本的发生不能予以控制，因而也不予负责的成本，如水、电、气的供应成本对生产部门来说就是不可控成本。

可控成本与不可控成本可能是相对的，对于一个部门来说是可控的，对于另一个部门来说却可能是不可控的。但从整个企业来考察，所发生的一切费用都是可控的，只是这种可控性需分解落实到确切的部门。所以，从整体上看，所有的成本都是可控成本，这样也就能同时调动各责任中心的积极性。

可控成本与不可控成本是按费用的发生能否为考核对象（即责任中心）所控制来划分的成本。区分可控成本与不可控成本的目的在于明确各个责任中心的经济责任，便于评价和考核其工作业绩，促使可控成本的不断降低。

一般来说，成本中心的变动成本大多是可控成本，而固定成本大多是不可控成本；直接成本大多是可控成本，而间接成本大多是不可控成本。但也不完全如此，还应结合有关情况具体分析。例如，管理人员的工资是固定成本，其发生额可以在一定程度上为部门负责人所决定或影响，因而，也可能作为可控成本；而成本中心所使用的固定资产所发生的折旧费是直接成本，但却不是可控成本。

3. 成本中心考核

从考评的角度看，成本中心工作业绩的好坏，应以可控成本作为主要依据，对不可控成本的核算只具有参考意义。在确定成本中心的成本责任时，应尽可能是成本中心发生的可控成本。也就是说，责任成本应当是各成本中心当期确定或发生的各项可控成本之和。属于某成本中心的各项可控成本之和构成该成本中心的责任成本。

成本中心考核的主要特点是：(1)只考评成本费用，不考评收益；(2)只对可控成本承担责任；(3)只对责任成本进行考核和控制。

责任成本可分为预算责任成本和实际责任成本。前者是指由预算分解确定的各成本中心应承担的责任成本，后者是指各成本中心从事业务活动实际发生的责任成本。对成本费用进行控制，应以各成本中心的预算责任成本为依据，确保实际责任成本不会超过预算责任成本。

成本中心业绩考核是以责任报告为依据，将实际成本与预算成本进行比较，确定两者差异的性质、数额以及形成的原因，并根据差异分析的结果，对各成本中心进行奖罚，以督促成本中心努力降低成本。

由于不同层次成本费用控制的范围不同，因此，计算和考评的成本费用指标也不尽相同，越往上一层次，计算和考评的指标越多，考核的内容也越多。为了提高这种控制的有效性，应当建立责任成本核算体系。由于责任成本的核算与产品成本的核算是两个体系，因此，进行责任成本核算时，必须建立适合责任成本核算的原始凭证体系，予以适当的记录、核算和汇总。

企业在进行成本考核时，可以通过目标成本节约额、目标成本节约率等指标，综合考核责任中心成本预算或开支标准的执行情况，保证业绩评价公正、合理。

成本中心的考核对象主要是成本指标，如成本费用利润率、成本费用预算执行情况等。有的企业注重对预算成本（或目标成本）完成情况的考核，包括成本变动额和成本变动率。

例 **8—1** 甲企业一加工车间为成本中心，生产 A 产品，预算产量为 10 000 件，单位成本为 150 元；实际产量为 11 000 件，单位成本为 140 元。

成本（费用）降低额＝预算责任成本（或费用）－实际责任成本（或费用）

＝11 000×150－11 000×140＝110 000（元）

成本（费用）降低率＝成本（费用）降低额÷预算责任（费用）×100％

＝110 000÷（11 000×150）×100％＝6.67％

计算结果表明，该成本中心生产的 A 产品的成本降低了 110 000 元，降低率为 6.67％。

（二）利润中心与利润考核

一个责任中心，如果既生产产品且产生成本，又能控制销售与收入，这就是利润中心。利润中心又分以下两类：(1)自然的利润中心。自然的利润中心是指可以直接对外销售产品并取得收入的责任中心，如分厂、分店、分公司等。(2)人为的利润中心。人为的利润中心是指对内部责任单位提供产品或劳务以取得“内部销售收入”的责任中心，如为了加强内部的经济核算，可以将某些成本中心提升为利润中心。

利润中心既可以是独立法人，也可以不是。利润中心既对成本负责，又对收入和利润负责。在进行考核时，应以销售收入、边际贡献和息税前利润等指标为重点进行分析和评价。特别是应通过一定期间实际利润与预算利润的对比，分析差异及其形成的原因,明确责任,借以对责任中心的经营得失和有关人员的功过做出正确评价。

在考核利润中心业绩时,也只是计算和考评本利润中心权责范围内的收入和成本。凡不属于本利润中心权责范围内的收入和成本,不能作为本利润中心的考核依据。

利润中心及其考核指标归纳如表 8－1 所示。

表 8－1　　利润中心的类型、成本计算及考核指标

<table>
<tr><th>分类</th><th>含 义</th><th>成本计算</th><th>考核指标</th></tr>
<tr><td>自然利润中心</td><td>直接对外销售并取得收入的利润中心</td><td rowspan="2">共同成本易于合理分摊或不存在共同成本分摊时,既计算可控成本,也计算不可控成本;无法实现共同成本合理分摊或无须共同分摊时,只计算可控成本,不分摊不可控成本</td><td>①利润中心边际贡献总额＝该利润中心销售收入总额－该利润中心变动成本总额
②利润中心负责人可控利润总额＝该利润中心边际贡献总额－该利润中心负责人可控固定成本
③利润中心可控利润总额＝该利润中心负责人可控利润总额－该利润中心负责人不可控固定成本</td></tr>
<tr><td>人为利润中心</td><td>内部责任单位取得“内部销售收入”的利润中心</td><td>边际贡献总额＝销售收入总额－可控成本总额(或变动成本总额)</td></tr>
</table>

例 8－2　某利润中心某年度实现销售收入 780 000 元,销售产品的变动成本(变动费用)为 460 000 元,利润中心负责人可控固定成本为 80 000 元,利润中心负责人不可控而应由该中心负担的固定成本为 42 000 元,公司分配的管理费用为 10 000 元。该利润中心边际贡献总额、利润中心负责人可控利润总额、利润中心可控利润总额分别为多少?

边际贡献＝780 000－460 000＝320 000(元)

利润中心负责人可控利润＝320 000－80 000＝240 000(元)

利润中心可控利润＝240 000－42 000＝198 000(元)

考核利润中心负责人的经营业绩,应考虑经营者所有的可控成本。由于利润中心的变动成本一般是可控的,固定成本有一部分也是可控的,因此,考核利润中心负责人经营业绩的最好的指标是利润中心负责人可控利润总额。

(三)投资中心与业绩考核

投资中心不仅要对成本、收入和利润负责,还要对投资效果负责,如大型集团下的子公司、分公司、事业部等。投资中心一般是独立法人,具有决策权,其业绩考核除收入、成本和利润指标外,重点应放在投资利润率、剩余收益等指标上。

从管理层次看,投资中心是最高一级的责任中心,业绩考核的内容或指标涉及各个方面，是一种较为全面的考核。考核时通过将实际数与预算数相比较，找出差异，进行差异分析，查明差异的成因和性质，并据以进行奖罚。由于投资中心层次高、涉及的管理控制范围广、内容复杂，考核时应力求原因分析深入、依据确凿、责任落实具体，这样才能达到考核的效果。

投资中心的考核指标及其优缺点归纳说明如表8－2所示。

表8－2　　投资中心的考核指标及其优缺点

项目	投资利润率	剩余收益
计算公式	投资利润率（投资收益率）$=\frac{\text{利润}}{\text{投资额}}\times 100\%$ 或＝资本周转率×销售成本率×成本费用利润率 总资产息税前利润率$=\frac{\text{息税前利润}}{\text{总资产}}\times 100\%$	剩余收益＝利润－投资额（或净资产占用额）×规定或预期的最低投资报酬率 ＝息税前利润－总资产占用额×规定或预期的总资产息税前利润率
优点	①能反映投资中心的盈利能力 ②具有横向可比性 ③可作为选择投资机会的依据	①体现了投入产出关系 ②可以避免投资中心的本位主义
缺点	①可能会使投资中心只顾自身利益而放弃对整个企业有利的项目，使其近期目标与企业长远目标相背离 ②与资本支出预算所用的现金流量分析方法不一致，不便于比较	绝对数指标，不便于部门之间的比较

投资利润率公式中的投资额一般是指投资中心的净资产，该指标也被称为净资产利润率。为考核投资中心总资产的运用状况，也可以计算总资产息税前利润率（息税前利润÷总资产占用额）。与上述两个指标相对应，剩余收益可以净资产或总资产为基数计算。

例 **8－3**　某公司下设A、B两个投资中心。A投资中心的投资额为200万元，投资利润率为15%。B投资中心的投资利润率为17%，剩余收益为20万元。该公司要求的最低投资利润率为12%。该公司决定追加投资100万元。若投向A投资中心，每年可增加利润20万元；若投向B投资中心，每年可增加利润15万元。

（1）追加投资前的有关指标：

A投资中心的剩余收益＝200×（15%－12%）＝6（万元）

B投资中心的投资额＝20÷（17%－12%）＝400（万元）

公司的投资利润率＝（200×15%＋400×17%）÷（200＋400）×100%＝16.33%

(2)A投资中心追加投资后的有关指标：

投资利润率＝(200×15％＋20)÷(200＋100)×100％＝16.67％

剩余收益＝200×15％＋20—(200＋100)×12％＝14(万元)

(3)B投资中心追加投资后的有关指标：

投资利润率＝(400×17％＋15)÷(400＋100)×100％＝16.6％

剩余收益＝400×17％＋15－(400＋100)×12％＝23(万元)

上述计算结果表明，如果追加A投资中心以后，其投资利润率和剩余收益均增长较快，则对公司有利。

二、责任预算

(一)责任预算的含义

责任预算是以责任中心为主体，以其可控制的成本、收入、利润和投资等为对象编制的预算。通过编制责任预算可以明确各责任中心的责任，并通过与企业总预算相一致，以确保其实现。通过编制责任预算也为控制和考核责任中心的经营管理活动提供了依据。责任预算是企业总预算的补充和具体化。

责任预算指标分为主要责任指标和其他责任指标。各责任中心有关成本、利润、投资利润率等考核指标是主要指标，是必须保证实现的，因为这些指标反映了各种不同类型的责任中心之间的责任和相应的权利区别。其他责任指标是根据企业其他奋斗目标分解而得的或为保证主要责任指标完成而确定的责任指标，如劳动生产率、设备完好率、出勤率、材料消耗率和职工培训等。

(二)责任预算的编制

责任预算的编制程序与企业组织机构设置和经营管理方式有着密切的关系。在集权组织结构形式下，公司的总经理大权独揽，对企业的所有成本、收入、利润和投资负责。它既是利润中心，也是投资中心。而公司下属各部门、各工厂、各车间、各工段、各地区都是成本中心，它们只对其权责范围内控制的成本负责。因此，在集权组织结构形式下，首先要按照责任中心的层次，从上至下把公司总预算(或全面预算)逐层向下分解，形成各责任中心的责任预算；然后建立责任预算执行情况的跟踪系统，记录预算执行的实际情况，并定期由下至上把责任预算的实际执行数据逐层汇总，直到最高层的利润中心或投资中心。

在分权组织结构形式下，经营管理权分散在各责任中心，公司下属各部门、各工厂、各地区等与公司自身一样，可以都是利润中心、投资中心，它们既要控制成本、收入、利润，也要对所占用的全部资产负责。而在它们之下还有许多成本中心，只对它们所控制的成本负责。在分权组织结构形式下，首先应按责任中心的层次，将公司总预算(或全面预算)从最高层向最底层逐级分解，形成各责任单位的责任预算，然后建立责任预算的跟踪系统，记录预算的实际执行情况，并定期从最基层责任中心把责任成本的实际数以及销售收入的实际数通过编制业绩报告逐层向上汇总，一直到达最高的投资中心。

三、内部结算与责任控制

内部转移价格是指企业内部各责任中心之间转移中间产品或相互提供劳务而发生和进行内部责任结转所使用的计价标准。采用内部转移价格进行内部结算，可以使企业内部的两个责任中心处于类似于市场交易的买卖双方，起到与外部市场价格相似的作用，以强化现金流量的观念与责任控制意识。

作为卖方即提供产品或劳务的一方必须不断改善经营管理，降低成本费用，以其收入抵偿支出，取得更多的利润或现金流量；而买方即产品或劳务的受益方则必须在竞价后所形成的一定买入成本的前提下千方百计降低自身费用，提高产品或劳务的质量，争取获得更多的利润或现金流量。

制定内部转移价格有助于树立现金流量的观念，明确划分各责任中心的经济责任，有助于使各责任中心的业绩考核建立在客观、可比的基础上，有助于协调各责任中心的业务活动，有助于调节企业内部的各项业务活动，也有助于企业经营者作出正确的经营决策。

内部转移价格的类型、应用条件、价格类型等情况汇总如表 8－3 所示。

表 8－3 四种内部转移价格

类型	应用条件	价格类型表现与应注意的问题
市场价格	一般假设中间产品有完全竞争市场，或中间产品提供部门无闲置生产能力	①市场价格扣除了销售费、广告费、运输费、销售税金后作为内部转移价格 ②通常认为市价是制定内部转移价格的最好依据
协商价格	存在非竞争性市场，买卖双方自行决定是否买卖中间产品	协商价格的上限是市价，下限是单位变动成本。当产品或劳务没有适当的市价时，采用议价方式确定
双重价格	①内部转移的产品或劳务有外部市场 ②供应方有剩余生产能力，单位变动成本低于市价	①双重市场价格，即供应方采用最高市价，使用方采用最低市价 ②双重转移价格，即供应方以市价或议价作为基础，使用方以供应方的单位变动成本作为计价基础
成本价格	要求制定准确的标准成本	①标准成本：有利于调动双方降低成本的积极性 ②标准成本加成：能分清责任，但带有主观随意性 ③标准变动成本：明确揭示成本与产量之间的关系，便于考核业绩，有利于经营决策，但不能反映劳动生产率变化对固定成本的影响

企业内部各责任中心之间发生经济业务往来，需要按照一定的方式进行内部结算，按照内部对象的不同，通常采取内部支票结算方式、转账通知单方式和内部货币结算方式。这三种内部结算方式都与内部银行有关。内部银行是将商业银行的基本职能与管理方法引入企业内部管理而建立的一种内部资金管理机构，它主要处理企业日常的往来结算和资金调拨、运筹，旨在强化企业的资金管理，明确各责任中心的经济责任，完善内部责任核算，节约资金使用，降低筹资成本。

四、责任报告与信息反馈

财务控制应该是一个动态的控制过程，要确保财务预算的贯彻实施，必须对各责任中心执行预算的情况进行跟踪监控，不断调整执行偏差。

责任报告的形式主要有报表、数据分析和文字说明等。将责任预算、实际执行结果及其差异用报表予以列示是责任报告的基本形式。在揭示差异时，还必须对重大差异予以定量分析和定性分析。定量分析旨在确定差异的发生程度；定性分析旨在分析差异产生的原因，并根据这些原因提出改进建议。

责任报告是对各个责任中心执行责任预算的情况的系统概括和总结。在企业的不同管理层次上，责任报告的侧重点应有所不同。最低层次责任中心的责任报告应当最详细，随着层次的升高，责任报告的内容应以更为概括的形式出现。

根据责任报告，可进一步对责任预算执行差异的原因和责任进行具体分析，以充分发挥反馈作用，使上层责任中心和本责任中心对有关生产经营活动实行有效控制和调节，促使各个责任中心根据自身特点，卓有成效地开展有关活动以实现责任预算。

责任中心是逐级设置的，责任报告也应自下而上逐级编报。责任报告的简略形式如表 8－4 和表 8－5 所示。

表 8－4　　成本中心责任报告

20××年

单位：万元

项　目	实际数	预算数	差异数	原因分析	简要评价
A 公司第一车间可控成本					
变动成本：					
直接材料	55	50	5		
直接人工	27	30	－3		
变动制造费用	11	10	1		
变动成本合计	93	90	3		
固定成本：					
固定制造费用	9.5	10	－0.5		
合　计	102.5	100	2.5		

续表

项　目	实际数	预算数	差异数	原因分析	简要评价
A公司制造部门可控成本					
第一车间：					
变动成本	93	90	3		
固定成本	9.5	10	−0.5		
小　计	102.5	100	2.5		
第二车间：					
变动成本	76	75	1		
固定成本	9.5	10	−0.5		
小　计	85.5	85	0.5		
制造部门其他费用	6	5	1		
合　计	194	190	4		
A公司可控成本					
制造部	194	190	4		
行政部	28	30	−2		
销售部	45	40	5		
总　计	267	260	7		

表8—5　　利润中心责任报告

20××年　　单位：万元

项　目	实际数	预算数	差异数	原因分析	简要评价
①A公司销售收入：					
其中：东北地区	90	80	10		
中南地区	120	100	20		
西北地区	49	50	−1		
东南地区	100	110	−10		
西南地区	71	70	1		
出口销售	60	50	10		
销售收入合计	490	460	30		
②A公司变动成本：					
其中：第一车间	93	90	3		
第二车间	76	75	1		
变动成本合计	169	165	4		
③A公司边际贡献总额	321	295	26		

续表

项　目	实际数	预算数	差异数	原因分析	简要评价
④A公司固定成本：					
制造部门					
其中：第一车间	9.5	10	−0.5		
第二车间	9.5	10	−0.5		
制造部门管理费用	6	5	1		
制造部门固定成本合计	25	25	0		
⑤行政部门可控成本	28	30	−2		
⑥销售部门可控成本	45	40	5		
⑦可控固定成本合计	98	95	3		
⑧A公司营业利润＝①－②－⑦	223	200	23		
总公司营业利润					
其中：A公司营业利润	223	200	23		
B公司营业利润	110	100	10		
合计全部营业利润	333	300	33		

为了编制各责任中心的责任报告，必须进行责任会计核算，即要以责任中心为对象组织财务核算工作，具体做法有两种：一是由各责任中心指定专人把各中心日常发生的成本、收入以及各中心相互之间的结算和转账业务记入单独设置的责任财务的编号账户内，然后根据管理的需要定期计算盈亏。因其与财务会计分别核算，所以被称为“双轨制”。二是简化日常核算，不另设专门的责任财务账户，而是在传统财务会计的各明细账户内为各责任中心分别设户进行登记与核算，被称为“单轨制”。

第四节　财务风险管理*

一、财务管理应当以风险为导向，重在风险管理

在远古时期，以打鱼捕捞为生的渔民们，每次出海前都要祈祷，祈求神灵保佑在出海时能够风平浪静、满载而归。渔民在长期的捕捞实践中深深体会到“风”给他们带来的无法预测、无法确定的危险，“风”即意味着“险”。

风险是一种不以人的意志为转移，独立于人的意识之外的客观存在，一般由风险因素、风险事故和损失等构成。风险因素引起或增加风险事故，风险事故的发生可能造成

损失。识别风险的客观性、普遍性、必然性、可控性、损失性、不确定性和社会性等，对于防范和控制风险具有积极意义。

风险是一种不确定性，但不确定性的概念大于风险。在较为稳定的经济环境下所讨论的风险，通常是指已知概率分布情况下的“客观风险”，人们在“常态决策”中试图将风险量化以后来判定“做还是不做”，并尽量做到“想好了再做”。但在“变态(变化中的状态)决策”或“危机决策”中，不确定性暴露出人们对新现象的无知，由于人们并不知道自己不知道什么(即“未知的无知”)，可能只有做了才知道，因此，解析风险、释放压力、解放思想、解决问题就显得尤其重要！

风险无处不在，它通常是指对实现内部控制目标可能产生负面影响的不确定性因素。任何具体风险的发生都是诸多风险因素和其他因素共同作用的结果，是一种随机现象，而且大量风险因素之间的内在关系错综复杂、各风险因素之间与外界交叉影响又使风险显示出多层次性。

在市场经济条件下，企业管理的永恒主题是：加强控制，防范风险，健康安全，持续发展。尤其是在大量因管理失控而导致失败的案例面前，人们更加深刻地领悟到：经济越发展，管理越重要，加强企业内部控制更加重要！从防控风险的角度来看，内部控制应当与风险管理相结合，这是手段与目的的关系，并重在对风险进行管理。

内部控制重在解决流程问题，包括业务流程、管理流程等，偏重于如何“正确地做事”。内部控制更加重视实施，其嵌入企业各具体业务活动中，融合在企业的各项规章制度之中，使企业在正常运营过程中自发地防止错误，确保合规和真实，从而合理保证目标的实现。

风险管理解决的不仅是流程问题，更重要的是战略决策问题和应急处理问题；不仅要解决当前的问题，更要预测和应对将来可能发生的问题；不但要解决“正确地做事”，更重要的是解决“做正确的事”。风险管理更偏重于前端，即对影响目标实现的因素的分析、评估与应对，防止重大决策失误和出现重大危机等。

对待风险有多种态度：第一种是极度厌恶者，其只有在确定收益大于所冒风险付出的成本时才会采取投资行动；第二种是一般厌恶者，其要求收益与风险同步增长；第三种是敢于冒险者，其愿意在出现风险时大胆冒进以期取得较高的收益。

尽管人们喜欢利润，厌恶风险，但风险还是与利润同在。管理的任务应该在追求利润的同时，正视风险，计算、分析风险系数，尽量分散、弱化、转移风险。实践证明，成功的投资者和管理者无非是在风险与收益的相互协调中进行权衡，并努力做到在风险一定的条件下使收益达到较高水平，或者在收益一定的情况下使风险维持在较低水平。如此，风险分析与风险管理就显得十分重要。

作为市场经济主体的企业，要想求得长期生存和持续发展，关键在于制定并有效实施适应外部环境变化和自身实际情况的发展战略。而不少企业缺乏明确的发展战略或发展战略实施不到位，结果导致企业盲目发展，难以形成竞争优势，丧失发展机遇和动力；也有些企业的发展战略过于激进，脱离企业实际能力或偏离主业，导致过度扩张、经营失控甚至失败；还有一些企业发展战略频繁变动，导致资源严重浪费，最后危及企业的生存和持续发展。尤其应当提请注意的是，企业如果不具有较强的法律意识，不能充分认识到法律风险的存在并对其进行有效控制，轻则给企业带来经济损失，重则给企业带来灭顶之灾。

风险不仅客观存在，而且会不期而遇。企业面对风险不仅要有心理准备，还应当有一定的风险评估方法与风险防范机制。

二、风险控制的要素与管控措施

（一）控制环境影响重大

控制环境是对企业财务控制的建立和实施有重大影响的各种环境因素的统称，包括企业风险管理观念、风险文化、诚信与价值观、员工的胜任能力、董事会或审计委员会的组成、管理哲学和经营方式、企业组织结构、企业授予权利和明确责任的方式、人力资源政策和实务等。

内部环境是内部控制各要素之首，是影响、制约企业内部控制建立与执行的各种内部因素的总称，是实施内部控制的基础，具体内容包括治理结构、机构设置及权责分配、内部审计、人力资源政策、企业文化等。

一个企业治理结构的有效运行与作用发挥在很大程度上取决于内部控制机制的健全程度。

健全的机构设置及权责分配要求企业按照国家的有关法律法规、股东(大)会决议和企业章程，结合本企业实际，明确股东(大)会、董事会、监事会、经理层和企业内部各层级机构设置、职责权限、人员编制、工作程序和相关要求的制度安排。

企业文化是指企业在生产经营实践中逐步形成的、为整体团队所认同并遵守的价值观、经营理念和企业精神，以及在此基础上形成的行为规范的总称。例如，诚信和道德观是企业控制环境的重要因素。如果企业已经制定了严格的商业行为守则，该守则强调诚信和道德观，并且所有利益相关者都遵循了这一守则，那么，这就意味着该组织已拥有一流的道德观。企业文化是企业的灵魂，渗透于企业的一切经营管理活动之中，是推动企业持续发展的不竭动力。

人既是内部控制的主体，也是内部控制的客体。加强内部控制，需要增强对全员的约束；强化机制的制衡，需要增强内部控制文化的润泽；加强规范管理，需要激起发展的活力。好的企业文化对内部控制建设不可或缺，有助于实现“人企合一”，提升执行力，使内部控制建设形成溢价、产生增值。

企业应当按照科学、精简、高效、透明、制衡的原则，综合考虑企业性质、发展战略、文化理念和管理要求等因素，合理设置内部职能机构，明确各机构的职责权限，避免职能交叉、缺失或权责过于集中，形成各司其职、各负其责、相互制约、相互协调的工作机制。一个企业内部控制机制的良好运行还应当设立满足监控需要的职能机构或岗位，如建立内部审计机构，配备必要的审计人员，对关键控制程序与控制环节进行监督，有权将监督检查中发现的内部控制重大缺陷直接向董事会及其审计委员会、监事会报告，这是一个企业良好管理现状的表现。内部控制是一个动态的过程，这个过程需要全员参与，上到董事会、监事会、管理层，下到各级员工，都要参与进来。

对于拥有子公司的企业，还应当建立科学的投资管控制度，通过合法、有效的形式履行出资人职责、维护出资人权益，重点关注子公司特别是异地、境外子公司的发展战略、年度财务预决算、重大投融资、重大担保、大额资金使用、主要资产处置、重要人事任免、内部控制体系建设等重要事项。

基于控制环境的缺陷，企业更应当关注组织架构的健全与内部控制文化的完善，尤其是企业的高层管理人员，一定要保持对内部控制的清醒认识：科学决策是核心，制度建设是基础，业务流程是重点，风险防控是关键……这些都是不可或缺的。

(二)风险评估至关重要

企业面对风险不仅要有心理准备，还应当有一定的风险评估与防范机制。风险评估是组织辨认和分析与目标实现有关的风险的过程。风险评估提供了控制风险的基础。内部控制中的风险评估过程必须判明企业完成既定目标存在的外部风险与内部风险，分析各种风险的类型和程度。所以，风险评估应当是及时识别、科学分析影响企业战略和经营管理目标实现的各种不确定因素并采取应对策略的过程，其构成要素一般包括目标设定、风险识别、风险分析和风险应对等几个方面：

1.目标设定

目标设定是风险识别、风险分析和风险应对的前提。企业应当按照设定的经营目标、财务报告目标、合规性目标和资产安全完整目标等，合理确定企业整体的风险承受能力、具体业务层次上可接受的风险水平，合理确定风险应对策略。

2.风险识别

风险识别实际上是收集有关损失原因、危险因素及其损失暴露等方面信息的过程，其主要回答的问题是：存在哪些风险？哪些风险应予以考虑？引起风险的主要因素是什么？这些风险所引起的后果及严重程度如何？风险识别的方法有哪些？等等。

企业的内部风险因素主要有：(1)董事、监事、经理及其他高级管理人员的职业操守、员工的专业胜任能力等人力资源因素；(2)组织机构、经营方式、资产管理、业务流程等管理因素；(3)研究开发、技术投入、信息技术运用等自主创新因素；(4)财务状况、经营成果、现金流量等财务因素；(5)营运安全、员工健康、环境保护等安全环保因素以及其他因素。

企业的外部风险因素主要有:(1)经济形势、产业政策、融资环境、市场竞争、资源供给等经济因素;(2)法律法规、监管要求等法律因素;(3)安全稳定、文化传统、社会信用、教育水平、消费者行为等社会因素;(4)技术进步、工艺改进等科学技术因素;(5)自然灾害、环境状况等自然环境因素以及其他因素。

3.风险分析

识别出风险以后,应对其进行定性与定量相结合的分析,按照风险发生的可能性及其影响程度等,对识别出的风险进行分析和排序,确定关注重点和优先控制的风险。企业进行风险分析,可以充分吸收专业人员,按照严格、规范的程序开展工作,确保风险分析结果的准确性。

认识、分析与评估风险的重要意义在于权衡风险,从而做到知己知彼,防患于未然。

4.风险应对

(1)风险规避。企业对超出整体风险承受能力或者具体业务层次上的可接受风险水平的风险,应当实行风险规避。也就是说,风险规避是企业对超出风险承受度的风险,通过放弃或者停止与该风险相关的业务活动以避免和减轻损失的策略。

任何经济单位应对风险的第一步是考虑能否规避风险。凡风险所造成的损失不能由该项目可能获得的利润予以抵消时,规避风险就是最可行的方法。规避风险的例子有:拒绝与不守信用的厂商往来;放弃很可能导致亏损的投资项目;新产品在试制阶段发现诸多问题而果断停止试制;等等。

(2)风险降低。企业对在整体风险承受能力和具体业务层次上可接受风险水平之内的风险,在权衡成本效益之后愿意单独采取进一步控制措施以降低风险、提高收益或者减轻损失的,可以实行风险降低。也就是说,风险降低是企业在权衡成本效益之后,准备采取适当的控制措施以降低风险或者减轻损失,将风险控制在风险承受度之内的策略。

降低或减少风险应当事先从制度、文化、决策、组织和控制上,从培育核心能力上提高企业防御风险的能力。减少风险主要有两方面含义:一是控制风险因素,减少风险的发生;二是控制风险发生的频率和降低风险损害程度。减少风险的常用方法有:进行准确的预测,如汇率预测、利率预测、债务人信用评估等;对决策进行多方案优选和相机替代;及时与政府部门沟通以获取政策信用;在发展新产品前,充分进行市场调研;实行设备预防检修制度以减少设备事故;选择有弹性的、抗风险能力强的技术方案,进行预先的技术模拟试验,采用可靠的保护和安全措施;采用多领域、多地域、多项目、多品种的投资以分散风险。

(3)风险分担。企业对在整体风险承受能力和具体业务层次上可接受风险水平之内的风险,在权衡成本效益之后愿意借助他人的力量,采取包括业务分包、购买保险等进一步的控制措施以降低风险、提高收益或者减轻损失的,可以实行风险分担。风险分担是企业将风险控制在风险承受度之内的策略。

风险分担也是一种转移风险的技巧。企业以一定的代价(如保险费、盈利机会、担保费和利息等),采取某种方式(如参加保险、信用担保、租赁经营、套期交易、票据贴现等),将风险损失转嫁给他人承担,以避免可能给企业带来灾难性损失。例如,向专业性保险公司投保;采取合资、联营、增发新股、发行债券、联合开发等措施实现风险共担;通过技术转让、特许经营、战略联盟、租赁经营和业务外包等实现风险转移。

(4)风险承受。企业对在整体风险承受能力和具体业务层次上可接受风险水平之内的风险,在权衡成本效益之后无意采取进一步控制措施的,可以实行风险承担。也就是说,风险承受是企业对风险承受度之内的风险,在权衡成本效益之后,不准备采取控制措施以降低风险或者减轻损失的策略。

风险承受就是接受风险。对于损失较小的风险,如果企业有足够的财力和能力承受风险损失,则可以采取风险自担和风险自保自行消化风险损失。风险自担,就是风险损失发生时,直接将损失摊入成本或费用,或冲减利润;风险自保,就是企业预留一笔风险金或随着生产经营的进行有计划地计提资产减值准备等。

风险偏好和风险容忍度是针对风险度量提出的新概念。从广义上看,风险偏好是指企业在实现其目标的过程中愿意接受的风险的数量。企业的风险偏好与企业的战略直接相关,企业在制定战略时,应考虑将该战略的既定收益与企业的风险偏好结合起来,目的是帮助企业的管理者在不同战略之间选择与企业的风险偏好相一致的战略。风险偏好的概念是建立在风险容忍度概念的基础上的。风险容忍度是指在企业目标实现的过程中对差异的可接受程度,是企业在风险偏好的基础上设定的对相关目标实现过程中所出现的差异的可容忍限度。在确定各目标的风险容忍度时,企业应考虑相关目标的重要性,并将其与企业风险偏好联系起来。

风险应对是一个动态的过程,企业应当结合不同发展阶段和不同业务情况,持续收集与风险变化相关的信息,进行风险识别和风险分析,及时调整风险应对策略。也就是说,应当重视风险评估的持续性,及时收集风险及与风险变化相关的各种信息,定期或者不定期地开展风险评估,适时更新、维护风险数据库。例如,某公司经过充分的调查研究与分析整理以后,发现货币资金业务失控常见的情形主要有以下几个方面:少列收入或截留各种现金收入;公款私用,挪用资金;虚报冒领,虚列支出;涂改凭证,虚构内容;延迟入账,挪用现金;重复报销,贪污现金;出借账号,违规操作;库存现金超额存放;白条报销,白条抵库;未经批准坐收坐支;私设账外账(小金库);等等。

针对这些货币资金业务可能出现的弊端,该公司组织专门人员理论联系实际进行深入讨论,寻找出 8 个相关的风险控制点,并分别提出相应的控制目标和具体控制措施(如表 8－6 所示),用以落实关键控制点。

表 8—6　　货币资金收付控制关键点及控制措施

风险控制点	具体控制目标	具体控制措施
审批	合法性	未经授权不得经办资金收付业务；明确不同级别管理人员的权限
复核	真实性与合法性	会计对相关凭证进行横向复核和纵向复核
收支点	收入入账完整 支出手续完备	出纳根据审核后的相关收付款原始凭证收款和付款并加盖戳记
记账	真实性	出纳人员根据资金收付凭证登记日记账，有关会计人员根据相关凭证登记明细分类账；主管会计登记总分类账并履行复核程序等
对账	真实性和财产安全	定期与不定期账证核对、账表核对和账实核对
保管	财产安全与完整	授权专人保管资金；定期与不定期盘点；履行第三人审核职能
资金账户管理	防范小金库 加强业务管控	开设、使用与撤销的授权；定期与不定期检查是否有账外账
票据与印章管理	财产安全	票据统一印制或购买，并由专人保管；印章与空白票据分管；财务专用章与企业法人章分管执掌；用章履行审批程序

(三)控制活动应落到实处

应对风险的各种制度、措施和流程应当齐抓共管，为此，企业应当结合风险评估结果，通过手工控制与自动控制、预防性控制与发现性控制相结合的方法，运用相应的控制措施，将风险控制在可承受的范围之内。

企业还应当建立重大风险预警机制和突发事件应急处理机制，明确风险预警标准，对可能发生的重大风险或突发事件制定应急预案、明确责任人员、规范处置程序，确保突发事件得到及时、妥善处理。

在市场经济条件下，企业所面临的经济环境日趋复杂多变，各式各样的风险与危机随时都会发生或出现。企业因财务危机导致经营陷入困境甚至宣告破产的案例屡见不鲜。但任何企业危机由初步萌生到恶化并非瞬间所致，通常都经历了一个渐进积累和转化的过程。防微杜渐就是要求企业在日常运作中，对企业运营过程中的风险状况进行跟踪、监控，及早地发现危机信号，预测企业的财务失败。一旦发现某种异常征兆就应着手应变，以避免或减弱对企业的破坏。企业通过观察一些敏感性指标的变化情况与变化趋势，有助于对企业危机发挥预警作用。

内部控制有效假设是指内部控制的构建与实施应当是有效的，其控制收益应当大于控制成本。当然，内部控制能够在多大程度上起作用存在着不确定性，控制收益与控制成本孰高孰低也很难量化。但人们对构建与实施内部控制的有效性是建立在有内部控制比没有内部控制好的这个假设基础上的。不管怎么说，内部控制有效假设不仅对内部控制的理论建设有意义，而且对内部控制管理实践有很大作用。

（四）信息控制引为关注

信息交流也是组织结构的核心内容之一，是组织存在的基础，没有信息交流就没有组织。

信息与沟通应当涵盖整个控制过程。及时、准确、完整地收集、加工、整理决策所需的信息是管理活动的重要组成部分。为此，企业应当建立信息与沟通制度，明确内部控制相关信息的收集、处理和传递程序，确保信息及时沟通，促进内部控制的有效运行。因为信息的沟通是组织稳定的基础，对一个组织的发展具有重要作用。

目前，不少企业已经实现会计电算化或管理电算化，因而电子信息技术控制应当摆上议事日程，应当加强对电子信息系统的开发与维护、数据输入与输出、文件储存与保管、网络安全等方面的控制。应当清醒地看到，在计算机技术与信息不断发展的今天，加强电算化控制确实有着十分重要的现实意义。

在会计电算化数据的操作控制方面，还应当注意会计数据存储与处理相隔离、操作人员身份的密码控制、操作权限控制、存取与操作的日志控制、会计电算化数据的备份控制等，谨防计算机舞弊风险。

企业应当建立信息系统开发、运行与维护等环节的岗位责任制度和不相容职务分离制度，防范利用计算机舞弊和犯罪，包括业务数据录入、数据检查、业务批准等，应有必要的相互牵制；还应积极开展信息系统风险评估工作，定期对信息系统进行安全评估，及时发现系统安全问题并加以整改。

企业应当建立用户管理制度，加强对重要业务系统的访问权限管理，避免将不相容职责授予同一用户。企业应当采用密码控制等技术手段进行用户身份识别。对于重要的业务系统，应当采用数字证书、生物识别等可靠性强的技术手段识别用户身份。对于发生岗位变化或离岗的用户，用户部门应当及时通知系统管理人员调整其在系统中的访问权限或者关闭账号。企业应当定期对系统中的账号进行审阅，避免存在授权不当或非授权账号。对于超级用户，企业应当严格规定其使用条件和操作程序，并对其在系统中的操作进行全程监控或审计。

有效的信息交流机制还可以对防范和发现舞弊行为起到良好的作用。企业应当建立反舞弊机制，坚持惩防并举、重在预防的原则，明确反舞弊工作的重点领域、关键环节和有关机构在反舞弊工作中的职责权限，规范舞弊案件的举报、调查、处理、报告和补救程序。

企业至少应当将下列情形作为反舞弊工作的重点：(1)未经授权或者采取其他不法

方式侵占、挪用企业资产，谋取不当利益；(2)在财务报告和信息披露等方面存在的虚假记载、误导性陈述或者重大遗漏等；(3)董事、监事、经理及其他高级管理人员滥用职权；(4)相关机构或人员串通舞弊；等等。

举报投诉制度是企业内部建立的、旨在鼓励员工对企业内部涉及内部控制方面的违法行为或不当行为以匿名或明示的方式进行举报、投诉，并由专门机构对举报内容进行调查处理的一系列政策、程序和方法。该制度属于内部控制框架中的信息与沟通要素，具有预防、制止和揭露组织活动中的违法违规行为，保证企业各项活动的合法性和合规性的功能。应建立举报投诉制度和举报人保护制度，设置举报专线，明确举报投诉处理程序、办理时限和办结要求，确保举报、投诉成为企业有效掌握信息的重要途径。举报投诉制度和举报人保护制度应当及时传达至全体员工。

(五)内部监控不可或缺

内部控制监督简称内部监控，是指企业对其内部控制制度的健全性、合理性和有效性进行监督检查与评估，形成书面评价报告并做出相应处理的过程。其中，内部控制评价是指企业董事会或类似决策机构对内部控制的有效性进行全面评价、形成评价结论、出具评价报告的过程。内部控制评价工作能否有效实施，很大程度上取决于企业是否具备强有力的组织领导体制。

之所以对内部控制进行评价，是为了强化内部控制意识，建立健全内部控制机制，严格落实各项控制措施，确保内部控制体系有效运行，增强业务、财务和管理信息的真实性、完整性和及时性，确保企业资产的安全、完整以及各项活动的合法、合规。《企业内部控制基本规范》中明确企业应当结合内部监督情况，定期对内部控制的有效性进行自我评价，出具内部控制自我评价报告，以便发现和解决内部控制过程中出现的问题。

企业应当利用信息与沟通情况，提高内部监控的针对性和时效性；同时，通过实施监督检查，不断提高信息与沟通的质量和效率。内部监控一般可以分为日常监控和专项监控两个方面。

日常监控是指企业对建立与实施内部控制的情况进行常规、持续的监督检查。持续性监控具有连续的、全面的、系统的特征。

专项监控是指在企业发展战略、组织结构、经营活动、业务流程、关键岗位员工等发生较大调整或变化的情况下，对内部控制的某一或者某些方面进行有针对性的监督检查。专项监控的范围和频率应当根据风险评估结果以及日常监督的有效性等予以确定。专项监控具有不定期的、专门的、有针对性的特征。

动机产生行为，行为导致结果。只要有加强控制的思想意识，就会产生与之相应的管控行为；内部控制的自觉性和内在动力越强，内部控制才会越有效。

复习思考题

1.简述财务控制的概念、特点与作用。

2.请举例说明可控成本与不可控成本的区别。

3.利润中心的业绩评价指标有哪些？如何进行利润中心的业绩评价？

4.为什么要以剩余收益指标评价投资中心的业绩？

5.简述预算控制、制度控制与风险控制之间的关系。

6.财务控制为什么应当以风险为导向？

7.简述风险控制的基本内容与基本方法之间的关系。

8.理论联系实际阐述如何将财务控制活动落到实处。

业务练习题

练习一

A公司内部某车间为成本中心，生产甲产品，预算产量为6 000件，单位成本为95元；实际产量为7 000件，单位成本为100元。

要求：计算A成本中心的成本变动额和变动率。

练习二

B公司某利润中心的有关数据如下：

单位：元

项　目	金　额
部门销售收入	150 000
部门变动成本和变动销售费用	100 000
部门可控固定间接费用	8 000
部门不可控固定间接费用	12 000
分配的公司管理费用	10 000

B公司要求的最低报酬率为15%。B公司的资产总额为100万元，该部门(利润中心)占用的资产额为总资产的10%。现在该部门的经理面临着一个投资报酬率为16%的投资机会，投资额为50 000元。

要求：

(1)如果站在企业的角度去考虑，这项投资应否接受？为什么？

(2)如果按利润中心可控利润为计算依据，站在部门的角度去考虑，这项投资应否接受？为什么？

练习三

某集团公司下设三个投资中心，有关资料如下：

指　标	集团公司	A投资中心	B投资中心	C投资中心
净利润(万元)	34 650	10 400	15 800	8 450
净资产平均占用额(万元)	315 000	94 500	145 000	75 500
规定的最低投资报酬率	10%			

要求：

(1)计算该集团公司和各投资中心的投资利润率，并据此评价各投资中心的业绩。

(2)计算各投资中心的剩余收益，并据此评价各投资中心的业绩。

第九章　财务分析与业绩管理

第一节　财务分析概述

一、财务分析的概念与作用

在信息社会中，谁掌握的信息越充分、越及时、越有效，谁就越能在竞争中掌握主动权。企业应当结合经营特点，优化业务流程，建立财务与业务一体化的信息处理系统，实现财务、业务相关信息一次性处理和实时共享，从而有利于充分发挥财务分析的积极作用。

财务分析是指依据财务会计等信息资料，通过运用专门的分析方法，对企业的财务状况、经营成果和现金流量等企业运行情况进行比较、解析与评价的一项财务管理工作。

日常财务分析主要是以分析财务报表为主要特征，它既可以是全面分析，也可以是专项分析。财务报表是指在日常会计核算资料的基础上，按照规定的格式、内容和方法定期编制的，综合反映企业某一特定日期财务状况和某一特定时期经营成果、现金流量状况的书面文件，包括资产负债表、利润表、现金流量表等主要报表、附表和附注。

财务状况分析，是指基于资产负债表等资料进行的专项分析。资产负债表是总括反映企业在某一特定日期全部资产、负债和所有者权益数额及其结构情况的报表，是企业经营管理活动结果的集中体现。通过分析资产负债表，能够揭示资产负债表相关项目的内涵，了解企业财务状况的变动情况及变动原因，反映企业偿还债务的能力和风险状况以及公司经营管理总体水平的高低等。

经营成果分析，是指基于利润表等资料进行的损益分析。利润表是总括反映企业一定期间的经营成果及其分配情况的会计报表。通过分析利润表,可直接了解企业的盈利状况和获利能力,并通过收入、成本、费用、利润的分析,具体地把握企业获利能力的高低及其增减变动的原因等。

现金流量分析,是指基于现金流量表而进行的现金流量分析。现金流量表是反映企业一定会计期间的现金流入与现金流出情况的会计报表。通过分析现金流量表,有助于对企业获取现金的能力、偿还债务的能力、收益的质量、投资活动和筹资活动作出恰当的评价。

晓晖公司某年12月31日财务报表分析资料如表9—1、表9—2和表9—3所示。

表9—1 资产负债表(简表)

编制单位:晓晖公司 20××年12月31日 单位:元

资　产	期末余额	年初余额	负债和所有者权益	期末余额	年初余额
流动资产:			流动负债:		
货币资金	813 200.00	1 692 400.00	短期借款	450 000.00	700 000.00
短期投资	0.00	15 000.00	应付票据	100 000.00	200 000.00
应收票据	46 000.00	246 000.00	应付账款	952 735.00	990 169.00
应收账款	580 000.00	300 000.00	预收账款		
预付账款	100 000.00	100 000.00	应付职工薪酬	0.00	0.00
应收股利			应交税费	3 132.00	−53 034.00
应收利息			应付利息	10 000.00	1 000.00
其他应收款	5 000.00	5 000.00	应付利润		
存货	2 574 700.00	2 580 000.00	其他应付款	20 000.00	20 000.00
其他流动资产			其他流动负债		
流动资产合计	4 118 900.00	4 938 400.00	流动负债合计	1 535 867.00	1 858 135.00
非流动资产:			非流动负债:		
长期债券投资			长期借款	1 160 000.00	1 760 000.00
长期股权投资	400 000.00	400 000.00	长期应付款		
固定资产原价	2 601 000.00	1 700 000.00	递延收益		
减:累计折旧	170 000.00	400 000.00	其他非流动负债		
固定资产账面价值	2 431 000.00	1 300 000.00	非流动负债合计	1 160 000.00	1 760 000.00
在建工程	578 000.00	1 500 000.00	负债合计	2 695 867.00	3 618 135.00
工程物资					
固定资产清理					

续表

资　产	期末余额	年初余额	负债和所有者权益	期末余额	年初余额
生产性生物资产			所有者权益：		
无形资产	540 000.00	600 000.00	实收资本(或股本)	5 000 000.00	5 000 000.00
开发支出			资本公积	100 000.00	100 000.00
长期待摊费用			盈余公积	54 406.60	4 053.00
其他非流动资产			未分配利润	217 626.40	16 212.00
非流动资产合计	3 949 000.00	3 800 000.00	所有者权益合计	5 372 033.00	5 120 265.00
资产总计	8 067 900.00	8 738 400.00	负债和所有者权益总计	8 067 900.00	8 738 400.00

表 9—2　　　　利润表(简表)

编制单位：晓晖公司　　　　20××年　　　　单位：元

项　目	本年累计金额	上期金额
一、营业收入	1 250 000.00	1 000 000.00
减：营业成本	750 000.00	650 000.00
营业税金及附加	10 000.00	8 000.00
销售费用	22 000.00	100 000.00
管理费用	158 000.00	151 735.00
财务费用	41 500.00	70 000.00
加：投资收益(损失以“—”号填列)	31 500.00	
二、营业利润(亏损以“—”号填列)	300 000.00	20 265.00
加：营业外收入	50 000.00	
减：营业外支出	40 100.00	
三、利润总额(亏损总额以“—”号填列)	309 900.00	20 265.00
减：所得税费用	58 132.00	4 053.00
四、净利润(净亏损以“—”号填列)	251 768.00	16 212.00

表 9—3　　　　现金流量表(简表)

编制单位:晓晖公司　　　　20××年　　　　单位:元

项　目	本年累计金额	上期金额
一、经营活动产生的现金流量:		(略)
销售产成品、商品、提供劳务收到的现金	1 342 500.00	
收到其他与经营活动有关的现金		
购买原材料、商品、接受劳务支付的现金	429 700.00	
支付的职工薪酬	342 000.00	
支付的税费	167 000.00	
支付其他与经营活动有关的现金	171 300.00	
经营活动产生的现金流量净额	232 500.00	
二、投资活动产生的现金流量:		
收回短期投资、长期债券投资和长期股权投资收到的现金	16 500.00	
取得投资收益收到的现金	30 000.00	
处置固定资产、无形资产和其他非流动资产收回的现金净额	300 300.00	
短期投资、长期债券投资和长期股权投资支付的现金		
购建固定资产、无形资产和其他非流动资产支付的现金	596 000.00	
投资活动产生的现金流量净额	—249 200.00	
三、筹资活动产生的现金流量:		
取得借款收到的现金	400 000.00	
吸收投资者投资收到的现金		
偿还借款本金支付的现金	1 250 000.00	
偿还借款利息支付的现金	12 500.00	
分配利润支付的现金		
筹资活动产生的现金流量净额	—862 500.00	
四、现金净增加额	—879 200.00	
加:期初现金余额	1 692 400.00	
五、期末现金余额	813 200.00	

从有效实施财务管理的要求出发,财务分析应当事前、事中、事后分析三管齐下。

事前分析是指在某项经济活动发生以前进行的分析,它具有预测未来的性质,也称预测分析。进行预测分析,需要根据财务活动的现状及其发展趋势,运用一定的方法,估计今后可能发生变化的各个因素对财务活动带来的影响和可能取得的经济效益。通过事前分析,可以为企业进行经营决策、编制财务预算提供可靠的依据。

事中分析是指在某项经济活动的进行过程中实施的差异分析，具有控制现在的性质。通过事中分析，可以检查各项经济活动及其财务指标的进展或完成情况，及时发现生产经营过程中存在的问题，便于采取措施，合理保证实现预算管理目标。

事后分析是指对一定时期财务指标的实际完成情况进行的总结分析，具有总结过去的性质。通过事后分析，把影响预算(计划)完成的各种因素一一展现出来，分清主次，便于企业找出进一步发展的潜力，采取有效措施，改进财务管理，并为今后制定和完成预算奠定基础。

综上所述，财务分析是评价财务状况、衡量经营业绩的重要依据；是挖掘潜力、改进工作、实现财务管理目标的重要手段；是合理实施预测与决策的重要步骤。有效的财务分析还将有助于财务诊断与财务预警，从而为财务保健服务。

二、财务信息的来源与财务分析步骤

财务分析的本质在于收集与决策有关的各种财务信息并加以分析和解释，是一种分析基础上的判断过程，旨在评价企业过去的生产经营业绩、衡量企业目前的财务状况、预测企业未来的发展趋势等。

财务信息是财务分析的基本依据，收集和整理财务信息是财务分析的重要步骤和方法之一。财务信息分析的数量和质量决定着财务分析的质量与效果，所以，需要对会计所提供的核算等资料进行去粗取精、去伪存真、由此及彼、由表及里的加工整理后才能进行财务分析。

为了保证财务分析的质量与效果，财务信息应当满足完整性、系统性、准确性、及时性和相关性等要求。为此，企业应当准确识别、全面收集来源于企业外部及内部、与企业经营管理相关的财务及非财务信息，为财务分析的有效运行提供信息支持。

一是企业内部信息，主要包括财务会计信息、生产经营信息、资本运作信息、人员变动信息、技术创新信息和综合管理信息等。企业可以通过财务会计资料、经营管理资料、调研报告、专项信息、内部刊物和办公网络等渠道获取内部信息。

二是企业外部信息，主要包括政策法规信息、经济形势信息、监管要求信息、市场竞争信息、行业动态信息、客户信用信息、社会文化信息和科技进步信息等。企业可以通过行业协会组织、社会中介机构、业务往来单位、市场调查、来信来访、网络媒体以及有关监管部门等渠道，获取外部信息。

财务分析的步骤包括：明确分析目的，设计分析程序，收集有关信息，选择分析方法，将分析对象(整体)分为各个部分，分析各个部分的具体内容，研究各个部分之间及与整体的关系，进行综合分析与评价，得出分析与评价的结论等。分析的结果应当报告与交流,以利于充分发挥财务分析的优势与作用。[①]

财务分析也存在着资料来源的局限性、分析方法的局限性和分析指标的局限性等问题,所以,财务分析过程应当注意扬长避短。

三、财务分析的内容与相关需求

需要财务分析信息的有企业所有者、债权人、经营决策者和政府等。不同主体出于不同的利益考虑,对财务分析信息有着各自不同的要求。

企业所有者作为投资人,关心其资本的保值和增值状况以及投资回报情况,因而重视对企业盈利能力的分析。

企业债权人因不能参与企业剩余收益的分享,更关注债权的安全性即企业是否有足够的支付能力,因而更重视对企业偿债能力的分析,同时也关注企业的盈利能力。

企业经营者必须对企业经营理财的各个方面,包括营运能力、偿债能力、盈利能力及发展能力的全部信息予以详尽地了解和掌握,期望通过对各方面的综合分析,关注企业的财务风险和经营风险。

政府兼具多重身份,既是宏观经济管理者,又是国有企业的所有者和重要的市场参与者,因此,政府对企业财务分析的关注点因所具身份的不同而异,既要关注企业的经济效益,又要考虑社会效益等。

企业应当建立健全财务分析与评价制度,在对财务状况、经营成果和现金流量进行专项分析的基础上实施综合评价与考核。业绩考评应当以财务分析结果为依据,将定量分析与定性分析有效地结合起来。

四、财务分析的基本方法

(一)比较分析法

比较分析法是通过对比两期或连续数期财务报告中的相同指标,确定其增减变动的方向、数额和幅度,来说明企业财务状况或经营成果变动趋势的一种方法。

指标对比是最常见的比较分析法,其作用在于发现问题、解决问题、挖掘企业的各种潜力。比较分析法可以根据分析的不同要求作各种对比,如将实际指标与计划指标对比、将实际指标与前期指标对比、将实际指标与先进指标对比等。

将实际指标与计划指标对比,找出实际与计划的差异,能够反映计划的执行情况,说明计划的完成程度,给进一步分析提供方向。但在比较时,要注意检查计划指标本身是否既先进又切实可行,因为实际数与计划数之间产生差异,除了实际工作原因之外,

---

① 关于财务分析报告的写作方法,请详阅李敏主编的《财经应用文写作》,上海财经大学出版社 2013 年出版。

还可能由于计划太保守或不切实际等原因造成。

将本期实际指标与前期(上月、上季、上年或上年同期)实际指标对比,能够反映企业财务活动的发展情况、考察企业财务管理的改进情况。

将本期实际指标与先进指标对比,实际上是将其与先进管理方法、先进经营成果对比。在企业与企业之间,可以与国内外同类型企业的先进指标对比;在企业内部,可以与先进车间、班组、个人的先进指标对比,还可以与历史最好水平比较。通过比较,找出差距,有利于企业开阔眼界,吸收和扩大先进的经验;充分挖掘内部潜力,学先进、赶先进,促使企业向更高的目标攀登。

比较分析法的具体运用主要有重要财务指标的比较、会计报表的比较和会计报表项目构成的比较等。

指标对比在形式上既可用绝对数对比,也可用相对数对比。

(二)比率分析法

比率分析法是通过计算各种比率指标来确定财务活动变动程度的方法。比率指标的类型主要有构成比率、效率比率和相关比率三类。

1. 构成比率

构成比率(结构比率)是某项财务指标的各组成部分数值占总体数值的百分比,反映部分与总体之间的关系,借以说明某项指标的构成及其发展变化,这种方法又称比重分析法。例如,把构成产品成本的各个成本项目的数值与产品总成本相比较,计算出其占总成本的比重,确定成本的构成;然后,将其与不同时期同类产品的成本构成相比较,观察产品成本构成的变化与提高生产技术水平和加强经营管理的关系,就能为进一步挖掘降低成本的潜力指明方向。

2. 效率比率

效率比率是某项财务活动中所费与所得的比率,反映投入与产出的关系,如成本费用与利润的比率、投资额与收益额的比率、资金占用额与利润的比率等。利用效率比率指标,可以进行得失的比较、考察经营成果、评价经济效益。

3. 相关比率

相关比率是以某个项目和与其有关但又不同的项目加以对比所得的比率,反映有关经济活动之间的相互关系。例如,将流动资产与流动负债进行对比,计算出流动比率,可以判断企业的短期偿债能力等。

(三)因素分析法

因素分析法是在相互关系的诸因素中,通过顺序用各个因素的实际数替换基数,借以测定各个因素的变动对指标完成结果的影响程度的一种分析方法。根据其计算方法的不同,可分为连环替代法和差额计算法。

连环替代法是在被分析对象的诸因素中,顺序把其中一个因素当作可变的,其他因素当作暂时不变的，进行逐项替代，分别求出各个因素变动对指标完成结果的影响程度的一种分析方法。

差额计算法是利用各个因素的实际数与基数之间的差异来计算各个因素变动对指标完成结果的影响程度，是连环替代法的简化形式。

因素分析法的适用范围较广，当所分析的经济现象或指标可以分解为两个或两个以上的因素（或相乘的积，或相除的商）的时候，为了知道每个因素变动的影响值，从而分清主要因素与次要因素、主观因素与客观因素、有利因素与不利因素等，就可以运用因素分析法。

因素分析法具有三个主要特性：(1)计算连环性。在计算每一因素变动的影响时，都假定这个因素变化，其他因素不变，每次计算都在前一次的基础上进行，直到最后一个因素。因此，每个因素的影响值都是以"环比"方式得出的，其计算过程表现为一个连环式的替代计算过程。(2)替代顺序性。每个因素变动的影响都是按一定的顺序逐个地计算。由于计算顺序的改变，各因素的影响值也不尽相同。因此，运用因素分析法，必须掌握好因素替代计算的顺序。(3)结果假定性。由于每一个因素变动的影响都是以假定其他因素不变为前提的，而且是按某一顺序计算的，因而计算出的因素影响值也只是指在某一假定条件下的影响值。

(四)趋势分析法

趋势分析法又称水平分析法，是指将两期或连续数期财务会计报告中的相同指标进行对比，确定其增减变动的方向、数额和幅度，以说明企业财务状况、经营成果和现金流量的变动趋势的一种方法，如定基动态比率和环比动态比率。采用趋势分析法，通过对重要财务指标、报表的重要项目等的比较，可以分析引起变化的主要原因，分析变动的性质并预测企业未来的发展前景。

定基动态比率是以某一时期的数额为基期数额而计算出来的动态比率。环比动态比率是以每一分析期的数据与上期数据相比较计算出来的动态比率，借以观察经济活动的变化趋势。

第二节　财务分析的内容

一、债务风险与偿债能力分析

市场经济是风险经济，债务风险客观存在。企业要在市场中立足，首先就要讲信用，要具备一定的偿债能力。偿债能力既指企业可供偿债的存量资产超过债务存量的程度，也指经营活动现金净流量超过偿债所需现金的程度。按债务偿还期限的长短，偿债能力分析可以分为短期偿债能力分析和长期偿债能力分析两个方面。

(一)反映短期偿债能力的财务指标

1.流动比率

流动比率是流动资产与流动负债的比率,表明企业每1元流动负债有多少流动资产作为偿还的保证,反映企业用可在短期内转变为现金的流动资产偿还到期流动负债的能力。其计算公式和根据表9—1本年数据计算的结果如下:

$$流动比率=\frac{流动资产}{流动负债}\times 100\%$$

$$=\frac{4\ 118\ 900}{1\ 535\ 867}\times 100\%=268.18\%$$

一般情况下,流动比率越高,反映流动资产对流动负债的保证程度越强,债权人的权益越有保障。晓晖公司本年的流动比率268.18%比上年的265.77%(4 938 400÷1 858 135×100%)略有上升。流动比率增高,反映出企业拥有的营运资金(流动资产—流动负债)增多,可用以抵偿短期债务的能力增强。一般认为,企业有2份流动资产保证1份流动负债,其财务状况较为稳定、可靠,除了满足日常生产经营的流动资金需要外,还有足够的财力偿付到期短期债务。但流动比率高不等于企业有足够的现金或存款用来偿债。

从债权人的角度看,流动比率越高越好;从企业经营的角度看,过高的流动比率意味着机会成本的增加和获利能力的下降。

流动比率是否合理,不同的企业以及同一企业的不同时期评价标准是不同的,可资参考的评价标准应当是行业平均数。通常认为,流动比率的下限为100%,当流动比率保持200%左右较为适当。

2.速动比率

速动比率是企业速动资产与流动负债的比率。速动资产一般是指流动资产扣除存货后的差额。这一比率用以衡量企业流动资产中可以立即用于偿付流动负债的财力。计算速动资产时,之所以要扣除存货,是因为存货是流动资产中变现较慢的部分,通常在经过产品的售出和款项的收回两个过程后才能变为现金。存货中还可能包括不适销对路从而难以变现的产品等。其计算公式和根据表9—1本年数据计算的结果如下:

$$速动比率=\frac{流动资产-存货}{流动负债}\times 100\%$$

$$=\frac{4\ 118\ 900-2\ 574\ 700}{1\ 535\ 867}\times 100\%=100.54\%$$

一般认为,速动比率为100%左右较合适,它表明企业的每1元短期负债都有1元易于变现的资产作为抵偿。速动比率越高,反映速动资产对流动负债的保障程度越强,债权人的权益越有保障。晓晖公司本年的流动比率100.54%比上年的126.92%[(4 938 400—2 580 000)÷1 858 135×100%]有所下降，主要原因是存货占流动资产的比例在上升。如果速动比率过低，说明企业的偿债能力存在问题；如果速动比率过高，又说明企业因拥有过多的货币性资产而可能失去一些有利的投资和获利机会。

3.现金比率

现金比率是企业现金类资产与流动负债的比率，表示每1元流动负债有多少现金及现金等价物作为偿还的保证，反映了企业可用现金及变现方式清偿流动负债的能力。现金类资产包括企业所有的货币资金和现金等价物(如交易性金融资产)，它最能反映企业直接偿付流动负债的能力。其计算公式和根据表9—1本年数据计算的结果如下：

$$现金比率=\frac{现金+现金等价物}{流动负债}\times 100\%$$

$$=\frac{813\ 200}{1\ 535\ 867}\times 100\%=52.95\%$$

晓晖公司本年现金比率52.95%比上年91.89%[(1 692 400+15 000)÷1 858 135×100%]明显下降，其主要原因是货币资金大幅减少。现金比率虽然能反映企业的直接支付能力，但在一般情况下，企业不可能、也无必要保留过多的现金类资产。通常认为20%的现金比率是可以接受的。如果这一比率过高，可能意味着企业所筹集的流动负债未能得到合理的运用。

4.现金流动负债比率

企业能够用于偿还债务的是现金流量。在现金流量信息中，经营活动现金净流量的信息最值得关注。将经营活动的现金流量与其他报表项目的有关信息进行比较，可以分析评价企业偿还债务的能力、支付股利的能力和获取现金的能力等。现金流动负债比率的计算公式及其根据表9—1、表9—3本年数据计算的结果如下：

$$现金流动负债比率=\frac{经营现金净流量}{流动负债}\times 100\%$$

$$=\frac{232\ 500}{1\ 535\ 867}\times 100\%=15.14\%$$

现金流动负债比率可以反映流动负债所能得到的现金保障程度或企业获得现金偿付短期债务的能力。该指标越大，表明企业经营活动产生的现金净流量越多，越能够保障企业按时偿还到期债务。但该指标也不是越大越好，太大则表示企业的流动资金利用不充分，收益能力不强。该指标评价企业偿债能力比流动比率和速动比率更谨慎。

综上所述，短期偿债能力主要是指一个企业以流动资产或经营现金净流量偿付流动负债的能力。短期偿债能力的大小主要取决于企业营运资金的大小以及资产变现能力的强弱。此外，可动用的银行贷款指标、准备很快变现的长期资产、偿债能力的声誉、未作记录的或有负债、担保责任引起的负债和未决诉讼等对短期偿债能力也有影响。

(二)反映长期偿债能力的财务指标

1. 资产负债率

资产负债率又称负债比率，是企业负债总额对资产总额的比率，它表明企业的资产总额中，债权人提供的资金所占的比重，以及企业资产对债权人权益的保障程度。这一比率越小，表明企业的长期偿债能力越强。其计算公式和根据表9－1本年数据计算的结果如下：

$$资产负债率=\frac{负债总额}{资产总额}\times 100\%$$

$$=\frac{2\ 695\ 867}{8\ 067\ 900}\times 100\%=33.41\%$$

保守的观点认为，资产负债率不应该高于50%；通常认为资产负债率为60%左右较适当。从债权人的角度来说，该指标越小越好，能使企业偿债越有保障。晓晖公司本年资产负债率33.41%比上年41.41%(3 618 135÷8 738 400×100%)明显下降，其主要原因是盈利增加和负债减少。

对投资者来说，该指标过小表明企业对财务杠杆利用不够。企业的经营决策者应当将偿债能力指标与获利能力指标结合起来分析。负债比率反映企业对债权人资金的利用程度。在适度负债的前提下，如果此项比率较大，说明企业能利用较少量的自有资本投资形成较多的生产经营资产，不仅扩大了生产经营规模，而且在经营状况较好的情况下可以利用财务杠杆原理得到较多的投资利润。但如果负债无度，企业自有资金实力不强，遇有风吹草动，企业的偿债能力就缺乏保障，对债权人不利。资产负债率超过1，说明企业资不抵债，有濒临倒闭的危险，债权人将遭受损失。

与资产负债率相关的财务指标还有资产权益率、权益乘数和产权比率等。

(1)资产权益率。资产权益率又称股东权益比率，是所有者权益与资产总额的比率，反映企业资产中有多少是所有者投入的，可用下列公式表示：

$$资产权益率=\frac{所有者权益}{总资产}$$

资产权益率与资产负债率之和按同口径计算应等于1。资产权益率越大，资产负债率就越小，企业的财务风险也就越小。资产权益率是从另一个侧面来反映企业长期财务状况和长期偿债能力的。

(2)权益乘数。资产权益率的倒数称为权益乘数，说明企业资产总额是股东权益的多少倍。该比率越大，表明股东投入的资本在资产总额中所占的比重越小，对负债经营利用得越充分，可用下列公式表示：

$$权益乘数=\frac{总资产}{所有者权益}=\frac{1}{资产权益率}=\frac{1}{1-资产负债率}$$

(3)产权比率。产权比率又称资本负债率，是负债总额与所有者权益之间的比率。它反映所有者权益对债权人权益的保障程度。这一比率越低，表明企业的长期偿债能力越强，债权人的保障程度越高，承担的风险越小。在这种情况下，债权人就愿意向企业增加借款。其计算公式如下：

$$产权比率=\frac{负债总额}{所有者权益}=\frac{总资产-所有者权益}{所有者权益}=权益乘数-1$$

上述分析应注意所有者权益(净资产)的真实性和完整性。净资产中的实收资本如果被抽走或变相抽走，未分配利润如果是虚列的话，净资产对负债的保证程度就值得怀疑。产权比率的倒数被称为负债资本比率。

产权比率与负债比率的计算都以负债总额作为分子，资产负债率的分母是资产总额，说明资产对负债的物质保障程度以及偿付的安全性；产权比率的分母是所有者权益，说明净资产对负债的保障程度以及财务结构的稳健性。它们分别从不同的角度表示对债权的保障程度并反映企业的长期偿债能力，两者的经济意义基本相同，具有相互补充的作用。

2. 已获利息倍数

已获利息倍数又称利息保障倍数，是指企业一定时期息税前利润与全部利息支出的比率，反映了获利能力对债务偿付的保障程度。其中，息税前利润是指利润总额与利润表中利息费用的合计数，全部利息支出是指本期发生的全部应付借款利息、债券利息，包括资本化利息。企业生产经营所获得的息税前利润对于利息支出的倍数越多，说明企业支付利息费用的能力越强。债权人通过分析已获利息倍数指标，可以衡量长期债权的安全程度。已获利息倍数的计算公式和根据表9－2本年数据计算的结果如下：

$$已获利息倍数=\frac{利润总额+利息支出}{全部利息支出}$$

$$=\frac{309\ 900+41\ 500}{41\ 500}=8.47$$

以上计算表明，晓晖公司的已获利息倍数比较高，有较强的偿付负债利息的能力。从长期来看，企业的利息保障倍数至少应当大于1，且比值越高，企业的长期偿债能力越强。如果利息倍数减少，企业偿债的安全性和稳定性将面临下降的风险。

3. 带息负债比率

带息负债比率是指企业某一时点的带息负债总额与负债总额的比率，反映企业负债中带息负债的比重，在一定程度上体现了企业未来的偿债(尤其是偿还利息)压力。其计算公式和根据表9－1本年数据计算的结果如下：

$$带息负债比率=\frac{短期借款+1年内到期的长期负债+长期借款+应付债券+应付利息}{负债总额}$$

$$\times 100\%$$

$$=\frac{450\ 000+1\ 160\ 000+10\ 000}{2\ 695\ 867}\times 100\%=60.09\%$$

4. 或有负债比率

或有负债比率是指企业或有负债总额对所有者权益总额的比率，反映企业所有者权益应对可能发生的或有负债的保障程度。其计算公式如下（晓晖公司没有或有负债事项）：

$$或有负债比率=\frac{或有负债余额}{所有者权益+少数股东权益}\times 100\%$$

或有负债余额＝已贴现承兑汇票＋担保余额＋贴现与担保外的被诉事项金额＋其他或有负债

或有负债是指有可能发生的债务，应该通过仔细阅读财务报表附注等资料发现，如企业不能履行合同中规定的条款可能给企业带来的预期损失、企业对所持有的担保品的状况的描述、债务人所在组织所处的行业和/或地区可能遭受风险的程度的揭示等。

一般情况下，或有负债比率越低，表明企业的长期偿债能力越强，股东权益应对或有负债的保障程度越高；或有负债比率越高，表明企业承担的相关风险越大。

应当看到，影响企业长期偿债能力的因素很多，除资产、负债和股东权益外，还有长期租赁、担保责任、或有项目等因素，还应当重视企业的获利能力，因为企业的现金净流量最终取决于能够获得的净利润。

二、资产质量与营运能力分析

企业内部的人力资源与生产资料资源配置得越合理，生产经营效率与资金利用效率越高，企业就越有发展前途。资产质量的高低及其营运能力的强弱可以通过总资产周转率、流动资产周转率、应收账款周转率、存货周转率、不良资产比率和资产现金回收率等指标进行分析与评价。

（一）总资产周转率

反映企业全部资产周转情况的指标是总资产周转率，它是企业营业收入（或主营业务收入）净额与资产总额的比率。营业收入取自利润表，包括主营业务收入和其他业务收入。当企业没有其他业务收入或重点考评主营业务收入业绩时，公式中的营业收入就是主营业务收入。净额是指扣除销售折扣和折让后的数额。总资产周转率的计算公式和根据表9－1、表9－2本年数据计算的结果如下：

$$总资产周转率（次）=\frac{营业收入}{平均资产总额}$$

$$=\frac{1\ 250\ 000}{(8\ 738\ 400+8\ 067\ 900)\div 2}=0.15（次）$$

$$平均资产总额=\frac{年初资产总额+年末资产总额}{2}$$

$$总资产周转天数=\frac{360}{总资产周转率次数}$$

$$=\frac{360}{0.15}=2\ 400(天)$$

一般情况下，总资产周转率越高，表明企业全部资产的使用效率越高。所以，这个比率可用来分析企业全部资产的使用效率。如果这个比率较低，则说明企业利用全部资产进行经营的效率较差，最终会影响企业的获利能力。企业应该采取措施，提高各项资产的利用程度，既提高营业收入，又压缩或处理多余的、未使用的、不需用的资产。

(二)流动资产周转率

流动资产周转率是反映企业流动资产周转速度的指标，是流动资产的平均占用额与一定时期所完成的周转额即营业收入(或主营业务收入)净额的比率。其计算公式和根据表9－1、表 9－2 本年数据计算的结果如下：

$$流动资产周转率(次)=\frac{营业收入}{平均流动资产总额}$$

$$=\frac{1\ 250\ 000}{(4\ 938\ 400+4\ 118\ 900)\div 2}=0.28(次)$$

流动资产周转天数＝360÷0.28＝1 285.71(天)

在一定时期内，流动资产周转次数越多，表明以相同的流动资产完成的周转额越多，流动资产利用的效果越好。流动资产周转一次所需要的天数越少，表明流动资产在经历生产和销售各阶段时占用的时间越短，周转越快。生产经营任何一个环节上的工作得到改善，都会反映到周转天数的缩短上来。按天数表示的流动资产周转率能更直接地反映生产状况的改善，便于比较不同时期的流动资产周转速度，应用较为普遍。

(三)应收账款周转率

应收账款周转率是反映应收账款周转速度的指标，是一定时期内赊销净额(或营业收入净额)与应收账款平均余额的比率。赊销净额是指营业收入减去现销收入、销售退回、销售折让、销售折扣后的差额。由于企业赊销资料作为商业机密一般不对外公布，因此，应收账款周转率一般用赊销和现销总额，即营业净收入。其计算公式和根据表 9－1、表 9－2 本年数据计算的结果如下：

$$应收账款周转率(次)=\frac{营业收入}{应收账款平均余额}$$

$$=\frac{1\ 250\ 000}{(300\ 000+580\ 000)\div 2}=2.84(次)$$

$$应收账款平均余额=\frac{年初应收账款余额+年末应收账款余额}{2}$$

应收账款余额=应收账款净额+应收账款坏账准备

应收账款周转天数=360÷2.84=126.76(天)

在一定时期内,应收账款周转的次数越多,表明应收账款回收速度越快,企业管理工作的效率越高。这不仅有利于企业及时收回货款,减少或避免发生坏账损失,而且有利于提高企业资产的流动性,提高短期债务的偿还能力。应收账款周转天数表示企业自产品销售出去至应收账款收回所需经历的天数。周转天数越少,说明应收账款的变现速度越快,企业资金被外单位占用的时间越短,管理工作的效率越高。

(四)存货周转率

存货周转率是一定时期内企业营业成本与存货平均余额的比率,是反映企业销售能力和存货资产流动性的指标,也是衡量企业生产经营各个环节中存货运营效率的综合性指标。其计算公式和根据表9-1、表9-2本年数据计算的结果如下:

$$存货周转次数=\frac{营业成本}{存货平均余额}$$

$$=\frac{750\ 000}{(2\ 574\ 700+2\ 580\ 000)\div 2}=0.29(次)$$

存货周转天数=360÷0.29=1 241.38(天)

一般情况下,存货周转率高,表明存货变现速度快,周转额较大,资金占用水平较低。企业要增加产品销售数量,增强销售能力,就必须在原材料购进、生产过程中的投入、产品的销售、现金的收回等方面做好协调和衔接,因而存货周转率不仅可以反映企业的销售能力,而且可以衡量企业生产经营中的各有关方面运用和管理存货的水平。存货周转率还可以衡量存货的储存是否适当,是否能保证生产不间断地进行和产品有秩序地销售。存货既不能储存过少,造成生产中断或销售紧张;又不能储存过多,形成呆滞、积压。存货周转率也反映存货结构合理与质量合格的状况。因为只有结构合理,才能保证生产和销售任务正常、顺利地进行;只有质量合格,才能有效地流动,从而达到提高存货周转率的目的。

(五)不良资产率

不良资产率是指年末不良资产占全部资产的比率。年末不良资产总额是指企业资产中存在问题、难以参加正常生产经营运转的部分,主要包括3年以上应收账款、其他应收款及预付账款,积压的存货、闲置的固定资产和不良投资等的账面余额,待处理流动资产及固定资产净损失,以及潜亏挂账和经营亏损挂账等。根据晓晖公司财务报表附注和相关资料显示:本年实际发生坏账损失2万元已结转营业外支出,估计还有30 000元坏账损失待处理。年末资产总额数据取值于“资产负债表”的年末数。不良资产率的计算公式和根据表 9－1 本年数据计算的结果如下：

$$不良资产比率=\frac{年末不良资产总额}{年末资产总额}\times 100\%$$

$$=\frac{\begin{matrix}资产减值\\准备余额\end{matrix}+\begin{matrix}应提未提和应摊\\未摊的潜亏挂账\end{matrix}+\begin{matrix}未处理\\资产损失\end{matrix}}{资产总额+资产减值准备余额}\times 100\%$$

$$=30\ 000\div 8\ 067\ 900\times 100\%=0.37\%$$

(六)资产现金回收率

资产现金回收率是经营现金净流量与全部资产的比率。该指标旨在考评企业全部资产产生现金的能力，说明资产的质量状况。资产现金回收率越高，说明资产的利用效果越好，利用资产创造的现金流入越多，整个企业获取现金的能力越强，经营管理水平越高；反之，则经营管理水平越低，经营者有待提高资产管理水平。其计算公式和根据表 9－1、表 9－3 本年数据计算的结果如下：

$$资产现金回收率=\frac{经营现金净流量}{平均资产总额}\times 100\%$$

$$=\frac{232\ 500}{(8\ 738\ 400+8\ 067\ 900)\div 2}\times 100\%=2.77\%$$

对上述公式求倒数，则可分析全部资产用经营活动现金回收需要的期间长短，体现了企业资产回收的经济含义。回收期越短，说明资产的获现能力越强。

三、盈利能力与收益质量分析

盈利是投资的回报，是企业经营绩效的综合表现。企业的经营目的在于盈利且使其经营与规模不断发展。但盈利要真实、可靠、有质量、有持续能力。企业可以通过营业毛利率、主营业务利润率、营业利润率、成本费用利润率、净资产收益率、资本收益率、总资产报酬率、收现能力比率、盈余现金保障倍数、净收益营运指数和现金营运指数等指标进行分析和评价。

(一)营业毛利率

营业毛利率简称毛利率，是营业毛利额与营业净收入的比率，用以反映企业每 1 元营业收入中含有多少毛利额，是计算各项利润指标的基础之一。没有足够大的毛利率，就难以形成经营利润。营业收入扣除营业成本之后的空间越大，表明营业获利能力越强。其计算公式和根据表 9－2 本年数据计算的结果如下：

$$营业毛利率=\frac{营业毛利}{营业收入}\times 100\%$$

$$=\frac{1\ 250\ 000-750\ 000}{1\ 250\ 000}\times 100\%=40\%$$

营业毛利率越高，扣除各项支出后的利润也可能越高，企业的获利能力越强。毛利率较高，其产品的定价就较灵活，在采用营销手段的价格战中会占据有利地位。

(二)主营业务利润率或营业利润率

主营业务利润率或营业利润率是企业主营业务利润与主营业务收入或营业利润与营业收入的比率，反映企业营业收入中，为社会新创造价值所占的份额。其计算公式和根据表 9－2 本年数据计算的结果如下：

$$主营业务利润率=\frac{主营业务利润}{主营业务收入净额}\times 100\%$$

或

$$营业利润率=\frac{营业利润}{营业收入净额}\times 100\%$$

$$=\frac{300\ 000}{1\ 250\ 000}\times 100\%=24\%$$

营业利润取自利润表，包括主营业务利润和其他业务利润。当企业没有其他业务利润或重点考评主营业务利润时，主营业务利润就是营业利润。主营业务利润率越高，表明企业的核心竞争能力越强，发展潜力越大；反之则越小。

(三)成本费用利润率

成本费用利润率是指企业利润总额与成本费用总额的比率，是反映企业生产经营过程中发生的耗费与获得的收益之间关系的指标。其计算公式和根据表 9－2 本年数据计算的结果如下：

$$成本费用利润率=\frac{利润总额}{成本费用总额}\times 100\%$$

$$=\frac{309\ 900}{750\ 000+10\ 000+22\ 000+158\ 000+41\ 500}\times 100\%=31.57\%$$

成本费用总额＝营业成本＋营业税金及附加＋销售费用(营业费用)
＋管理费用＋财务费用

成本费用利润率越高，表明企业耗费所取得的收益越高，成本费用控制得越好，盈利能力越强。这是一个能直接反映增收节支、增产节约效益的指标。企业生产销售的增加和费用开支的节约都能使这一比率提高。

(四)净资产收益率或资本收益率

净资产收益率是净利润与净资产(所有者权益)的比率，是资本获利能力的综合指标，用以衡量公司运用自有资本的经济效益。其计算公式和根据表 9－1、表 9－2 本年数据计算的结果如下：

$$净资产收益率=\frac{净利润}{平均净资产}\times 100\%$$

$$=\frac{251\ 768}{(5\ 120\ 265+5\ 372\ 033)\div 2}\times 100\%=4.80\%$$

净资产收益率与净利润呈正比，与净资产平均总额呈反比。该指标具有很强的综合性，指标值越高，企业自有资本获取收益的能力越强，运营效益越好，对企业投资人和债权人的保障程度就越高。

净资产收益率是一个约束性的指标，它应当大于投资者要求的报酬率。

与净资产收益率相接近的财务指标是资本收益率，它是指企业净利润（即税后利润）与平均资本（即资本性投入及其资本溢价）的比率，用以反映企业运用资本获取收益的能力。资本收益率越高，说明企业自有投资的经济效益越好，投资者的风险越少，值得继续投资；对股份有限公司来说，这就意味着股票升值。其计算公式和根据表9－1、表9－2本年数据计算的结果如下：

$$\text{资本收益率}=\frac{\text{净利润}}{\text{平均资本}}\times 100\%$$

$$=\frac{251\ 768}{(5\ 000\ 000+100\ 000+5\ 000\ 000+100\ 000)\div 2}\times 100\%=4.94\%$$

$$\text{平均资本}=\frac{(\text{年初实收资本}+\text{年初资本公积})+(\text{年末实收资本}+\text{年末资本公积})}{2}$$

企业的资本属于所有者，净资产收益率或资本收益率的高低直接关系到投资者的收益，是投资者最关心的问题。

（五）总资产报酬率

总资产报酬率又称资产所得率，是指企业一定时期内获得的报酬总额与资产平均总额的比率，反映包括净资产和负债在内的全部资产的回报水平，是评价企业资产运营效益和经营者管理资产的能力的重要财务指标。其计算公式和根据表9－1、表9－2本年数据计算的结果如下：

$$\text{总资产报酬率}=\frac{\text{利润总额}+\text{利息支出}}{\text{平均资产总额}}\times 100\%$$

$$=\frac{309\ 900+41\ 500}{(8\ 738\ 400+8\ 067\ 900)\div 2}\times 100\%=4.18\%$$

由于总资产报酬率表示企业全部资产获取收益的水平，全面反映了企业的获利能力和投入产出状况，因此，通过对该指标的深入分析，可以增强各方面对企业资产经营的关注，促进企业提高单位资产的收益水平。一般情况下，企业可据此指标与市场资本利率进行比较，如果该指标大于市场利率，则表明企业可以充分利用财务杠杆进行负债经营，获取尽可能多的收益。该指标越高，表明企业的投入产出水平越好，资产运营越有效。

总资产报酬率也是一个约束性的指标，它应当大于负债的平均利率。

(六)收现能力比率

收益质量通常是指会计收益(如营业收入、净利润)与企业业绩之间的相关程度。会计收益应当能够如实反映企业业绩。衡量收益质量的高低,可以通过分析、比较会计收益与经营现金净流量的比例关系作出恰当的判断。

收现能力比率也称销售现金比率或营业收入现金保障倍数,是指企业一定时期经营现金流入量(不含增值税)与营业收入的比值,反映了现金流入对营业收入的保障程度,可以真实地反映收入的质量。其计算公式和根据表 9－2、表 9－3 本年数据计算的结果如下:

$$收现能力比率=\frac{经营现金净流量}{营业收入}$$

$$=\frac{1\ 342\ 500\div 1.17}{1\ 250\ 000}=0.917\ 9$$

收现能力指标直接说明在营业收入总额中,有多少为本期实际收到的现金。该比率接近或大于 1 才是正常的,否则可能存在一定的现金流量风险,并导致应收账款坏账风险和新增负债风险等。一个企业如果能持续保持较高的销售收现比率,则说明企业的现金流量状况和收益质量是良好的。

(七)盈余现金保障倍数

盈余现金保障倍数又称现金利润保障倍数,是指企业一定时期经营现金净流量与净利润的比值,反映了企业当期净利润中现金收益的保障程度,可以真实地反映企业盈余的质量。其计算公式和根据表 9－2、表 9－3 本年数据计算的结果如下:

$$盈余现金保障倍数=\frac{经营现金净流量}{净利润}$$

$$=\frac{232\ 500}{251\ 768}=0.923\ 5$$

盈余现金保障倍数反映企业当期净收益中有多少是有现金保障的,挤掉了收益中的"水分",体现了企业当期收益的质量状况,同时减少了权责发生制会计对收益的操纵,即该比率反映出经营活动的净现金流量与当期净利润的差异程度,说明当期实现的净利润中有多少经营活动的净现金流量作保证。一般而言,企业当期净利润大于 0 时,该指标应当大于 1,即对于盈利企业来说,盈余现金保障倍数应当是正数,应当保持在 1 以上,最好大于行业平均数。该比率若大于 1,表明收现能力较强,利润质量较高;若小于 1(尤其是远小于 1),则表明利润质量较差,变现能力较差,可能存在大量应收账款等现象。如果操纵账面利润,一般是没有相应现金流量的。该指标越大,表明企业经营活动产生的净利润对现金的贡献越大,利润的可靠性越强,并具有一定的派现能力。

(八)净收益营运指数和现金营运指数

净收益营运指数是指经营净收益与净利润之比,其计算公式和根据表 9－2、表

9－3本年数据计算的结果如下：

$$净收益营运指数=\frac{经营净收益}{净利润}=\frac{净利润-非经营收益}{净利润}$$

$$=\frac{251\ 768-50\ 000+19\ 700+41\ 500-31\ 500}{251\ 768}=0.919\ 4$$

由于非经营收益不反映企业的核心竞争能力及其正常的收益水平，可持续性较低，因此，净收益营运指数越小，说明非经营收益所占的比重越大，收益质量越低。

现金营运指数是指经营现金净流量与经营所得现金之比，其计算公式和根据表9－2、表9－3本年数据计算的结果如下：

经营所得现金＝经营净收益＋非付现费用

＝231 468＋100 000＋60 000＝391 468(元)

$$现金营运指数=\frac{经营现金净流量}{经营所得现金}$$

$$=\frac{232\ 500}{391\ 468}=0.593\ 9$$

小于1的营运指数，说明企业的收益质量不够好。质量不好的原因主要是已实现经营收益而未能收到现金，如存货和应收款的增加以及应付款的减少都会使收现数减少。应收款如不能收回，已实现的收益就会落空；即使能延迟收现，其收益质量也低于已收现的收益。所以，企业应经常分析现金营运指数的增减变动情况及其发展变化趋势。

四、经营增长与发展能力分析

企业的经营增长状况与发展(竞争)能力越强，说明企业的发展前景越好。经营增长状况与竞争能力可以通过主营业务增长率、主营业务利润增长率、总资产增长率、资本保值增值率、技术投入比率、3年资产平均增长率、3年利润平均增长率和3年资本平均增长率等指标进行分析与评价。

(一)主营业务增长率

主营业务增长率就是本期主营业务收入与上期主营业务收入之差除以上期主营业务收入的值。该指标体现的是企业主营业务的增长速度，也可以用以衡量企业的产品生命周期，判断企业发展所处的阶段。其计算公式和根据表9－2本年数据计算的结果如下：

$$主营业务增长率=\frac{本年主营业务收入总额-上年主营业务收入总额}{上年主营业务收入总额}\times 100\%$$

$$或=\frac{本年营业收入总额-上年营业收入总额}{上年营业收入总额}\times 100\%$$

$$=\frac{1\ 250\ 000-1\ 000\ 000}{1\ 000\ 000}\times 100\%=25\%$$

通过主营业务收入或营业收入增长率与应收账款增长率的比较分析，可以显示企业销售额的增长幅度，借以判断企业主营业务的发展状况和收入质量。采用3年平均收入增长率指标可消除收入短期波动的影响，反映企业较长时期内的收入增长情况及其发展趋势。

(二)主营业务利润增长率

主营业务利润增长率就是本期主营业务利润与上期主营业务利润之差再除以上期主营业务利润的值。该指标体现的是企业主营业务利润的增长速度。其计算公式和根据表9－2本年数据计算的结果如下：

$$主营业务利润增长率=\frac{本年主营业务利润总额-上年主营业务利润总额}{上年主营业务利润总额}\times 100\%$$

$$或=\frac{本年营业利润总额-上年营业利润总额}{上年营业利润总额}\times 100\%$$

$$=\frac{500\ 000-310\ 000}{310\ 000}\times 100\%=61.29\%$$

一般来说，主营业务利润稳定增长且占利润总额的比例呈增长趋势的企业正处于成长期。一些企业尽管年度内利润总额有较大幅度的增加，但主营业务利润却未相应增加，甚至大幅下降，这样的利润质量不高，还可能蕴藏着风险等问题。采用3年平均利润增长率指标可消除利润短期波动的影响，反映企业较长时期内的利润增长情况及其发展趋势。

(三)总资产增长率

总资产增长率又称总资产扩张率，是企业本年总资产增长额与年初资产总额的比率，反映企业本期资产规模的增长情况。其计算公式和根据表9－1本年数据计算的结果如下：

$$总资产增长率=\frac{年末资产总额-年初资产总额}{年初资产总额}\times 100\%$$

$$=\frac{8\ 067\ 900-8\ 738\ 400}{8\ 738\ 400}\times 100\%=-7.67\%$$

总资产增长率越高，表明企业一定时期内资产经营规模扩张的速度越快。但在分析时，需要关注资产规模扩张质与量的关系，以及企业的后续发展能力，避免盲目扩张。采用3年平均资产增长率指标可消除资产短期波动的影响，反映企业较长时期内的资产增长情况及其发展趋势。

(四)资本保值增值率

资本保值增值率是指企业本年末所有者权益扣除客观增减因素后同年初所有者权

益的比率。该指标表示企业当年资本在企业自身努力下的实际增减变动情况，是评价企业财务效益的辅助指标，反映了投资者投入企业的资本的保全性和增长性。该指标越高，表明企业的资本保全状况越好，所有者权益增长得越快，债权人的债务越有保障，企业的发展后劲越强。其计算公式和根据表9－1本年数据计算的结果如下：

$$资本保值增值率=\frac{扣除客观增减因素的年末所有者权益}{年初所有者权益}\times 100\%$$

$$=\frac{5\ 372\ 033}{5\ 120\ 265}\times 100\%=104.92\%$$

由于所有者权益由实收资本、资本公积、盈余公积和未分配利润构成，4个项目中任何一个变动都将引起所有者权益总额的变动。至少以下两种情形并不反映真正意义的资本保值增值：一是本期投资者追加投入的实收资本，包括资本溢价、资本折算差额等；二是本期接受外来捐赠、资产评估增值、公允价值变动等导致的资本公积增加。

资本保值增值率的计算结果为100%，说明企业经营保本，资本保值；若大于100%，说明企业有经济效益，资本在原有基础上实现了增值。

将本年所有者权益的增长额除以年初所有者权益即为资本积累率，可以反映企业当年资本的积累能力。

(五)技术投入比率

技术投入比率是企业本年科技支出（包括用于研究开发、技术改造、科技创新等方面的支出）与本年营业收入的比率，反映企业在科技进步方面的投入，在一定程度上可以体现企业的发展潜力。晓晖公司本年科技支出6万元，其计算公式和根据表9－2本年数据计算的结果如下：

$$技术投入比率=\frac{本年科技支出合计}{主营业务收入净额}\times 100\%$$

$$=\frac{60\ 000}{1\ 250\ 000}\times 100\%=4.8\%$$

技术创新是企业在市场竞争中保持竞争优势、不断发展壮大的前提。技术投入比率集中体现了企业对技术创新的重视程度和投入情况，是评价企业持续发展能力的重要指标。该指标越高，表明企业对新技术的投入越多，对市场的适应能力越强，未来的竞争优势越明显，生存和发展的空间越大，发展前景越好。

企业还可以进行创新能力分析。企业能否及时有效地吸收并运用现代管理的理念与方法，及时实现技术创新、体制创新和机制创新，是企业能否成功的关键。创新能力可以通过对引进人才、引进设备、引进外资、新产品投产、新市场开拓、新技术使用、高新技术开发等方面的分析进行评价。

五、财务指标分析的问题

(一)关于时点数和时期数的计算问题

财务分析中各项指标数据主要来源于资产负债表、利润表和现金流量表等。资产负债表反映的是“某一特定日期”，即时点数；利润表和现金流量表反映的是“一定会计期间”，即时期数。从理论上讲，时点数与时点数比较，起点一致；时期数与时期数比较，时间跨度一致。由于口径一致，直接从报表上取得数据即可。但时点数与时期数之间由于计算口径不一致，不能直接进行比较，需要进行换算。

1.来源于资产负债表的财务指标分析

资产负债表数据的分析大多是时点数之间的比较，如流动比率、速动比率、资产负债率、产权比率、总资产增长率等指标。这些指标大部分直接取期末数据即时点数便可计算出结果，举例说明如图 9－1 所示。

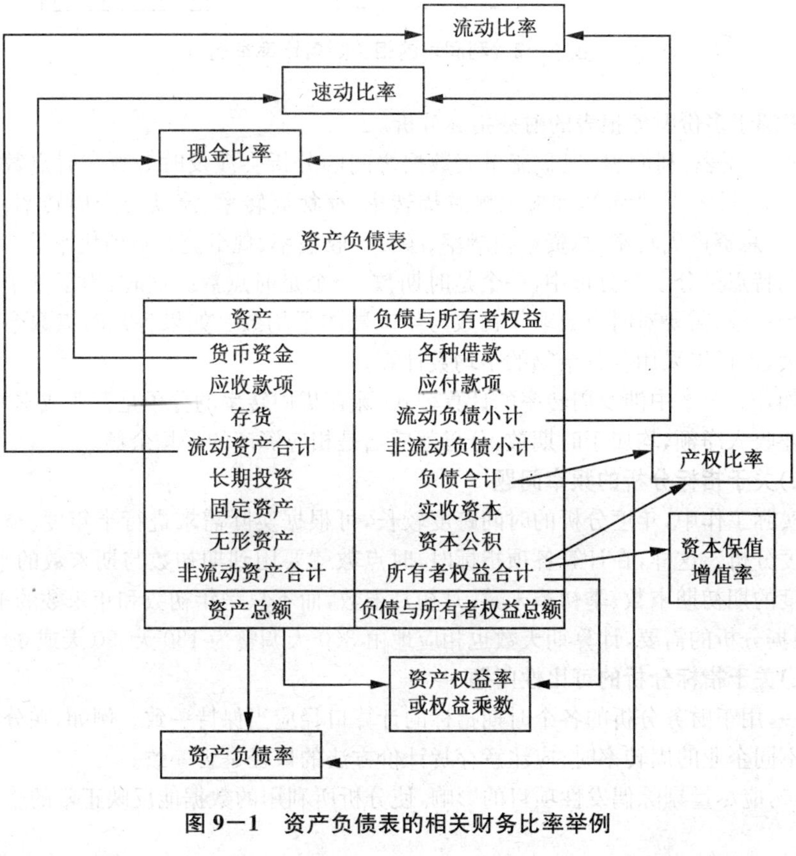

图 9－1　资产负债表的相关财务比率举例

2.来源于利润表的财务指标分析

利润表数据的分析主要是时期数之间的比较,如已获利息倍数、营业利润率、成本费用利润率、营业收入增长率、营业利润增长率等指标。有的数据需要先进行简单计算,如息税前利润总额、成本费用总额,再根据公式计算即可,举例说明如图 9－2 所示。

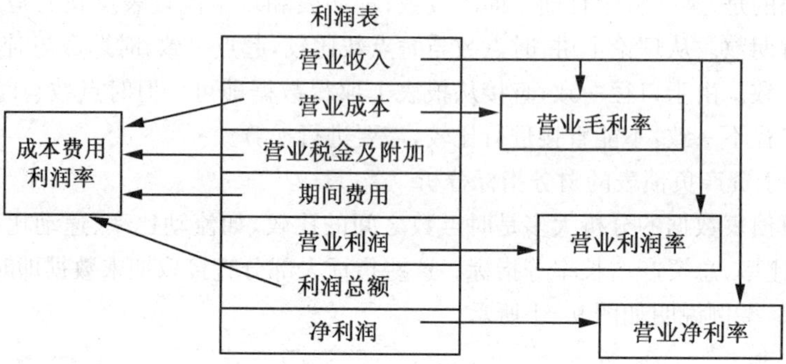

图 9—2 利润表的相关财务比率举例

3.来源于多份财务报表的财务指标分析

资产负债表、利润表、现金流量表数据之间的分析会涉及时期数与时点数的比较(如图 9－3、图 9－4 所示),如应收账款周转率、存货周转率、流动资产周转率、固定资产周转率、总资产周转率、总资产报酬率、净资产收益率、现金流动负债比率等。这些指标的共同特点是分子与分母中,一个是时期数,一个是时点数。这时,为了分子与分母计算口径一致,需要对时点数取年初数与年末数的平均数。如果各月时点数余额的波动性较大,也可以采用各月余额的平均数计算。

例如,图 9－3 中涉及周转率的计算公式,除存货周转率的分子是营业成本外,其他都是营业收入净额,均属于时期数,分母就应当是相应资产的平均余额。

(二)关于指标分析的频率问题

在实际工作中,年度分析的时间跨度较长,可根据实际需求进行半年度、季度分析甚至月度分析。这样,在计算各项指标时,时点数就要用到期初数与期末数的平均数,如半年度的期初期末数、季初季末数、月初月末数,而不只是年初数和年末数的平均数;同时,根据分析的需要,计算期天数也相应地由 360 天调整为 180 天、90 天或 30 天。

(三)关于指标分析的可比性问题

第一,用于财务分析的各个时期指标的计算口径应当保持一致。例如,在分析不同时期和不同企业的周转率时,应注意存货计价方法的口径是否一致。

第二,应尽量剔除偶发性项目的影响,使分析所利用的数据能反映正常的生产经营状况。

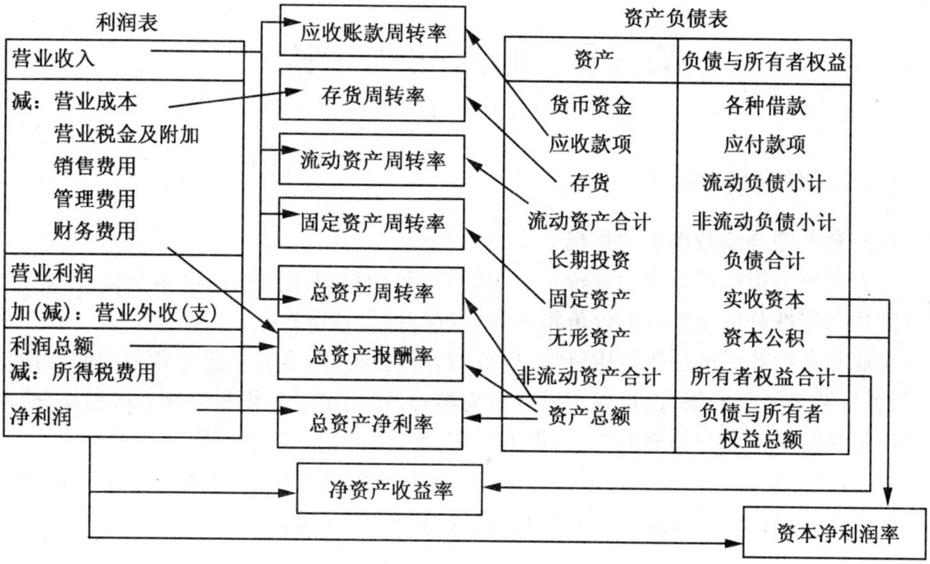

图 9—3　资产负债表与利润表之间相关财务比率举例

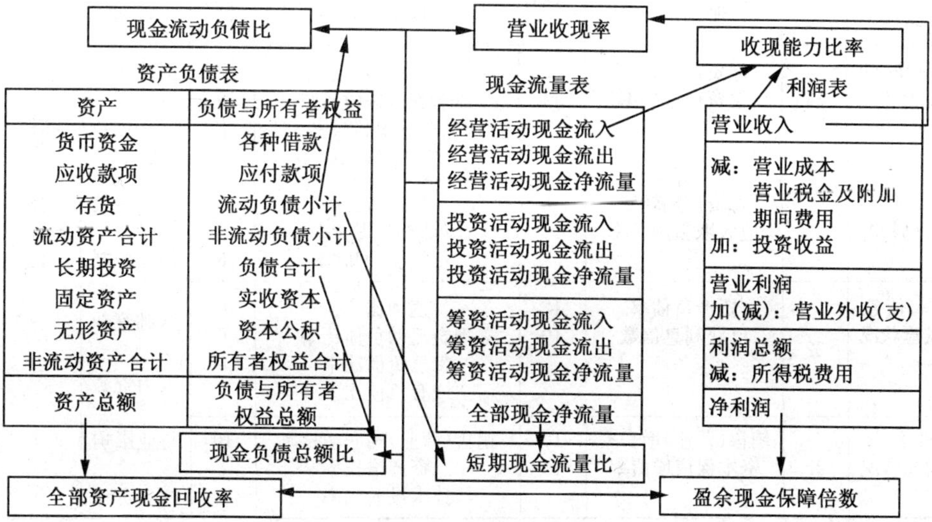

图 9—4　主要财务报表之间相关财务比率举例

第三，应运用例外原则对某项有显著变动的指标做重点分析。

第三节　业绩评价与考核*

一、企业综合绩效评价

(一)企业综合绩效评价的指标

当发现单一指标难以全面评价企业绩效时,我们可以试图采用由多个指标构成的定量分析与定性分析相结合的评价指标体系进行综合评价。

企业综合绩效评价是指运用科学、规范的评价方法,对企业一定经营期间的资产运营、财务效益等经营成果,以投入产出分析为核心,运用定量分析与定性分析相结合、横向对比与纵向对比互为补充的方法,作出真实、客观、公正的综合评判。

目前,我国企业综合绩效评价指标由22个财务绩效定量评价指标和8个管理绩效定性评价指标组成,其指标名称、分类及权重如表9—4所示。

表9—4　企业综合效绩评价指标及权重

评价内容与权数		财务绩效(70%)				管理绩效(30%)	
评价内容	权数(100)	基本指标	权数(100)	修正指标	权数(100)	评议指标	权数(100)
一、盈利能力状况	34	净资产收益率 总资产报酬率	20 14	销售(营业)利润率 盈余现金保障倍数 成本费用利润率 资本收益率	10 9 8 7	战略管理 发展创新	18 15
二、资产质量状况	22	总资产周转率 应收账款周转率	10 12	不良资产比率 流动资产周转率 资产现金回收率	9 7 6	经营决策 风险控制	16 13
三、债务风险状况	22	资产负债率 已获利息倍数	12 10	速动比率 现金流动负债比率 带息负债比率 或有负债比率	6 6 5 5	基础管理 人力资源	14 8
四、经营增长状况	22	销售(营业)增长率 资本保值增值率	12 10	销售(营业)利润增长率 总资产增长率 技术投入比率	10 7 5	行业影响 社会贡献	8 8

1. 财务绩效定量评价指标

财务绩效定量评价指标由4个方面的8个基本指标和14个修正指标构成,主要用于综合评价企业财务会计报表所反映的经营绩效状况,其中:

(1)企业盈利能力状况 2 个基本指标和 4 个修正指标主要反映企业一定经营期间的投入产出水平和盈利质量。

(2)企业资产质量状况 2 个基本指标和 3 个修正指标主要反映企业所占用经济资源的利用效率、资产管理水平与资产的安全性。

(3)企业债务风险状况 2 个基本指标和 4 个修正指标主要反映企业的债务负担水平、偿债能力及其面临的债务风险。

(4)企业经营增长状况 2 个基本指标和 3 个修正指标主要反映企业的经营增长水平、资本增值状况及发展后劲。

2. 管理绩效定性评价指标

管理绩效定性评价指标主要反映企业一定经营期间所采取的各项管理措施及其管理成效,其中:

(1)战略管理评价主要反映企业所制定战略规划的科学性,战略规划是否符合企业实际,员工对战略规划的认知程度,战略规划的保障措施及其执行力,以及战略规划的实施效果等方面的情况。

(2)发展创新评价主要反映企业在经营管理创新、工艺革新、技术改造、新产品开发、品牌培育、市场拓展、专利申请及核心技术研发等方面的措施及成效。

(3)经营决策评价主要反映企业在决策管理、决策程序、决策方法、决策执行、决策监督、责任追究等方面采取的措施及实施效果,重点反映企业是否存在重大经营决策失误。

(4)风险控制评价主要反映企业在财务风险、市场风险、技术风险、管理风险、信用风险和道德风险等方面的管理与控制措施及效果,包括风险控制标准、风险评估程序、风险防范与化解措施等。

(5)基础管理评价主要反映企业在制度建设、内部控制、重大事项管理、信息化建设、标准化管理等方面的情况,包括财务管理、对外投资、采购与销售、存货管理、质量管理、安全管理和法律事务等。

(6)人力资源评价主要反映企业人才结构、人才培养、人才引进、人才储备、人事调配、员工绩效管理、分配与激励、企业文化建设、员工工作热情等方面的情况。

(7)行业影响评价主要反映企业主营业务的市场占有率、对国民经济及区域经济的影响与带动力、主要产品的市场认可程度、是否具有核心竞争能力以及产业引导能力等方面的情况。

(8)社会贡献评价主要反映企业在资源节约、环境保护、吸纳就业、工资福利、安全生产、上缴税收、商业诚信、和谐社会建设等方面的贡献程度和社会责任的履行情况。

(二)企业综合绩效评价的方法

企业综合绩效评价计分方法采取功效系数法和综合分析判断法。其中,功效系数法用于财务绩效定量评价指标的计分，财务绩效定量评价指标的权重确定为70%；综合分析判断法用于管理绩效定性评价指标的计分，管理绩效定性评价指标的权重确定为30%。

企业综合绩效评价分数＝财务绩效定量评价分数×70%＋管理绩效定性评价分数×30%

财务绩效定量评价标准划分为优秀(A)、良好(B)、平均(C)、较低(D)、较差(E)五个档次，管理绩效定性评价标准分为优(A)、良(B)、中(C)、低(D)、差(E)五个档次。

例 9—1 作为小型企业的晓晖公司正值初创期，某年度有关财务指标评价的对比情况如表9—5所示。

表9—5　　××年度晓晖公司财务指标评价分析

分析项目	实际值	企业绩效评价标准值					与平均值的差异	原因分析
		优秀值	良好值	平均值	较低值	较差值		
一、盈利能力状况								(略)
净资产收益率(%)	4.80	8.8	6.4	4.0	−3.1	−11.3	0.80	
总资产报酬率(%)	4.18	5.4	3.9	2.1	−1.7	−6.4	2.08	
主营业务利润率(%)	24	17.1	12.0	6.3	0.7	−8.7	17.7	
盈余现金保障倍数	0.92	10.1	4.6	0.2	−3.1	−6.4	0.72	
成本费用利润率(%)	31.57	8.9	4.9	2.3	−2.8	−11.4	29.27	
资本收益率(%)	4.94	9.4	6.6	4.1	−4.3	−14.0	0.84	
二、资产质量状况								
总资产周转率(次)	0.15	1.8	1.2	0.5	0.2	0.1	−0.35	
应收账款周转率(次)	2.84	20.2	11.5	5.9	2.1	0.8	−3.06	
不良资产比率(%)	0.37	0.3	1.0	2.8	10.6	22.0	−2.43	
流动资产周转率(次)	0.28	3.1	2.1	1.4	0.8	0.4	−1.12	
资产现金回收率(%)	2.77	17.5	8.5	1.1	−6.8	−14.8	1.67	
三、债务风险状况								
资产负债率(%)	33.41	50.0	55.0	65.0	75.0	90.0	−31.59	
已获利息倍数	8.47	3.2	2.1	1.0	−1.6	−3.7	7.47	
速动比率(%)	100.54	154.8	124.8	87.3	55.7	34.4	13.24	
现金流动负债比率(%)	15.14	17.9	9.9	1.4	−9.6	−17.6	13.74	
带息负债比率(%)	60.09	28.6	39.5	52.7	73.0	89.2	−12.91	

续表

分析项目	实际值	企业绩效评价标准值					与平均值的差异	原因分析
		优秀值	良好值	平均值	较低值	较差值		
或有负债比率(%)	0	0.4	1.8	5.6	12.0	18.0	−5.6	
四、经营增长状况								
销售(营业)增长率(%)	25	17.3	12.1	3.2	−10.4	−18.9	21.8	
资本保值增值率(%)	104.92	106.5	104.4	102.1	94.5	87.8	2.82	
销售(营业)利润增长率(%)	61.29	18.8	11.4	2.5	−9.8	−18.8	58.79	
总资产增长率(%)	7.67	19.5	12.3	5.0	−6.8	−16.3	2.67	
技术投入比率(%)	4.80	1.9	1.7	1.4	1.1	0.4	3.40	

关于表9—5中企业绩效评价标准值及其计算与评价方法等详细内容,国务院国资委财务监督与考核评价局每年制定并出版一本《企业绩效评价标准值》予以介绍。

企业年度综合绩效评价工作,一般结合对企业年度财务决算审核工作组织进行;企业任期综合绩效评价工作,一般结合对企业负责人任期的经济责任审计组织实施。

二、沃尔比重评分法

(一)沃尔比重评分法的含义及基本步骤

1928年,亚历山大·沃尔出版的《信用晴雨表研究》和《财务报表比率分析》中提出了信用能力指数的概念,他选择了表9—6中的7项财务比率,并分别给定各指标的比重,然后确定标准比率(一般以行业平均数为基础),将实际比率与标准比率相比,得出相对比率,将此相对比率与各指标比重相乘,得出总评分。例如,某公司财务状况综合评分结果如表9—6所示。

表9—6　　某公司财务状况综合评分

财务比率	比重 ①	标准比率 ②	实际比率 ③	相对比率 ④=③÷②	评分 ⑤=①×④
流动比率(流动资产÷流动负债)	25	2.00	2.10	1.05	26.25
负债资本比率(净资产÷负债)	25	1.50	1.30	0.87	21.75
固定资产比率(资产÷固定资产)	15	2.50	2.90	1.16	17.40
存货周转率(销售成本÷存货)	10	8	10	1.25	12.50

续表

财务比率	比重 ①	标准比率 ②	实际比率 ③	相对比率 ④=③÷②	评分 ⑤=①×④
应收账款周转率(销售额÷应收账款)	10	6	9	1.5	15.00
固定资产周转率(销售额÷固定资产)	10	4	3.50	0.88	8.80
主权资本周转率(销售额÷净资产)	5	3	1.95	0.65	3.25
合 计	100				104.95

沃尔比重评分法的基本步骤:(1)选择评价指标并分配指标权重;(2)确定各项评价指标的标准值;(3)对各项评价指标计分并计算综合分数;(4)形成评价结果。

沃尔比重评分法的公式如下:

$$实际分数=实际值\div标准值\times权数(资产负债率除外)$$

或

$$综合实际分数=\Sigma(权数\times关系比率)$$

(二)经济活动效益评价指标体系

目前,沃尔比重评分法所选用的7项指标已远远不能适应评价现代企业财务状况的需要。1995年,财政部颁布的评价经济活动效益的指标体系由相互联系的10项指标构成,从投资者、债权人以及企业对社会的贡献三个方面来考量企业的经济效益。

从投资者的角度来看,评价侧重于企业的盈利能力和资本保值增值情况。这是投资者创办企业的初衷,也是企业经营的目标或方向。其指标包括销售利润率、总资产报酬率、资本收益率和资本保值增值率。这4项指标中,销售利润率反映销售的盈利水平;总资产利润率和资本收益率既反映全部资产的获利能力,又反映投资者投入资本的收益水平;资本保值增值率主要反映投资者投入的资本是否有保全性,与资本收益率指标结合使用能充分反映投资者的权益或利益的保障程度。

从债权人的角度来看,评价侧重于企业的财务状况,即企业的资产负债水平和偿债能力。其指标包括资产负债率、流动比率(或速动比率)、应收账款周转率和存货周转率。其中,资产负债率反映企业负债水平的高低;流动比率(或速动比率)反映企业短期支付能力;速动比率是对流动比率的补充;应收账款周转率反映销售是否正常,即销售出去的货物能否及时收回货款;存货周转率反映企业库存是否正常,即企业存货是否既能满足生产经营需要,又能及时变现。这4项指标中,应收账款周转率和存货周转率是对资产负债率和流动比率(或速动比率)的补充。如果企业负债偏高,短期支付能力不强,只要应收账款能及时回笼,存货能及时变现,其偿还到期债务仍然是有保障的。

从国家或社会的角度来看，评价侧重于衡量企业对国家或社会的贡献水平。

社会贡献率是用以衡量企业运用全部资产为国家或社会创造或支付价值的能力的比率，其计算公式如下：

$$社会贡献率=\frac{社会贡献总额}{平均资产总额}\times 100\%$$

企业社会贡献总额即企业为国家或社会创造或支付的价值总额，包括工资(含奖金、津贴等工资性收入)、劳保退休统筹及其他社会福利支出、利息支出净额、应交增值税、应交产品销售税金及附加，应交所得税及其他税收、净利润等。

社会积累率是用以衡量企业社会贡献总额中多少用于上交国家财政的比率，其计算公式如下：

$$社会积累率=\frac{上交国家财政总额}{企业社会贡献总额}\times 100\%$$

上交国家财政总额包括应交增值税、应交产品销售税金及附加、应交所得税及其他税收等。

社会积累率指标的含义是：企业生产经营创造的价值中用于满足全社会需要的积累越多，说明企业的社会效益越好；反之则越差。

例 **9－2**　晓晖公司经计算汇总后的某年度经济效益评价指标如表 9－7 所示。

表 9－7　**经济效益比重评分表**

财务评价指标	标准值	实际值	关系比率	权数	得分
销售(营业)利润率	15%	24%	1.60	15	24.00
总资产报酬率	10%	4.18%	0.42	15	6.30
资本收益率	12%	4.94%	0.41	15	6.15
资本保值增值率	108%	104.92%	0.97	10	9.70
资产负债率	50%	33.41%	1.50	5	7.48
流动比率	2	2.68	1.34	5	6.70
应收账款周转率	4	2.84	0.71	5	3.55
存货周转率	2	0.29	0.15	5	0.75
社会贡献率	20%	9.56%	0.48	10	4.80
社会积累率	40%	20.93%	0.52	15	7.80
合　计	—	—	—	100	77.23

经济效益比重评分法的正确性取决于财务指标的选定、标准值的合理程度以及标准值重要性权数的确定等因素。

一个科学、合理、有效的财务评价指标体系需要结合企业实际状况不断完善。用于评价企业经济效益的财务指标应当与时俱进，可以在上述指标的基础上，根据企业的实际情况进行适当增减。

例 **9—3** 某公司根据自身发展现状设计的指标体系由盈利能力、偿债能力、营运能力和成长能力4个方面组成。标准比率的确定以行业平均数为基础进行适当的理性修正。在对每项指标进行评分时规定了上限和下限，以减少个别指标的异常变动对总分造成不合理的影响。通常上限定为正常评分值的1.5倍，下限定为正常评分值的1/2；同时，计算得分时不采用“乘”的方法，而应采用“加”或“减”的方法，以避免沃尔比重评分法中因相“乘”而产生的不合逻辑的影响。该公司某年评价的具体内容与结果如表9—8所示。

表9—8　　××年度××公司财务状况综合评分

指　标	标准评分	标准比率	实际比率	比率差异	行业最高比率	最高评分	最低评分	每分比率	调整分	综合评分
	①	②	③	④=③−②	⑤	⑥	⑦	⑧=(⑤−②)÷(⑥−①)	⑨=④÷⑧	⑩=①+⑨
一、盈利能力										
净资产收益率	15	12	10	−2	20	22.5	7.5	1.1	−1.80	13.20
资产报酬率	10	8	7	−1	15	15	5	1.4	−0.71	9.29
营业利润率	10	6	5	−1	15	15	5	1.5	−0.67	9.33
盈余现金保障倍数	5	150	140	−10	200	7.5	2.5	20	−0.50	4.50
每股收益(元)	5	0.3	0.25	−0.05	0.6	7.5	2.5	0.12	−0.42	4.58
二、偿债能力										
流动比率	10	200	210	+10	300	15	5	20	+0.50	10.50
负债资本比率	10	150	130	−20	200	15	5	10	−2	8.00
现金债务总额比	5	70	75	+5	100	7.5	2.5	12	+0.42	5.42
三、营运能力										
资产周转率	5	250	240	−10	450	7.5	2.5	80	−0.13	4.87
应收账款周转率	5	600	900	+300	1 200	7.5	2.5	240	+1.25	6.25
存货周转率	5	800	1 000	+200	1 300	7.5	2.5	200	+1.50	6.50
四、成长能力										
销售增长率	5	20	15	−5	40	7.5	2.5	8	−0.63	4.37
人均净利增长率	5	10	8	−2	25	7.5	2.5	6	−0.33	4.67
资本保值增值率	5	10	6	−4	25	7.5	2.5	6	−0.67	4.33
合　计	100					150	50			95.81

三、杜邦体系分析与考评

净资产收益率是所有财务比率中综合性最强、最具有代表性的指标，也是美国杜邦财务指标体系分析的核心指标。通过对净资产收益率的层层分解与逐层分析，可以解释净资产收益率增减变动的原因。

例 9—4　某公司某年度对净资产收益率(即资本净利率)分解分析后的情况如图 9—5 所示。

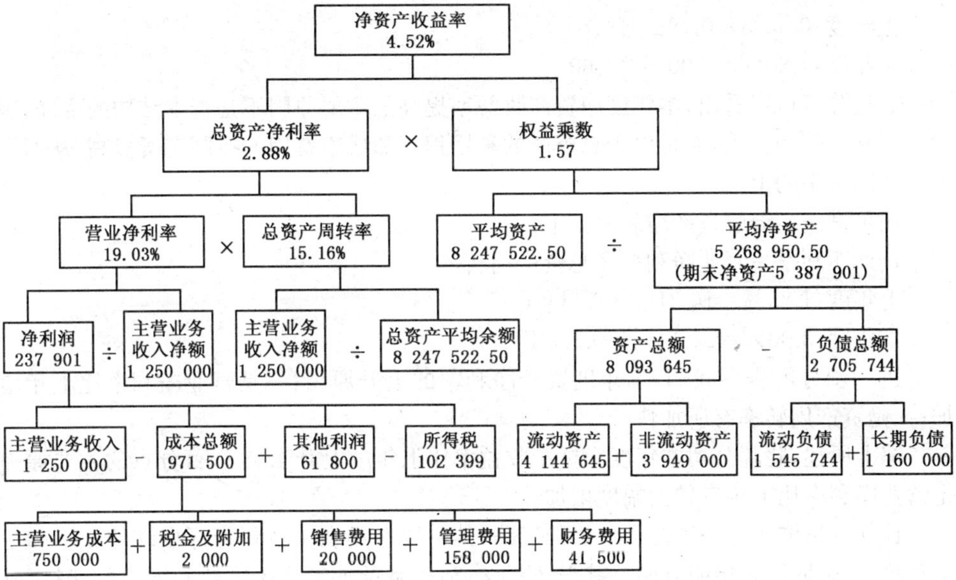

图 9—5　净资产收益率分解图示

在图 9—5 中，

因为：　净资产收益率＝资产净利率×权益乘数

而且：　资产净利率＝营业净利率×总资产周转率

所以：　净资产收益率＝营业净利率×总资产周转率×权益乘数

其中：　$权益乘数=\frac{平均总资产}{平均所有者权益}=\frac{1}{1-资产负债率}=1+产权比率$

从上述公式中又可以看出，决定净资产收益率高低的因素有三个：营业(销售)净利率、总资产周转率和权益乘数。杜邦财务分析体系可以将净资产收益率分解为两因素乘积和三因素乘积。经过分解，可以把净资产收益率这样一项综合性指标升、降变化的原因具体化，从而更具可分析性。

例 **9—5** 晓晖公司本年度的净资产收益率计算分析过程如下：

$$净资产收益率=\frac{251\ 768}{1\ 250\ 000}\times\frac{1\ 250\ 000}{(8\ 738\ 400+8\ 067\ 900)\div 2}\times\frac{(8\ 738\ 400+8\ 067\ 900)\div 2}{(5\ 120\ 265+5\ 372\ 033)\div 2}\times 100\%=4.80\%$$

晓辉公司上年度的净资产收益率为0.32%。经对比，本年度的净资产收益率比上年度上升了4.48个百分点。有关对比分析数据如下：

净资产收益率＝资产净利率×权益乘数

上年度：0.32%＝0.19%×1.70

本年度：4.80%＝3.00%×1.60

通过分解可以看出，本年度净资产收益率提高的主要原因不是资本结构的变动，因为权益乘数变动不大，而是由于总资产的利用程度和成本费用的控制有所提高，从而导致资产净利率的上升。

还可进一步分解资产净利率如下：

资产净利率＝营业净利率×总资产周转率

上年度：1.85%＝16.21%×0.114 4

本年度：3.00%＝20.14%×0.148 8

进一步分解告诉我们，本年度资产净利率的上升原因：一是营业净利率比上年增加；二是资产周转率有所加快。

综上所述，晓晖公司本年度净资产收益率比上年度上升4.48个百分点的主要原因是营业净利率比上年有较大幅度增加。

杜邦分析体系是一种综合评价的思路，其主要作用在于解释指标变动的原因和变动趋势，为采取措施指明方向。首先，营业净利率是反映销售收入获利能力的指标，其高低的因素分析可以从销售额和销售成本两个方面进行，也可以从净利润和销售额两个方面进行，还可以根据企业的一系列内部报表和资料进行更详尽的分析。其次，总资产周转率是反映运用资产以产生销售收入的能力的指标。对资产周转率的进一步分析可以从影响资产周转的各因素入手。除了对资产的各构成部分从占用量上是否合理进行分析外，还可以通过对流动资产周转率、存货周转率、应收账款周转率等有关各资产组成部分使用效率的分析，判明影响资产周转的主要因素。再次，权益乘数主要受资产负债比率的影响。负债比例大，权益乘数就高，说明企业的负债程度较高，能给企业带来较大的杠杆利益，同时也给企业带来较大的风险。

对于上述因素增减变动情况的分析还有助于企业判断未来的发展趋势。

例 **9—6** 某公司本年与上年相比，营业收入净额增长10%，净利润增长8%，资产总额增加 12%，负债总额增加 9%，是否可以因此判断该公司净资产收益率比上年下降了？

根据杜邦财务分析体系分析：

本年与上年相比，营业净利率的分母增长 10%，分子增长 8%，表明营业净利率在下降；总资产周转率的分母增长 12%，分子增长 10%，表明总资产周转率在下降；资产负债率的分母增长 12%，分子增长 9%，表明资产负债率在下降，即权益乘数在下降。本年与上年相比，营业净利率下降了，总资产周转率下降了，权益乘数下降了，由此可以判断，该公司本年的净资产收益率比上年下降了。

净资产收益率或高或低都直接关系到投资者的利益。当企业以资本为基础，吸收一部分负债资金进行生产经营时，净资产收益率就会因财务杠杆的作用而发生变动。杜邦财务指标分析告诉我们，企业的销售净利率越高，资产周转速度越快，越能充分发挥财务杠杆的作用，企业的净资产收益率就会提高。

四、经济利润与经济增加值

(一)经济利润

业绩考核一直都在寻求如何使评价指标既精简又有效。

会计利润没有考虑企业权益资本的机会成本，难以正确地反映企业的真实经营绩效；经营现金流量虽然能正确反映企业的长期绩效，但却难以衡量企业年度经营绩效。经济利润与经济附加值能够弥补这两个指标的缺憾，因而是一种可以广泛应用于企业内部和外部的绩效评价指标。

最简洁的计算方法就是用息前税后利润减去企业的全部资本费用，即：

经济利润＝息前税后利润－全部资本费用

息前税后利润＝息税前利润－息税前利润所得税

＝息税前利润×(1－所得税税率)

＝投资资本×投资资本报酬率(息前税后利润率)

息税前利润＝收入－成本－不包括利息的费用

＝利润总额＋利息

例 9—7　甲公司成立于 2008 年，成立时的投资成本为 8 000 万元。为加快发展步伐，甲公司以实现利润最大化作为其财务目标，并将利润作为其绩效考评的核心指标。2014 年，甲公司实现净利润 600 万元；2014 年的所有者权益总额为 5 000 万元，有息长期负债为 5 000 万元(年利率为 8%)，长期负债水平在 2014 年度内基本不变。甲公司的加权平均资金成本率为 10%，适用的所得税税率为 25%。

乙公司成立于 2009 年，成立时的投资成本为 8 000 万元。为求得长期稳定的发展，以增加企业价值为其战略目标，并确定以经济利润作为其绩效考核的核心指标。乙公司2014年实现净利润550万元；2014年的所有者权益总额为5 500万元，有息长期负债为4 500万元（年利率为7.6%），长期负债水平在2014年度内基本不变。乙公司的加权平均资金成本率为8%，适用的所得税税率为25%。

要求：根据上述资料分别计算甲公司和乙公司的息前税后利润、期初投资资本回报率和经济利润；分析上述两个公司的财务目标，并对会计利润和经济利润的差异及其作用进行简要分析。

(1)甲公司利息＝5 000×8%＝400(万元)

甲公司息前税后利润＝600＋400×(1－25%)＝900(万元)

甲公司投资成本＝5 000＋5 000＝10 000(万元)

甲公司投资资本回报率＝900÷10 000＝9%

甲公司经济利润＝(9%－10%)×10 000＝－100(万元)

(2)乙公司利息＝4 500×7.6%＝342(万元)

乙公司息前税后利润＝550＋342×(1－25%)＝806.5(万元)

乙公司投资资本＝5 500＋4 500＝10 000(万元)

乙公司投资资本回报率＝806.5÷10 000＝8.07%

乙公司经济利润＝(8.07%－8%)×10 000＝7(万元)

若以会计利润作为评价标准，甲公司的利润大于乙公司，故甲公司的经营绩效好于乙公司。若以经济利润作为评价指标，甲公司的经济利润为－100万元，小于0，说明甲公司并不能给股东带来价值增值；而乙公司的经济利润为7万元，说明乙公司通过经营可以给股东增加价值。

采用的评价指标不同，有可能得出完全不同的结论。经济利润考虑了股权投资的机会成本，消除了传统会计核算无偿耗用股东资本的弊端，更能全面地反映经营业绩，揭示利润产生的轨迹，可以引导企业转变经营思想，更新经营管理理念，其在相关性、真实性、有用性上优于会计利润。现代企业财务管理要求企业建立以价值管理为核心的战略财务目标，应以经济利润作为绩效评价指标，用以客观考评企业经营绩效，这与企业资本提供者要求比投资资本成本更高的收益的目标相吻合。

(二)经济增加值

经济增加值是EVA(Economic Value Added)的中文译名，其原意是指税后净营运利润减去投入资本的机会成本后的所得，是所有成本被扣除后的剩余收入，是当今世界上评估企业盈利能力和管理层表现最流行的方法之一。我国目前应用经济增加值的主要计算公式如下：

$$经济增加值率=\frac{经济增加值}{调整后资本}\times 100\%$$

经济增加值＝税后净营业利润－资本成本

其中：

税后净营业利润＝净利润＋(利息支出＋研究开发费用调整项－非经常性收益调整项×50％)×(1－25％)

资本成本＝调整后资本×加权平均资本成本率

上述公式中有关项目的解释口径如下：

(1)利息支出是指企业财务报表中“财务费用”项下的“利息支出”。

(2)研究开发费用调整项是指财务报表中“管理费用”项下的“研究与开发费”和当期确认为无形资产的研究开发支出。对于为获取国家战略资源，勘探投入费用较大的企业，可以将其成本费用情况表中的“勘探费用”视同研究开发费用调整项按照一定比例(原则上不超过50％)予以加回。

(3)非经常性收益调整项主要包括变卖主业优质资产收益，主业优质资产以外的非流动资产转让收益，其他非经常性收益(如与主业发展无关的资产置换收益、与经常活动无关的补贴收入等)。

(4)调整后资本＝平均所有者权益＋平均负债合计－平均无息流动负债－平均在建工程。其中：

资本是指所有投资者投入公司经营的全部资金的账面价值，包括债务资本和股权资本。债务资本是指债权人提供的短期和长期贷款，不包括应付账款、应付票据、其他应付款等不产生利息的商业信用负债(无息负债)。股本资本不仅包括普通股，而且包括少数股东权益。

无息流动负债是指企业财务报表中的“应付票据”“应付账款”“预收款项”“应交税费”“应付利息”“其他应付款”和“其他流动负债”；对于因承担国家任务等原因造成“专项应付款”“特种储备基金”余额较大的，可视同无息流动负债扣除。

在建工程是指企业财务报表中符合主业规定的“在建工程”。

(5)加权平均资本成本率＝股权资本成本率×股权占总资本比率＋债权资本成本率×债务占总资本比例×(1－所得税税率)。

经济增加值最大的特点就是注重资本费用，它提醒我们，无论是债务资本还是股权资本，所有资本都是有成本的，只有扣除所有成本之后的那部分盈余，才是真正的收益。企业管理层容易将股东权益资本视为无偿使用，很少考虑使用股权资本的费用问题。在传统的会计利润条件下，许多企业的盈利实际上是建立在损害股东财富的基础之上的，因为很多时候，企业所得的利润小于全部资本成本。例如，一家房地产开发公司占用的净资产额为5 000万元，其当时的社会平均回报率为15％，而这家公司只能取得10％的净资产回报率，从账面上看，该公司有500万元的盈利，而实际上，从经济利润的角度分析，其应该是亏损250万元(750－500)。引入经济增加值评价体系以后，可以促使经营者和管理者在运用资本时必须为资本付费,防止一些企业出现“数字”上的业绩和利润虚高,从而使相关人员能够了解公司价值升降的真实情况。所以,经济增加值所体现的收益才是股东定义的利润。

经济增加值的价值还在于,通过经济增加值评价企业的经营绩效,意味着是以投资者价值最大化为目标的。只有投资的收益超过资本成本,投资才能为投资者创造价值。企业以经济增加值作为财务考核标准,就必须提高效益并慎重地选择融资方式。例如,是借贷还是收益留存,哪种方式能使投资者价值最大化就选择哪种方式。这样,企业就有了一个最基本的经营目标,就是应当能为投资者提供更多的经济增加值。就像股东希望得到10%的投资回报率,他们认为只有当他们所分享的税后利润超出10%的资本金的时候,他们才是有利可图的。凡是不能满足这项要求的任何投资,在某种程度上,都是在毁灭股东的财富。采用经济增加值评价指标,可以衡量投入资本的机会成本,使管理者不得不权衡所获得的利润与所投入的资本之间的关系,从而更加全面地反映一个企业的经营业绩。

在积极倡导节约型社会的今天,如果一家企业在考核资本保值增值情况、判断企业经济效益时,根本不考虑股东权益资本的成本,这家企业对资本的使用就会缺乏约束,势必造成投资膨胀和社会资源的浪费,对全社会的可持续发展造成影响。对投资者来说,资本成本就是最低的报酬,而资本贬值就是最大的浪费。

一家企业经营得如何,首要的就是看企业运营资产的效率如何、资产保值增值的情况如何、为股东创造了多少财富,这应当成为企业业绩考核的立足点。以往通常以净资产收益率等指标评价企业的经营业绩。但企业不亏损或盈利大于零并不一定意味着企业资产得到了保值增值,原因是,这些指标没有考虑资本成本因素,因而不能完全反映资本净收益的真实状况和资本运营的增值效益。经济增加值与会计利润有很大区别,经济增加值是企业扣除包括股权在内的所有资本成本之后的剩余利润,而会计利润没有扣除资本成本。运用经济增加值模式,实质上是企业运行机制的一种选择,它使得经营者和股东的利益根本一致,使经营权和所有权的关系进一步协调,使管理者以与股东一样的心态去经营管理,像股东那样思维和行动。

诚然,任何指标都不可能尽善尽美,经济增加值也存在着一定的局限性。经济增加值指标是绝对数指标,不便于不同企业之间的比较。规模大的企业可能容易获得较大的经济增加值,而它们的投资报酬率并不一定很高。所以,在考核过程中,引导决策与评价业绩之间会存在一定的矛盾。因此,在使用这一方法时,可以事先建立与每个企业资产结构相适应的经济增加值预算,然后通过实际与预算的对比来评价业绩。在使用经济增加值对不同的企业进行考核时,应尽量考虑可比因素后再进行对比分析。

建立与经济发展水平相适应的财务评价体系是非常必要的。企业内部财务控制与财务评价体系的完善程度关系密切,没有科学的财务评价体系,要想搞好财务控制是很困难的。企业财务评价体系应当创新，可以在进一步拓展传统财务分析指标体系的基础上增加知识资本、非财务评价指标的比重，吸收现代先进企业科学考评的成功经验，不断提高财务评价的实效。

复习思考题

1. 简述财务信息资料与财务分析之间的关系。
2. 请举例说明比较分析法的作用，并说明运用时应当注意的问题。
3. 简述事前、事中、事后分析的联系与区别。
4. 反映企业偿债能力和营运能力的指标之间有什么关系？
5. 衡量盈利能力和收益质量应当关注哪些财务指标？
6. 以单一的财务指标考核业绩存在什么缺陷？应如何开展综合效绩评价？
7. 简述经济利润或经济增加值指标的优缺点。
8. 针对本章晓晖公司财务报表分析的案例，草拟一份财务分析报告，并说明财务分析的重要作用。

业务练习题

练习一

A公司材料消耗总额由产品产量、单位产品消耗量和材料单价3个因素组成。其某种原材料的计划消耗总额为8 000元，实际消耗总额为10 800元，各个因素的计划资料和实际资料如下表所示。

材料因素分析表

项　目	单位	计划数	实际数	增减数	增减率(%)
产品产量	件	100	120	+20	+20
单位产品材料消耗量	千克	20	18	−2	−10
材料单价	元	4	5	+1	+25
材料消耗总额	元	8 000	10 800	+2 800	+35

要求：根据上表资料，用连环替代法和差额计算法计算分析材料消耗总额超支2 800元的原因，并简述连环替代法的主要特点。

练习二

B公司某年营业收入900万元，年末为了达到某种目的而虚开了一张销售发票100万元，会计处理时增加了应收账款和营业收入。

要求：分析上述行为将会导致财务报表中的财务状况、经营成果、现金流量及其相关财务指标发生哪些变化？这样的财务报表是虚假的吗？

练习三

已知C公司有关资料如下：

C公司资产负债表

2014年12月31日

单位：万元

资 产	年初数	年末数	负债及所有者权益	年初数	年末数
货币资金	50	45	流动负债合计	175	150
应收账款	60	90	长期负债合计	245	200
存货	92	144	负债合计	420	350
其他流动资产	23	36	所有者权益合计	280	350
流动资产合计	225	315			
固定资产净值	475	385			
资产总计	700	700	负债及所有者权益总计	700	700

C公司2013年度营业净利率为16%，总资产周转率为0.5次(年末总资产)，权益乘数为2.5(年末数)，净资产收益率为20%(年末净资产)。2014年度营业收入为420万元，净利润为63万元，经营现金净流量为126万元，利润总额为90万元，成本费用总额为200万元。

要求：

(1)计算2014年年末的流动比率、速动比率、资产负债率和权益乘数。

(2)计算2014年的总资产周转率、营业净利率和净资产收益率(资产、净资产均按期末数计算)。

(3)计算2014年的产权比率、资本保值增值率、盈余现金保障倍数和成本费用利润率。

(4)运用差额分析法分析营业净利率、总资产周转率和权益乘数变动对净资产收益率的影响。

练习四

根据D公司2014年度的财务报表数据，本期税后净利润为3 800万元，利息支出为500万元，研究开发费用调整项为200万元，非经常性收益调整项为100万元；调整后平均资本总额为9 000万元，不存在无息流动负债和在建工程，企业的加权平均资本成本率经测算为10%，所得税税率为25%。

要求：计算D公司的经济增加值，并说明与会计利润的区别。

业务练习题参考解答

第一章　财务管理总论

略。

第二章　资金筹集管理

练习一

2015 年预计利润表

单位:元

项　目	2015 年预计数
营业收入	180 000
减:营业成本	136 800
营业利润	43 200
减:销售费用	720
管理费用	36 720
财务费用	360
利润总额	5 400
减:所得税费用	1 080
净利润	4 320

2015 年预计资产负债表

单位:元

项　目	2015 年预计数
资产:	
现金	900
应收账款	28 800
存货	31 320
对外投资	100
预付费用	3 420
资产总额	64 540
负债及所有者权益:	
短期借款	5 000
应付账款	31 680
应付费用	1 260
长期负债	550
负债合计	38 490
实收资本	2 500
未分配利润	20460
所有者权益合计	22 960
追加外部筹资额	3 090
负债及所有者权益总计	64 540

练习二

筹资总额为 0～100 万元时,边际资金成本＝25％×4％＋75％×10％＝8.5％。

筹资总额为 100 万～200 万元时,边际资金成本＝25％×4％＋75％×12％＝10％。

筹资总额为 200 万元以上时,边际资金成本＝25％×8％＋75％×12％＝11％。

练习三

(1)每股利润无差别点的息税前利润为 1 455 万元。

(2)财务杠杆系数＝1 455÷(1 455－330)＝1.29。

(3)预计息税前利润为 1 200 万元,应采用甲方案。

(4)预计息税前利润为 1 600 万元,应采用乙方案。

(5)每股利润增长率＝1.29×10％＝12.9％。

练习四

(1)上年边际贡献总额＝10 000×5－10 000×3＝20 000(元)

(2)上年息税前利润＝20 000－10 000＝10 000(元)

(3)本年经营杠杆系数＝20 000÷10 000＝2

(4)本年息税前利润增长率＝2×10%＝20%

(5)本年财务杠杆系数＝10 000÷(10 000－5 000)＝2

总杠杆系数＝2×2＝4

练习五

(1)负债总额＝60×37.5%＝22.5(万元)

净资产总额＝60－22.5＝37.5(万元)

负债年利息＝22.5×8%＝1.8(万元)

年固定成本＝20－1.8＝18.2(万元)

净利润＝(100－70－20)×(1－20%)＝8(万元)

净资产收益率＝8÷37.5×100%＝21.33%

经营杠杆系数＝30÷11.8＝2.54

财务杠杆系数＝11.8÷(11.8－1.8)＝1.18

总杠杆系数＝2.54×1.18＝2.997

(2)净利润＝[120×40%－(20＋6)]×(1－20%)＝17.6(万元)

净资产收益率＝17.6÷(37.5＋50)×100%＝20.11%

经营杠杆系数＝48÷23.8＝2.017

财务杠杆系数＝23.8÷(23.8－1.8)＝1.082

总杠杆系数＝2.017×1.082＝2.18

(3)净利润＝[120×40%－(20＋6＋5)]×(1－20%)＝13.6(万元)

净资产收益率＝13.6÷37.5×100%＝36.27%

经营杠杆系数＝48÷23.8＝2.017

财务杠杆系数＝23.8÷(23.8－1.8－50×10%)＝1.4

总杠杆系数＝2.017×1.4＝2.82

(4)该公司应当采纳借入资金方案。

第三章 营运资金管理

练习一

最佳现金持有量$=\sqrt{\dfrac{2\times 300\ 000\times 600}{10\%}}=60\ 000$(元)

全年现金转换次数＝300 000÷60 000＝5(次)

全年固定性转换成本＝5×600＝3 000(元)

练习二

(1)年销售净额=6 000−6 000×(70%×2%+10%×1%)=5 910(万元)

(2)信用成本前收益=5 910−6 000×65%=2 010(万元)

(3)平均收账期=70%×10+10%×20+20%×60=21(天)

(4)应收账款机会成本=6 000÷360×21×65%×8%=18.2(万元)

(5)信用成本后收益=2 010−(18.2+70+6 000×4%)=1 681.8(万元)

练习三

(1)保本储存天数$=\dfrac{(550-500)\times 500-5\,000-2\,500}{500\times 500\times(9\%\div 360+3‰\div 30)}=200$(天)

(2)保利储存天数$=\dfrac{(550-500)\times 500-5\,000-2\,500-8\,750}{500\times 500\times(9\%\div 360+3‰\div 30)}=100$(天)

(3)实际获利额=8 750−[500×500×(9%÷360+3‰÷30)]×10=7 875(元)

(4)实际亏损额=500×500×(9%÷360+3‰÷30)=87.5(元)

练习四

(1)折扣率 1=(10 000−9 630)÷10 000=3.7%

立即付款,现金折扣的机会成本=3.7%÷(1−3.7%)×360÷(90−0)=15.37%

(2)折扣率 2=(10 000−9 750)÷10 000=2.5%

30 天付款的现金折扣机会成本=2.5%÷(1−2.5%)×360÷(90−30)=15.38%

(3)折扣率 3=(10 000−9 870)÷10 000=1.3%

60 天付款的现金折扣机会成本=1.3%÷(1−1.3%)×360÷(90−60)=15.81%

因为 15.81%>15.38%>15.37% >15% ,所以,最有利的付款日期为 60 天,付款金额为 9 870元。

练习五

(1)放弃现金折扣的成本=2%÷(1−2%)×360÷(40−10)=24.49%

(2)应借款总额=495 000÷(1−20%)=618 750(元)

借款的实际年利率=8%÷(1−20%)=10%

(3)应借款总额=495 000÷(1−1%)=500 000(元)

借款的实际年利率=12%÷(1−12%)=13.64%

(4)方案 2 的成本最小,应该选择方案 2。

第四章　投资决策管理

练习一

(1)每年等额归还全部本利和=3 000×1.331÷3.790 8=1 053.34(万元)

(2)每年等额归还全部本利和＝1 000×(4.641－1)÷3.790 8＝960.48(万元)

(3)每年等额归还全部本利和＝ 1 000×3.31÷3.790 8＝873.17(万元)

该公司每年有900万元的现金净流量，应在前3年每年年末各借入1 000万元，从第四年开始连续5年每年归还本利和873.17万元。

练习二

可以通过比较终值得出方案三为优：

$F_1=10\times(F/A,10\%,15)=10\times31.772=317.72$(万元)

$F_2=9.5\times[(F/A,10\%,16)-1]=9.5\times(35.95-1)=332.03$(万元)

$F_3=18\times(F/A,10\%,10)=18\times15.937=286.87$(万元)

也可以比较现值得出方案三为优：

$P_1=10\times(P/A,10\%,15)=10\times7.606\,1=76.06$(万元)

$P_2=9.5\times[(P/A,10\%,14)+1]=9.5\times(7.366\,7+1)=79.484$(万元)

$P_3=18\times[(P/A,10\%,15)-(P/A,10\%,5)]=18\times(7.606\,1-3.790\,8)=68.68$(万元)

练习三

(1) A项目的期望收益＝0.3×50＋0.5×20＋0.2×(－5)＝24(万元)

B项目的期望收益＝0.3×40＋0.5×20＋0.2×5＝23(万元)

(2)A项目的标准离差＝$\sqrt{(50-24)^2\times0.3+(20-24)^2\times0.5+(-5-24)^2\times0.2}=19.47$

A项目的标准离差率＝19.47÷24＝0.81

B项目的标准离差＝$\sqrt{(40-23)^2\times0.3+(20-23)^2\times0.5+(5-23)^2\times0.2}=12.49$

B项目的标准离差率＝12.49÷23＝0.54

(3)若从稳健角度考虑，应选择B项目进行投资。

练习四

项　目	投资回收期	投资利润率	净现值	净现值率	现值指数	内含报酬率
甲设备	4.29年	3.33%	－6 147	－6.83%	0.931 7	5.37%
乙设备	4.44年	2.5%	－8 126	－10.16%	0.898 4	4.07%
丙设备	3.51年	8.5%	8 280.30	13.8%	1.138	13.12%

应购置丙设备为优。

练习五

C方案的内部收益率为14%，小于折现率，不可行。D方案的获利指数为0.95，小于1，不可行。A方案的年等额净回收额为35.11万元(500÷14.240 1)；B方案的年等额净回收额为98万元，应选择 B 方案为优。

练习六

(1)甲方案：年折旧额＝(100－5)÷5＝19(万元)

年营业利润＝90－60＝30(万元)

年净利润＝30×(1－30%)＝21(万元)

第五年年末的回收额＝5＋20＝25(万元)

NCF_0＝－120(万元)

$NCF_{1\sim4}$＝21＋19＝40(万元)

NCF_5＝21＋19＋25＝65(万元)

NPV＝65×0.620 9＋40×3.169 9－120＝47.15(万元)

(2)乙方案：建设期资本化利息＝100×8%×2＝16(万元)

固定资产原值＝100＋16＝116(万元)

年折旧额＝(116－16)÷5＝20(万元)

无形资产年摊销额＝25÷5＝5(万元)

年总成本＝80＋20＋5＋100×8%＝113(万元)

年营业利润＝163－113＝50(万元)

年净利润＝50×(1－30%)＝35(万元)

第七年年末的回收额＝16＋55＝71(万元)

NCF_0＝－125(万元)

NCF_1＝0

NCF_2＝－55(万元)

$NCF_{3\sim6}$＝35＋20＋5＋100×8%＝68(万元)

NCF_7＝35＋20＋5＋100×8%＋71＝139(万元)

$NPV = 139\times(P/F,10\%,7)+68\times[(P/A,10\%,6)-(P/A,10\%,2)]-125-55\times(P/F,10\%,2)$

$=139\times0.513\,2+68\times(4.355\,3-1.735\,5)-125-55\times0.826\,4=79.03$(万元)

(3)甲方案年等额净回收额＝47.15÷$(P/A,10\%,5)$＝12.43(万元)

乙方案年等额净回收额＝79.03÷$(P/A,10\%,7)$＝16.23(万元)

由于乙方案年等额净回收额大于甲方案年等额净回收额，因此，应选择乙方案。

练习七

(1)本期收益率＝1 000×10%÷1 030×100%＝9.71%

(2)持有期收益率＝$\dfrac{(1\,060-1\,030)\div0.5}{1\,030}\times100\%=5.83\%$

(3)到期收益率＝[(1 000＋1 000×10%)－1 030]÷(9/12)÷1 030×100%＝9.06%

(4)1 030=1 000×10%×$(P/A,i,2)$+1 000×$(P/F,i,2)$

当i=8%时,1 000×10%×$(P/A,i,2)$+1 000×$(P/F,i,2)$=1 036.53

当i=9%时,1 000×10%×$(P/A,i,2)$+1 000×$(P/F,i,2)$=1 017.61

内插法计算:$\frac{9\%-i}{9\%-8\%}=\frac{1\ 017.61-1\ 030}{1\ 017.61-1\ 036.53}$

$i=9\%-\frac{1\ 017.61-1\ 030}{1\ 017.61-1\ 036.53}\times(9\%-8\%)=8.35\%$

练习八

(1)甲方案年营业现金流量=(30 000−10 400−50 000÷5)×(1−25%)+50 000÷5=17 200(元)

乙方案年折旧=(45 000−5 000)÷4=10 000(元)

NCF_1=(25 000−7 000−10 000)×(1−25%)+10 000=16 000(元)

NCF_2=(25 000−7 400−10 000)×(1−25%)+10 000=15 700(元)

NCF_3=(25 000−7 800−10 000)×(1−25%)+10 000=15 400(元)

NCF_4=(25 000−8 200−10 000)×(1−25%)+10 000=15 100(元)

(2)甲方案净现值=17 200×$(P/A,10\%,5)$−50 000=65 205.2−50 000=15 205.2(元)

乙方案净现值=16 000×$(P/F,10\%,1)$+15 700×$(P/F,10\%,2)$+15 400×$(P/F,10\%,3)$+(15 100+5 000)×$(P/F,10\%,4)$−45 000
=52 805.9−45 000=7 805.9(元)

甲方案净现值率=15 205.2÷50 000=30%

乙方案净现值率=7 805.9÷45 000=17%

甲方案现值指数=65 205.2÷50 000=1.30

乙方案现值指数=52 805.9÷45 000=1.17

或:甲方案现值指数=0.30+1=1.30

乙方案现值指数=0.17+1=1.17

(3)甲方案年均净现值=15 205.2÷3.791=4 010.87(元)

乙方案年均净现值=7 805.9÷3.17=2 462.43(元)

因甲、乙为互斥方案,所以,应投资甲方案为优。

练习九

(1)该公司股票的β系数为1.5。

(2)该公司股票的必要收益率=5%+1.5×(8%−5%)=9.5%

(3)甲项目的预期收益率=(−5%)×0.4+12%×0.2+17%×0.4=7.2%

(4)乙项目的内部收益率=$14\%+\frac{4.946\ 8-0}{4.946\ 8-(-7.420\ 2)}\times(15\%-14\%)=14.4\%$

(5)因为甲项目的预期收益率(7.2%)<该公司股票的必要收益率(9.5%),乙项目的内部收

益率(14.4%)＞该公司股票的必要收益率(9.5%)，所以，应当投资于乙项目。

(6)A筹资方案的资金成本＝10.72%×(1－25%)＝8.04%

B筹资方案的资金成本＝10.5%＋2.1%＝12.6%

(7)因为A筹资方案的资本成本(8.04%)＜乙项目的内部收益率(14.4%)，B筹资方案的资本成本(12.6%)＜乙项目的内部收益率(14.4%)，所以，A、B两个筹资方案在经济上都是合理的，但A方案的资本成本较低。

第五章　成本管理

练习一

本月支出总额＝180 000＋20 000＋12 000＋268 000＋8 800＋32 000＝520 800(元)

本月成本费用总额＝180 000＋20 000＋2 000＋1 000＋1 200＋8 800＋32 000＝245 000(元)

本月产品成本总额＝180 000＋20 000＋2 000＝202 000(元)

其中：甲产品成本总额＝100 000＋(20 000＋2 000)×70%＝115 400(元)

乙产品成本总额＝80 000＋(20 000＋2 000)×30%＝86 600(元)

本月完工甲产品成本＝115 400－30×500＝104 000(元)

本月完工乙产品成本＝86 600(元)

练习二

(1)本月成本差异总额＝17 550－855×20＝450(元)

(2)材料价差＝(10－9)×900＝900(元)

材料量差＝(900－50×20)×9＝－900(元)

工资率差异＝(3 325÷950－4)×950＝－475(元)

人工效率差异＝(950－45×20)×4＝200(元)

变动制造费用耗费差异＝(2 375÷950－3)×950＝－475(元)

变动制造费用效率差异＝(950－45×20)×3＝150(元)

固定制造费用耗费差异＝2 850－2×1 000＝850(元)

固定制造费用效率差异＝(950－20×45)×2＝100(元)

固定制造费用能量闲置差异＝(1 000－950)×2＝100(元)

(3)450＝900＋(－900)＋(－475)＋200＋(－475)＋150＋850＋100＋100

(4)略。

练习三

(1)质量检验的成本动因分配率＝4 000÷(5＋15)＝200(元/次)

订单处理的成本动因分配率＝4 000÷(30＋10)＝100(元/份)

机器运行的成本动因分配率＝40 000÷(200＋800)＝40(元/小时)

设备调整准备的成本动因分配率＝2 000÷(6＋4)＝200(元/次)

甲产品分配的本月发生作业成本＝200×5＋100×30＋40×200＋200×6＝13 200(元)

单位作业成本＝(13 200＋3 600)÷(100＋40×50％)＝140(元/件)

单位成本＝50＋40＋140＝230(元/件)

乙产品分配的本月发生作业成本＝200×15＋100×10＋40×800＋200×4＝36 800(元)

单位作业成本＝(36 800＋4 600)÷(200＋60×50％)＝180(元/件)

单位成本＝80＋30＋180＝290(元/件)

(2)本月发生的制造费用分配率＝50 000÷(200＋800)＝50(元/小时)

甲产品分配本月发生的制造费用＝50×200＝10 000(元)

甲产品单位制造费用＝(10 000＋3 600)÷(100＋40×50％)＝113.33(元/件)

甲产品单位成本＝50＋40＋113.33＝203.33(元/件)

乙产品分配本月发生的制造费用＝50×800＝40 000(元)

乙产品单位制造费用＝(40 000＋4 600)÷(200＋60×50％)＝193.91(元/件)

单位成本＝80＋30＋193.91＝303.91(元/件)

(3)甲产品的真实单位成本是230元，而经营者制定的单位售价为213.33元(203.33＋10)，如果与传统的单位成本203.33元比较，好像有利可图，但实际结果是，每销售一件产品就要亏损16.67元(230－213.33)。乙产品的真实单位成本是290元，显然，313.91元(303.91＋10)的定价偏高，会对销量产生负面影响。与传统成本法相比，作业成本法能够提供更加真实、准确的成本信息。

第六章　收益分配管理

练习一

预计目标利润＝3 000×(50－30)－40 000＝20 000(元)

预计目标销售量＝(40 000＋30 000)÷(50－30)＝3 500(件)

练习二

(1)固定成本＝20＋15＋10＝45(万元)

变动成本＝55＋10＋5＝70(元)[如考虑价内税，则变动成本＝70＋10＝80(元)]

保本销售量＝45÷(100－80)＝2.25(万件)

保本销售额＝100×2.25＝225(万元)

边际贡献率＝(100－80)÷100＝20％

(2)安全边际率＝(5－2.25)÷5＝55％

保本点作业率＝1－55％＝45％

(3)350 000＝[(100－80) X－450 000]×(1－30％)　　X＝47 500(件)

盈亏临界点作业率＝22 500÷47 500×100％＝47.37％

安全边际率＝1－47.37％＝52.63％

(4)固定成本＝20×(1＋30％)＋15×(1＋20％)＋10×(1＋10％)＝55(万元)

$100X\times10\% = (100-80)X-55 \qquad X=5.5$(万件)

保本销售量＝55÷(100－80)＝2.75(万件)

盈亏临界点作业率＝2.75÷5.5＝50%

练习三

留存收益＝260×(1－20%)＝208(万元)

筹措权益资金＝600×(1－45%)＝330(万元)

对外筹措权益资金＝330－208＝122(万元)

练习四

(1)发放现金股利所需税后利润＝0.3×400＝120(万元)

新投资项目所需税后利润＝500×60%＝300(万元)

2015 年度税前利润＝(120＋300)÷(1－30%)＝600(万元)

2015 年度长期借款利息＝(900÷60%×40%＋500×40%)×10%＝80(万元)

2015 年度应实现息税前利润＝600＋80＝680(万元)

(2)该普通股成本＝7%＋0.8×(13%－7%)＝11.8%

公司加权平均资金成本＝11.8%×60%＋10%×(1－30%)×40%＝9.88%

第七章　财务预算与战略规划

练习一

预计第四季度材料采购量＝2 300＋350－500＝2 150(千克)

应付账款＝2 150×10×40%＝8 600(元)

练习二

1 月份：

经营现金收入＝100＋700×40%＝380(万元)

经营现金支出＝800×60%×50%＋50＋130－10＋20＝430(万元)

现金余缺＝60＋380－430＝10(万元)

向银行借款＝50－10＝40(万元)

现金月末余额＝50(万元)

2 月份：

经营现金收入＝700×60%＋800×40%＝740(万元)

经营现金支出＝240＋900×60%×50%＋55＋140－10＋22＝717(万元)

现金余缺＝50＋740－717＝73(万元)

支付利息＝40×1%×2＝0.8(万元)，归还银行借款 20 万元。

现金月末余额＝73－20－0.8＝52.2(万元)

3月份：

经营现金收入＝800×60%＋900×40%＝840(万元)

经营现金支出＝270＋1 000×60%×50%＋60＋(160－10)＋24＝804(万元)

现金余缺＝52.2＋840－(804＋200)＝－111.8(万元)

向银行借款＝111.8＋50＝161.8(万元)，取整为170万元。

支付银行利息＝(40－20)×1%×1＝0.2(万元)

现金月末余额＝170－111.8－0.2＝58(万元)

练习三

单位:元

摘　要	第一季度	第二季度	第三季度	第四季度	全　年
期初现金余额		5 000	5 000	5 620	8 000
加:现金收入	60 000	70 000		95 000	
可供使用现金		75 000	101 000	100 625	329 000
减:现金支出					
采购材料			48 000		163 000
营业费用	25 000			28 000	
购置设备				10 000	
支付股利					8 000
合　计	70 000		90 000	75 000	320 000
现金收支差额		－10 000		25 625	9 000
银行借款	7 000				
归还借款			5 000	17 000	22 000
归还利息			375	1 325	1 700
期末现金余额			5 625	7 300	7 300

练习四

现金期末余额＝40 000＋80 000÷40%×39.8%＋120 000×60%－140 000×70%－20 000
＝73 600(元)

预计利润总额＝120 000×30%－20 000－6 000－120 000×0.2%＝9 760(元)

应收账款净额＝80 000＋120 000×40%－80 000÷40%×39.8%－400－240＝47 760(元)

第八章　财务控制与风险管理

练习一

成本变动额＝100×7 000－95×7 000＝35 000(元)

成本变动率＝35 000÷(95×7 000)×100％＝5.26％

练习二

(1)新的投资报酬率16％＞最低报酬率15％，且可获利8 000元，对企业有利，应该接受。

(2)部门可控利润＝150 000－100 000－8 000－12 000＝30 000(元)

部门占用资产额＝1 000 000×10％＝100 000(元)

部门投资报酬率＝30 000÷100 000×100％＝30％

接受该投资机会后部门投资报酬率＝(30 000＋80 000)÷(100 000＋500 000)×100％＝25.33％

该部门的投资报酬率由30％降低到25.33％，故不能接受。

练习三

(1)集团公司的投资利润率＝34 650÷315 000×100％＝11％

A投资中心的投资利润率＝10 400÷94 500×100％≈11.01％

B投资中心的投资利润率＝15 800÷145 000×100％≈10.90％

C投资中心的投资利润率＝8 450÷75 500×100％≈11.19％

C投资中心业绩较优，B投资中心业绩较差。

(2)A投资中心的剩余收益＝10 400－94 500×10％＝950(万元)

B投资中心的剩余收益＝15 800－145 000×10％＝1 300(万元)

C投资中心的剩余收益＝8 450－75 500×10％＝900(万元)

B投资中心业绩较优，A投资中心次之，C投资中心较差。

第九章　财务分析与业绩管理

练习一

连环替代法：

计划指标：100×20×4＝8 000(元)

第一次替代：120×20×4＝9 600 (产量变动因素)＋1 600(元)

第二次替代：120×18×4＝8 640 (单耗变动因素) －960(元)

实际指标：120×18×5＝10 800 (单价变动因素) ＋2 160(元)

合计(即3个因素影响的总差异)　　＋2 800(元)

差额计算法：

产量变动因素：(120－100)×20×4＝1 600(元)

单耗变动因素：120×(18－20)×4＝－960(元)

单价变动因素：120×18×(5－4)＝＋2 160(元)

合计(即3个因素影响的差异)　　＋2 800(元)

以上计算分析表明，尽管单耗下降节约了材料费用960元，但由于产量增长使材料费用增加1 600元(正常因素)，单价提高使材料费用增加2 160元(一般属客观因素)，结果造成材料耗用总额超支2 800元，其中，材料单价提高是主要原因。

连环替代法具有计算的连环性、替代的顺序性和结果的假定性等特点。

练习二

应收账款(或流动资产)与资产总额虚增，从而形成虚资产，会影响相关偿债能力与管理能力财务指标计算的准确性。营业收入虚增，经营成果将出现虚假盈利，影响盈利能力财务指标的计算。由于利润虚增会导致账面净资产(或所有者权益)的增加，从而似乎提高了净资产对负债的保证程度。虚开发票虚增收益，但不会带来现金流量的增量，相反，随着流转税费和企业所得税的上交，会相应减少现金流量。这样的财务报表是虚假的，不值得信赖。

练习三

(1)流动比率＝315÷150×100%＝210%

速动比率＝(45＋90)÷150×100%＝90%

资产负债率＝350÷700×100%＝50%

权益乘数＝1÷(1－50%)＝2

(2)总资产周转率＝420÷700＝0.6

营业净利率＝63÷420×100%＝15%

净资产收益率＝63÷350×100%＝18%

(3)产权比率＝350÷350×100%＝100%

资本保值增值率＝350÷280×100%＝125%

盈余现金保障倍数＝126÷63＝2

成本费用利润率＝90÷200×100%＝45%

(4)2014年净资产收益率＝0.6×15%×2＝18%

2013年净资产收益率＝0.5×16%×2.5＝20%

净资产收益率的差额＝18%－20%＝－2%

其中：营业净利率变动对净资产收益率的影响＝(15%－16%)×0.5×2.5＝－1.25%

总资产周转率变动对净资产收益率的影响＝15%×(0.6－0.5)×2.5＝3.75%

权益乘数变动对净资产收益率的影响＝15%×0.6×(2－2.5)＝－4.5%

练习四

税后净营业利润＝3 800＋(500＋200－100×50%)×(1－25%)＝4 287.5(万元)

经济增加值＝4 287.5－9 000×10%＝3 387.50(万元)